조선시대 책과 지식의 역사

■
이 도서의 국립중앙도서관 출판시도서목록(CIP)은 서지정보유통지원시스템 홈페이지(http://seoji.nl.go.kr)와
국가자료공동목록시스템(http://www.nl.go.kr/kolisnet)에서 이용하실 수 있습니다.
(CIP제어번호: CIP2013027917)

조선시대 책과 지식의 역사

조선의 책과 지식은 조선사회와 어떻게 만나고 헤어졌을까?

강명관 지음

천년의상상

조선의 서적문화는 실로 다양하고 풍부하지만, 한편으로는 오해와 왜곡이 적지 않다. 고려의 금속활자가 구텐베르크의 그것보다 훨씬 앞서 발명되었음은 상식이 된 지 오래다. 하지만 공부의 길에 들어선 이래로 내게는 이런 의문이 머릿속을 떠나지 않았다. 동일한 금속활자인데도 왜 한국은 출판과 인쇄 그리고 지식의 역사가 서양과 큰 차이를 보이게 되었는가? 나는 고려의 금속활자는 '최초'란 것 외에는 별반 중요한 것이 아니라고 생각해왔다.

또 하나의 의문은 이른바 책의 중요성에 대한 판단기준이었다. 성종 때 출간된『두시언해』는 매우 중요한 책이다. 이 책은 15세기 국어를 연구하는 데 결정적 자료를 제공한다. 하지만 정작 더 중요한 것은 15세기라는 콘텍스트에서 이 책의 중요성이다. 그 시대에『두시언해』를 읽었거나 읽을 만한 사람이 도대체 몇이나 되었을까? 반면『삼강행실도』는 여러 차례 많은 수량으로 간행된 책이다. 한 번에 3000부 가까이 찍을 때도 있었다. 당대에 사람들에게 끼친 영향력을 기준으로 한다면『두시언해』보다『삼강행실도』가 훨씬 중요하다.『두시언해』는 소수 문인들의 시세계에 영향을 주었겠지만『삼강행실도』는 민중의 머릿속 생각을 바꾸어놓았던 것이다. 그렇다면 어느 책이 더 중요한가? 이런 의문이 뇌리를 떠나지 않았다.

이 의문에 답하기 위해 조선시대 책의 인쇄와 유통, 국가와 사회의 축조築造에 결정적으로 기여했던 책들에 대한 책을 쓴다. 이번 책의 출간을 시작으로 조선 전기에 대해 한 권, 조선 후기에 대해 두 권을 추가로 집필할 계획이다. 시간이 허락된다면, 근대계몽기(개항 이후 1910년까지)에 관한 것 한 권을 추가하여 조선 건국 이후부터 1910년까지, 모두 다섯 권의 책으로 조선의 인쇄·출판 문화를 한번 모아보려 한다. 나의 의도는 활자의 탄생부터 책의 제작과 유통까지, 가능한 한 넓은 범위의 주제를 일괄적으로 다루어 조선시대 지식의 생산과 확산의 문제를 본격적으로 파헤쳐보는 것이다.

　여기 실린 글들은 각각이 독립적이다. 물론 내부적으로는 서로 연관된다. 빈틈없는 체계를 세워 책을 쓰고 싶었지만, 내게는 그럴 능력이 없다. 또 체계란 것은 정연해 보이기는 해도, 사실 얼마나 불편한가? 체계 속에 들어오지 않는 것을 은폐하거나 왜곡하기 일쑤인 것이다. 이것이 변명이라면 변명이다.

　다섯 권 중 첫 권 집필을 마치고 보니 아쉬운 점이 한둘이 아니다. 아직 일반화된 이야기를 하기에는 세부적 사항이 너무도 밝혀져 있지 않다. 다루지 못한 부분과 미진한 부분도 허다하다. 독자들의 너그러운 양해를 바란다.

차례

책이 말해주는 것,
책이 말해주지 않는 것

나의 대뇌 속에 있는 것이 아무리 놀라운 진리일지라도 언어화되지 않는 이상 없는 것이나 진배없다. 하지만 석가는 진리는 언어로 표현될 수 없다고 했다. 염화시중 혹은 블립문자의 고사가 그것을 말하고 있지 않은가? 하지만 언어화되지 않은 진리 역시 무의미하다. 석가가 설(說)한 경전도 결국은 언어의 뭉치가 아닌가? 진리는 언어로 표현할 수 없다고 말할 때의 그 진리 자체가 이미 언어를 사용하고 있지 않은가?

언어가 음성에 머무른다면 도대체 무슨 의미가 있을 것인가? 성대의 떨림으로 만들어진 음파는 시간 속에서 소멸한다. 음성은 시간적·공간적 제약을 받는다. 이 제약을 넘어서기 위해 문자가 탄생했다. 문자는 언어를 공간에 고정시킴으로써 음성의 시간적 제약에서 탈출한다. 명확히 한계 지을 수는 없지만, 이 고정물이 일정한 형태를 가지면 그것을 우리는 책이라 부른다.

수메르의 쐐기문자 점토판. 기원전 2100년경.

허난 성 안양에서 출토된 거북이 복갑. 곧 거북이 등껍질에 열을 가해 갈라진 금으로 점을 친 것. 기원전 12세기.

왜 책의 역사인가?

책의 재료는 점토판일 수도 대나무일 수도 비단일 수도 종이일 수도 있다. 재료들은 경쟁했고, 최종적으로 종이가 승리했다. 책은 종이란 물질을 거의 유일한 자기표현 형식으로 선택했다. 인쇄술의 발명은 책의 무한한 자기복제를 허락했다. 책은 복제되어 독자에게 전달됨으로써 생명을 얻는다. 인간의 언어는 종이 위에 문자로 고정되고, 모든 사유와 정보가 종이책을 통해 교환되는 것이다.

　이제는 책도 디지털화하고 있으며 장차 얇은 컴퓨터 모니터가 종이책을 완벽하게 대체할지 모른다. 이 대체는 지식과 정보의 유통·교환 방식에 엄청난 변화와 충격을 불러올 것이다. 하지만 이는 단지 책의 자기표현 방식의 변환일 뿐이다. 종이에서 모니터로의 급격한 변화는 종이책을 제작하거나 종이책을 읽어왔던 사람들에게는 당혹스럽고 견딜 수 없는 고통일 수 있지만, 책의 역사가 끊임없는 자기변신이었음을 상기한다면 사실 이 변화는 아무 것도 아닐지 모른다. 나는 이 변화가 죽간竹簡에서 종이로 바뀌었을 때의 변화와 본질적으로 다를 게 없다고 생각한다. 디지털화가 책, 곧 지식과 정보의 유통을 완전히 바꾸어놓는다 할지라도, 내가 거기 쓰인 문자를 읽고 해석하는 행위에는 어떤 변화도 없기 때문이다.

만약 인류의 역사가 진보를 향한 변화라면, 그 변화의 이면에 아주 복잡한 요인이 있다면, 책 역시 반드시 거기에 끼일 것이다. 사유와 정보의 교환을 전제하지 않고 역사의 변화를 기대하기란 어렵기 때문이다. 예수의 말씀이 복음서로 고정되지 않았다면, 구텐베르크Johannes Gutenberg의 인쇄술이 독일어판 성경을 낳지 않았다면, 마르크스의 저작이 간행되지 않았다면, 인류의 역사는 다른 방향으로 나아갔을 것이다. 책은 곧 인류 역사의 방향을 결정짓는 궁극적 요인의 하나다. 책의 역사를 이해한다는 것은 곧 역사를 이해하는 일이기도 한 것이다.

사실 책을 연구대상으로 삼는 학문 분야는 따로 존재한다. 서지학 또는 문헌학, 인쇄기술학 등 책의 형태학이 그것이다. 그러나 이런 학문은 책의 내용을 문제 삼지 않는다. 책에 쓰인 내용을 연구하는 분야는 실로 무한하여 문학, 역사, 철학 등으로 얼마든지 세분화될 수 있다. 그러나 '책' 자체에 대한 질문을 던지지는 않는다. 우리 사회에서 다산 정약용의 사유는 높이 평가되지만, 그의 저술이 인쇄되었는가 아니면 필사본으로 존재하는가, 만일 인쇄되었다면 언제 누구에 의해 얼마나 찍혔는가 하는 질문을, 나는 본 적이 없다. 그런가 하면 다산의 저술이 어떤 유통구조를 통해 보급되었으며, 또 당대 독자를 얼마나 확보했는가 하는 문제도 다루지 않는다. 나는 다산의 사유와 함께 이 문제도 대단히 중요한 것으로 제기되어야 한다고 믿는다.

서지학과 문헌학, 인쇄기술사와 문학과 역사, 철학 등은 영원히 만날 수 없는 것인가? 비유컨대 책의 물질적 형태에 관련된 문제와 책의 내용은 인간의 신체가 정신과 맺는 관계와 같은 것이다. 신체와 정신은 분리 가능한 것인가? 신체 없는 정신이 존재하지 않듯 책이라는 물질적 형태를 갖지 않는 내용은 존재하지 않는다.

역으로 정신 없는 신체가 존재하지 않듯 내용 없는 책이란 존재하지 않는다. 따라서 책의 형태학은 책의 내용학과 조우해야 하며 또 조우할 수 있다.

책이라는 신체가 정신과 조우하려면 책의 형태에 대한 고찰을 넘어 책에 생명을 불어넣는 조건들이 무엇인지 살펴야 할 것이다. 이 문제는 곧 책의 제작·탄생·유통·집적(도서관) 등의 문제와 긴밀히 관련될 것이다. 책의 물질적 형태의 변화가 책의 역사를 이루는 것이 아니라, 책과 사회가 맺는 여러 조건이 책의 역사를 구성하는 것이다. 나의 소망은 이런 여러 조건을 가지고 조선시대 책의 역사를 구성함으로써 조선시대사를 읽어내는 것이다. 이 책에서 내가 다루고자 하는 문제를 간단히 소개하면 다음과 같다.

정도전의 꿈

이 책은 조선시대를 다루지만, 그 전에 먼저 고려시대의 역사를 간단히 서술한다. 조선전기 서적문화의 기원은 고려에 있기 때문이다. 우리에게 알려진, 그리고 남아 전하는 서적의 절대다수는 조선의 것이다. 지금 전해지는 고려의 서적은 극히 미미한 양이고, 서적에 관한 정보를 제공하는 자료 역시 『고려사』를 비롯한 소수 문헌에 지나지 않는다. 고려의 서적은 이자겸의 난이나 무신난 같은 내란과, 몽고와 홍건적의 침입으로 인해 거의 망실되었다. 아울러 고려의 서적문화에 대해 증언할 문헌자료 역시 대부분 사라졌다. 우리에게 남아 있는 것은 『고려사』와 『고려사절요』, 문집 몇 종과 소수의 금석문일 뿐이다. 고려의 인쇄와 출판에 대해 우리가 알아야 할 것은 많지만 알 수 있는 것은 드물다. 그런 탓에 고려에 대한 기술은 그야말로 희미한 밑그림에 지나지 않는다. 이

점을 양해해주기 바란다.

　다만 한 가지 꼭 해두어야 할 이야기가 있다. 고려의 인쇄·출판을 생각했을 때 거의 무의식적으로 떠오르는 두 가지 열쇠말이 있다. 『팔만대장경』과 금속활자가 그것이다. 이 둘은 '민족의 위대한 문화유산'이다. 하지만 다시 생각해보라. 이 위대한 두 유산이 다른 모든 것을 삼켜버리지 않았는가를. 예컨대 인쇄·출판 문화에서 보다 본질적인 문제, 예컨대 출판 시스템과 서적유통, 발행한 서적의 성격은 『팔만대장경』과 금속활자의 그림자에 가려졌다. 이 점은 반성되어야 할 부분이 아닐까?

　인쇄·출판 문화에서 큰 변화가 시작된 시기는 고려 말이다. 조선을 건국하는 새로운 혁명주체가 탄생하고 난 뒤에야 변화가 일어날 수 있었다. 정도전鄭道傳은 조선을 건국했던 혁명주체답게 고려와 변별되는 새로운 체제와 문화를 기획했다. 이 기획은 서적문화에도 공히 적용되었다. 그는 성리학을 국가 이데올로기로 삼는 사대부의 나라를 구상했던 바 그 기획은 오로지 인쇄와 출판으로만 가능했다. 정도전은 금속활자로 서적을 찍어내 그 구상을 실현하고자 했다. 그는 태종에 의해 제거되지만 그의 기획은 조선으로 고스란히 이관되어 구체화되었다. 그러므로 고려의 서적에 관해 간단히 서술하면서 정도전의 기획이 갖는 의미를 짚어보고자 한다.

금속활자와 조선

조선의 출판이 금속활자 주조에서 시작되었다는 것은 분명 놀라운 일이다. 금속활자는 어떤 의미를 갖는가? '금속활자'라고 했을 때 당신의 뇌리에 무엇이 먼저 떠오르는가? 추측건대 그것은 아마도 '세계 최초'라는 말이 아닐까 한다. 그리고 연도를 외는 데 비상한 능력을 가진 사람이라면 '구텐베르크보다 몇 년 빨리'란 말이 뇌리를 스쳐 지나갈 것이다.

'구텐베르크보다 빨리'라는 말의 이면에는 복잡한 사유의 뭉치가 있다. 그것은 구텐베르크의 금속활자가 위대한 사건이었음을 내포하는 한편 '……보다' 우월함을 드러낸다. 위대한 문화적 발명에서 우리가 서양보다 앞섰음을 암암리에 강조하는 것이다. 하지만 그것은 동시에 열등감이다. 금속활자가 구텐베르크보다 몇 년 앞서 발명되었다는 말에는 서양에 대한 우리의 콤플렉스, 좁게 말해 서양의 근대에 대한 콤플렉스가 작용하는 것이다.

구텐베르크의 금속활자가 지식의 전파와 유통에 일대 혁명을 일으켜 서양의 근대를 견인했던 것은 췌언을 요하지 않는다. 실로 구텐베르크에 의해 새로운 세계가 탄생했다. 그렇다면 금속활자를 만든 고려와 그 활자를 보다 보편적으로 사용한 조선을 구텐베르크의 시대와 등치시킬 수 있을까? 금속활자의 궁극적 의미가 활자의 재질이 금속이라는 데 있는 것이 아니라 사회적·역사적 영향력에 있다고 한다면, 양자는 결코 동일한 결과에 도달하지 않았다. 조선의 금속활자는 독서인구 증가, 지식의 해방, 지식의 값싼 공급과는 상관성이 희박하다. 나의 판단으로, 고려의 금속활자와 구텐베르크의 금속활자는 활자의 재질이 금속이라는 공통성 외에 다른 공통성은 없는 것 같다. 두 활자는 저 멀리 떨어져 상관없는 두 공간에서 각자 독립적으로 일어난 사건에 지나지 않는다는 말이다.

그럼에도 불구하고 고려의 금속활자가 끊임없이 운위되는 이면에는 강고한 민족주의가 자리 잡고 있다. '금속활자의 최초 탄생지'라는 영광은 활자와 인쇄에 대한 광범위하고 깊은 관심을 기울

조선시대 책과 지식의 역사

노자의 가르침이 기록된 『도덕경』 죽간. 기원전 4~3세기.

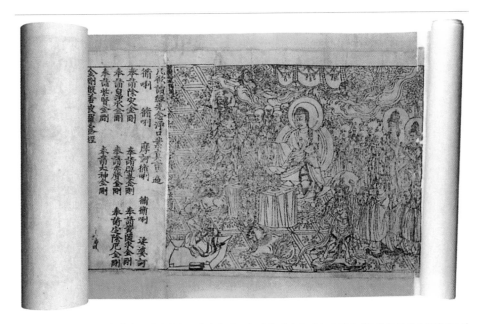

『금강경』인쇄본 가운데 가장 오래되었다고 알려진 것. 868년에 제작된 것으로 구텐베르크의 인쇄술보다 600여 년 앞섰다. 대영박물관.

이게 했다. 김두종의 『한국고인쇄기술사』란 기념비적 업적을 위시하여, 천혜봉의 『한국전적인쇄사』에서 윤병태의 『조선 후기의 활자와 책』에 이르기까지, 활자와 인쇄 문제에 기울인 노력은 연구 인력 부족이라는 현실적 한계에도 불구하고 혁혁했다.

그 연구결과는 어떤 의미를 갖는가? 아름다운 금속활자를 만들어냈다는 것 외에 그 활자와 관련해 우리가 무엇을 이야기할 수 있는가? 조선시대에 금속활자는 후기에 나타난 극소수 예외를 제외하고는 모두 국가의 소유였다. 구텐베르크의 금속활자가 민간에서 제작되어 그 기술이 유럽 전역으로 전파되었던 데 반해 조선의 금속활자는 오로지 국가의 소유물이었다. 이는 과연 어떤 의미

조선시대 책과 지식의 역사

인가? 금속활자란 본래 대량의 인쇄물을 얻는다는 데 의의가 있다. 그러나 조선의 금속활자가 대량의 인쇄물을 쏟아냈던가? 이런 질문 앞에서 나는 당혹스럽기 짝이 없다.

'금속활자'에 대한 논의는 그보다 더 중요시되어야 할 것, 곧 '활자로 인쇄된 책' 자체를 집어삼킨다. 우리가 금속활자를 찬양하느라 몰두하는 그 시간에 책을 둘러싼 다종다양한 담론은 망각되었다. 그래서 나는 조선시대의 금속활자를 민족문화의 화려한 꽃으로 보지 않고 다만 조선이라는 국가 내부의 인쇄·출판이 만들어낸 역사라는 콘텍스트에서 읽어낼 것이다.

한글, 민중문자의 탄생과 책

말하고자 해도 자기 생각을 펼쳐낼 수단이 없는 백성을 위해 세종은 한글을 만들었다. 아마도 조선의 발명품 중 가장 위대한 것을 꼽으라 하면 나는 주저하지 않고 한글을 꼽을 것이다. 사족士族을 위한 국가가 민중을 위해 그토록 합리적이고 익히기 쉬운 문자를 발명했다는 것은 거의 기적에 가까운 일이다. 만약 조선 전기가 아니었다면, 세종이 아니었다면 한글은 발명되지 못했을 것이다.

세종의 시대는 한편 금속활자의 시대였다. 금속활자를 세종이 창안한 것은 아닐지라도 세종은 이를 수단으로 엄청나게 많은 책을 인쇄함으로써 그 효율성을 극대화했다. 우리는 이렇게 생각할 수 있다. 한글과 금속활자라고 하면 자연스럽게 '한글 금속활자'를 떠올리게 되는 것이다. 양자의 결합이 아마도 한글로 쓰인 책을 무수히 쏟아내며 민중에게 지식을 쏟아 부었으리라 상상하는 것이다.

과연 그랬을까? 인쇄기술만으로 책이 만들어지는 것은 아니다.

과연 한글과 금속활자는 잘 결합되었는가? 아니 목판으로 인쇄된 한글 책이 있었던가? 있었다면 얼마나 있었으며, 어떤 의도로 어떤 내용을 담은 것이었던가?

국가와 출판

책의 출판 여부는 누가 결정하는가? 현대의 출판에서 그 주체는 출판사다. 하지만 이는 그리 오래된 일이 아니다. 한국의 경우 빨리 잡아야 18세기 말에 출현한 방각본坊刻本에서 출판사의 흔적을 찾을 수 있고, 보다 명백한 모습을 보이는 것은 19세기 말 연활자鉛活字인쇄 방식을 채택한 민간의 상업적 출판사가 등장하면서부터다.

　그렇다면 조선에서 출판의 주체는 누구였던가? 우리는 그 주체로 국가, 지방행정기관, 사찰, 서원 등을 상정할 수 있다. 이 외에 순수한 민간 영역에서 개인적 차원 혹은 문중이나 지식인 그룹에서 주관하는 출판이 있다. 개인의 문집이나 족보 등이 그 예다. 또 조선 후기에는 미약한 수준이지만 민간의 상업적 출판업자인 방각본 업자가 출현한다. 하지만 조선 전기로 한정한다면 출판의 주체는 중앙의 주자소, 교서관과 지방행정기관이었다. 고려시대에는 사찰이 출판의 중요한 주체였으나 조선 건국 이후로는 그 지위를 잃는다. 서원은 조선 후기에 와서야 출판의 주체로 부상한다. 조선 후기에 민간 영역의 인쇄·출판이 다소 활성화됨으로써 국가의 출판 독점에 균열이 일어난 것은 사실이지만, 조선조가 종언을 고할 때까지 국가가 인쇄·출판의 주류였던 점은 바뀌지 않았다.

　국가가 인쇄·출판을 독점한다는 것은 한국만의 독특한 현상이다. 중국은 송대에 이미 민간의 출판사와 서점이 존재했으며, 일본은 도쿠가와 막부 이후 민간에서 출판사와 서점이 폭발적으로 늘어났다. 이에 반해 한국은 민간 영역의 출판이 국가의 출판 독점을 압박하거나 능가하거나 전복시킬 정도로 성장한 적은 없었다. 출판물의 성격으로 볼 때 도리어 국가가 담당하지 못한 부분을 보완하는 역할이었다고 말할 수 있을 정도다. 국가는, 특히 중앙의 주자소와 교서관은 어떤 것을 출판할지 그 대상 선정부터 활자와 장인 결정까지 인쇄·출판의 전체 시스템을 일관되게 갖춘 유일한 기관이었다. 바로 이것이 한국 출판의 역사, 곧 책의 역사를 기본적으로 규정했다. 이 책에서 나는 그 내부를 들여다보고자 한다.

책의 탄생과정과 인쇄의 장인

책은 어떻게 탄생하는가? 원고는 어떤 과정을 통해 책이라는 물질적 형태를 갖추는가? 다시 말해 어떤 원고가 탄생해 인쇄 프로세스를 거쳐 제본에 이르는 과정을 다룰 필요가 있다. 하지만 이런 이야기는 꽤나 지루하다. 원고가 만들어지고 인쇄되고 제본되는 과정은 기본적으로 현대의 출판과 다를 바 없지만, 그럼에도 세밀한 부분에서는 현대의 출판과 상이한 점을 갖는다. 이 점이 중세 인쇄·출판의 역사에서 흥미로운 대목이다.

인쇄의 장인에 대해서도 다룰 필요가 있다. 도대체 고려와 조선에서는 누가 책을 인쇄했을까? 나는 구텐베르크의 인쇄술이 퍼져나간 경로를 생각해본다. 구텐베르크의 장인들이 유럽 전역으로 흩어진 덕분에 결국 새로운 복제기술이 널리 전파되지 않았던가. 그렇다면 조선의 인쇄장인은 어떠했던가. 조선 전기에는 상업출

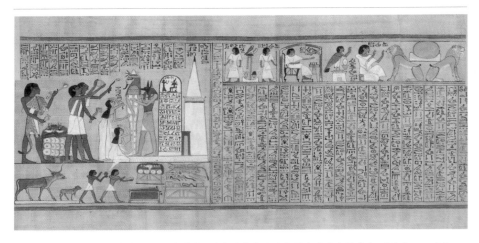

『사자의 서 *Book of the Dead*』 파피루스. 고대 이집트에서 망자의 무덤에 함께 매장한 문서다. 기원전 1375년경.

판이 존재하지 않았다. 인쇄에 동원된 장인들은 국가에 소속되어 있었다. 이들은 국가기관인 주자소와 교서관에 소속된 소수의 서리·잡직과 경공장京工匠으로 구성되어 있었다. 활자를 주조하고 목판을 새기고 조판·인출印出·장정하는 일을 이들이 맡았던 것이다. 이들은 노비나 장인 신분이었으며 국가로부터 일정한 월료月料를 받고 자신들의 노동과 기술을 제공했다. 그러나 연산군과 중종을 거치며 관장제官匠制가 붕괴되면서 관공장官工匠이 관으로부터 이탈하는 현상이 일어난다. 인쇄 분야에서도 마찬가지로 중종조에 들어서면서 인쇄수준이 현저히 떨어진다는 지적이 나온다. 아울러 교서관에도 사장私匠을 고용하기 시작한다. 다만 사장이 어느 시기에 등장했고 당대의 인쇄 전체에서 어느 정도의 비율을 점했는가는 여전히 미해결 과제로 남아 있다.

또한 지방의 인쇄장인에 관한 것도 미지의 영역으로 남아 있다. 지방에서 이루어지는 인쇄·출판의 주축은 감영監營과 주州·부

조선시대 책과 지식의 역사

府·군郡·현縣 등 지방관아였던 바, 거기에 인쇄장인이 고정적으로 소속되었는지는 확언할 수 없다. 조심스럽게 추측하자면 아마도 사장을 동원했을 것으로 여겨지지만, 그 구체적 사항은 전혀 전하지 않는다.

나아가 좀 더 복잡한 문제도 제기된다. 사장은 단순히 기술과 노동력을 파는 데 불과했던 것인가? 조선 후기 방각본 업자들은 조선 전기의 사장과 어떤 관계였던가? 사장이 금속활자를 보유하지 못한 까닭은 무엇인가? 앞으로 검토되어야 할 문제지만, 지금으로서는 어떤 답도 내놓을 수가 없다.

책의 가격과 유통방식 그리고 서점

문고본은 책값을 떨어뜨리기 위해 나온 것이다. 박리다매라는 상업적 전략의 산물이지만, 어쨌든 지식 확산에 크게 기여한다. 서적의 값은 지식과 정보의 유통에 매우 중요한 사항이다. 따라서 책값 연구는 서적의 문화사를 이해하기 위한 필수적 과정이다. 하지만 조선시대 서적의 가격과 그 시간적 변동을 계량적으로 알아낼 자료는 현재 남아 있지 않다. 추측할 수 있는 것은, 책값이 우리의 상상을 초월할 정도로 높게 형성되어 있었다는 것 그리고 그 점이 지식의 유통과 보급에 장애로 작용했다는 것 정도다. 이 부분은 서술할 수 있을 것이다.

이와 함께 서적의 유통이라는 문제가 부각된다. 아무리 중요한 책이 있어도 유통되지 않는다면, 다시 말해 독자 손에 들어가지 않는다면, 그 책은 존재하지 않는 것이다. 서적의 유통은 책에 생명을 불어넣는다. 그럼에도 조선시대의 서적유통에 관해서는 상세히 검토된 바가 없다. 한 사람의 사유가 어떤 경로로 유통되고 어떤 비평공간에서 읽히고 이해되고 평가되었는지는 알지 못하는 것이다.

박지원의 『열하일기』가 공간소刊된 것은 20세기 들어서였다. 그 전에는 오로지 필사본으로만 유통되었다. 필사본은 인쇄에 비해 불리한 유통방식이며, 숱한 오해를 낳기 마련이다. 정약용은 어떠했는가? 『목민심서』도 『흠흠신서』도, 아니 모든 경학 관련 저작이 당대에 인쇄되어 유통된 것이 아니다. 정약용의 저작은 참으로 중요하지만 사실 당대 민중에게는 그 존재조차 알려져 있지 않았으며, 지식인 내부에서도 정약용의 방대한 경학 연구물을 읽어본 사람은 거의 없었을 것이다. 아주 가까운 극소수 지인들 사이에서만 겨우 읽히는 정도였다면, 과연 무슨 의미를 지닐 것인가?

책의 존재가 중요한 것이 아니라, 책의 유통이 결정적으로 중요한 것이다. 1만 권의 서적이 저 음습한 장서고藏書庫에 유폐되어 사람의 눈길이 닿지 않는다면, 그 1만 권이 다 무슨 소용인가? 그것은 존재하지 않는 것과 같다. 서적의 유통 문제는 이래서 더할 수 없이 중요하다.

오늘날 서적의 유통을 전담하는 기구는 서점이다. 서점이 얼마나 대규모인가는 중요하지 않다. 서점은 서적의 구매자와 판매자를 직접 연결시키는 전문적 기구다. 인터넷서점도 구매자와 판매자의 연결방식을 사이버스페이스로 옮긴 데 지나지 않는다. 책이 확산되려면 아무래도 일정한 전문적 판매공간이 필요한 것이다. 중국은 송대에, 일본은 도쿠가와 막부 이후에 민간 서점이 출현했다. 그러나 조선에는 서점이 없었다.

책을 보다 널리 보급하고자 중종조에 서점을 설치하는 문제가 제기되었고 그 논의가 명종조까지 이어졌다. 그러나 결과적으로 서점은 설치되지 못했다. 이 책에서 나는 서점을 세우지 못한 이유와 저간의 사정을 밝히고자 한다. 그런데 결국 서점이 설치되지 못했다면, 서적은 어떻게 유통되었을까?

책의 수입과 수출

책의 유통은 국내에서만 일어나는 현상이 아니라 국가 간에도 일어난다. 조선이 속했던 동아시아 사회는 하나의 세계였다. 책의 수출국은 중국이었고 조선과 일본은 책의 수입국이었다. 당시 중국은 세계의 중심이었고, 그 중심으로부터 고급한 문화가 흘러나왔다. 부정할 수 없는 사실이다.

당연히 조선의 지식계는 중국으로부터 수입된 서적에 결정적 영향을 받았다. 그렇다면 어떤 루트를 통해 중국의 서적이 조선으로 수입되었을까? 우리는 조선의 이데올로기였던, 사족의 대뇌를 장악하여 생각과 행위를 결정했던 성리학이 1300년경 수입되었다는 사실을 상식으로 확인할 뿐이다. 성리학이라는 거대한 학문 내부의 생산물, 곧 다종다양한 성리학 서적들이 구체적으로 언제 수입되고 언제 출판·보급되었는지는 소상히 알지 못한다. 1300년경에 이뤄진 성리학 수입이란 모든 성리학 서적의 수입을 뜻하는가? 예컨대 주자朱子의 문집 『주자대전』과 그의 강의록 『주자어류』는 언제 수입되었는가? 이들 서적의 수입과 이황과 이이의 성리학은 어떤 관계에 있는가 하는 점 역시 충분히 그리고 진지하게 검토되지 않았다.

성리학만이 아니라 양명학과 고증학·서학, 의고문파擬古文派·당송파·공안파, 장편소설과 소품 등의 새로운 사유와 문학이론과 문학작품이 구체적으로 언제 어떤 방식으로 수입되고, 어떻게 이해되었는지 아직도 우리는 충분히 알지 못하고 있다. 그것을 어렵게 하는 것은 혹 '자국중심주의自國中心主義' 혹은 '폐쇄적 민족주의'라는 강박이 아닐까? 순수한 문화란 존재하지 않는다. 한국의 문화에서 외래적인 것을 죄다 골라낸다면 과연 무엇이 남을 것인가? 불교는 인도에서, 유교는 중국에서, 기독교는 서양에서 건너온 외래적 문화라 하여 제거한다면 무엇이 남을 것인가? 현대의 마르크시즘과 포스트모더니즘을 외래적인 것이라 하여 덜어낸다면, 한국의 사상계에 무엇이 남을 것인가?

이는 일본에도 동일하게 적용된다. 중국으로부터 받은 영향은 축소하고 일본에 전달한 문화에 대해서만 열을 올리는 것은 속 좁은 민족주의의 편견일 수 있다. 물론 조선 전기에 중국과 맺은 관계만큼 일본과의 서적교류가 활성화되었던 것은 아니다. 『대장경』을 제외하면 조선의 서적이 일본에 끼친 영향력은 그리 크지 않다. 민족적 감정을 앞세우기 전에 일본과의 교류의 실상을 냉정히 검토하는 일이 더욱 중요하다.

조선의 국가도서관

책은 외따로 존재하지 않는다. 세상에 단 한 권의 책만 있을 때 그것은 책이 아니다. 책은 다른 책들과 함께 존재함으로써 비로소 존재한다고 말할 수 있다. 책은 다른 책과 연관됨으로써 의미를 갖는다. 곧 책은 집적集積됨으로써 의미를 갖는 것이다. 책의 집적은 곧 도서관으로 현현한다. 조선은 거창한 국가도서관을 구축했다.

그렇다면 다시 이런 문제가 제기된다. 누가 이 정보와 지식의 곳간에 접근할 수 있었는가? 도서관은 단순히 책을 집적한다는 데 의미가 있는 것이 아니라, 그 집적물에 대한 개방적 접근이 가능하다는 데서 의미를 얻는다. 과연 조선조 도서관은 어떻게 탄생했으며, 누가 그 도서관에 접근할 수 있었을까?

전쟁과 서적

시간은 책을 소멸시킨다. 지금 서점을 가득 메운 책들도 시간이 흐름에 따라 언젠가는 어디론가 사라진다. 어릴 적 보던 교과서와 참고서는 지금 모두 어디로 갔는가? 발행부수가 가장 많았을 교과서조차 어디론가 사라지고 없다. 어떤 교과서는 이미 희귀본이 되어버렸다.

특정한 사건은 책을 급작스럽게 소멸시킨다. 전쟁이 그것이다. 전쟁은 인간의 문화를 소멸시킨다. 전쟁은 불이다! 그것은 건축물을 잿더미로 만들기 일쑤다. 모든 전쟁은 그 건축물 속에 있는 문화의 가장 정채로운 부분, 곧 서적을 일거에 재로 만들어버린다.

고려의 전쟁과 몽고의 침입은 엄청난 분량의 서적을 사라지게 했고, 홍건적의 침입 역시 서적을 한 줌의 재로 만들었다. 그래도 남은 서적이 있어 조선에 이관되었다. 조선은 물려받은 서적과 스스로 제작한 서적, 중국에서 수입한 서적을 홍문관弘文館에 보관했다. 조선 지식인들의 눈에 홍문관은 '거대한 책의 바다'였다. 하지만 홍문관의 거창한 서적도 모두 임진왜란의 불길 속에서 연기와 재로 사라지고 말았다.

한편으로 전쟁은 책의 목숨을 살리려 분투하는 시간이기도 하다. 임진왜란은 '책의 제노사이드'였지만, 또 한편 나치하의 쉰들러 같은 사람들도 있어 그들은 책을 살리고자 분투했다. 사라진 책들의 폐허 속에서 새로운 책이 만들어지기도 했다. 전쟁은 파괴와 창조의 양면을 갖고 있는 것이다. 다만 하나 분명한 것은 임진왜란으로 인해 이전까지 축적했던 서적문화는 대부분 소멸되었다는 사실이다. '책의 역사'라는 측면에서 보자면 임진왜란은 조선을 전기와 후기로 나누는 가장 뚜렷한 분수령이다.

　책의 역사는 인간의 역사이자 문화의 역사다. 책의 역사를 따라가면 인간이 쌓아올린 문화의 역사를 볼 수 있다. 이제 '책'이라는 매개를 통해 조선문화의 역사를 따라가보자.

1

고려시대의 책과 인쇄 · 출판,
고려 말 사대부의 기획

이 책은 조선시대 책과 지식의 역사다. 그러나 조선시대로 들어가기 전에 고려의 서적 역사에 대해 언급해두자. 조선을 언급하자면 먼저 그 이전을 알아야 할 필요가 있지 않겠는가?

고려는 918년에 건국되었다. 물론 건국이 곧바로 통일국가의 출현을 의미하지는 않는다. 935년 신라의 경애왕이 천년 역사의 왕국을 헌납하고 1년 뒤인 936년 후백제가 지도에서 사라짐으로써 고려는 명실상부한 통일국가가 되었다. 이후 1392년 조선 건국 때까지 고려는 파란곡절을 겪으며 4세기 반을 존속했다. 이 장구한 세월 동안 서적과 인쇄문화는 어떤 변화를 겪고 발달해왔을까?

안타깝게도 고려의 서적과 출판문화에 대한 자료는 희소하기 짝이 없다. 고려의 인쇄술이 미발달 상태였거나 다른 사회적 원인이 있었던 것일까? 고려는 거질巨帙의 『팔만대장경』을 조성했다. 고려의 목판인쇄술은 세계 어느 곳에 내놓아도 손색없는 수준을 자랑했다. 그뿐인가? 고려 중기에 이미 금속활자를 발명하지 않았던가? 또 무신난 이전의 고려는 문벌귀족의 시대였다. 문신권력의 근거는 지식과 문학이었고, 지식과 문학은 당연히 책에서 유래했다. 그럼에도 서적에 관련된 정보는 너무나 희소하다.

이것은 사료 부족 때문이다. 고려시대 연구는 극소수의 금석문 자료와 약간의 개인 문집을 제외하면 거의 절대적으로 『고려사』에 의존한다. 『고려사』는 『조선왕조실록』 같은 1차 자료가 아니라, 고려의 『실록』과 기타 문헌과 전승을 축약한 것이다. 이런 까닭에 『고려사』는 고려의 서적정책과 서적발행에 대한

『동국이상국집東國李相國集』 목판본. 이규보李奎報의 시문집이다. 불력으로 국난을 극복하고자 고려 현종 2년 (1011) 무렵 『초조대장경』 판각이 착수되었다는 기록이 있다. 청주고인쇄박물관.

풍부한 정보를 제공하지 않는다. 그뿐 아니라 현재 전하는 고려시대의 서적은 희귀하기 짝이 없어 큰 도움을 기대하기 어렵다. 따라서 고려의 서적과 출판의 역사를 개괄한다는 것은 사실상 희미한 밑그림을 그리는 일에 지나지 않을 것이다. 일단 이 점을 염두에 두자. 이제 거칠게나마 고려를 요약하고, 조선시대를 향한 먼 길을 떠나보자.

고려의 출판기관

나는 책을 쓸 수 있고 그것을 출판할 수 있다. 학문적·사회적 평가를 얻는 책을 쓰기는 어렵지만, 책을 쓰고 출판할 자유는 누구에게나 허용된다. 나의 책이 상업성이 없어 출판사에서 거부할지라도, 또 허접한 내용을 담고 있다 할지라도 내가 필요한 비용을 치를 자세가 되어 있다면 출판은 얼마든지 가능한 일이다.

중세사회에서는 책의 출판이 결코 자유롭지 않았다. 현대의 출판은 민간의 상업적 출판사에 의해 이루어지지만, 중세의 출판은 국가와 사원寺院에서 독점했다. 개인적 차원에서 이루어지는 경우가 없지는 않았지만 그것이 주류가 된 적은 없었다.

고려 역시 국가가 출판을 독점했다. 출판을 전담하는 관청이 있었으며, 주로 거기서 서적이 출판되었다. 그런 관청의 일례로 전교시典校寺를 보자. 전교시란 명칭이 고려 건국 때부터 있었던 것은 아니다. 처음에는 내서성內書省이었다가, 성종 때 비서성秘書省으로, 충렬왕 때는 비서감秘書監으로, 충선왕 때는 전교서典校署·전교시로 바뀌었고, 공민왕 때는 다시 비서감→전교시→비서감→전교시로 네 번이나 그 명칭이 바뀌었다. 잦은 명칭 변경에는 필시 그럴 만한 까닭이 있었을 터이지만, 여기서 따질 일은 아니다.

'전교시'의 '전교'는 쉽게 말해 '교서', 곧 책의 교정을 맡는다는 의미로 책의 출판을 관장하는 곳인데, 『고려사』 백관지百官志는 전

해인사 『팔만대장경』 장경판전 내부.

『고려사』는 정인지鄭麟趾 등이 1451년(문종 원년)에 편찬한 고려의 기전체 역사서다. 사마천의 『사기史記』 체제를 따랐으나 「본기本紀」 대신 「세가世家」를 넣었다. 「세가」 46권·「지志」 39권·「표表」 2권·「열전列傳」 50권에 「목록」 2권을 합쳐 총 139권이다.

1 『역주고려사』 7, 동아대학교 고전연구실, 1987, 170~171면. 『역주고려사』는 권수와 면수만 표시하고, 원문은 제시하지 않는다. 내용의 일부를 새로 번역한 경우도 있다.

2 『경국대전』 「이전(吏典)」 '교서관' : 한우근 등 역, 『역주경국대전(譯註經國大典)』, 한국정신문화연구원, 1992, 35면.

3 『고려사』 「세가(世家)」, 정종 11년(1045) 4월 기유: 『역주고려사』 1, 283면.

교시의 업무를 "전적典籍과 향축香祝■을 관장한다"라고만 밝히고 있을 뿐¹ 다른 언급이 없다. 즉 전교시가 어떤 메커니즘을 통해 서적출판을 결정하는가, 구체적으로 어떤 인쇄공정을 거치는가에 대해서는 아무런 언급이 없는 것이다.■■ 어쨌든 전교시는 조선시대에 책의 출판을 관장했던 교서관校書館과 동일한 관청이다. 『경국대전』에도 교서관의 임무를 "경적經籍의 인쇄 반포 및 향축, 인전印篆■■■의 임무를 맡는다"라고 되어 있다.² 조선조 세조 때는 교서관을 실제로 전교서라 부른 적도 있었다.

전교典校, 곧 교서를 관장한다는 것은 서적의 발행을 관장한다는 것이지만, 『고려사』에는 전교시에 관한 자료가 극히 적다.■■■■ 단 하나의 기사만 있는데, 정종靖宗 11년(1045) 4월 기유조에 비서성에서 새로 간행한 『예기정의禮記正義』 70본과 『모시정의毛詩正義』 40본을 올리자 1본은 어서각御書閣에 소장하게 하고 나머지는 문신文臣들에게 하사했다³는 내용이다. 이 자료의 비서성이 곧 전교시다. 전교시에서 직접 책을 발행한 기록으로는 이것이 유일하다. 그렇다면 그 많은 책을 다 어디서 찍었다는 말인가? 전교시가 실제로 책 제작의 모든 분야를 일괄 관장한 것 같지는 않다는 이야기다. 다음 자료를 보자.

■ 향축은 향과 축문祝文이다. 종묘宗廟나 사직社稷 등에서 지내는 국가의 제사에 왕이 향과 축문을 전하게 되어 있었는데, 이에 관련되는 업무를 이 관청에서 담당한다는 것이다. 하지만 왜 향과 축문이 전교시 소관이 되었는지는 알 길이 없다.
■■ 성종 14년 비서성으로 명칭을 변경했을 때 감監, 소감少監, 낭郎, 교서랑校書郎, 정자正字 등의 관원을 둔다고만 되어 있다. 이후 비서성의 명칭이 바뀔 때마다 관원의 구성에 변화가 있지만 별반 중요한 것은 못 된다.
■■■ 국가에 필요한 각종 도장을 전문篆文으로 새기는 것을 말한다.
■■■■ 전교시와 비서성 등은 모두 같은 관청이다. 앞으로 관서의 명칭이 달라지더라도 동일한 관청임을 유념하기 바란다.

(1) 동경東京 부유수 최호崔顥, 판관 나지열羅旨說, 사록 윤렴尹廉, 장서관 정공간鄭公幹이 왕의 명을 받들어 『전한서前漢書』 『후한서後漢書』와 『당서唐書』를 새로 간행해 진상하므로 모두 벼슬을 하사했다.[4]

(2) 9월 기사 삭朔에 충주목忠州牧이 새로 새긴 『황제팔십일난경黃帝八十一難經』과 『천옥집川玉集』 『상한론傷寒論』 『본초괄요本草括要』 『소아소씨병원小兒巢氏病源』 『소아약증병원일십팔론小兒藥證病源一十八論』과 장중경張仲景의 『오장론五臟論』 99판板을 진상하니, '비각秘閣'에 두게 했다.[5]

(3) 2월 갑술에 안서도호부사 도관원외랑 이선정異善貞 등이 새로 새긴 『주후방肘後方』 73판, 『의옥집疑獄集』 11판, 『천옥집』 11판을 올리고, 지경경산부사 전중내급사 이성미李成美가 새로 조성한 『수서隋書』 680판을 올리니, '비각'에 두라 명하고 각각에게 옷을 하사했다.[6]

(4) 4월 경진에 지남원부사 시례부원외랑 이정공李靖恭이 새로 조성한 『삼례집三禮集』 54판과 『손경자서孫卿子書』 92판을 올리니 '비각'에 두라 명하고 옷을 하사했다.[7]

4 『고려사』 「세가」, 정종 8년(1042) 2월 기해: 『역주고려사』 1, 272~273면.

5 『고려사』 「세가」, 문종 2, 12년(1058) 9월 기사: 『역주고려사』 1, 356면.

6 『고려사』 「세가」, 문종 2, 13년(1059) 2월 갑술: 『역주고려사』 1, 357면.

7 『고려사』 「세가」, 문종 2, 13년(1059) 4월 경진: 『역주고려사』 1, 357면.

(1)은 정종 때, (2) (3) (4)는 문종 때의 기사인데, 모두 지방에서 책을 인쇄해 올렸다는 이야기다. 특히 문종 때의 기사는 충주·안서도호부·경산·남원 등에서 책판을 제작해 올린 것이다. 물론 인쇄된 책자도 함께 올렸을 것이다. 그리고 이 책판들을 예외 없이 비각에 두도록 했는데, 이 비각이 곧 비서성으로 전교시와 같은 관청이다. 위 문종 때의 자료는 1058년과 1059년의 것인데, 이로부터 약 40년 뒤의 자료를 살펴보자. 숙종 6년(1101) 3월 임신에는 비서성 문적文籍의 판본板本이 너무 많이 쌓여 훼손된다 하여 국자감國子監에 서적포書籍舖를 두고 판본을 옮겨 간직해 책을 인

8 『고려사』 「세가」 숙종
1, 6년(1101) 3월 임신:
『역주고려사』 2, 34면.

쇄하게 하라는 내용의 기사가 있다.[8] 비서성에 관리가 불가능할
정도로 책판이 넘쳐나자 국자감에 서적포를 설치해 옮겼다는 것
이다. 그 책판이 과연 어떤 책의 목판이었느냐가 실로 궁금하지만
현재로서는 알 수 없는 일이다. 어쨌든 대량의 책판이 제작되었음
은 분명한 사실이다.

9 이규보, 「신집어의촬요
방서(新集御醫撮要方序)」,
『동국이상국집(東國李相
國集)』, 『한국문집총간』 1,
512~513면.

10 『고려사』 「세가」, 명종
2, 22년(1192) 4월 임자:
『역주고려사』 2, 484면.

11 이규보, 「십이국사중
조후서(十二國史重彫後
序)」, 앞의 책, 513면.

금속활자가 만들어지기 전에는 서적이 당연히 목판으로 제작되
었고 이는 주로 지방관아에서 이루어졌다.[■][9] 다만 그 보관과 관리
는 개경의 중앙관청인 비서성에서 담당했던 것으로 보인다. 즉 서
적제작에 관한 명령이 지방관아로 내려지면 지방에서는 그 명에
의해 책판을 제작해 개경의 비서성으로 올려 보냈던 것이다.[■■][10]
개경에서 책판을 소장·관리한 것은 책의 수요가 가장 많은 서울
에서 책을 찍어내기 위해서였을 것이다. 그러나 지방의 모든 책판
이 반드시 중앙의 명령에 따라 제작된 것은 아닐 터이고,[■■■][11] 또
지방에서 제작한 책판 전체가 예외 없이 비서성으로 이송되지도
않았을 것이다. 또 비서성 자체의 판단으로 책판이 제작되는 경우
도 당연히 있었을 것이다. 그러나 절대다수의 목판은 지방에서 제
작되었을 것이다.

전교시 이외에도 책의 제작과 관련된 곳이 있다. 『고려사』에는
서적점書籍店·서적원書籍院·서적포書籍鋪·서적소書籍所라는 이름

■   예컨대 1226년의 『어의촬요御醫撮要』는 최종준崔宗峻이 인쇄를 고종高宗에게 요청하자 고종이 서경西京
유수에게 간행을 명령해 인쇄된 것이다. 이처럼 대개 출판할 서적의 인쇄 여부는 왕이 결정했던 것으로 보인다.
■■   명종 2년에 이부상서 정국검鄭國儉과 판비서성사 최선最詵에게 서연書筵의 제유諸儒를 보문각에 모아
『증속자치통감增續資治通鑑』을 수교讎校케 하고, 주州·현縣에 나누어 보내어 조인雕印하여 바치도록 하여 시종
侍從 유신儒臣들에게 나눠주게 했는데, 이 기사에 의하면 중앙에서 주·현 등 지방관청으로 하여금 목판을 조성
하게 한 것으로 보인다.
■■■   예컨대 『십이국사十二國史』란 책은 노공식盧公軾이 완산完山의 수령이 되었을 때 자신의 판단에 따라 인
쇄·출판한 것이다. 이런 사례도 많았으리라 생각한다.

의 관청이 등장하는데, '서적'이란 명사가 포함된 것을 보면 이들 역시 서적과 관련 있는 기관이었을 터이다. 이 기관들에 대해 간단히 살펴보자. 먼저 서적점이라는 관청은 『고려사』 백관지의 「제사도감각색諸司都監各色」에서 나온다.

> 문종이 설립했다. …… 충선왕이 한림원翰林院에 병합했다가 뒤에 다시 두었다. 공양왕 3년에 혁파했다. 4년에 서적원을 두어 주자鑄字와 서적인쇄를 관장시켰다. 영令과 승丞이 있었다.[12]

12 『고려사』 「지」 백관 (百官) 2; 『역주고려사』 7, 212면.

서적점의 역사는 문종 때 시작되었으니 꽤나 오래된 것이다. 그리고 공양왕 4년에 서적원을 두었다 했으니 서적원은 사실상 서적점과 같은 것이다. 그런데 위의 자료는 문종이 설립했을 당시 서적점의 구실이 무엇이었는지 밝히지 않고 있다. '점'이란 '가게'를 의미하니 서적점은 서적을 판매하는 곳이었을까? 안타깝게도 『고려사』에서 서적점에 대해 유추할 자료는 아무것도 없다. 다만 서적점이 나오는 「제사도감각색」의 서적점 자료를 보면 전후에 유사한 성격을 가졌던 관청이 열거되어 있다. '복두점幞頭店' '취선점聚仙店', '경선점慶仙店', '서적점'이 그것이다. 즉 '점' 자가 붙은 관청이 단지 서적점만이 아니라는 것인데, 그렇다면 복두점, 취선점, 경선점은 무얼 하는 곳이었을까? 이 역시 알 길이 없다.[13] 다만 '복두'란 머리에 쓰는 모자를 말하니 복두점이 모자를 제작해 파는 곳이었다면, 서적점도 서적을 인쇄해 파는 곳이 아니었을까 하고 짐작할 만하다. 그 증거로 임춘林椿의 문집 『서하집西河集』을 예로 들 수 있다.

13 『고려사』에는 취선점·취선, 경선점·경선에 대해 알아볼 자료가 전혀 남아 있지 않다.

『서하집』은 원래 이인로가 편집했으나 인쇄는 최우崔瑀에 의해 이루어졌다. 『서하집』 말미에 붙은 최우의 「후서後序」에 의하면,

조선시대 책과 지식의 역사

14 최우, 「후서」: 『동국이
상국집』, 『한국문집총간』
1, 277면.

그가 서경의 여러 학원學院에 보내어 목판을 제작하게 한 뒤 개경
으로 목판을 옮겨와 서적점에 맡겨 인쇄하게 했다고 한다.■14 이
런 사례로 보아 서적점은 서적을 인쇄하는 곳이었음이 분명하다.
그리고 '점'이라는 데서 그것이 책의 판매소 역할도 하지 않았을까
짐작된다. 그러나 그 외의 사항은 알 수가 없다.

　서적점은 충선왕이 한림원에 병합했다가 다시 설치했고, 공양
왕 3년에 또다시 혁파했는데, 이때까지 관서의 명칭은 바뀌지 않
았던 것으로 보인다. 서적점의 역할이 분명히 밝혀진 것은 공양왕
4년에 와서다. 이때 이름을 서적원으로 바꾸고, 주자 곧 금속활자
제작과 서적인쇄를 담당하는 것으로 그 구체적 역할을 부여받았
다. 그러나 이것은 고려의 서적정책과는 사실상 상관이 없다. 공
양왕 4년은 조선 태조의 즉위년이다. 서적점을 서적원으로 고치
고, 금속활자 주조와 서적인쇄라는 기능을 부여한 것은 조선을 건
국한 사대부들의 의도로 보아야 할 것이다.

　서적포와 서적소란 무엇인가? 서적포란 이름은 앞서 언급한 바
와 같이 숙종 6년 3월 임신에 비서성의 책판이 관리가 불가능할
정도로 넘치자 이것을 국자감으로 옮기고 서적포를 두어 그 관리
와 책의 인쇄와 보급을 맡게 했다는 기사에서 처음 보인다. 국자
감으로 책판을 옮긴 것은 국자감이 책을 필요로 하는 학교였기 때
문이리라. 특히 흥미를 끄는 것은 서적포의 '포'란 말인데, 이 역시
'가게'나 '상점'을 뜻한다. 목판으로 책을 찍어 학생들에게 판매했
던 곳으로 짐작된다. 분명 서적포를 통해 책이 인쇄되어 유통되었
겠지만 세부적 사항에 대해서는 남아 있는 기록이 전혀 없다. 또
서적포의 목판이 뒷날 어떻게 되었는가도 전하는 바가 없다.■■

■　　최우는 최충헌의 아들이다. 뒤에 이름을 최이崔怡로 고쳤다.

서적소 역시 서적출판과 관련 있는 곳으로 짐작되겠지만 그렇지는 않다. 서적소란 이름은 『고려사』 「세가」 인종 7년(1129) 8월 무신조에 최초로 나타난다.

팔월 무신에 '서적소'에 거동하여 승선 정항鄭沆에게 명하여 송조宋朝의 『충의집忠義集』을 강독하게 했다. 왕이 정사를 듣는 여가에 여러 학사學士와 학문을 강론하고자 하여 수창궁壽昌宮 곁에 있는 시중 소태보邵泰輔의 집을 서적소로 삼고 문서를 모으고 대사성 김부철金富轍과 예부원외랑 임완林完에게 여러 유신과 더불어 번갈아 당직하게 했다.[15]

15 『역주고려사』 2, 257면.

서적소란 서적을 모아두고 왕과 신하들이 학문을 강론하는 곳이었던 것이다. 서적소는 서적의 수장처이지 서적을 인쇄하거나 출판하는 일과는 관련이 없었다. 또한 시중 소태보라는 사람의 집을 서적소로 삼았고, 인종 이후의 『고려사』에서는 언급되지 않는 것을 보면 그 뒤로는 흐지부지되었던 것이 아닌가 한다.

정리하면, 고려는 중앙에 전교시를 두어 서적의 인쇄·출판을 관장했고 지방에서는 각 행정단위가 목판으로 서적을 인쇄했다. 이 목판의 일부는 개경의 전교시로 옮겨져 관리되었고, 숙종 때에 다시 국자감에 서적포를 설치해 그리로 이관했다. 한편 서적점이라는 관청을 두어 서적판매를 전담케 한 것으로 추정되지만 확실한 증거는 없다.

■■　목판이란 것이 원래 특별한 조치가 없는 한 장구한 세월을 견디지 못하는 데다 이자겸의 난, 몽고 침입, 홍건적의 난 등 내란과 외침에 소실된 것이 아닌가 한다.

고려는 어떤 책을 만들었나?

고려는 어떤 책을 얼마나 간행했을까? 또 국가는 어느 정도의 서적을 보유하고 있었을까? 계량적으로 답할 만한 자료적 근거는 아무 데도 없다. 『고려사』와 기타 문헌자료, 그리고 현재 전하는 고려의 서적들로 목록을 작성할 수는 있겠지만, 그것은 그야말로 시간의 혹독한 단련 속에서 남은 극소수에 불과할 것이다. 따라서 소상한 답을 기대하기란 무리다. 대충 그 요점만 살피고자 한다.

사료상 국가에서 서적의 수집과 복제에 관심을 보인 때는 성종 9년(990)이었던 것으로 생각된다. 『고려사』의 이 기사에서 성종은 고려 건국 초기에 신라의 문적文籍이 모두 없어졌음을 말하고 서적의 수집과 필사본 제작에 대해 언급한다.

우리 고려가 창건되었을 때는 신라가 망한 뒤라 옛 서적들은 모두 불타 없어지고 귀중한 전적은 진흙탕에 팽개쳐져 있었다. 이 때문에 여러 대代에 걸쳐 없어진 전적들을 계속해서 베끼고 보충해왔던 것이다. 과인이 즉위한 뒤로부터는 유학을 더욱 숭상하여 지난날 해오던 것을 계속하고 당대에 보충할 것을 계속 보충하고 있다. 그래서 심은사沈隱士의 2만 권 서적이 인대麟臺에 필사되어 있고, 장사공張士空의 서른 수레 책들은 호관虎觀에 보관되어 있다.▪ 이제 사부四部의 전적을 수집해 양경兩京의 장서에 채워넣고자 하니, 학생들은 시장에서 책을 보는 노고가 없어지고 강단에서는 경전을 들고 가르칠 수 있게 될 것이다. 그리하여 우리나라의 옛 풍속이 공자 맹자의 유풍을 알게 되어 부모의 자애, 자식의 효성을 알고, 형과 아우의 우애를 익히게 할 것이다. 마땅히 해당 관원으로 하여금 서경에 수서원修書院을 설치하고, 여러 학생으로 하여금 사적史籍을 발췌하고 필사해 갖춰두게 하라.[16]

16 『고려사』, 「세가」, 성종 9년(990): 『역주고려사』 1, 142~144면. 이 기사는 월일이 밝혀져 있지 않다.

경經·사史·자子·집集 등 사부의 서적을 모아 개경과 평양 두 곳에 두겠다는 것, 그리고 이 수집하는 일을 위해 평양에 수서원을 설치하고, 유생들로 하여금 중요한 서적을 필사해 갖춰두라는 것이 골자다. 즉 이 기사는 도서관을 만들기 위해 필사본을 제작하라는 것으로 이해된다. 물론 수서원에 대한 기록은 위 기사뿐이다. 수서원의 인적 구성이나 그 구체적 활동내역과 성과는 아쉽게도 전혀 알 길이 없다. 그럼에도 불구하고 국가가 서적의 수집·공작에 열을 올린다는 것은 서적의 광범위한 수요를 전제하지 않으면 안 될 일이다.

서적의 현실적 수요를 충족시키는 최적의 수단은 당연히 인쇄다. 그렇다면 고려시대 서적인쇄의 역사는 어떠한가? 한국 최초의 인쇄물은 알려진 바와 같이 751년에 목판으로 인쇄된 『무구정광대다라니경無垢淨光大陀羅尼經』이다. 그런데 이후의 목판인쇄물에 대해서는 별반 알려진 바가 없다. 고려조 최초의 목판인쇄물은 현재 알려지기로는 목종 10년(1007)에 간행된 『일체여래심비밀전

■ 심은사는 남조南朝 양梁나라 사람 심약沈約을 말한다. 서적 2만 권을 소장한 장서가로 유명했다. 장사공은 진晉나라 사람으로 서른 수레 분의 귀중한 서적을 소장하고 있었다고 한다. 모두 장서가로 유명한 사람들이다. 심은사의 2만 권, 장사공의 서른 수레 분의 서적 운운은 궁중에 다량의 서적을 소장하고 있다는 비유적 표현이다.

조선시대 책과 지식의 역사

『무구정광대다라니경』. 751년. 국립중앙박물관.

신사리보협인다라니경—切如來心秘密全身舍利寶篋印陀羅尼經』이란 불
경이다. 그리고 현종 2년(1011)부터 『대장경』의 조성이 시작된다.
불경 외에 최초로 인쇄한 서적에 대해 밝힌 기록■은 앞서 인용했
던 『고려사』 정종 8년(1024) 2월 기해조의 기사다. 동경 부유수 최
호, 판관 나지열, 사록 윤렴, 장서관 정공간 등이 왕명으로 『전한
서』 『후한서』 『당서』를 새로 간행해 올리자 벼슬을 내렸다는 것이
다.[17] 즉 경주에서 『전한서』 『후한서』 『당서』 같은 중국 역사책을
찍어 올렸던 것이다. 『무구정광대다라니경』 이후 목판인쇄가 어떻
게 발전했던가에 대해 현재 말할 수 있는 것은 없지만, 11세기 초
부터 불경을 위시한 일반 서적의 목판인쇄가 성행했음을 확인할
수는 있는 것이다. 이후 약 1세기 동안 『고려사』에 서적출판에 관
한 기사가 집중적으로 나타난다. 앞서 언급한 바와 같이 정종 11년
(1045) 4월 기유에 비서성에서 새로 간행한 『예기정의』 70본과
『모시정의』 40본을 올리자 1본은 어서각에 소장하게 하고 나머
지는 문신에게 하사한 사례, 문종 12년(1058)과 13년(1059) 두 해

17 『고려사』, 「세가」, 정
종 8년(1042) 2월 기해:
『역주고려사』 1, 272~
273면.

■   불경은 일단 제외한다.

초주을해자본 『후한서』. 조선 성종 연간(1470~1494) 간행. 청주고인쇄박물관.

동안 안서도호부·경산·남원 등지에서 의서醫書의 책판을 여러 종 제작한 사례를 들 수 있을 것이다. 서적점을 설치한 것도 문종 때였다.

11세기 들어 고려의 출판·인쇄가 활황을 띠기 시작한 것은 명백한 사실인데, 그 이유는 무엇일까? 말할 것도 없이 서적수요가 증가했기 때문일 텐데, 도대체 그 수요란 또 무엇인가? 불경이야 고려가 불교 사회였으니 구태여 말할 것이 없지만, 일반 서적의 수요가 증가한다는 점은 검토해봐야 할 사항이다. 고려사회와 이전 시대인 신라사회의 큰 차이점은 지배층(관료)의 충원방식이다. 신라는 골품제의 나라였다. 개인의 사회적 지위가 혈통으로 결정되었다. 성골과 진골이 아니면 정치권력의 핵심에 들어갈 수 없었던 것이다. 반면 고려는 과거제를 채택했다. 물론 문벌귀족이 형성되어 정치권력을 독점했지만 어쨌든 과거제도는 인간의 생래적 혈통이 아닌 개인의 능력에 따라 지배층을 선발한다는 데 큰 의미가 있었다. 과거제도는 광종 9년(958)에 처음 시행되어 이후 차차 제도를 정비했다. 여기서 그 기나긴 제도 정비의 역사를 중언부언할 필요는 없겠다. 하지만 과거의 시험과목은 거론할 필요가 있다. 인종 14년(1136)에 왕명으로 과거의 종류와 고시과목이 확정되는데, 다음과 같다.[18]

18 김상기, 『고려시대사』,
서울대출판부, 1985,
246면.

제술과製述科—경의經義·시詩·부부(頌·策·論)

명경과明經科—시경詩經·서경書經·주역周易·춘추春秋·예기禮記 등

명법과明法科—율律·영令 등

명산과明算科—구장九章·철술綴術·삼개三開·사가謝家 등

명서과明書科—설문說文·오경자양五經字樣·진서眞書·행서行書·전서篆書·인문印文 등

의업醫業—소문경素問經·본초경本草經·명당경明堂經·맥경脈經·침경針經·난경難經·구경灸經 등

주금업呪噤業—맥경脈經·유연자방劉涓子方·창저론瘡疽論·명당경明堂經·침경針經·본초경本草經

지리업地理業—신집지리경新集地理經·유씨서劉氏書·지리결경地理決經·경위령經緯令·지경경地鏡經·구시결口示決·태장경胎藏經·가결訶決·소씨서蕭氏書

하론업何論業—진서주장眞書奏章·하론何論(진사소습進士所習의 서명書名)·효경孝經·곡례曲禮·율律

제술과와 명경과를 제외하고는 기술직 관료를 선발하는 잡과

다. 잡과에는 지금은 알아들을 수 없는 시험과목이 허다하지만 여기서 밝힐 계제는 아니다. 지배관료를 선발하는 과거는 명경과와 제술과 두 종이다. 하지만 책에 관해 말하고 있는 지금 이 자리에서 그런 구분은 무의미하다. 위에 소개한 각종 시험과목은 제술과, 명법과와 명서과를 제외하면 모든 시험과목이 사실상 책의 제목이다. 아니, 제술과 역시 시험을 잘 치르려면 오랜 작문수련이 필요하고 그러므로 사서삼경 따위의 책이 필요한 것은 물론이다. 명법과와 명서과도 마찬가지일 터이다. 어쨌든 과거에 응시하려면 이러한 책이 당연히 필요하다. 다시 말해 당시 서적의 수요는 무엇보다 과거제에서 기인했던 것이다.

국가의 지배층이 신분에 의해 이미 결정되는 신라의 골품제에 비해 고려가 도입한 과거제는 개인의 문학적 역량을 시험하여 국가의 지배관료를 선발한다는 점에서 매우 진보적인 제도였다. 과거시험은 천민이 아닌 경우 원칙상 누구에게나 열려 있었다. 당연히 과거에 응시하려는 사람이 늘어났고, 결과적으로는 책의 수요자인 지식계급의 폭을 넓혔다. 그 과정에서 제도적 변화도 일어났다. 먼저 들 수 있는 것이 교육기관의 변화다.

극단적이라 할지 모르겠으나, 중세의 교육이란 과거를 치르기 위한 예비단계다. 개경에 고려 최고의 교육기관인 국자감이 설치된 것은 성종 11년(992)이었다. 국자감은 당의 제도를 본뜬 것으로 내부에 국자학國子學·대학大學·사문학四文學이 있었다. 이 외에 율학律學·서학書學·산학算學 등 전문 직업학교도 있었는데 국자학·대학·사문학과 합쳐 이를 '경사京師 6학'이라 했다. 국자학·대학·사문학이 구체적으로 어떻게 구분되는지는 확실하지 않다. 그러나 그 교과과정은 대략 알 수 있다. 『효경』과 『논어』는 필수였고, (1)『상서』『공양전』『곡량전』(2)『주역』『모시』『주례』

『의례』(3)『예기』『좌전』으로 된 세 과정 중 한 과정을 선택하게 되어 있었다. 이 외에 주나라 좌구명이 지은 역사책『국어國語』를 비롯해,『설림說林』『자림字林』『삼창三倉』『이아爾雅』를 읽게 되어 있었다.

이것은 물론 서울의 학교였고 지방에는 따로 주학州學이 설치되었다(인종 5년). 다만 지방의 관학에 대해서는 더 알아낼 상세한 자료가 없다. 이 외에 너무나도 유명한 사학私學이 있다. 예컨대 최충崔沖의 구재九齋에서 시작된 사학은 12도徒란 이름의 12개 사학을 낳을 정도로 번성했다. 심지어 사학이 관학을 압도해 과거시험 준비를 하는 자들은 모두 사학으로 쏠렸다고도 한다. 하기야 여기서 고려의 교육제도를 더 언급할 필요는 없겠다. 다만 과거제도와 교육제도 정비, 사학 발달은 필연적으로 서적수요층의 방대한 증가를 의미한다. 국자감의 삼학, 즉 국자학·대학·사문학의 학생정원이 각각 300명이었으니 모두 900명이며, 중국 쪽 기록에 "국자감과 사문학은 학생이 6000명"[19]이라는 기록이 남아 있는 것을 볼 때 한때 엄청난 학생이 재학했음을 알 만하다. 교과서, 곧 서적의 방대한 수요가 있었음을 추정케 한다.

이제 국자감이 설치되기 불과 2년 전인 성종 9년에 왕이 평양에 수서원을 설치하고 서적을 베낀 뒤 나누어 소장하라고 한 의미를 이해할 수 있다. 교육의 확대가 필연적으로 서적공급을 요구했던 것이다. 그렇다고 해서 서적이 풍부하게 공급된 것은 아니었다. 수요와 공급은 일치하지 않았다.

서경 유수가 보고하기를, "경내京內의 진사進士 명경明經 등 여러 과거에 응시할 거인擧人들이 공부하는 서적은 대개 전사傳寫한 것이므로 글자가 많이 틀려 있사오니, 청컨대 비각이 소장한 구경九經,『한

19 「송사」 제487권, 「고려전(高麗傳)」, "國子監四門學, 學者六千人": 김상기, 앞의 책, 244면.

서』『진서』『당서』『논어』『효경』자사子史, 제가諸家의 문집文集, 의
醫·복卜·지리地理·율律·산算 등 여러 종류의 책을 나누어 하사하
여 학원에 두도록 하소서" 하자, 관리에게 각 1본씩 인쇄하여 보내
라고 명했다.[20]

20 『고려사』, 「세가」, 문종
1, 10년(1056) 8월 무진:
『역주고려사』1, 335면.

평양의 유수가 과거 준비를 하는 사람들의 서적이 거의 전사본
(곧 필사본)이라 오자가 많으니 궁중이 소장한 서적을 각 학교에
하사해줄 것을 바라는 내용이다. 문종은 1벌씩 인쇄해 보내라고
하는데, 이는 요구하는 책들의 목판이 이미 비각(곧 비서성)에 있
었다는 의미다. 곧 문종 연간에 오면 비서성에 각종 유가 경전과
역사서 그리고 잡과에 필요한 서적의 책판이 상당수 축적되었던
것으로 보인다. 문종 17년의 기록에 의하면, 경사자집經史子集 전
반에 걸쳐 책판冊版이 두루 갖추어졌으며, 같은 해 4월에는 그 책
들을 고루 찍어 태자에게 하사했다고 한다.[21] 이로부터 38년 뒤인
숙종 6년(1101)에 비서성의 책판이 관리가 불가능할 정도로 많아
국자감에 서적포를 설치하고 옮겨두라는 명령이 있었음을 상기한
다면, 문종 이후 서적의 인쇄·출판이 급격히 증가하는 추세였음
을 충분히 짐작할 만하다.■ [22]

21 『고려사절요』 5권, 문
종 17년(1063) 4월: 천혜
봉, 『한국전적인쇄사』, 범
우사, 1990, 118~119면.
이하 천혜봉의 책은 면수
만 밝힌다.

22 천혜봉, 앞의 책, 116
면 참조.

여기에 덧붙여 금속활자에 대해 간단히 언급해둔다. 『고금상정
예문古今詳定禮文』이 1234년과 1241년 사이에 금속활자로 인쇄된
다. 또 『남명천화상송증도가南明泉和尚頌證道歌』가 1239년에 옛날
금속활자본을 저본으로 다시 목판으로 제작되는데 이를 근거로

■   물론 여기에는 인쇄기술에 관한 문제도 있다. 천혜봉에 의하면, 중앙 및 지방관아의 인쇄는 『초조대장
경初雕大藏經』 조판이 상당히 진척된 현종조顯宗朝를 지나 정종조靖宗朝(1035~1046)에 들어와 본격적으로 시작
되었던 것이 확인되며, 그 후 성행했다고 한다. 곧 『대장경』을 조판하는 과정에서 발달한 인쇄기술이 다른 서
적의 인쇄를 활성화한 것으로 보인다.

조선시대 책과 지식의 역사

한다면, 1239년 이전에 이미 금속활자가 존재했다는 의미가 된다. 즉 두 책은 13세기 초반에 이미 금속활자가 존재했음을 증언하는 것인데, 이 시기에 금속활자가 만들어진 이유는 무엇인가? 금속 활자에 대해서는 이 책의 2장에서 더 자세히 거론하겠지만, 어쨌 든 고려에서 금속활자가 13세기 초반에 만들어진 납득할 만한 까 닭은 아직도 밝혀지지 않고 있다.

고려의 국가도서관과 장서

고려시대에 발행된 서적의 총량과 그것이 어떻게 유통되고 집적되었는지 현재의 우리로서는 알 길이 없다. 다만 국가도서관이 엄청난 규모였음은 희미하게나마 짐작할 수 있다. 이에 대해 간단히 살펴보자.

11세기가 끝나던 즈음인 선종 8년(1091) 6월 병오조 기사는 희한한 소식을 전하고 있다. 송나라에 파견되었던 이자의李資義 등이 귀국할 때 송나라 황제가 고려에 좋은 책이 많다는 말을 듣고 구하고자 하는 책의 목록을 보내 베껴 오라 명했다는 것이다. 요청한 서적은 모두 127종 5000여 권인데, 그 목록이 『고려사』에 남아 있다.[23] 이 목록의 책이 예외 없이 고려에 있었는지는 의문이지만, 중국 측의 자료에 의하면 상당수 책이 그들이 바라던 대로 중국에 건너갔다.[24] 어쨌거나 중국이 희귀본을 원할 정도로 고려가 많은 책을 소장했음은 두말할 필요가 없을 것이다.

이로부터 7년 뒤인 숙종 원년(1096) 7월 경인에 숙종은 문덕전文德殿에 가서 비장秘藏 서적들을 열람하고, 그중 완질인 것은 문덕전과 장령전長齡殿의 어서방御書房·비서각秘書閣에 나누어 소장하고, 남은 것은 신하들에게 하사했다.[25] 숙종은 즉위 5년이 되던 해에 궁중 서적에 모두 소장인을 찍었다. 그 소장인은, 조선 세조 때의 문신 양성지梁誠之의 말[26]에 의하면, "고려국십사엽신사세어

23 『고려사』 「세가」, 선종, 8년(1091) 6월 병오: 『역주고려사』 1, 454~455면.

24 천혜봉, 앞의 책, 122면.

25 『고려사』 「세가」, 숙종 1, 원년(1096) 7월 경인: 『역주고려사』 2, 12면.

26 『세조실록』 9년 5월 30일.

조선시대 책과 지식의 역사

장서高麗國十四葉辛巳歲御藏書 대송건중정국원년 대요건통원년大宋建中靖國元年 大遼乾統元年"과 "고려국어장서高麗國御藏書"라는 두 종류였다. 이 장서인이 찍힌 책들은 양성지의 말처럼 세조 당시 소장하고 있던 1만여 권의 국가 장서 안에 상당수 포함되어 있었다. 그러나 이 소장인이 찍힌 책은 현재 국내에는 없고 일본에만 몇 종 있다. 천혜봉에 의하면, 일본 궁내청宮內廳 서릉부書陵部가 소장한 북송판北宋板 『통전通典』과 전전가前田家 존경각尊經閣이 소장한 『중광회사重光會史』에 그 장서인이 찍혀 있다고 한다.[27]

27 천혜봉, 앞의 책, 122면.

이야기가 잠깐 다른 데로 흘렀다. 아마도 이 시기까지 고려의 주 도서관은 문덕전이었던 모양이고, 여기서 넘쳐나는 책은 장령전의 어서방·비서각으로 옮겨두었던 것이다. 이 외에도 인종 원년(1123) 고려에 사신으로 왔던 서긍徐兢의 『고려도경』에 의하면, 연영전각延英殿閣에 속하는 청연각淸讌閣에도 여러 역사서와 제자백가서를 보관했고,[28] 임천각臨川閣은 오로지 서적 수만 권을 보관하는 곳이었다고 한다.[29]

28 정용석·김종윤 역, 『고려도경』, 움직이는책, 1998, 96면.

29 『고려도경』, 102면.

물론 이러한 국가 장서가 모두 국내에서 인쇄된 것은 아니었다. 절대다수는 중국에서 수입했을 것이다. 이에 관한 자료가 몇몇 남아 있어 그 정황을 짐작할 수 있다. 소식蘇軾은 원우 8년(1093) 황제에게 올린 상소문 「논고려매서이해차자論高麗買書利害箚子」[30]에서 고려 사신에게 『북사北史』를 비롯한 역대 사서, 『책부원귀策府元歸』 『칙식勅式』 등을 팔지 말 것을 요청했는데, 이 경우는 고려 조정에서 외교적 루트를 통해 정식으로 서적구입을 청한 것이다. 그런데 소식은 왜 고려에 책 파는 것을 반대했을까? 고려로 들어간 책들은 필연적으로 당시 송의 두통거리였던 요遼로 흘러들어갈 것이고, 요는 이들 서적으로 중국의 지리를 알아내 침략의 수단으로 삼지 않을까 걱정한 것이었다. 소식의 건의가 수용되었는지는

30 소식, 『소식문집』 3(중화서국, 1986), 994~1000면. 모두 세 편이 씌었다.

〈동파선생입극도東坡先生笠屐圖〉, 1874년. 추사의 문하에서 그림을 배운 허련許鍊이 그린 소동파.

조선시대 책과 지식의 역사

알 수 없지만, 소식의 차자에는 송과 고려 사이 서적교류에 대한 귀중한 정보가 있다. 「논고려매서이해차자」는 모두 세 편인데, 세 번째 차자가 퍽 중요하다. 이 차자에서 소식이 인용한 『국조회요國朝會要』에 의하면, 고려는 순화淳化 4년(993), 대중상부大中祥符 9년(1016), 천희天禧 5년(1021)에 『구경서九經書』『사기史記』『전한서』『후한서』『삼국지三國志』『진서晉書』『제자諸子』『역일曆日』『성혜방聖惠方』 같은 음양·지리 서적을 다양한 분야의 외교적 경로를 통해 황제의 허가를 받아 수입했다. 앞서 정종 8년(1042) 2월 경주에서 『전한서』『후한서』『당서』 등의 목판본을 만들었다는 자료를 인용한 바 있는데, 아마도 이 책들은 10세기 말에서 11세기 초 송에서 수입된 책을 저본으로 삼았을 것이다.

이와 달리 민간무역으로 수입된 책들도 있었다. 예컨대 현종 18년(1027) 8월 정해에는 송의 강남 사람 이문통李文通 등이 서적 596권을 바치는데 아마도 상품商品이었을 것이다. 또 선종 4년 3월 갑술에는 송의 상인 서전徐戩 등 20여 명이 신주화엄경판新註華嚴經板을 바치고 있는데, 소동파의 『동파전집』 32권 「논고려진봉장論高麗進奉狀」에 의하면 고려로부터 미리 주문을 받아 조판한 것이었다.[31] 또 명종 22년(1192)에는 송나라 상인들이 『태평어람太平御覽』을 바치고 백금 60근을 받아갔다. 이런 자료는 현재까지 전하는 그야말로 희귀한 사례인데, 당시 송과 고려 사이에 활발한 무역이 이루어졌음을 생각하면 상당한 양의 서적이 서해를 건너왔을 것이다.

31 김상기, 앞의 책, 159면.

고려에서 가장 많이 찍은 책

이제까지 국가가 주도한 서적인쇄와 축적에 대해 말했다. 그러나 중요한 사항을 일단 빼놓고 지나왔다. 불교 서적이다. 고려는 불교 국가였다. 물론 고려에도 유학이 없지는 않았다. 실제로 교육 및 과거를 위한 학습과정과 시험과목은 유학 경전에 근거하고 있었다. 그러나 이 시기 유학은 조선이 열렬히 신앙했던 성리학과는 달리 인간의 삶과 죽음 그리고 세계에 대한 형이상학적 의문에 해답을 제공하지 않았다. 유학이 고려인들의 생활과 의식에 어떤 영향도 미치지 않았다고 하는 것은 말이 안 되지만, 조선에 비하면 고려에서 유학은 힘이 약한 이데올로기였다. 유학은 주로 교육과 과거를 통해 관료를 선발하고 통치기구를 짜는 데 필요했을 뿐이다. 삶과 죽음, 세계에 대한 형이상학적 답은 불교가 제공했으며, 인간의 일상을 지배하는 각종 의식도 불교에 바탕을 둔 것이었다. 조선시대 서원의 숫자와는 비교도 할 수 없을 정도로 많은 사찰이 있었으며, 왕실로부터 피지배층 말단까지 모든 인간은 선택의 여지가 없는 불교도였다.

불교가 인간의 대뇌와 행동을 지배하는 세상에서 불교 서적이 필요했으리라는 점은 두말할 나위가 없다. 『팔만대장경』이 상징하듯 불경 인쇄는 고려 인쇄문화의 주류였다. 지금 최초로 확인할 수 있는 것, 곧 현재 실물이 전하는 불경으로는 고려가 건국된 지

32 천혜봉, 앞의 책, 42면.

47년이 지난 목종 10년(1007)에 개성의 총지사 주지 홍철이 개판한 『일체여래심비밀전신사리보협인다라니경』(이하 '『보협인다라니경』')이란 엄청나게 긴 이름의 경전이다.[32] 사찰에서 인쇄한 불경의 종수와 총량 그리고 유통과정에 관해 소상한 정보를 기대하기란 애초 무리다. 고려조 서적으로 실물이 남은 것이 워낙 희귀한데다 거의 유일한 사료라 할 수 있는 『고려사』 자체가 출판과 인쇄에 관한 세부적 사항을 알려주기에는 너무나 빈약하기 때문이다. 어쨌거나 지금 남아 전하는 책의 실물과 문헌자료를 총동원하여 정리한 바에 의하면, 위에서 말한 1007년 총지사의 『보협인다라니경』을 필두로 1381년, 곧 우왕 7년까지 불경을 간행한 사찰은 45곳이고, 간행한 종수는 72종이다. 물론 여기에는 하나의 책을 두 번 이상 간행한 경우도 속한다. 어쨌든 이들은 엄청난 자료의 망실 이후 겨우 남은 것들이다. 그렇다면 지금 우리가 아쉽게도 알 수 없을 따름이지 그 이면에는 훨씬 다채롭고 풍부한 불경이 대량 인쇄되었을 것이다.■

이제 『대장경』을 말할 차례다. 고려의 목판인쇄술은 『대장경』에 집적되었다 해도 과언이 아니다. 『대장경』은 알려진 바와 같이 두 차례 간행되었다. 최초의 『대장경』, 곧 『초조대장경』 조성은 현종 2년(1011) 거란의 침입을 계기로 시작되어 선종 4년(1087)까지 76년이란 장구한 시간 속에서 이루어졌다. 물론 그 중심 시기는 현종과 문종 때였다.[33] 『대장경』 조성에는 송나라에서 들어온 『개보칙판대장경開寶勅板大藏經』■■을 저본으로 하고, 『거란대장경』과

33 같은 책, 56면.

■   이규보의 「묘법연화경심병삼십칠품찬송서妙法蓮華經心幷三十七品讚頌序」는 시랑 김원유가 중국본을 얻어 개인적으로 인쇄한 불경에 붙인 글이다(『동국이상국집』: 『한국문집총간』 1, 513면). 불교를 숭신하는 개인의 종교적 열정으로 인쇄된 불경은 이 외에도 많았을 것으로 생각된다.
■■   971년 조성되기 시작해 983년에 완성되었다. 고려에는 991년에 들어온 것이라 한다.

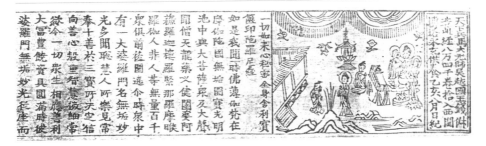

『일체여래심비밀전신사리보협인다라니경』. 975년. 청주고인쇄박물관.

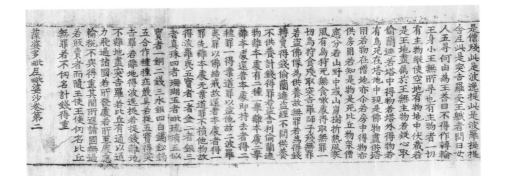

『초조대장경』.「살파다비니비바사薩婆多毗尼毗婆沙」권2. 청주고인쇄박물관.

『재조대장경』.「유가사지론瑜伽師地論」권74. 청주고인쇄박물관.

조선시대 책과 지식의 역사

『송조대장경』을 참고해 내용을 추가했다. 이때 인쇄된 것은 570함 函, 권수는 6000권에 가까웠다. 그간의 복잡한 사정을 다 말할 필요는 없을 것 같다.[34]

34 좀 더 알고 싶은 독자는 천혜봉의 『한국전적인쇄사』를 참고할 것.

당연히 그 다음은 『재조대장경再雕大藏經』, 곧 우리가 알고 있는 그 합천 해인사에 경판이 소장되어 있는 『팔만대장경』이겠지만, 그 중간에 『속장경續藏經』이란 것이 있었다. 이것은 대각국사 의천 義天이 조성한 것인데, 그는 중국 유학 중 장소章疏(주석서) 3000여 권을 수집해 귀국했다. 귀국 후에도 장소의 추가 수집에 힘을 기울여 1090년에 『신편제종교장총록新篇諸宗教藏總錄』이란 책(상·중·하)을 엮었다. 여기에는 1010부 4857권이란 방대한 교장敎藏이 실려 있다. 이 목록을 근거로 판목을 조성했던 것인데, 그 시작 연도는 대개 1091년이고, 그 마지막 조성은 의천이 죽은 해인 1101년의 이듬해인 1102년이라 한다.[35] 물론 얼마나 조성되었는지는 알 수 없으나 방대한 양이었던 것만은 분명하다.

35 천혜봉, 앞의 책, 72~73면.

2차의 『대장경』은 알려진 바와 같이 1232년 몽고군에 의해 불타버린 『대장경』을 복원하려는 의도에서 1236년부터 조성하기 시작해 16년이란 세월에 걸쳐 1251년 완성한 것이다. 이 『대장경』은 알려질 대로 알려졌으니 여기서 거듭 말할 것은 없다. 그 규모만 보자. 이 책은 663함, 1562부, 6778권이고, 경판 수는 8만 1000여 개나 된다 한다.[36] 그러나 전체 규모에 대해서는 여러 사람의 의견이 분분하다. 다음 자료를 보자.

36 같은 책, 80면.

현재 해인사 『대장경』의 목판의 수는 정확하지 않다. 그것은 초등학교 교과서에는 8만 1137장, 민족문화대백과사전에는 8만 1258장, 해인사의 설명에는 8만 1340장이다. 이 경판은 두 면이 다 새겨져 있고, 두 면에 새겨진 글자 수는 644자이다. 따라서 전체 글자 수는

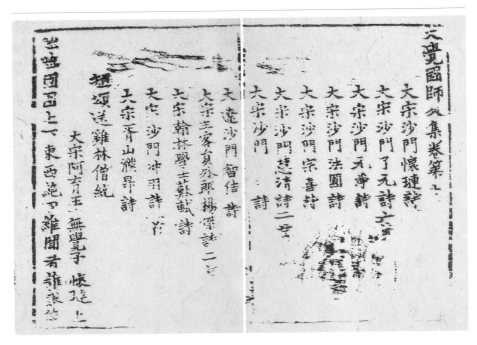

『대각국사외집大覺國師外集』 권11. 목판본. 대각국사 의천의 문집. 청주고인쇄박물관.

약 5200만 자가 된다. 박상진 경북대 교수에 의하면 달인의 경지에 이른 장인이 하루에 새길 수 있는 글자는 약 30~50자. 하루 평균 40장을 새긴다고 보면, 5200만 자를 새기는 데 동원된 장인의 연인 원수는 131만 명이다. 그뿐인가. 나무를 벌채하고 운반하는 데도 사람이 필요했을 것이고, 박상진 교수는 이에 대해 1만~1만 5000그루의 나무가 필요했고, 벌목과 운반에도 연인원 8만~12만 명이 동원되었을 것으로 추정한다. 즉『팔만대장경』을 제작하는 데 필요한 총 연인원을 약 140만 명 정도로 추정한다.[37]

경판 숫자가 8만 1137장이든 8만 1258장이든 8만 1340장이든

37 이광표 기자, "팔만대 장경 과연 몇 장일까?", 『동아일보』 2000년 7월 5일.

조선시대 책과 지식의 역사

무슨 소용인가? 나로서는 8만 장이면 족하다.

『대장경』 조성은 거란과 몽고의 침입을 불법佛法의 힘으로 격퇴하고자 하는 염원에서 나온 것이라고 전한다. 목판에 글자를 새기는 노동과 그 결과물이 과연 외적을 물리쳤던가? 몽고가 침입해 오자 8만 개가 넘는 판목을 새겼지만 국토는 유린당했으며 결국 항복해 구차하게 원의 부마국으로 전락했다. 종교적 신심이 아무리 열렬해도 현실을 어찌할 수는 없다. 아니, 애초『대장경』조판은 전쟁의 공포와 민중의 불복종 혹은 이적에 대한 저항심을 기르기 위한 수단이 아니었던가.

불경은 우리에게 금속활자인쇄본으로 알려진 『직지直指』 등을 제외하면 모두 목판인쇄물이다. 목판인쇄는 비용이 많이 드는 인쇄방식이다. 고려의 사찰은 토지와 노비를 거느린 지주였기 때문에 그 어마어마한 비용을 댈 수 있었던 것이다.

고려시대 서적들의 행방

이제까지 고려의 출판·인쇄, 서적집적에 대해 언급했지만 사실
이것은 희미한 개괄에 불과하다. 출판과 인쇄가 이루어지는 시스
템, 서적유통, 출판되었거나 국가도서관에 소장된 서적목록에 대
해 우리가 아는 바는 거의 없는 것이다. 고려가 출판했거나 중국
에서 수입한 서적들은 어디로 사라져버렸을까? 서적의 대량 망실
에 관한 의문이 자연스럽게 떠오르는 것이다. 이제 이 점을 검토
해보자.

　인종 4년(1126) 이자겸李資謙의 난이 일어났다. 이때 고려의 궁
궐이 화재로 소실되었다. 『고려사』의 이자겸전[38]은 이 화재로 "오
직 산호山呼·상춘賞春·상화賞花 세 정자와 내제석원內帝釋院의 낭
무廊廡 수십 간만 겨우 남았다"고 전하고 있다. 이때 모든 서적이
깡그리 재로 돌아간 것은 아니겠지만, 궁중에 소장된 국가 장서가
엄청난 피해를 입었으리란 점은 불문가지다. 이자겸의 난은 고려
의 서적에 횡액이었던 것이다.

　이뿐인가? 무신난과 몽고 침입도 서적문화에 엄청난 충격을 끼
친 것으로 보인다. "문관文冠을 쓴 자는 비록 서리라도 종자를 남
기지 말라"는 말에서 보듯 1170년 무신난에서 문신은 철저히 제
거대상이었다. 책을 읽을 사람을 제거했으니 당연히 서적문화가
위축되었을 것이다. 게다가 무신이 집권한 동안 몽고의 침입이 시

38 『역주고려사』 10,
431면.

작되었다. 몽고는 1231년 살례탑撒禮塔의 1차 침입부터 1257년 차라대車羅大의 7차 침입까지 고려의 국토를 유린했다. 1232년 6월 16일 고려는 천도를 결정했고, 한 달도 안 된 7월 7일 왕(고종)은 강화도에 도착했다. 그런데 불과 20일밖에 안 되는 이 짧은 기간 내에 궁중의 장서가 모두 옮겨질 수 있었을까? 일부는 옮겼겠지만 대다수 서적은 아마도 방치되었을 것이다. 더욱이 강화 천도로 인해 몽고의 2차 침입이 있었으니, 이때 부인사符仁寺에 소장되었던 초조판『고려대장경』이 불에 타고 말았다.

지방에서 제작된 책판 역시 이때 대량 훼손된 것으로 보인다. 이규보는 최지崔址가 소동파의 문집을 간행한 것을 기념하는 글에서 원래 소동파의 문집 책판이 상주尙州에 있었으나, 몽고에 의해 불타버렸음을 증언하고 있다.[39] 유사한 사례가 결코 적지 않았을 것이다. 몽고의 침입이 고려 전기의 서적문화를 파괴했음은 두말할 나위가 없는 것이다. 국자감 서적포의 책판 역시 이런 내우외환으로 망실되었을 것으로 추정된다. 이 같은 서적 망실에 대해 최해崔瀣는 이렇게 말하고 있다.

39 이규보, 「전주목신조동파문집발미(全州牧新雕東坡文集跋尾)」, 『동국이상국집』; 『한국문집총간』1, 515면.

풍속이 순박하여 무릇 가집家集은 손으로 베낀 것이 많고, 판본으로 간행된 것은 적었다. 그래서 시간이 갈수록 더욱더 망실되어 널리 전하기 어려웠다. 또 중세에 이르러서는 무인武人을 통제하지 못하여 변이 소홀한 틈을 타서 일어나 곤강昆岡의 옥과 돌이 모두 불타버리는 화를 입게 되었다. 그 뒤 3, 4대 동안 중흥했다고는 하지만, 예문禮文이 부족한 데다 권신權臣이 나라의 권세를 제멋대로 휘두르고 왕과 백성을 협박하여, 서울을 버리고 섬으로 피해 숨게 되어 서로를 보존할 겨를도 없었으니, 서적은 진흙탕에 내던져 수습할 수가 없었다. 이 이후로 학자는 사우師友의 연원을 잃었고, 또 중국과

서로 통하지 못하게 되어 모두 과문寡聞에 빠지고, 부망浮妄한 데로 흐르게 되었던 것이다.[40]

40 「동인지문서(東人之文序)」, 『졸고천백(拙藁千百)』; 『한국문집총간』 3, 27면.

최해가 『동인지문東人之文』이라는 책을 엮으며 한 말로, 무신난과 몽고 침입으로 인해 막대한 서적이 망실되었음을 증언하고 있다. 물론 최해 당시는 원의 지배기였던 탓에 몽고 침입에 관해 노골적으로 말하지는 못하고, 모든 것을 무신정권 탓으로 돌리고 있지만, "서울을 버리고 섬으로 피해 숨었다"라는 말은 바로 몽고 침입을 가리킨다. 즉 무신난과 몽고 침입으로 목숨을 보존할 겨를조차 없었으니 서적은 당연히 관심 밖이었다는 것이다. 무신난과 몽고 침입이야말로 고려의 서적이 망실된 결정적 사건이었던 것이다. 고려 전기에 집적된 모든 서적이 내란과 외환으로 사라져버린 것이다.

고려가 몽고에 복속되어 부마국이 된 후 서적은 다시 집적되었다. 충선왕 때의 서적수입을 예로 들어보자. 그의 정치적 행로는 매우 복잡하므로 여기서 말할 계제는 아니다. 서적과 관련되는 부분만 언급하자. 충선왕은 세자 시절 원나라에 머무르다가 고려로 귀환할 때 송의 비각 서적 4000권을 받아왔다.[41] 고려 후기의 서적수입과 밀접한 관련이 있는 인물인 것이다. 그러나 보다 확실한 관련은 그가 세웠다는 사설도서관 '만권당萬卷堂'에 있다. 1313년 충선왕은 충숙왕에게 왕위를 물려주고 다시 원의 수도로 들어가 만권당을 세운다. '만권당'이란 말 자체가 이미 거대한 서적을 수장한 도서관 분위기를 물씬 풍긴다. 만권당에 드나들던 중국 쪽 문인이 쓴 「만권당기萬卷堂記」에 의하면, 만권당에는 '육경제사 백씨지서六經諸史百氏之書'가 없는 것이 없었다고 한다.▪ 충선왕은 연경에서 사망하지만 그의 유해는 고려 땅에 묻혔다.▪▪ 만권당의 책은

41 한우근, 『한국통사』, 을유문화사, 1977, 206면.

최해의 『동인지문』, 국립중앙도서관.

어떻게 되었던가? 확실한 증거는 없지만, 만권당이 충선왕의 사설도서관이었던 만큼 고려로 전해지지 않았을까? 물론 추측일 뿐이다.

만권당의 서적은 그 전래 여부가 불투명하지만, 14세기에 중국으로부터 막대한 양의 서적이 수입되었음은 분명한 사실이다. 충렬왕 30년(1304)에 안향安珦은 쇠락한 국학國學, 곧 성균관의 교육 기능을 부활시키고자 관리들로부터 은과 포를 거두어 국학의 섬학전贍學錢에 충당하고, 남은 돈으로 중국 강남에서 육경六經과 역사서를 비롯한 서적을 구매하게 한다.[42] 국학에서는 왜 서적을 구입했던 것일까? 안향은 성리학을 수용한 최초 인물로 알려져 있다.

42 『고려사』, 「지」, 선거
2; 『역주고려사』 7, 74면.

■　「만권당기」는 김종직의 『점필재집佔畢齋集』에 수록되어 있다(『한국문집총간』 12, 420~421면). 이 글의 작자는 글의 말미에 '한림학사翰林學士 승지承旨 모某'라고 기록될 뿐 이름이 없다. 만권당에 드나들던 중국 관료나 문인으로 보인다. 그런데 왜 이 글이 김종직의 문집에 수록된 것인지 알 길이 없다. 아마도 『점필재집』을 출판할 때 편집자의 실수로 잘못 들어간 것이 아닌가 한다.
■■　개성의 덕릉德陵이 그의 능이다.

그는 유학, 곧 성리학을 보급하고 싶어했고 이를 위해 국학의 재
흥을 도모했으며, 그래서 서적이 필요했던 것이다. 또 이 기록으
로 국학에 소속되었던 서적포가 이때 와서는 거의 제기능을 발휘
하지 못했으리라고 추리할 수 있다.■

성균관은 이 시기 서적구입의 중요한 주체였다. 『고려사』 충숙
왕 원년 6월 경인조에 성균관의 서적구입에 관한 기사가 나온다.

> (1) 6월 경인에 찬성사 권부權溥, 상의회의도감사 이진李瑱, 삼사사
> 권한공權漢功, 평리 조간趙簡, 지밀직 안우기安于器 등이 성균관에 모
> 여 새로 구입한 서적을 고열考閱하고, 또 경학經學을 시험했다. 예전
> 에 성균관 제거가 박사 유연柳衍, 학유 유적兪迪을 강남江南에 보내
> 서적을 구입케 하였던 바 도착하지 못하고 배가 부서져 유연 등이
> 맨몸으로 해안에 올라오니, 판전교시사 홍약洪瀹이 태자부 참군으
> 로 남경南京에 있다가 유연에게 보초寶鈔 150정錠을 주어 경적經籍 1
> 만 800권을 구입해 돌아가게 한 것이다.
> (2) 7월 갑인에 원의 황태후가 사신을 보내 공주에게 주과酒果를 내
> 리고 황제가 왕에게 서적 4371책, 합계 1만 7000권을 내리니, 모두
> 송의 비각에 소장되었던 것으로 홍약의 주청奏請을 따른 것이었다.[43]

43 『고려사』, 「세가」, 충
숙왕 1, 원년(1314) 6월
경인: 『역주고려사』 3,
308면.

1314년 6월과 7월에 모두 2만 7800권이란 막대한 양의 서적이
중국에서 수입되었다. 6월에 들어온 책들은 원래 성균관에서 수입
을 추진한 것이지만 임무를 맡은 사람의 배가 파선한 탓에 구입하
지 못하고, 홍약이 대신 돈을 내 구입했던 것이다. 그런데 (2)를
보면, 송의 비각에 소장되었던 서적 1만 7000권 역시 홍약의 주청

■   이 시기에 와서는 서적포의 책판들이 거의 망실된 상태였을 것이다.

으로 고려로 건너왔다.

위의 자료는 여러 차원에서 재검토될 여지가 있지만 이 정도에서 그치자. 어쨌든 1314년 막대한 양의 서적이 중국으로부터 수입되었 던 것은 분명한 사실인데, 이 책들은 다 어떻게 되었는가? 과연 순 조롭게 조선으로 이관되었을까? 온전히 후대로 이관된 것 같지는 않다. 그사이 전쟁이 있었기 때문이다. 고려 말의 인물 설장수偰長 壽는 『농상집요農桑輯要』 발문에서 다음과 같이 말하고 있다.

44 설장수, 「서농상집요 후(書農桑輯要後)」; 김용 섭, 『한국중세농업사연 구』, 지식산업사, 2000, 352면에서 재인용.

> 본조本朝(고려)는 수령에게 책임을 지워 농사를 선무先務로 삼게 했 다. 그러나 파종하고 김매는 상세한 방도와 양잠과 목축의 법은 세 상에 책으로 간행한 적이 없었다. 더욱이 서울(開京)에 있는 전적들 이 신축년 오랑캐의 분탕질에 모두 탕진되었음에랴.[44]

신축년 오랑캐의 분탕질이란 곧 공민왕 10년(1361) 2차 홍건적 의 침입을 말한다. 이때 홍건적은 개경을 점령해 약 두 달간 개경 을 약탈했다. 이때 서적이 대량 망실되었다는 이야기다.

고려 전기의 서적은 이자겸의 난, 무신난, 몽고 침입으로 인해 대량 망실되었고, 14세기 이후 중국에서 수입한 막대한 양의 서적 은 홍건적의 난으로 소실되었던 것으로 보인다. 당연히 조선은 새 로운 서적문화를 개척해야만 했다.

정도전과 신흥사대부의 출판

정도전의 『삼봉집三峰集』에 아주 희귀한 시 한 편이 있다. 제목은
「서적포를 설치하는 시置書籍舖詩」[45]다. 시 앞에 서문이 있어 아울
러 인용한다.

45 정도전, 『삼봉집』: 『한국문집총간』 5, 296~297면.

> 대저 선비가 아무리 학문을 하고자 하는 마음이 있다 해도 서적을
> 얻지 못한다면 또한 어떻게 하겠는가? 우리 동방은 서적이 적어 배
> 우는 사람들이 모두 독서의 범위가 넓지 못함을 한스럽게 여긴다.
> 나 또한 이 사실을 아프게 생각한 지 오래다. 나의 간절한 바람인즉
> '서적포'를 설치하고 동활자銅活字를 만들어서, 무릇 경·사·자·
> 서·제가·시·문과, 의학·병兵·율의 서적까지 깡그리 인쇄해내어
> 학문에 뜻을 둔 사람들이 모두 그 서적을 구해 읽어 학문의 시기를
> 놓치는 한탄을 면했으면 하는 것이다. 여러분은 모두 사문斯文을 일
> 으키는 일을 자신의 책임으로 삼아 모쪼록 이 일에 공감해주기 바
> 란다.

> 물어보자, 어떤 물건이 사람에게 지식을 더해줄까?
> 타고난 자질이 좋지 않으면, 문장을 통해 얻는 법.
> 한스럽게도 우리나라에는 서적이 적어서
> 열 상자 넘는 책을 읽은 이 한 사람도 없다네.

『삼봉집』 권1. 목판본. 『삼봉집』은 정도전이 평생에 걸쳐 쓴 글을 모아 편찬한 것이다. 부, 오언 및 칠언 고시, 율시, 악장, 소, 서, 기, 제문 등 다양한 형식과 내용의 글이 담겨 있다.

늘그막엔 못 본 책을 얻는다 해도

읽고 나서 덮으면 이내 까먹어버린다오.

간절히 바라노니 부디 서적포를 설치하여

후학에게 널리 읽히고 무궁토록 전했으면.

그대 보라, 저 오랑캐가 윤리를 해치는 것을,

그들의 책, 책시렁과 동량棟樑을 꽉 채웠네.

저들은 성盛하고 우리는 쇠했다 한탄할 것 있으랴?

본디 우리들이 뜻이 강하지 못한 것을.

여러분께 청하노니 서적의 인쇄비용을 거드시어

모쪼록 사도斯道가 더욱 빛을 발하게 하소.

'서적포'를 설치하고 동활자를 주조해 더 많은 책을 펴내 선비들에게 보급하겠다는 주장이다. '서적포'라면 이미 앞에서 언급한 바 있다. 서적포는 숙종 6년 3월 임신에 비서성의 책판을 국자감으로 옮겨 책을 인쇄하게 했던 곳 아닌가? 그런데 서적포의 구체적 활동에 대한 기록은 그 이후의 『고려사』에선 보이지 않는다. 국자감 서적포가 어떤 방식으로 책을 발행했으며 유통시켰는지에 대한 어떤 정보도 얻을 수가 없는 것이다. 다만 이 서적포의 인쇄 사업이 과연 변함없이 지속되었느냐에 대해서는 부정적일 수밖에 없다. 무신난과 몽고 침입 등으로 인해 서적포 책판이 그대로 보존되었으리라 보기 어려운 탓이다.

또 정도전의 의도대로 서적포가 설치되었다는 증거도 없다. 『증보문헌비고』「예문고」에서는 이 시의 서문을 인용하며, 태종 3년에 비로소 주자소鑄字所를 만들었으니 이 서문을 "시행하지 않은 공언"이라 한 뒤 아마도 그 이전에는 서적포를 설치한 일이 없었을 것이라 말하고 있다.[46] 요컨대 정도전은 서적포를 설치하고자

46 『증보문헌비고』, 242권, 「예문고」 1: 동국문화사 영인본, 하권, 1957, 840면.

했으나, 그 일이 실제로 성사된 것 같지는 않다. 무엇보다 이 시가 서적포를 설치하고 난 뒤에 지어진 것이 아니라 서적포 설치를 바라는 희망의 표현이라는 점에 주목해야 한다. 시의 맨 마지막 구절에서 정도전은 "서적의 인쇄비용을 거들어"줄 것을 간절히 청하고 있는 것이다.

그렇다면 왜 정도전은 서적포 설치를 강력히 주장했는가? 정도전이 서적포를 다시 설치하자고 주장한 것은 붕괴된 국학(성균관)의 출판기능을 부활시키려는 의도였던 것으로 보인다. 그런데 그 이면에는 출판기능의 단순한 복구를 넘어 보다 심각한 생각이 있었다. 위 시의 본문 중 이 부분에 주목해보라. "그대 보라, 저 오랑캐가 윤리를 해치는 것을, 그들의 책, 책시렁과 동량을 꽉 채웠네. 저들은 성하고 우리는 쇠했다 한탄할 것 있으랴? 본디 우리들이 뜻이 강하지 못한 것을." 윤리를 해치는 오랑캐란 다름 아닌 불교를 지칭한다. 즉 고려의 서적은 불교 서적이 압도적이니 불교를 넘어서서 유가의 서적 등을 대량 인쇄해 유포할 것을 주장하고 있는 것이다.

특히 서적포가 국학에 소속된 기관이란 것은 의미가 범상치 않다. 앞서 1304년 안향이 강남에서 서적을 사 오게 했다는 기사에 이어 다음과 같은 언급이 보인다. "학문을 지원하는 선비와 칠관七管(국학에 설치된 칠재七齋), 사학 12도私學 十二徒의 제생諸生으로서 경서經書를 끼고 수업하는 자가 거의 수백 명을 헤아렸다." 이 부분을 음미해보자. 주지하다시피 안향은 1290년경 연경에 있을 때 성리학을 접하고 주자의 서적을 베껴 고려로 돌아온 사람이다.[47] 그가 귀국 후 한 일은 무엇이었던가? 그는 성리학을 보급하고 퇴락한 국학의 재건설을 자기 임무로 삼았던 것이다. 그리고 그 일을 위해 방대한 양의 서적수입을 추진했다. 안향 이래로 성

47 고혜령, 「고려 후기 사대부와 성리학 수용」, 일조각, 2001, 58~59면.

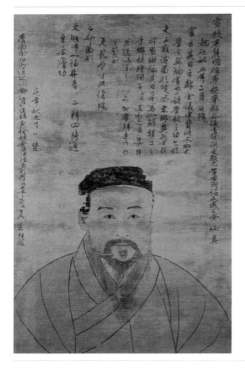

회헌영정晦軒影幀. 회헌은 안향의 호다. 안향은 1290년 경 연경에서 성리학을 접하고 주자의 서적을 베껴 고려로 돌아와, 성균관의 부흥을 도모했다.

리학이 점차 보급되었다. 그의 후계자들이 정치세력으로 형성된 것이 바로 신흥사대부다. 이들은 불교가 아닌 성리학을 새 국가의 이데올로기로 표방했다.

안향 이후 국학 곧 성균관의 역사에서 큰 모멘트가 되는 것은 공민왕 16년에 성균관을 새로 지은 일이다. 공민왕 10년(1361) 2차 홍건적의 침입으로 옛 성균관이 화재로 불타 16년(1367)에 다시 성균관을 지었던 바, 이색李穡이 겸대사성, 정몽주가 박사 겸 대사성이 되었고, 김구용金九容·박상충朴尙衷·박의중朴宜中·이숭인李崇仁 등이 다른 관직에 있으면서 교관敎官을 겸임했다. 이때는 학생이 수십 명에 불과했으나 이색과 정몽주가 학식學式을 새로 정

조선시대 책과 지식의 역사

48 『증보문헌비고』, 359
~360면.

하고 날마다 교육에 힘쓰자 배우려는 사람들이 몰려들었고, 정자
와 주자의 성리학이 비로소 흥하게 되었다고 한다.[48] 이색 등은 성
균관을 통해 성리학을 연구·전파했던 것이고, 정도전 자신도 공
민왕 19년(1370)에 성균박사成均博士에 임명되어 이색·정몽주·이
숭인·박상충·박의중 등과 함께 성리학에 대한 담토談討를 통해
새로운 사상에 대한 이해를 심화했던 것이다. 성균관은 바로 성리
학이란 새로운 사상을 공유하는 신흥사대부들이 자신들을 보좌할
우익羽翼을 양성하는 기관이 된 것이었다.

앞서 소개한 정도전의 「서적포를 설치하는 시」는 언제 쓰인 것
인가?『삼봉집』에 실린 시는 연대순으로 배열된 것으로 보이는데,
이 시 앞에는 「제공백공어부사권중題孔伯共漁父詞卷中」과 「제초수
도題樵叟圖」가 실려 있다. 이 가운데 「제초수도」는 공양왕 2년
(1390)에 지은 것이다. 따라서 「서적포를 설치하는 시」도 1390년
이후에 쓰인 것으로 보인다. 1390년 이후 정도전은 사실상 역성혁
명을 주도한 실력자였다. 1391년 9월부터 1392년 봄까지 반대파
에 의해 잠시 귀양살이를 하지만 이내 복귀해 7월에 조선을 건국
한다. 이 시기라면 이미 신흥사대부들이 정치적 실세가 된 상황이
었다. 그런데 왜 하필 불교를 언급하는가? 불교는 여전히 고려의
주류적 사유였고 신흥사대부들도 불교적 사유를 청산하지 못하고
있었다. 정몽주는 성리학을 이해하는 데 당대 제일의 수준을 자랑
했다. 그런데도 그는 불교와의 관계를 완전히 청산하지 못한 듯하
다. 정도전이 정몽주에게 보낸 편지를 보자.

요새 이런저런 말을 듣자니, "달가達可(정몽주의 자)가 『능엄경』을
보고 있으니 흡사 부처에게 아첨하는 사람처럼 보인다"고 합니다.
나는 "『능엄경』을 보지 않고서야 불교의 삿됨을 어떻게 알 수 있겠

는가? 달가가 『능엄경』을 보는 것은 불교의 병통을 알아내어 고치
고자 하는 것이지, 불교를 좋아하여 정진하자는 것이 아닐세"라고
하였습니다. 얼마 뒤 나는 혼잣말로 "나는 달가가 부처에게 아첨하
지 않는다는 것을 보증할 수 있다. …… 달가는 사람들에게 신뢰와
존경을 받고 있어 그의 행동은 사도의 흥폐興廢와 관계되는 바이니,
자중하지 않을 수 없다"고 하였습니다. 게다가 백성들이란 무식하
고 어리석어 유혹을 쉽게 받는 반면 깨우쳐주기는 어렵습니다. 모
쪼록 달가는 생각해보소서.[49]

49 「상정달가서(上鄭達可書)」, 『삼봉집』: 『한국문집총간』 5, 329면.

대단히 공손하고 조심스러운 어조이지만, 정몽주가 『능엄경』을
읽고 있음을 확인하고 그것이 성리학 전파에 부정적 영향을 끼칠
것이라 주장하고 있다. 불교 서적 독서와 불교에 대한 경사傾斜가
성리학을 진리로 표방하는 사대부들 사이에 엄연히 존재하고 있
었던 것이다. 당시의 유종儒宗으로 존경받던 이색 역시 공민왕 원
년 상소문을 올려 불교를 극력 비판했지만,[50] 그러면서도 아버지
이곡李穀의 뜻을 따라 『대장경』을 간행하는가 하면,[51] 우왕의 명으
로 서보통탑西普通塔의 기문記門을 지어 부처에게 아첨했다는 비
난을 받았다. 또 자신이 주최자가 되어 남신사南神寺란 절에서 '백
련회白蓮會'란 법회를 열었다.[52] 이색에게 가해진 비난이 정당하지
않을 수도 있지만 그가 불교를 이단시하면서도 불교와의 관계를
청산하지 못한 것 또한 사실이다.

50 『역주고려사』 9, 616 ~618면.

51 같은 책, 624면.

52 같은 책, 628면.

불교는 이처럼 성리학의 진리성을 주장하는 사람들 내부에 여
전히 강고하게 서식하고 있었고, 불경은 변함없이 지식인들의 독
서물이었다. 정도전이 「서적포를 설치하는 시」에서 불경을 몰아내
자는 주장을 강력히 펼친 것도 바로 이런 상황을 의식했기 때문이
다. 요컨대 정도전은 '서적포'를 유가–성리학 이데올로기를 생산

해 널리 퍼뜨리는 기관으로 만들고 그 이데올로기에 의식화된 혁명의 우익을 양성하려 했던 것이다.

　서적포가 성균관에 설립되지는 않았지만 정도전의 의도는 훗날 조선의 국가기관에 그대로 반영되었다. 앞서 인용했던 『고려사』 백관지의 「제사도감각색」에 나온 '서적점'이 바로 그것이다. 번거롭지만, 다시 한 번 인용하면 이렇다.

　　문종이 정했다. …… 충선왕이 한림원에 병합했다가 뒤에 다시 두었다. 공양왕 3년에 혁파했다. 4년에 서적원을 두어 주자와 서적인쇄를 관장시켰다. 영과 승이 있었다.

　공양왕 3년에 혁파했다가 공양왕 4년에 서적원을 두어 활자주조와 서적인쇄를 관장하게 했다는 것인데, 공양왕 4년이면 조선 태조가 등극한 1392년이다. 이해 7월에 고려가 망하고 조선이 건국되었다. 서적원은 조선으로 고스란히 계승되었다. 조선 태조 1년 7월 22일자의 『실록』 기사에서는 문무백관의 관제가 정해지는데, 여기에도 서적원이 있다. "서적원은 경적을 인출印出하는 일을 관장하는데, 영 1명 종7품이고, 승 2명 종8품이고, 녹사 2명 종9품이고, 사리 2명이다"라는 것이 해당 기록이다. 정도전의 서적원은 공양왕 4년의 것인가, 아니면 조선 태조 원년의 것인가? 아무래도 상관없다. 같은 해이니 말이다.

　서적원이 설치된 공양왕 4년은 고려의 마지막이자 조선의 시작이었다. 서적문화도 달라지기 시작했음은 불문가지다. 이제 조선시대 책의 역사 속으로 들어가보자.

2

인쇄 · 출판 문화의 새로운 시작

—

조선의 금속활자

조선은 새로운 인쇄·출판 문화의 성립을 열망하며 서적포를 설치했다. 그러나 정도전은 태종에 의해 제거되어 그 과업을 주도하지 못했다. 다만 정도전의 의도는 그대로 계승되어, 태조 1년 7월 22일자 『실록』에 따르면 '서적원'이 인쇄를 담당하는 정식 관청으로 설립되었다. 이는 공양왕 4년의 서적원을 그대로 계승한 것이지만 활동이 두드러지지는 않았다. 현재 알려진 서적원 활동은 태조 4년(1395) 백주지사 서찬徐贊이 목활자를 만들어 서적원에 바치자 이것으로 『대명률직해大明律直解』 100여 부를 찍은 일 정도다. 『대명률직해』를 찍은 그해에 그리고 태조 6년에 발행한 「원종공신녹권原從功臣錄券」도 목활자로 찍었는데, 이 역시 『대명률직해』 목활자와 비슷한 것으로 찍었으리라 추정하기도 한다.[1]

그렇다면 서적원에는 금속활자가 없었고 그 실제 활동도 변변하지 못했던 것으로 짐작된다. 이제 막 새로운 나라가 건설되었으니 서적인쇄보다 급한 일이 허다했다. 금속활자가 만들어진 것은 국초의 정국이 비로소 안정기로 접어들던 태종대에 와서다. 태종대의 금속활자 제작은 실로 조선조의 인쇄·출판 정책이 새롭게 포맷된다는 징표였다. 이제 금속활자의 제작과 그에 따른 인쇄·출판 문화의 변화와 발전에 대해 살펴보자.

1   김두종, 『한국고인쇄기술사』, 탐구당, 1995, 134~135면.

『대명률직해』. 규장각.

금속활자의 기원

지금까지 금속활자의 기원을 두고 여러 설이 제기되었다. 각각의
설은 다음과 같이 정리된다.

  (1) 고려 숙종 7년(1102) 기원설
  (2) 문종조(1047~1083) 기원설
  (3) 12세기 중기 기원설

이미 치밀하게 비판되었듯[2] 이 세 가지 기원은 현재 설득력이
거의 없는 것으로 판정난 상태다. 따라서 이를 거론하는 것 자체
가 무의미한 일이다. 다만 주목할 것은 이 가설들이 현재 1239년
으로 알려진 금속활자의 기원을 가능한 한 올려 잡는 태도를 보인
다는 점이다. 노골적으로 표명하지는 않지만, 고려 금속활자의 기
원을 가능한 한 올려 잡아 구텐베르크의 금속활자 발명과 시간 간
격을 멀리 떼놓으려는 의도인 것으로 보인다. 좀 야박하게 말하자
면, 금속활자 발명이 서양사에 미친 거대한 영향을 염두에 두고
서양이 아니라 동양의 이 작은 나라에서 그들보다 '훨씬 먼저' 금
속활자가 발명되었다는 사실을 강조하려는 듯하다.

  금속활자가 발명되었다는 확실한 증거가 되는 책은 다음 세 권
이다.

2 천혜봉, 앞의 책, 209
~210면.

(1) 『남명천화상송증도가南明泉和尚頌證道歌』

(2) 『상정예문詳定禮文』

(3) 『백운화상초록불조직지심체요절白雲和尚抄錄佛祖直指心體要節』(이른바『직지』)

이 세 책은 확실히 금속활자로 찍었다. 다만 실물이 전하는 것은 (3)『직지』뿐이다. (1)은 훗날 목판으로 다시 새긴 번각본이 남아 있고 (2)는 아예 전하지 않는다.

이 가운데 편의상 『상정예문』부터 이야기해보자. 실물이 전하지 않는 이 책이 금속활자본으로 알려진 것은 이규보가 이 책의 끝에 쓴 발문 때문이다. 이 발문의 정식 명칭은 「신서상정예문발미新序詳定禮文跋尾」로, "『상정예문』이라는 책 끝에 쓴 새 서문"이란 뜻이다. 『상정예문』이 아예 없어졌는데 무슨 발문이 있느냐고 따질지 모르지만, 이규보의 문집 『동국이상국집』에 이 글이 실려 있는 것이다.[3] 그런데 이 글을 지은 사람은 이규보이지만 당시 실권자이던 진양공 최이崔怡 대신 지은 것이므로, 사실 이 글의 주체는 최이가 된다. 옛날 문인들이 권력자의 글을 대신 써주는 것은 흔한 일이었다.

『상정예문』은 어떤 책인가? 이 책은 국가의 전례를 다룬 책으로, 고려 인종 때 왕명으로 평장사 최윤의崔允儀 등 17명의 신하가 고금의 전례를 수집·절충해 50권으로 엮었다고 한다. 이 예서禮書는 내용이 아주 훌륭해서 이 책이 세상에 유포되고 난 뒤 예禮가 바로잡히고 예에 대해 사람들이 기존에 갖고 있던 의혹이 없어졌다고 한다. 그러나 세월이 흐르자 본문에 글자가 빠지는 등 오류가 생겨 알아보기 어렵게 되었으므로,■ 최충헌(최이의 아버지)이

3 『동국이상국집』: 『한국문집총간』 2, 242면.

■ 원문은 '簡脫字缺, 難於攷審'이라고 되어 있다. 이 책은 목판본이었던 것 같다.

『남명천화상송증도가』. 고려주자판 중조본. 1239년. 청주고
인쇄박물관.

『백운화상초록불조직지심체요절』하권.
흥덕사에서 인출한 고려주자본. 1377년. 프랑스국립도서관.

조선시대 책과 지식의 역사

다시 '보충하고 고쳐' 2본을 만들어 하나는 예관禮官에게 주고 다른 하나는 최충헌 자신이 소장했다고 한다. 그 뒤 몽고 침입 때문에 강화도로 천도할 때 예관은 정신이 없어 책을 가져오지 못하고 최충헌만 이 책을 챙겨와 이를 인쇄에 부친 것이다.

그렇다면 이 책이 금속활자로 찍었음을 어떻게 아는가? 이 글 끝에 "수용주자인성이십팔본遂用鑄字印成二十八本, 분부제사장지分付諸司藏之"란 구절이 있다. 번역하면, "마침내 주자를 써서 28본을 인쇄하고 여러 관사에 분부하여 간직하게 했다"라는 뜻이다. 주자를 썼다는 구절로 보아 이 책이 금속활자로 인쇄되었음을 알 수 있는데 책의 간행연도를 밝히고 있지 않아 정확히 어느 해에 인쇄를 했는지는 알 수 없다. 대개 1234년에 인쇄되었다고 알고 있지만 확언할 만한 근거는 없다. 최이가 진양공으로 책봉된 것이 1234년이고 이규보의 사망연도가 1241년이므로 1234년과 1241년 사이에 인쇄되었으리라 여겨진다.

한편 『남명천화상송증도가』(이하 '『남명증도가』')는 간행연도가 1239년이라고 확실하게 밝혀져 있다. 따라서 이 책이야말로 확실한 최초의 금속활자본이 아닌가 한다. 이 책의 말미에는 다음과 같은 최이의 간행기념기가 붙어 있다.

『남명증도가』는 실로 선문禪門의 핵심이다. 이 때문에 후학으로서 참선參禪하는 사람들이 이 책을 통해 높은 경지에 이르지 않음이 없었다. 그렇다면 또한 이 책의 유통을 막아 전해주지 않을 수 있겠는가? 이에 공장工匠을 모아 주자본鑄字本을 중조重彫하여 오래도록 전해지기를 바란다. 기해년 9월 상순, 중서령 진양공 최이는 삼가 쓰노라.[4]

4 이 글은 천혜봉, 앞의 책, 213면에 영인되어 있다.

위 번역문에서 "주자본을 중조한다重彫鑄字本"라는 말이 핵심이다. 중조란 '다시 새긴다'라는 뜻이다. 즉 원래 활자인쇄본(鑄字本)이던 『남명증도가』에 금속활자를 썼는데 이를 저본으로 하여 목판본을 만들었다는 이야기다. 이 책이 목판본으로 새겨진 기해년은 1239년(고종 26)이고, 이때 고려 조정은 몽고의 침입을 피해 강화도에 있었다. 따라서 이 연도를 근거로 해서 강화도 피난 이전 개경에서 이미 금속활자가 사용되었음을 알 수 있다.

이제 『백운화상초록불조직지심체요절』, 곧 이른바 『직지』를 언급할 차례다. 먼저 살펴본 『상정예문』과 『남명천화상송증도가』는 활자로 찍은 원본이 전하지 않는다(다만 『남명증도가』의 목판본은 현재에도 전한다). 이게 문제다. 그런데 『직지』는 현재 프랑스에 있다. 1377년 7월 청주목淸州牧 교외의 흥덕사에서 금속활자로 찍어낸 책이다. 백운화상白雲和尙 경한景閑이 역대 조사祖師들의 법어 설법 등에서 선의 요체를 깨닫는 데 필요한 내용을 직접 뽑아 상하 두 권으로 엮은 것이다. 상권의 행방은 알 수 없고, 하권이 프랑스로 유출되어 프랑스국립도서관에 소장되어 있다. 이 책의 연대를 확정해주는 것은 이 책의 말미에 실린 간기다.

선광宣光 7년七年 정사丁巳 7월七月 일日 청주목외淸州牧外 흥덕사興德
寺 주자시인鑄字施印

선광 7년 정사년이란 곧 1377년인데, '선광'은 북원北元의 연호다. 중국에 이미 명이 들어선 시기이지만 고려는 여전히 원의 연호를 쓰고 있었던 것이다. 이 책이 어떤 경로로 프랑스국립도서관에 소장된 것인가? 이 책은 원래 구한말 주한 프랑스 대리공사代理公使로 서울에 근무한 콜랭 드 플랑시Collin de Plancy가 수집한 장서 속에 들어 있었는데, 그것이 그 뒤 고서수집가 앙리 베베르Henri Vever의 수중에 들어갔다가, 1950년 그가 사망하자 유언에 따라 프랑스국립도서관에 기증되었던 것이다.[5]

5 천혜봉, 앞의 책, 215면.

이렇듯 위 세 권의 책은 확실히 금속활자로 찍었다. 그러나 현재까지 원본으로 전하는 것은 『직지』 한 종류뿐이며 그나마 프랑스에 있다. 고려의 금속활자로 찍은 책이 한국에는 단 한 권도 없는 셈이다.

고려시대 책의 인쇄에 금속활자가 얼마나 쓰인 것인가? 이미 살펴본 대로 지금 남아 있는 금속활자본 서적이 불과 3종에 지나지 않아 무어라 말할 수 없다. 『남명증도가』는 1239년 이전에, 『상정예문』은 1234년과 1241년 사이에, 그리고 『직지』는 1377년에 인쇄되었다. 『남명증도가』로부터 『직지』까지는 140년 이상의 시간적 거리가 있다. 이 긴 기간 동안 금속활자 사용이 중지되지 않았다는 사실은 확인된다. 그러나 이 외의 사항은 그야말로 미상이다. 금속활자를 만들 수밖에 없었던 사회적·문화적 압력은 도대체 무엇이었을까? 간단히 말해 어떤 사회적·문화적 요인이 금속활자를 만들게 했던 것인가? 좀 더 좁혀서 말하자면 흥덕사 같은 지방의 사찰에서 왜 금속활자로 책을 찍었던 것인가? 이 모든 의문에 대해 우리는 답할 수가 없다.

또 금속활자는 전체 서적인쇄에서 어느 정도의 비중을 차지했던 것인가? 『직지』가 인쇄되던 고려 말기에 찍힌 서적들 목록을 우리는 불완전하나마 대충 헤아려볼 수 있다.[6] 그러나 모두 목판이다. 어디에서도 금속활자가 사용된 흔적을 찾을 수 없다. 물론 책이 망실되어 그렇다고 말할 수도 있다. 하지만 금속활자본이 이처럼 적다는 것은 이해가 가지 않는다. 더욱이 금속활자인쇄술은 조선 태종 때 제작된 계미자의 경우 밀랍으로 활자를 고정한 탓에

6 천혜봉, 앞의 책, 132~136면에 정리된 고려조 관판본(官板本) 목록, 194면의 사가본(私家本) 목록을 보라.

인쇄속도가 엄청나게 느렸다. 그럼에도 불구하고 왜 금속활자를
사용했던 것인가? 우리는 금속활자의 최초 발명국이라는 명성에
걸맞은 금속활자 발명과 사용의 의미를 제대로 해독하지 못하고
있는 것이다.■

■　　현재 고려조의 금속활자본이라고 알려진 위 3종의 책에 대해 그것이 실은 금속활자본이 아니라는 설이
제출되어 있다. 안춘근 선생은 이규보의 「신서상정예문발미」의 "수용주자인성이십팔본鑄用鑄字印成二十八本"에
서 '주자'가 반드시 금속활자를 뜻하는 말이라는 증거는 없다고 주장한다. 또 『남명증도가』와 『직지』도 목활자
본일 가능성이 많다고 주장했다. 안춘근, 『한국서지의 전개과정』, 범우사, 1994, 300~306면, 312~325면 참조.

　　　　　　　　　　　　　　　　　　　　　조선시대 책과 지식의 역사

금속활자의 확장

남아 있는 증거가 3종뿐이라 일반화하기에는 무리가 따르지만, 고려 때 금속활자로 찍은 책이 2종은 불가서이고 1종은 국가 전례서라는 점은 시사하는 바가 많다. 즉 금속활자로 찍은 책은 종교서나 국가의 소용에 이바지하는 책에 국한되었다는 것이다. 물론 그런 경우가 앞에서 말한 단 3종에 그친 것은 아니겠지만, 우리가 생각하듯 금속활자가 고려시대에 그리 보편화되었던 것은 아닐 터이다. 그 구체적 증거로, 앞서 지적한 바와 같이 고려 말 조선 초에 인쇄된 서적은 목판본이 대종을 이루었던 것을 들 수 있다.

　정도전은 「서적포를 설치하는 시」에서 금속활자로 경사자집을 비롯한 각종 서적을 인쇄하고자 열망했다. 그러나 정도전의 이런 바람은 자기 힘으로는 이루어지지 않았다. 조선 건국 직후 태종과의 권력투쟁에서 패배한 정도전은 활자를 만들 기회를 얻지 못했다. 도리어 그를 제거했던 태종이 조선시대 '최초'로 금속활자를 만들었다. 태종의 활자 제작에 대해 태종 3년의 『실록』은 다음과 같이 언급하고 있다.

　　새로 '주자소'를 설치했다. 임금이 우리나라에 서적이 드물고 적어
　　유생들이 널리 볼 수 없는 것을 염려하여, 주자소를 설치하라 명하
　　고, 예문관 대제학 이직李稷 · 총제 민무질閔無疾 · 지신사 박석명朴錫

命·우대언 이응李膺을 제조提調로 삼았다. 내부內府의 구리와 쇠를 많이 내놓고, 또 대소 신료에게 자원해서 구리와 쇠를 내어 비용을 대게 하였다.[7]

7 『태종실록』 3년 2월 13일.

'주자소'라는 관청을 세워 금속활자 제작을 맡긴 것이다. 태종의 금속활자 조성에 대해 권근權近은 좀 더 상세히 언급하고 있다.

영락永樂 원년(태종 3, 1403) 봄 2월에 전하께서 좌우의 신하에게 이렇게 말씀하셨다.

"대저 나라를 다스리고자 한다면, 반드시 전적典籍을 널리 보아야 할 것이다. 그런 뒤에야 이치를 캐보고 마음을 바로잡아 수신修身·제가齊家·치국治國·평천하平天下의 결과를 이룰 수 있을 것이다. 우리 동방은 해외海外에 있어 중국의 서적이 드물게 전해지고, 판각板刻은 쉽게 닳는다. 게다가 천하의 책들을 판각으로는 다 출판할 수 없다. 그래서 내가 구리를 녹여 활자를 만들고 책을 얻으면 얻는 족족 반드시 인쇄하여 책을 널리 보급하고자 하니, 정말 무궁한 이익이 될 것이다. 이 사업에 드는 비용을 백성에게서 거두는 것은 마땅하지 않다. 내가 종친·훈신 중에서 뜻이 있는 사람과 같이 그 비용을 댄다면 아마도 성공할 수 있으리라."[8]

8 「주자발(鑄字跋)」, 『양촌집(陽村集)』; 『한국문집총간』 7, 225면.

태종은 실제로 임금이 개인적으로 쓰던 돈인 '내탕금內帑金'을 내서 활자 조성을 도왔다. 이때 만들어진 활자가 이른바 '계미자'다. 앞서 말한 대로 원래 활자를 보유한 기관을 만들어 책을 다량 인쇄한다는 것은 정도전의 구상이었으나 정작 이를 실현한 사람은 정도전의 정적 태종이었던 것이다.

일을 시작하기가 어렵지 한번 시작되면 그 이후는 쉽다. 세종대부터는 금속활자가 활발히 주조되었던 것이다. 조선 전기의 금속활자 주조 상황을 중요한 것만 간추려보자면 다음과 같다.

태종—계미자(1403)
세종—경자자(1420), 갑인자(1434), 병진자(1436)
문종—경오자(1450)
세조—을해자(1455), 정축자(1457), 무인자(1458), 을유자(1465)
성종—갑진자(1484), 계축자(1493)
중종—병자자(1516·1519)
선조—경서자(1588)[9]

9 천혜봉, 앞의 책, 369
~370면의 「한국 주요 활
자 연표」를 정리한 것이다.

임진왜란 이전의 동활자 가운데 중요한 것을 들었다. 이 외에도 16세기로 추정되는 인력자印曆字(철활자), 16세기 후기에 제작된 것으로 추정되는 재주갑인자再鑄甲寅字 등이 있다. 위의 자료에 의하면 태종 계미년(1403)부터 성종 계축년(1493)에 이르는 한 세기 동안 활자의 절대다수가 만들어진 것인데, 조선 전기의 문화적 전성기에 해당한다. 임진왜란 이후에는 활자가 광해·인조·효종·현종에 이르는 4대에 걸쳐 드문드문 제작되다가 숙종 때부터 다시 활발해지고, 정조대에 이르러서는 정점에 도달한다.

활자 제작은 문화적 사건이었다. 성현成俔의 『용재총화慵齋叢話』는 다양한 활자가 제작된 것을 다음과 같이 특서하고 있다.

태종께서 영락 원년에 좌우에 말씀하시기를, "대저 나라를 다스리고자 한다면, 반드시 전적을 널리 보아야 할 것이다. 우리 동방은 해외에 있어 중국의 서적이 드물게 전해지고, 판각은 쉽게 닳는다. 게다가 천하의 책들을 판각으로는 다 출판할 수 없다. 그래서 내가 구

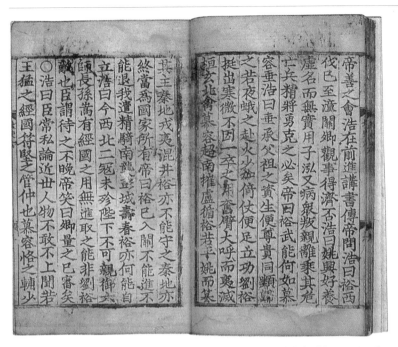

계미자본 『동래선생교정북사상절東萊先生校正北史詳節』. 1403년 조선에서 처음으로 주조한 금속활자 계미자로 찍은 것이다. 청주고인쇄박물관.

경자자본 『문선文選』. 1420년 조선에서 두 번째로 주조한 금속활자 경자자로 찍은 것이다. 계미자에 비해 글자체를 작게 하면서도 활자와 인판을 바르고 튼튼하게 개량하여 인쇄량을 늘릴 수 있었다. 청주고인쇄박물관.

초주갑인자본 『자치통감강목資治通鑑綱目』. 1434년 조선에서 세 번째로 주조한 금속활자 초주갑인자로 찍은 것이다. 청주고인쇄박물관.

병진자본 『자치통감강목』. 인쇄는 활자 제작 2년 후인 1438년에 이루어졌다. 조선의 글씨체를 바탕으로 한 독자적 활자이며 연鉛을 재료로 만들었다. 큰 글자가 병진자이고 작은 글자와 중간글자는 초주갑인자이다. 청주고인쇄박물관.

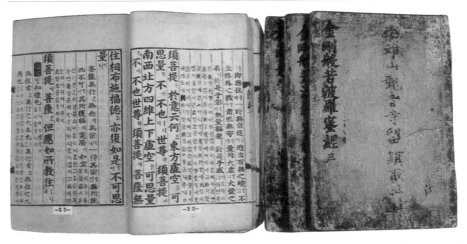

정축자본 『금강반야바라밀경金剛般若波羅蜜經』. 1457년 세조가 죽은 왕세자의 명복을 빌기 위해 『금강경』의 정문 큰 글자를 주조한 금속활자 정축자로 찍은 것이다. 청주고인쇄박물관.

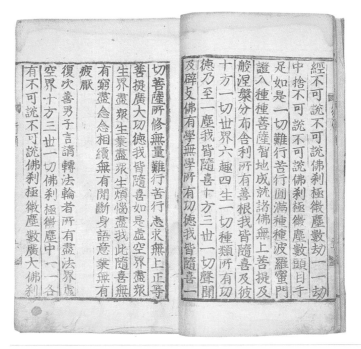

을유자본 『대방광불화엄경보현행원품 大方廣佛華嚴經普賢行願品』. 1465년 정난종의 글씨를 바탕으로 주조한 금속활자인 을유자로 찍은 것이다. 청주고인쇄박물관.

조선시대 책과 지식의 역사

병자자본 『대명회전大明會典』. 병자자는 1516년 정월부터 명明판 『자치통감』의 가는 글자체를 바탕으로 주조한 활자이다. 그해 5월 심한 가뭄으로 제작이 중단되었다가 1519년 추가로 주조했다. 청주고인쇄박물관.

경서자본 『중용언해中庸諺解』의 국역본. 선조 때 유교 경서의 국역본 인쇄에 사용되었다. 청주고인쇄박물관.

리를 녹여 활자를 만들고 책을 얻으면 얻는 족족 반드시 인쇄하여
책을 널리 보급하고자 하니, 정말 무궁한 이익이 될 것이다" 하시
고, 드디어 고주古註가 달린 『시경』 『서경』 『좌씨전左氏傳』 글자를 써
서 활자를 주조하니, 이것이 활자를 만들게 된 내력이다. 그 활자의
이름은 정해자[10]라 한다.

10 김두종, 앞의 책, 135면.

세종께서 또 경자년에 주조한 활자가 크고 바르지 못하다 하여, 다시
주조하셨는데, 그 모양은 작고 바르게 되었다. 이로 말미암아 인쇄하
지 않은 책이 없었다. 그 활자는 경자자라 한다. 갑인년에 또 『위선음
즐서爲善陰騭書』의 글자를 사용해 활자를 주조했는데, 경자자에 비해
조금 더 크고 자체字體는 더욱 좋았다. 또 세조에게 명하여 『강목綱
目』의 큰 글자를 쓰게 하셨는데,■■ 세조가 드디어 구리를 녹여 활자
를 만들어 『강목』을 인쇄하였다. 곧 지금의 『훈의訓義』다.[11]

11 『용재총화』, 권7.

성현은 이어서 문종·세조·성종 때까지의 활자 주조에 대해 언
급한다. 태종조의 계미자(1403)에서 성종의 계축자(1493)까지 91년
간 모두 11종의 활자가 만들어졌다. 약 8년에 1종씩 나온 셈이다.
태종에서 성종에 이르는 기간 동안 이루어진 각종 활자의 제작은
당시 사람들에게 문화적 충격으로 여겨질 만도 했을 것이다.

왜 이렇게 자주 금속활자가 주조되었던 것일까? 실제로 태종에
서 성종에 이르는 기간 동안 엄청난 양의 책이 쏟아져나왔다. 그
런데 책의 성격에 따라 편집의 형태가 달랐다. 주석이 있는 책과
없는 책, 혹은 본문의 활자를 특별히 크게 해야 할 책이 있는가 하

■ 　이 활자는 통칭 계미년(1403)에 만들었다 하여 '계미자'로 부른다. 정해년은 1407년이다. 계미자와 제
작연도가 다른 이유는 알 수가 없다. 김두종은 "본 주자가 계미년에 시작하여 5년이 지난 뒤인 정해년에 인서印
書하게 되어서 그런 명칭으로 부르게 되었는지는 미상이다"라 하고 있다.
■■ 　세조는 당시 수양대군이었다.

　　　　　　　　　　　　　　　　　　　조선시대 책과 지식의 역사

면 작은 활자로 충분한 책도 있었다. 오늘날에도 책의 성격에 따라 글자의 모양과 크기를 달리하듯 그 시대에도 책의 성격에 따라 다양한 활자체가 필요했던 것이다. 이 때문에 금속활자가 다양한 크기로 여러 종류 제작되었던 것이다.

  "마음대로 서적을 찍어 널리 퍼뜨려 무궁한 이익을 바란다"라는 태종의 의도는 이후 제작된 금속활자를 통해 이루어졌다. 고려의 금속활자와 달리 조선의 금속활자는 책을 마구 쏟아내기 시작한 것이다.

금속활자에 대한 오해와 의의

인쇄술, 특히 금속활자인쇄술은 활자가 동일한 내용을 대량으로 복제하는 게 목적이다. 이는 곧 지식의 확산과 보급이라는 문제와 통하는 것이다. 1445년(1447년 설도 있다) 마인츠에서 발명된 구텐베르크의 가동식可動式 인쇄술의 의의는 활자가 납과 주석, 안티몬의 합금이라는 사실이 아니라, 결과적으로 지식의 독점을 해체하고 종교개혁과 과학혁명을 촉발했다는 것, 민중에게 지식을 보급하고 독서인구를 증가시켰다는 것, 그리고 그것이 근대의 형성에 절대적 수단이었다는 데 있다. 즉 구텐베르크가 인쇄한 『36행 성서』와 그의 수제자 쇠퍼Peter Schöffer의 『42행 성서』는 비록 라틴어 성경이었으나, 극소수 성직자가 독점했던 채색 사본 성경을 밀어내고 더욱 광범위한 성서 보급을 위한 길을 열었다. 가톨릭 교리를 정면으로 비판하고 새로운 신학을 창조함으로써 독일 대중의 열렬한 지지를 받은 루터Martin Luther가 1520년에 발표한 세 편의 팸플릿도 이 새로운 인쇄술이 없었더라면 불가능한 것이었다. 이어 1522년 비텐베르크에서 발행한 『9월 성서』는 초판을 3000부, 이듬해에는 재판을 3000부 발행했다. 루터의 성서는 프로테스탄트 교회의 초석이었다. 구텐베르크의 인쇄술이 서양의 역사에서 거대한 전환점이 되었던 것이다. 서양에서 활자는 소수에 의한 지식의 독점을 해체한다는 것, 곧 그 지식 위에 서 있던 특권계급의

구텐베르크는 가동식 인쇄술을 이용해 기존에 성
직자가 독점했던 채색 사본 성경을 밀어내고 누
구나 읽을 수 있는 성서를 찍어냈다. 대영도서관
에 소장된 종이본 성경 제2권의 '잠언' 도입부.

니콜라드 라메신이 제작한 요하네스 구텐베르크
의 목판화. 1682년경.

소멸을 의미했다.

한국의 금속활자가 갖는 문제는 바로 이 지점에서 발생한다. 태종을 위시한 조선 전기 지배층이 금속활자에 아낌없는 투자를 했던 것은 인쇄술의 목적에 걸맞게 지식을 확산시키려던 것일 터이다. 그렇다면 조선의 금속인쇄술은 구텐베르크의 인쇄술이 서양에서 그랬듯 동일한 역할을 했는가를 검토하지 않을 수 없다. 즉 다음과 같은 문제가 제기된다.

(1) 금속활자인쇄술은 이론적으로 종이와 먹만 있으면 무제한 복제가 가능하다. 그렇다면 과연 조선의 금속인쇄술은 인쇄부수의 증가를 낳았는가?

(2) 금속활자는 누구의 소유인가?

(3) 금속활자로 어떤 책을 인쇄했는가?

이 가운데 (3)의 문제를 논의하는 데는 상당한 지면이 필요할 것이기 때문에 뒤에 따로 거론하기로 하고 여기서는 (1)과 (2)를 먼저 살펴보기로 하자. 조선 전기의 『실록』에서 금속활자로 찍은 책 중 발행부수가 밝혀진 것은 다음과 같다.

태종 16년 3월 27일 『승선직지록乘船直持錄』 300본本

세종 6년 2월 14일 『대학대전大學大全』 50여 본

세종 8년 12월 15일 『신속육전新續六典』과 『원육전元六典』 800본

세종 11년 3월 22일 『효경』 250본

세종 13년 5월 11일 『직지방直指方』 『상한류서傷寒類書』 『의방집성醫

方集成』 각 50본

그중 『세종실록』이 주자소에서 찍은 책이라고 부수를 밝힌 경우는 위의 4건뿐이다. 이 책자들은 50부에서 800부라는 수효를 보이고 있다. 『신속육전』과 『원육전』을 800부 인쇄했다면 발행부수가 대단히 많은 것인데, 이는 나라를 세운 지 얼마 안 된 상황에서 새 법률을 보급하기 위한 수단이었으니 일반 독서물로 볼 수는 없다. 보통은 금속활자로 인쇄하는 서적이 많아야 200부였고 300부를 넘지 않는다. 그뿐 아니라 조선조에서 금속활자건 목판이건 한 차례 발행부수는 수십 부였고, 200부나 300부를 넘어서는 경우는 거의 없었다고 해도 과언이 아닐 것이다. 앞서 살핀 대로 『상정예문』을 28부 인쇄했던 것을 생각해보라.

요컨대 우리는 금속활자의 발명이라고 하면 구텐베르크를 떠올리고 수천 부씩 발행하는 현대의 출판을 상상하지만, 조선시대의 금속활자란 대량 인쇄와는 거리가 멀었다. 금속활자는 대량 인쇄로 서적을 다수 공급하려는 의도에서 만들어진 것이 아니었다는 이야기다. 『세종실록』 13년 2월 28일자에서 세종은 좌부대언 윤수尹粹에게 이렇게 말하고 있다.

> 『좌전左傳』은 학자들이 마땅히 보아야 할 책이다. 활자로 인쇄한다면 널리 보급하지 못할 것이니 마땅히 '목판木板'으로 인쇄해 널리 보급해야 할 것이다.

금속활자는 많은 부수를 찍는 것을 목적으로 하지 않았던 것이다. 많은 부수로 인쇄해야 할 서적은 목판으로 찍었다. 현대의 활판인쇄와는 그 목적이 확연히 다르다. 서양에서는 금속활자가 발명되자마자 곧 사본과 목판인쇄를 밀어내고 절대우위를 차지했건만, 금속활자가 대량으로 제작된 조선에서 목판이 여전히 성행했

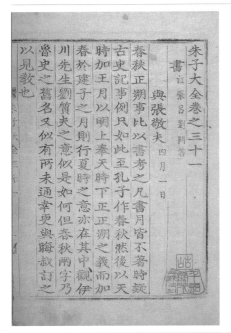

春秋正朔事比以書考之凡書月皆不著時巤
古史記事例只如此至孔子作春秋然後以天
時加王月以明上奉天時下正正朔之義而加
春於建子之月則行夏時之意亦在其中觀伊
川先生劉質夫之意似是如何但春秋兩字乃
魯史之舊名又似有兩未通幸更與晦叔訂之
以見教也

朱子大全卷之三十一
書 □張呂劉問答
與張敬夫 四月一日

을해자본 『주자대전』. 1455년 강희안의 글씨를 바탕으
로 주조했다. 글자체가 평평하다. 청주고인쇄박물관.

던 것은 무엇 때문인가? 다음 자료를 보자.

이황은 『주자대전朱子大全』에 실린 주자의 편지를 골라 『주자서
절요朱子書節要』라는 책을 편집한다. 중종 38년(1543)에 간행된
『주자대전』 원본 '을해자본'에 의하면 본문이 100권, 속집 12권,
별집 10권으로 모두 95책이라는 엄청난 거질巨帙이다. 따라서 많
이 인쇄할 수가 없었다. 이때 몇 질을 인쇄했는지는 알 수 없지만
선조 7년(1574), 이 책의 교정본을 인쇄했을 때 부수는 105질이었
다. 중종 38년의 사정도 다르지 않았을 것이다.

책이 워낙 거질인 데다 발행부수가 많지 않았기 때문에 축약본
이 만들어졌고, 그 축약본은 당연히 인기가 있었다. 기대승奇大升
은 「주자서절요발朱子書節要跋」이라는 글에서 이렇게 말하고 있다.

조선시대 책과 지식의 역사

몇 해 전에 황사문黃斯文 준량俊良이 이 책을 성주에서 인쇄하였고, 이번에 정주목사 유공柳公 중영仲郢이 해서관찰사가 되어 또 인쇄하였으며, 그 뒤에 또 평양에서 찍은 것이 있었다. 그런데 모두 활자를 사용하여, 인쇄하고 나면 곧 해판解版해버렸고 찍은 부수도 얼마 되지 않아, 학자들은 이 책이 널리 전파되지 않는 것을 안타깝게 여겼다.[11]

11 『고봉집(高峰集)』: 『한국문집총간』 40, 129면.

여기에 쓰인 활자는 금속활자가 아니라 목활자다. 어쨌든 활자로 인쇄했을 경우 부수가 소량이라는 것을 전제하고 있고 또 책의 인쇄가 끝나면 활판을 해체해버리기 때문에 많은 수요에 응할 수가 없었던 것이다. 지금은 납활자인쇄가 거의 쓰이지 않지만, 보통 납활자로 인쇄할 때는 지형紙型을 남겨 훗날 다시 인쇄할 수 있게 한다. 또 오늘날의 컴퓨터 조판에서도 사진판을 남겨두어 훗날 필요하면 다시 인쇄를 가능케 한다. 그러나 조선의 금속활자인쇄에는 이런 수단이 없었다. 따라서 금속활자의 존재 자체만으로 대량 인쇄가 가능했으리라고 판단해서는 안 된다.

이와 관련된 흥미로운 자료가 있다. 김창협은 「선집재인발先集再印跋」[12]이라는 글을 남겼는데, 자신의 아버지 김수항金壽恒의 문집을 다시 인쇄하면서 그 내력을 밝힌 것이다. 원래 김수항의 『문곡집文谷集』은 1699년 교서관의 활자로 인쇄된 금속활자본이었다. 그런데 김창협은 "판각板刻이 존재하지 않기 때문에 구원久遠한 계책이 못 된다"며 굳이 목판으로 다시 제작했던 것이다. 금속활자는 목판본에 비해 보관성이 떨어졌기 때문에 목판보다 선호되는 것이 결코 아니었다.

12 『농암집(農巖集)』 2: 『한국문집총간』 162, 204면.

금속활자인쇄는 활자로 조판되어 이루어진다는 것을 제외하면 목판인쇄보다 편리할 것도 없었다. 구체적으로 말하자면 인쇄의 방식에 문제가 있었던 것이다. 구텐베르크의 금속활자가 널리 사용되었던 것은 포도주 압착기를 응용한 인쇄의 반기계화가 뒤따랐기 때문이었다. 그러나 조선의 금속활자인쇄는 활자만 금속일 뿐 조판과 인쇄의 과정은 오로지 사람 손에 의지하는 수공업 방식이었다. 조선 최초의 활자인 계미자의 경우 하루에 고작 몇 장을 인쇄하는 정도였다. 만약 200면의 책을 인쇄하자면 모두 100장의 낱장이 필요하므로(고서는 종이 한 장을 접어 그 한 면만 인쇄했다) 단 1부 인쇄하는 데 적어도 열흘 이상이 걸린다는 계산이 나온다. 책의 부수가 늘어나면 시간은 그에 비례해 늘어난다. 필사속도와 비교해도 결코 빠르다고 할 수 없었다.

이에 인쇄작업의 속도를 높여 인출량을 늘리려는 노력이 있었다. 알려진 바와 같이 세종 초기까지 활자인쇄술, 곧 계미자에 의한 활자인쇄술은 활자를 고정하는 방식에 문제가 있었다. 즉 먼저 구리로 만든 조판틀에 밀랍을 끓여 부은 뒤 그 속에 활자를 심고 밀랍이 굳기를 기다렸다가 활자에 먹을 묻히고 다시 그 위에 종이를 덮어 두드려내는 방식이었다. 또 활자 크기가 동일하지 않기 때문에▪ 밀랍에 잘 꽂히도록 활자가 밀랍에 닿는 부분을 뾰족하게 만들었다. 이 방식의 치명적 약점은 밀랍이 활자를 견고하게 지지할 수 없어 활자가 흔들린다는 데 있었다.

이 단점을 해결하기 위해 경자자를 만들 때 세종은 새로운 조판 방법을 고안해냈다. 즉 활자를 다시 제작하고 조판틀도 새로 만들어 활자와 조판틀 사이에 빈틈이 없게 했는데, 매우 진보한 방법이었다. 『세종실록』의 다음 기사를 보자.

▪ 계미자를 처음 만들었을 때는 활자를 주조하는 기술이 미숙하여 활자의 크기에 차이가 있었다.

경자자 조판 형태를 복원한 모습. 청주고인쇄박물관.

주자소에 술 120병을 하사하였다. 전에는 책을 인쇄할 때 활자를
구리판에 배열하고 거기에 황랍黃蠟을 끓여 부어 단단히 굳힌 뒤
인쇄했기 때문에 황랍이 많이 들었고, 하루에 인쇄해내는 것도 몇
장에 불과했다.

이때에 와서 임금이 직접 지휘하고 계획하여 공조 참판 이천李蕆과
전 소윤 남급南汲에게 구리판을 다시 주조하게 하여 활자의 모양과
꼭 맞게 했더니, 황랍을 녹여 부을 필요도 없이 활자가 움직이지 않
고 도리어 더 반듯하였으며, 하루에 수십 장에서 백 장까지 인쇄할
수 있었다. 임금이 그들이 일하는 노고를 생각해 자주 술과 고기를
하사하였다.[13]

13 「세종실록」 3년 3월
24일.

실록은 이 개량된 방법을 획기적인 것으로 특서하고 있는 것이다. 그러나 밀랍은 여전히 사용되었다. 위 인용문에는 "황랍을 녹여 부을 필요도 없이 활자가 움직이지 않고不暇鎔蠟而字不移"라고 말하고 있지만, 이는 중간에 밀랍을 다시 끓여 붓는 일이 없다는 것이지 밀랍 자체를 아예 사용하지 않는 것은 아니었다고 한다.[14] 어쨌든 주자소는 놀라운(?) 하이테크놀로지 개발로 임금에게 술을 무려(?) 120병이나 하사받았다. 그렇다면 인쇄속도는 얼마나 빨라졌을까? 위의 자료는 수십 장에서 백 장까지라고 말하고 있지만, 변계량卞季良의 「주자발鑄字跋」에 의하면, 많게는 하루에 20여 장을 인쇄할 수 있었다고 한다.[15] 이 인쇄속도는 갑인자를 제조했을 때 좀 더 빨라져 하루에 약 40장을 인쇄할 수 있었다고 한다.[16] 위 인용 자료의 '수십 장에서 백 장'이라는 말은 아마도 책의 종류에 따라 최대한 하루 백여 장을 인쇄할 수 있다는 의미로 읽힌다. 인쇄속도가 빨라짐과 동시에 인쇄결과물 역시 반듯해졌고, 이에 인쇄장인들의 노동도 품이 훨씬 덜 들었다는 것이니, 대단한 진보가 아닐 수 없다.

이 새로운 진보의 핵심은 조판틀과 활자 사이의 공간을 대나무로 메워 활자를 단단히 고정시키는 데 있었다. 이 새로운 방식에 대해 성현은 『용재총화』에서 이렇게 감탄하고 있다. "그 뒤 대나무로 빈 곳을 메우는 방법을 쓰자 납을 녹이는 비용이 없어졌다. 이로써 사람의 기교가 끝이 없는 줄 알았다."[17]

이 신기술은 인쇄속도를 배로 늘렸지만, 그래 보아야 결국 하루 40장 인쇄에 그쳤고, 활자에 먹을 묻히고 종이를 덮고 솜뭉치로 두드리고 하는 복잡한 과정은 조선조가 종언을 고할 때까지 개선되지 않았다. 구텐베르크의 인쇄술이 이후 발달에 발달을 거듭한 반면, 한국의 금속활자는 세종대의 개량을 제외하고는 별다른 개

14 천혜봉, 앞의 책, 231면.

15 변계량, 「대학연의주자발(大學衍義鑄字跋)」, 『春亭集』: 『한국문집총간』 8, 161면, 원문은 "多至二十餘紙"

16 『세종실록』 16년 7월 2일.

17 『용재총화』 권7.

량이 없었던 것이다. 이전에는 200면의 책을 찍는 데 닷새가 걸렸다면 이제 이틀 반이 걸리는 정도로 줄어들었을 뿐이었다. 그리고 인쇄속도가 증가했다고는 하지만 목판보다 빠를 것도 없었다. 금속활자인쇄는 목판보다 결코 유리하지 않았다. 물론 인쇄판 제작에서는 목판이 활판보다 불리했다. 하지만 이는 오늘날의 상황에서 판단해 할 수 있는 말일 뿐 조선시대를 놓고 보자면 그렇지도 않았다.

목판은 단 한 종류의 서적을 인쇄하기로 결정되어 있는 것이기 때문에 책의 장수만큼 판목이 필요하다. 목판을 새기는 데 엄청난 노동력이 투입된다는 것은 말할 필요가 없다. 그러나 목판은 일단 한번 새겨놓으면 잘 보존했다가 새로운 수요가 생길 때마다 종이와 먹 그리고 노동력만 있다면 얼마든지 동일한 텍스트를 복제해낼 수 있다는 게 장점이다. 더욱이 한번 조각되기만 하면 금속활자와는 달리 원고에 맞추어 조판하고 교정하는 시간을 생략할 수 있다. 따라서 수요가 많은 서적이라면 활판보다는 목판이 절대적으로 유리했다.

목판은 수요량에 따라 필요한 만큼 인쇄할 수 있다. 인쇄량이 많지는 않을 수 있다. 상품경제의 원리와는 완전히 다르다. 단 한 벌을 인쇄하기 위해 모든 목판을 동원할 수도 있는 것이다. 조선시대에는 노동력이 화폐로 환원되지 않았기 때문에 가능했던 일이다. 책 제작비와 판매량의 상관관계를 따져야 하는 현대의 출판 메커니즘과는 매우 다르다. 조선시대의 노동력은 값이 매우 쌌던 것이다.

정리하자. 인쇄조판의 과정에서 활자를 고정시키는 방법이 고안되었다 해도 활자인쇄가 조선시대 서적인쇄의 주류를 이룬 것은 결코 아니었다. 여전히 목판인쇄가 성행했다. 활자를 고정시키는 방법을 고안해 활자인쇄의 속도가 배로 빨라졌다 해도 그 나머지 주요 공정은 아직도 장인들의 수공업적 방법에 의지하고 있었기 때문에 더는 속도를 개선할 수 없었던 것이다. 그 이상의 속도를 결정하는 것은 장인들의 숙련도였을 뿐이다. 그러나 인쇄과정에 투입된 장인들은 모두 관아에 소속된 천민들이었고, 그들 입장에서는 속도를 높일 이유가 없었다. 따라서 금속활자인쇄술이 도입되었다 해도 그것은 목판인쇄를 대체할 수 없었다. 대량 인쇄물을 빠른 속도로 찍어내기란 여전히 불가능했다. 결과적으로 말해 아주 적은 수량의 책만 금속활자로 찍어냈으니, 조선의 금속활자는 구텐베르크의 금속활자와는 완전히 다른 길을 걸을 수밖에 없었다. 활자로 인쇄된 선본善本은 극소수의 몫이었다. 뒤에 '서적의 유통' 문제와 관련해 다시 다루겠지만, 이는 중앙 관료의 몫이거나, 아니면 돈 많은 사람들의 몫이었다.

구텐베르크의 인쇄술과
조선 금속활자인쇄술의 차이

구텐베르크의 인쇄술은 원래 독점이었다. 마인츠에서 인쇄소를 만들었을 때 구텐베르크는 종업원들에게 인쇄기술을 누설하지 말 것을 요구했고 서약서까지 받았다. 그러나 상업적 성공을 거두지 못해 재정적 후원자였던 요한 푸스트Johan Fust와 푸스트의 사위이 자 자신의 수제자였던 페터 쇠퍼에게 인쇄소를 넘겨주고 마인츠의 교외 엘트빌레에 인쇄소를 다시 차리게 된다(1462년). 뒤에 주교 자리를 놓고 대델Deadel 백작과 아돌프Adolf 백작 사이에 경쟁이 일어나자 마인츠의 시민들은 두 편으로 갈라지게 되었던 바, 패배 한 대델파는 마인츠에서 추방되었다. 이때 대델파에 속했던 인쇄기술자도 같이 추방되어 라인 강을 타고 사방으로 흩어지게 되었으니, 밤베르크, 쾰른, 뉘른베르크, 바젤 등에 속속 인쇄공장이 생겨나고, 마침내 독일 외의 다른 유럽 각국에도 인쇄술이 전파되었다.[18]

18 김세익, 『도서·인쇄·도서관사』, 아세아문화사, 1992, 187~188면.

이후 인쇄술은 엄청나게 빠른 속도로 전파되었다. 구텐베르크 가 인쇄술을 발명하고 15세기 말까지 약 50년 동안 출판된 책을 초기 간본, 곧 인큐내뷸러Incunabula라고 하는데, 이 인큐내뷸러가 약 4만 종에 달했고[19] 인쇄소는 총 250개 소였다고 한다. 인쇄소 가 1000개 소 있었다는 자료도 있다. 만약 구텐베르크가 애초 자신의 바람대로 인쇄술을 독점했다면 그 기술은 그저 역사상 하나

19 같은 책, 88면.

16세기 요스트 아만의 목판화. 위 왼쪽부터 차례로 종이 만드는 사람, 활자주조공, 식자공 및 인쇄공, 제본기술자의 모습이다.

베르나르두스 몰린크로트가 쓴 『인쇄예술의 부흥과 발전 *De ortu et progressu artis typographicase*』의 권두 삽화. 이 삽화는 구텐베르크의 활자혁명 이후 기계화된 인쇄현장의 모습을 보여준다. 베르나르두스는 1501년 이전에 인쇄된 유럽의 책을 '인큐내뷸러'라 불렀다.

의 해프닝에 지나지 않았을 것이다. 그러나 새로 발명된 인쇄술의 제한 없는 전파가 이루어졌기 때문에 가공할 위력을 발휘할 수 있었다.

그렇다면 구텐베르크의 인쇄술이 발명된 이래의 50년과 태종의 계미자부터 성종의 계축자까지 91년을 비교해보자. 유럽에서는 50년 동안 250개 혹은 1000개의 인쇄소가 생겨났지만, 조선에서는 조선 후기의 몇몇 예를 제외하면, 500년 가까이 금속활자로 인쇄를 할 수 있었던 곳은 국가기관인 주자소와, 주자소가 없어지고 난 뒤에는 교서관 한 곳뿐이었다. 물론 유럽 전체와 조선을 단순 비교하기는 곤란하다. 하지만 이탈리아라는 한 국가와 비교하더라도, 이탈리아에서는 70여 곳의 인쇄소가 생겨났다. 조선의 금속활자인쇄술을 국가가 독점했던 것과는 판연히 다른 현상이다.

조선시대에 금속활자는 희귀한 물건이었고, 오로지 국가만이 소유할 수 있었다. 조선 전기는 물론이고 조선 후기에도 사정은 다르지 않았다. 민간에도 금속활자가 몇 종 있었지만 극소수 양반가의 소유였을 뿐이다. 그것을 제외하면, 금속활자는 온전히 국가의 소유였다. 왜 국가가 금속활자를 독점했던 것일까?

구텐베르크의 금속활자 고안에는 상업적 동기가 작용했다. 당시 독일에서는 라틴어 문법서적 등 인쇄물에 대한 민간의 수요가 많았고, 그 수요는 주로 목판인쇄에 의해 충족되고 있었다. 구텐베르크는 인쇄물의 생산가격을 낮추기 위해 금속활자인쇄술을 고안했던 것이다. 즉 서양의 인쇄술은 상업적 목적으로 민간의 필요에 의해 민간에서 제작되었다. 반면 조선의 금속활자는 국가의 필요에 의해 국가에서 제작한 것이었다.

구텐베르크의 인쇄술은 어떻게 널리 전파될 수 있었을까? 조선에서는 왜 국가가 금속활자인쇄술을 독점했을까? 여기에는 이루 말할 수 없을 정도로 복잡한 이유가 있겠지만, 가장 본질적인 요인은 표의문자인 '한자'와 표음문자인 '라틴 자모' 사이의 차이 때문이다. 조선조의 금속활자는 한자활자였다.■ 극단적으로 말해 한문으로 쓰인 책을 어떤 장애도 없이 인쇄하자면 한자 수만큼이나 많은 활자가 필요하다는 의미다. 더욱이 자주 쓰이는 글자는 더 많은 수가 필요하니, 실제 필요한 한자활자는 한자 전체의 수에 몇을 곱해야 할 것이다. 참고로 현재 가장 큰 사전으로 알려진 『중문대사전中文大辭典』은 수록 한자가 약 5만 자에 달한다. 실제 인쇄에 필요한 한자활자의 수는 이것의 열 배는 될 것이다.

물론 자주 쓰이는 글자의 범위는 어느 정도 정해져 있어 5만 자를 다 갖출 필요는 없고 또 그럴 수도 없다. 그러나 세종대의 가장 거창한 인쇄물로 알려진 『자치통감』을 금속활자로 인쇄하자면 단 한 번이라도 쓰이는 활자는 모두 제작해야 한다. 이는 어마어마한 작업이 아닐 수 없다. 조선의 금속활자는 한 번 주조 때마다 10만 자를 넘기기 일쑤였다. 계미자(태종 3년, 1403)는 10만 자, 갑인자(세종 16년, 1434)는 20만 자, 갑진자(성종 15년, 1484)는 30만 자를 주조했다. 영조 48년(1772)의 오주갑인자는 15만 자, 정조 1년(1777)의 육주갑인자 역시 15만 자, 정조 19년(1795)의 초주정리자(을묘자)는 30여 만 자였다. 동활자는 아니지만 최대 글자 수를 자랑한 것은 목활자인 생생자(정조 16년, 1792)로 무려 32만 자였다. 이에 비해 라틴 자모는 영어를 기준으로 할 때 '26자×x'가 된다. 절대적으로 필요한 활자의 수가 적다. 대문자와 소문자 등

■ 조선 전기의 언해본 불경이나 언해본 유가 경서의 인쇄를 위해 한글활자가 주조되기는 했으나, 이는 예외라고 말할 수 있을 정도로 소수였다. 순수한 국문을 위한 혹은 국한문 혼용을 위한 한글 자모의 주조는 19세기 끄트머리에 가서야 만들어졌다. 한글활자에 대해서는 뒤에 다시 언급하겠다.

글자의 모양과 활자의 크기에 따라 여러 벌이 필요하기는 하나, 그래도 수백 자를 넘기지 않는다. 한자활자의 획수가 복잡한 반면, 라틴 자모는 획수가 간단해 민간에서도 누구나 쉽게 주조할 수 있었던 것이다. 하지만 조선의 금속활자는 적으면 10만 자, 많으면 30만 자에 이르는 수의 활자를 주조해야 하니 민간에서는 결코 가능한 일이 아니었다.

　한자를 포기하지 않는 이상 활자 주조는 국가가 주도할 수밖에 없는 노릇이었다. 무엇보다 활자를 만드는 데 드는 비용을 민간에서는 감당할 수가 없었다. 태종 3년 계미자를 주조할 때 드는 동銅은 내부內府, 곧 궁중의 것과 대소 신료들에게 자원해서 동철을 내놓도록 한 것이었다. 이 과정에서 반대가 없지 않았던 것으로 보이는데, 세종의 회고에 의하면 태종이 주자소를 설치하고 글자를 주조할 때 조정 신하들이 모두 이룩하기 어렵다고 했는데도 억지로 우겨 만들게 했다는 것이다.[20] 활자를 주조하는 데 필요한 동은 매우 귀한 물건이었다. 그도 그럴 것이 갑인자의 경우 20만 자를 주조했는데 활자 자체가 아주 커서 상당히 많은 동이 필요했으며 따라서 당시의 경제 형편으로는 상당히 무리였던 것이다. 당연히 활자는 오로지 국가의 소유물일 수밖에 없었다. 결국 서양과 조선의 인쇄술 격차는 한자와 라틴 자모의 차이로 귀결되는 셈이다. 표음문자와 표의문자의 차이가 인쇄술의 전파와 확산에 결정적 갈림길을 만든 것이다.

　그렇다면 조선시대 금속활자의 의의는 어디에 있는가? 금속활자는 결코 대량 인쇄를 목적으로 한 것이 아니었다. 목판은 일단 새겨지기만 하면 수요가 많은 책을 복제하는 데 유리했지만, 새로운 수요에 재빨리 대응하기에는 속도가 너무나 더디었다. 또한 책의 종수만큼 별도의 목판을 제작해야 하는 번거로움이 있었다. 금속활자

20 『세종실록』 16년 7월 2일.

는 새로운 수요에 신속하게 응할 수 있다는 것이 장점이었다. 다시 말해 다품종 소량 생산이 조선 금속활자본의 존재 의의였다.

목활자와 한글활자

금속활자를 언급했으니 목활자와 한글활자에 대해서도 언급하지 않을 수 없다. 물론 금속활자와 관계가 있어서다. 조선시대에 책을 인쇄하는 방식은 세 가지로 요약된다. 금속활자, 목활자, 목판이다.

목활자인쇄의 비중은 조선 전기 인쇄·출판의 역사에서 그리 크지 않았다. 다만 금속활자가 국가의 독점물이었음을 생각하면 민간에서는 이를 대체하는 것으로 목활자가 유행하지 않았을까 하는 의문이 가능하다. 그러나 금속활자에 비해 목활자에 관한 정보는 현저히 부족하다. 조선시대를 통틀어 목활자인쇄에 대해 무어라 단언할 형편이 못 된다는 것이다.

조선시대 목활자로는 앞서 언급한 바와 같이 태조 4년에 서찬이 찍어 서적원에 바쳤던 목활자, 그리고 태조 4년과 6년 사이에 공신녹권을 찍었던 목활자가 있다. 이후 국가에서 공식적으로 목활자를 조성한 흔적은 찾을 수 없다. 물론 불경을 한글로 번역할 때 이를 인쇄하기 위해 한글 목활자가 조성되기는 하지만,■ 예외로 보아야 할 것이다. 국가에서 목활자를 조성한 것은 임진왜란 이후다. 전쟁으로 금속활자가 망실되자 훈련도감에서 목활자를

■   이른바 연산군 1·2년에 쓰인 '인경자병용印經字並用 한글자(인경 한글자)'를 말한다. 천혜봉, 앞의 책을 참고할 것.

21 『선조실록』『인조실록』『효종실록』의 글자 등이 그런 경우다.

22 김두종, 앞의 책, 199~204면.

23 박승임, 「풍소선서(風騷選序)」, 「소고집(嘯皐集)」; 『한국문집총간』 36, 286면.

조성해 책을 인쇄한 뒤 민간에 팔았던 것이다.■ 그리고 『실록』을 찍기 위한 활자도 목활자로 조성되었다.[21] 이상의 사례로 보아 목활자는 국가의 관심사가 아니었던 것이 분명하다.

목활자는 주로 지방관아와 서원, 개인 차원에서 사용되었다. 김두종에 의하면 목활자로 찍은 책으로 남아 전하는 것은 대개 중종·명종·선조 연간의 서적들이다. 목활자를 소유했던 곳 또는 목활자로 책을 찍은 곳으로는 경주의 경저京邸, 경상도 감영, 평안도 평양, 전라도 금산錦山·남원南原, 명곡서원鳴谷書院, 노강서원盧江書院 등을 들 수 있다.■■ [22] 대개 관아나 서원 등에서 목활자를 소유했던 것이다. 물론 개인이 목활자를 소유한 흔적도 있다. 예컨대 정사룡鄭士龍의 문집인 『호음잡고湖陰雜稿』는 목활자로 인쇄한 것인데, 현재 다른 인쇄본은 전혀 남아 있지 않아 이 책을 찍은 활자가 정사룡 개인의 소유가 아니었을까 추정한다. 하지만 보다 확실한 예는 박승임朴承任의 경우다. 박승임은 자기 소유의 목활자 4, 5되를 이용해 『풍소선風騷選』이란 책을 찍고 있다.[23] 조선 전기의 목활자로 찍은 책의 종수는 얼마 되지 않아 출판된 서적의 성격을 논단하기 어렵지만, 아무래도 양반사회의 독서물로서 수요가 있었던 문학서와 역사서가 주종을 이루지 않았을까.

조선 전기 목활자에서 흥미로운 것은 금속활자의 글자체를 모방한 활자가 다수 있다는 것이다. 김두종이 소개한 '방을해자倣乙亥字' '방갑진자倣甲辰字' '방병자자倣丙子字' '방을유자倣乙酉字'가

■　갑인자를 저본으로 한 갑인체 그리고 같은 방식으로 만든 경오자체, 을해자체, 병자자체, 한글자 등이 있다.

■■　평양에 목활자가 있었다는 것은 유희춘柳希春의 기록을 통해 알 수 있다. "들으니, 평양에 목활자 30되가 있다고 한다聞平壤有木活字三十斗"(유희춘, 『미암일기초眉巖日記草』 3, 342면: 경오 7월 20일). 『미암일기초』는 조선총독부에서 1936~1938년에 간행했다. 이하에서 출판주체와 발행연도는 따로 밝히지 않는다.

이들인데 금속활자의 활자를 그대로 모방한 것이었다. 금속활자가 목활자 제작에까지 영향을 미쳤음을 확인할 수 있다. 민간에서는 금속활자를 제조할 능력이 없지만 금속활자가 갖는 효과를 얻고자 할 때는 국가에서 만든 금속활자를 모방해 목활자를 제작하는 것이 널리 유행했던 것이다.

목활자는 인쇄효과가 금속활자보다 떨어지고 책이 간행된 뒤에는 해판, 즉 판을 해체해버리기 때문에 추가 인쇄의 가능성이 없다는 점에서 목판에 비해 열악하지만, 금속활자보다 제작이 간편하고(즉 비용이 훨씬 적게 든다), 여러 종의 책을 신속히 인쇄할 수 있다는 장점을 갖는다. 이런 이유로 목활자가 제작된 것으로 보인다. 하지만 현재 조선 전기 목활자인쇄본은 실제로 남아 있는 증거 서적이 매우 적다. 여기에는 여러 요인이 있을 것이다. 금속활자는 국가의 소유이고 교서관이라는 기관이 전담 관리하지만, 목활자는 개인이나 지방관아의 소유인 경우가 많아 관리 능력이 떨어져 흩어질 가능성이 높았던 점도 중요한 요인일 것이다.

목활자인쇄는 임병양란 이전에는 인쇄·출판의 역사에서 그리 큰 비중을 차지하지 않았다. 목활자인쇄가 더 널리 활용된 것은 조선 후기이고, 주로 영·정조 이후에 많이 만들어졌다고 한다.[24]

24 류탁일, 「영남지방 현존 목활자와 그 인쇄용구」, 「규장각」 3, 1979, 31~32면.

이제 한글활자를 살펴보자. 세종 때 한글이 발명되었고 금속활자를 개량해 폭발적으로 쓰이게 되었다는 사실이 우리의 인쇄문화사印刷文化史에 거대한 영향을 미쳤으리라는 상상은 충분히 가능하다. 표음문자와 금속활자가 연결되었으니 조선사회에서도 무언가 지식의 확대와 보급이 가능하게 되지 않았을까? 그러나 결론부터 말하자면, 훈민정음-한글이라는 표음문자 발명과 금속활자는 그야말로 아무런 상관이 없었다.

한글이라는 문자는 분명 민중에게 읽고 쓸 수 있는 수단을 제공했다. 하지만 이것이 독서인구 증가로 연결되지는 않았다. 한글로 인쇄된 서적은 소수 몇 종을 제외하면 거의 없었다고 해도 과언이 아니다. 국가가 금속활자를 만들기는 했지만, 어디까지나 한자활 자였지 한글활자는 아니었다. 물론 한글활자가 존재하기는 했다. 다음이 그 실제 예다. 연도는 활자의 제작연도이고 책이름은 이 활자로 인쇄한 책이다.

- 월인석보月印釋譜 한글자(동활자)
  1447년(세종 29), 『월인석보』 『월인천강지곡』
- 동국정운東國正韻 한글자(목활자)
  1447년(세종 29), 『동국정운』
- 홍무정운洪武正韻 한글자(목활자)
  1455년(단종 3), 『홍무정운역훈洪武正韻譯訓』
- 능엄楞嚴 한글자(동활자)
  1461년(세조 7), 『능엄경언해』
- 을유乙酉 한글자(동활자)
  1465년(세조 11), 『원각경圓覺經』 『벽암록碧巖錄』 등
- 인경印經 한글자(목활자)
  1495~1496년(연산 1·2), 『법보단경法寶壇經』 『진언권공眞言勸供』
- 경서經書 한글자(동활자)
  선조 연간, 『대학언해』 『중용언해』 등[25]

25 이상의 활자에 대해 서는 천혜봉, 앞의 책, 369~370면을 정리한 것임.

이상이 조선 전기에 제작된 한글활자의 전부다. 그런데 위의 한 글활자들은 한글활자 자체로 존재하는 것이 아니라 한자활자의 보조역할을 할 뿐이었다. 예컨대 '월인석보 한글자'는 초주갑인자 初鑄甲寅字로 인쇄할 때 한글 표기, 곧 언해를 부기할 필요에 따라

월인석보 한글자(동활자). 1447년. 『월인천강지곡』 상, 복원인판. 청주고인쇄박물관.

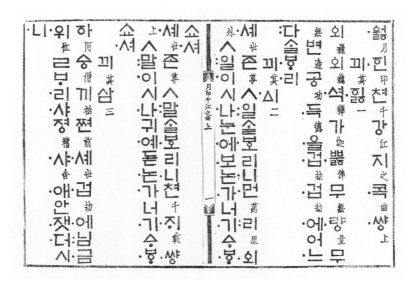

월인석보 한글자(동활자). 1447년. 『월인천강지곡』 상, 인출면. 청주고인쇄박물관.

조선시대 책과 지식의 역사

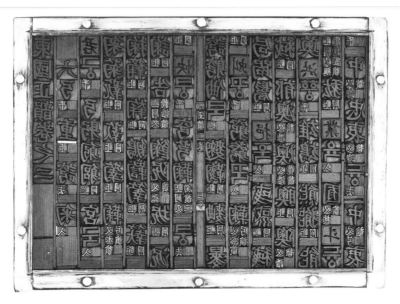

동국정운 한글자(목활자). 1447년. 『동국정운』권2. 복원인판. 청주고인쇄박물관.

동국정운 한글자(목활자). 1447년. 『동국정운』권2. 인출면. 청주고인쇄박물관.

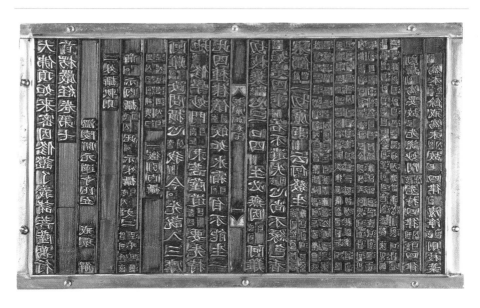

능엄 한글자(동활자). 1461년. 『능엄경언해』 권7, 복원인판. 청주고인쇄박물관.

능엄 한글자(동활자). 1461년. 『능엄경언해』 권7, 인출면. 청주고인쇄박물관.

따로 조성한 활자라는 이야기다. 이런 점은 다른 활자에도 마찬가지로 적용된다. '동국정운 한글자'는 동국정운자에, '홍무정운 한글자'는 홍무정운자에, '능엄 한글자'는 강희안자姜希顔字에, 을유 한글자는 '정란종자鄭蘭宗字'에 부속된 것이며, '경서 한글자'도 경서의 언해를 찍었던 을해자를 모방한 경서자經書字에 부속된 것이었을 뿐이다. 남은 '인경 한글자' 역시 목활자로 주조한 '인경자'에 부속된 것이었다.

또 위의 책들은 모두 언해본이다. 즉 한문을 먼저 쓰고 난 뒤 직역인 국문을 부기하는 수준에 불과했던 것이다. 만약 이 언해본에서 한문을 삭제하고 순수한 한글만으로 표기했다면 그 의미를 알아듣기란 실로 어려웠을 것이다. 요컨대 위의 한글활자 6종은 국문만으로 쓰인 책의 인쇄를 목적으로 만들어진 것이 아니었다. 단적인 예로 위의 한글활자가 다른 한글책 제작에 사용되었다는 증거가 어디에도 없다. 단지 언해본을 인쇄할 필요가 있으면 그때그때 만들어졌을 따름이다. 한글 창제와 금속활자가 조선 전기의 거창한 문화적 사건이기는 했으나 그것이 국문 서적의 인쇄와 출판 그리고 민중에게 지식을 보급하는 일로 연결되지는 못했던 것이다.

조선은 왜 나라에서
금속활자를 독점했을까?

그렇다면 대체 조선시대 금속활자의 의의는 어디에 있는가? 우선 세종에서 성종에 이르는 기간 동안 금속활자가 찍어낸 서적들을 예시해보자. 성종 때까지 쓰인 활자 중 대표적인 것을 골라 인쇄한 책의 종수를 들면 다음과 같다.

계미자(1403): 12종

경자자(1420): 31종

갑인자(1434): 76종

을해자(1455): 172종

을유자(1465): 12종

갑진자(1484): 24종[26]

이는 물론 일부에 불과하다. 임진왜란 이전에 금속활자로 인쇄된 서적을 더한다면 그 수는 엄청나게 불어날 것이다. 어쨌거나 위 6종의 활자본만으로도 서적의 발행종수가 폭발적으로 늘어난다는 점을 짐작할 수 있다. 이를 고려의 인쇄물과 비교해보자. 불경을 제외하면 사료상 고려 최초의 관판본官板本은 1042년의 『예기정의』와 『모시정의』인데, 이로부터 고려가 망할 때까지 인쇄되었음을 현재 확인할 수 있는 서적은 모두 46종에 불과하다. 물론

26 활자로 찍은 책의 구체적 목록은 손보기, 『한국의 고활자』, 보진재, 1987, 415~433면의 「활자로 찍은 책 목록」을 보라.

망실되거나 기록에 등장하지 않는 서적이 있었음을 고려한다 하더라도, 바로 위에 제시한 조선 초기의 활자인쇄물과 비교할 때 그 발행종수가 너무나도 적다.

요컨대 금속활자 사용이 조선시대에 인쇄물의 종수를 폭발적으로 늘렸다는 이야기다. 조선이라는 새로운 체제는 금속활자로 유가의 경전과 성리학, 문학, 역사 등 인문학의 제반 분야에서 책을 쏟아냈다. 금속활자로 찍힌 서적 중 수요가 많은 책은 목판본 대본이 되어 다시 인쇄물을 쏟아냈다. 분명 고려조에서는 볼 수 없었던 엄청난 지적 혁명이 일어난 것이다. 이 서적들 덕분에 조선의 사대부는 피지배층과는 확연히 구별되는 교양을 갖출 수 있었고 새로운 이념으로 의식화될 수 있었다.

금속활자를 국가가 소유했다는 것은 바로 국가가 지식의 공급처이고 지식의 유통주체라는 의미였다. 금속활자로 어떤 책을 찍을 것인가는 오로지 왕과 관료들이 결정했다. 한마디로 말해 그들은 체제 유지를 위한 책만 찍어냈다. 국가가 독점한 금속활자와 금속활자인쇄술은 오로지 극소수의 지배자–양반을 위한 것이었던 셈이다.

그러므로 조선의 금속활자를 서양사에서 거대한 사회적·문화적 변화를 촉발한 구텐베르크의 금속활자와 등치시키는 것은 무의미한 일이다. 구텐베르크의 인쇄술은 지식 독점을 해체하고 중세를 붕괴시키는 쪽으로 방향을 잡았지만, 조선의 금속활자는 중세의 질서를 고착화하는 방향으로 나아갔기 때문이다.

3

민중문자의 탄생과 책

조선시대의 인쇄술은 고려와 비교할 수 없을 정도로 비약적으로 발달했고 서적출판에 대한 관심도 높아졌다. 하지만 인쇄물은 오로지 양반 사족을 위한 독서물일 뿐이었고 민중과는 아무런 관련이 없었다. 엄청나게 높은 책값이 민중의 접근을 막았던 것도 사실이지만 본질적 원인은 아니다. 무엇보다 당시 절대다수의 서적은 민중이 이해할 수 없는 언어 곧 한문으로 씌어 있었다.

한문은 외국어이지만, 단순한 외국어가 아니었다. 그것은 중세의 차별적 체제를 유지하는 결정적 도구였다. 외국어 교습법과 학습도구가 무한히 개발되어 있는 요즘에도 하나의 외국어를 온전하게 습득하고 구사하기란 지난한 일이다. 더욱이 그것이 난해한 문어文語 한문임에랴. 한문을 읽고 쓸 수 있다는 것은 곧 지배자라는 뜻이었고 한문을 알지 못한다는 것은 곧 피지배자임을 뜻했다.

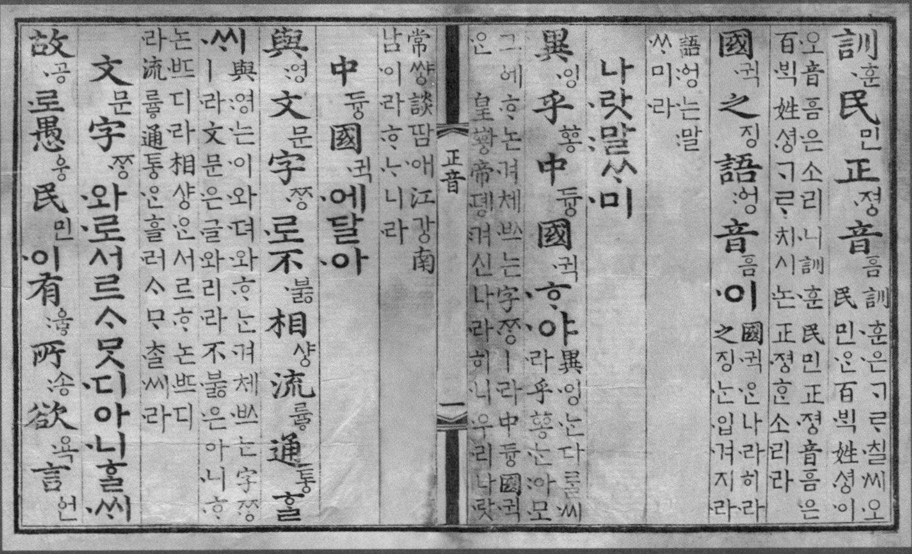

『훈민정음』 언해본. 간송미술관.

문자의 발명, 한글의 탄생

1446년, 세종에 의해 한글이 반포되었다. 이 간편하고 효율적인 문자 덕분에 민중이 책에 접근할 길이 열렸다. 그러나 역사의 실상은 달랐으니, 한글로 쓴 책은 거의 없었던 것이다. 실제 한글의 창제 목적에는 책과 지식의 문제가 전혀 개입되지 않았다. 한글, 곧 훈민정음의 창제 의도를 검토해보자.

훈민정음은 문자 그대로 백성을 가르치는 용도로 창제되었다. 백성을 가르친다는 것은 도대체 무슨 말인가? 한글의 창제 시기를 알리는 문헌은 『세종실록』이다. 『세종실록』 25년 12월 30일 기사는 "이달에 임금이 친히 언문諺文 28자字를 지었다"고 기록하고 있다. 이로부터 두 달 반 뒤인 26년 2월 16일 세종은 최항崔恒, 박팽년, 신숙주, 강희안姜希顔 등에게 중국의 음운학 서적 『운회韻會』를 운문으로 번역할 것을 명한다. 이게 첫 사업이다. 이로부터 나흘 뒤인 2월 20일 그 유명한 최만리崔萬理의 상소가 나온다. 최만리의 상소는 훈민정음 창제에 대한 반대가 아니라, 이미 만들어진 훈민정음을 폐기하거나 혹은 사용하지 말 것을 요청하는 내용으로 구성된다. 상소에 대한 세종의 답은 매우 긴데, 다음 부분에 주목해보자.

이전에 김문金汶이 아뢰기를, "언문을 만드는 것은 불가할 것이 없습니다"라고 하더니, 지금은 도리어 불가하다 하고, 또 정창손鄭昌孫은 "『삼강행실도』를 반포한 뒤 충신·효자·열녀가 무리를 지어 나오는 것을 보지 못했습니다. 실천하고 하지 않고는 사람의 자질이 어떤가에 달린 것일 뿐입니다. 어찌 꼭 언문으로 번역한 뒤라야, 사람들이 모두 그것을 본받을 것입니까?" 하였다. 이런 말이 어찌 이치를 아는 선비의 말이랴? 아무 짝에도 쓸데가 없는 속유俗儒인 것이다.[1]

1 『세종실록』 26년 2월 20일.

세종은 정창손에게 화를 내고 있다. 세종이 훈민정음을 만들려 하면서 정창손에게 자신이 "언문으로 『삼강행실도』를 번역하여 민간에 반포하면 우부우부愚夫愚婦가 모두 쉽게 이해하여 충신·효자·열녀가 반드시 무리를 지어 나올 것이다"라고 한 바 있었는데, 정창손이 그 말을 꼭 꼬집어 반박했기에 세종은 정창손을 속유라고 몰아붙인 것이다.

『삼강행실도』는 군신, 부자, 부부 사이의 차별적 윤리의식을 피지배층에 의식화하기 위해 만들어진 책이다. 이 책의 편찬과 인쇄가 종료된 것은 세종 14년(1432) 6월 9일이었다. 이 책은 민중을 교화하기 위해 쓰인 것이었으나 불행하게도 민중은 그 책을 읽을 수가 없었다. 한문으로 쓰인 탓이다. 『삼강행실도』에 그림이 포함된 것은 궁여지책이었다. 한문으로 쓰인 책으로 민중을 계몽하겠다는 발상 자체가 오류였다. 『삼강행실도』를 언문으로 번역하면 어리석은 남녀가 쉽게 깨달아 충신, 효자, 열녀가 쏟아져나올 것이라는 세종의 발언에서 언문 창제가 유교적 윤리의식으로 민중을 계몽하겠다는 의식과 긴밀한 관계였음을 짐작할 수 있다. 이렇게 말하고 보니, 너무 야박한 평가 같다. 나는 세종의 선량한 의도를 부정하지 않겠다. 조선조의 임금들 가운데 그래도 좀 나은 임

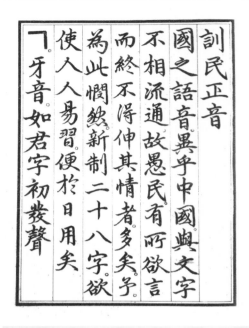

금은 오로지 세종뿐이므로.

　언문 창제를 이런 것만으로 설명하기는 어렵다. 또 다른 각도에서 볼 필요가 있다. 세종이 쓴 『훈민정음』「어제서문御製序文」에는 어리석은 백성이 말하고 싶은 것이 있어도 말할 수단이 없다, 그 때문에 정음을 창제했다는 말이 나온다. 나는 늘 이 부분이 궁금했다. 백성이 말하고 싶은 것이란 무엇인가? 그 말할 대상은 누구인가? '어리석은 백성이 말하고 싶은 것'의 지시대상은 무엇인가? 이를 나는 '관–민'의 구조에서 백성이 지배자에게 고하고 싶은 것이라는 의미로 해석한다. 백성과 관청의 관계에서 모든 의사소통은 한문이나 이두로 이루어졌고, 당연히 의사소통이 원활하지 않았다. 백성이 관청에 무언가 말하려면 절차가 매우 복잡했다. 중앙관서는 사실상 백성과 직접 접촉하지 않았다. 관-민의 관계가 문제가 된 곳은 지방관청이었다. 관청에 대한 청원과 소송 등이 그 주류였는데 이 일이 모두 이두로 이루어지고 있었으니, 이두를 사용하는 관행을 없애자는 것이 세종의 의도였다.

마지막으로 「어제서문」의 "사람마다 쉽게 익혀 일용日用에 편하게 만들려고 한다"라는 말을 보자. 일상적 생활에서 쓰임이란 무엇을 의미하는가? 조선 백성의 하루는 어떠했을까? 일반적으로 문자의 사용이란 두 가지 차원을 말한다. 읽기 아니면 쓰기다. 읽는다는 것에 사회사적 해석을 더해보자. 현대사회에는 읽을 것이 넘쳐나지만 이는 지식에 대한 금지가 풀리고 대량 인쇄물이 존재하는 현 상황에서나 가능한 일이고, 중세에는 읽을거리가 별로 없었다. 따라서 가장 보편적으로 문자가 사용된 경우는 읽기보다는 쓰기였다. 간단한 편지가 그것이다.

언문은 어떤 용도로 쓰였나?

언문을 만들어 가장 먼저 쓴 곳은 당연히 국가와 왕실이었다. 민중들 사이에 언문이 어떻게 보급되었으며 어떤 양상으로 활용되었는지는 알 길이 없다. 그러나 초기 기록에 따르면 왕실이나 국가에서 먼저 썼던 것으로 보인다. 『세종실록』 28년 10월 10일의 기사를 보자.

> 임금이 대간臺諫의 죄를 일일이 따져 언문으로 써서 환관 김득상金得祥에게 명하여 의금부와 승정원에 보여주게 하였다.

보통 임금이 신하에게 내리는 문서는 한문으로 쓴다. 그런데 여기서는 언문으로 쓴 문서를 의금부와 승정원에 내리고 있어 흥미롭다. 이 시기는 훈민정음이 반포된 바로 그해다. 세종이 먼저 관청과의 관계에서 언문을 쓴 것이다. 임금이 내리는 명령서가 언문으로 쓰인 경우는 더러 찾아볼 수 있다.[2] 그러나 이것은 예외적인 경우일 뿐 임금과의 의사소통은 대부분 한문으로 이루어졌다. 『예종실록』 1년 6월 27일 중〔僧〕 신미信眉는 임금이 『금강경金剛經』과 『법화경法華經』에 능통하지 아니한 중들은 모두 환속시키려 한다는 말을 듣고 언문으로 편지를 써서 비밀스럽게 올리고 있다. 이런 경우 역시 극히 드물었다. 임금 이외에 언문으로 교지를 내리

2 『세종실록』 30년 7월 27일, 『세종실록』 31년 6월 20일.

조선시대 책과 지식의 역사

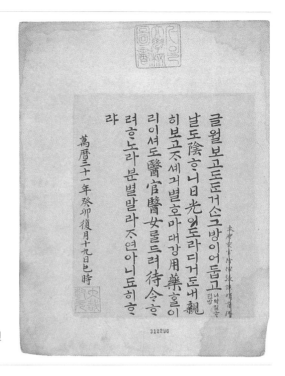

선조의 계비 인목왕후가 쓴 언문편지. 지인의 병을 염려하는 내용이다. 규장각.

는 경우가 있었으니 왕비나 대비 등 임금의 어머니 계통이다. 『실록』에는 내전이나 대비전 혹은 대왕대비전에서 언문교서를 내리는 경우를 흔히 볼 수 있다.

가장 유명한 사례로 성종의 어머니 인수대비가 윤비尹妃를 폐출하기 위해 내린 언문편지를 들 수 있다. 이 편지로 말미암아 윤비가 폐출되었다.[3] 이 외에도 신하가 임금에게 비밀리에 올리는 글을 언문으로 쓰기도 했다. 또 궁중의 비빈들 사이나 혹은 왕비와 대비에게 올리는 글은 그것이 공적인 일이건 사적인 일이건 대개의 경우 언문으로 이루어졌다.

이 외에 언문의 절대다수 사용처는 편지였다. 흥미로운 것은 연

3 『성종실록』 7년 1월
13일, 『성종실록』 8년 3월
29일.

애편지의 용도가 많았던 점이다. 『단종실록』 1년 5월 8일자 의금부의 아룀을 보자.

> 방자 가지加知와 소친시 함로咸老, 방자 중비重非와 소친시 부귀富貴, 방자 자금者今과 별감 수부이須夫伊 등이 서로 몰래 간통하고자 하여, 언문으로 서로 몰래 연락하고 또 물건을 주었으니 '내부內府의 재물을 훔친 율律'을 적용하면 즉시 참형에 처해야 할 것입니다. 방자 복덕卜德은 그들이 청탁하는 말을 듣고 언문으로 그 사정을 써서 바깥과 통하게 하였고 답장이 오면 그들을 위해 풀이해주었습니다. 따라서 '중매한 자는 범인의 죄에서 1등을 감하는 율'에 의하여 장杖 100대에 유流 3000리에 해당합니다.

보다시피 언문은 확실히 연애편지에 사용되었다. 이 외에도 『세조실록』 11년 9월 4일자의 궁인 덕중德中이 언문편지를 귀성군龜城君 이준李浚에게 보내 연모戀慕하는 뜻을 말한 사건, 『성종실록』 13년 6월 11일 제안대군齊安大君 이현李琄의 아내 박씨朴氏와 그의 시비侍婢 금음덕에게 언문편지를 보내 질투의 말을 늘어놓다가 발각된 사건 등이 있다.

이런 사례에서 보듯 대체로 언문은 개인 사이의 편지, 특히 부녀자들을 중심으로 쓰였다.

그러다 언문의 용도가 점차 확장되었다. 『성종실록』 16년 7월 17일자를 보면 시전 상인이 시전을 옮기라는 조정의 명령에 공공연히 항의해 그 부당성을 밝히며 이 일에 관련된 고위 관료를 비난하는 언문을 썼던 바, 그 내용은 시장을 옮기는 것은 공공의 이익을 위함이 아니라, 고위 관료들의 사적 이익을 위함이라는 것이었다. 여기서 사실 여부를 따질 필요는 없다. 언문이 정책에 대한 비판의 도구로 사용되고 있다는 사실이 중요한 것이다.

『연산군일기』 10년 7월 19일자에는 임금의 폭정과 학정을 비난하는 언문서가 신수영愼守英의 집에 던져졌는데, 개금介今·덕금德今·고온지古溫知가 모여 술을 마시며 연산군을 비난한 내용이었다. 그 일부를 보자.

> 개금이 "옛 임금은 난시亂時라도 사람을 이처럼 죽이지는 않았다. 그런데 지금 임금은 어떤 임금이기에 신하를 파리 머리 끊듯 죽이는가? 아아, 어느 때가 되어야 이 임금과 헤어질는지?"라고 하자, 덕금이 "이와 같으면 반드시 오래가지 못할 것이다. 무슨 의심할 게 있으랴?" 하였다.

연산군이 살인하는 폭군이라는 것을 언문으로 써서 던졌던 것이다. 언문서를 본 연산군은 "언문을 가르치지도 말고 배우지도 말며, 이미 배운 자도 쓰지 못하게 하며, 언문을 아는 모든 자를 한성의 오부五部로 하여금 적발해 고하게 하되, 알고도 고발하지 않는 자는 이웃 사람을 아울러 죄줄 것"을 명령했다.[4] 그리고 "언문을 쓰는 자는 기훼제서율棄毁制書律로, 알고도 고하지 않는 자는 제서유위율制書有違律로 논단論斷하고, 조사朝士의 집에 있는 언문으로 구결口訣을 단 책은 다 불사를 것"을 명령했다.[5] 아울러 서울 바깥의 언문 및 한자를 아는 자에게 각각 한자·언문 4통을 쓰게 하고 책을 만들어[6] 필체를 검증해 범인을 색출했다.

4 『연산군일기』 10년 7월 20일.

5 『연산군일기』 10년 7월 22일.

6 『연산군일기』 10년 7월 25일.

한글 서적,
오로지 번역본으로만 존재하다

다시 말하지만, 훈민정음은 결코 서적발행을 위해 탄생한 것이 아니었다. 그러나 훈민정음 창제는 자연스럽게 서적발행으로 이어졌다. 물론 여기에도 함정은 있다. 훈민정음, 곧 한글로 쓰인 책이란 무엇을 가리키는 것인가? 처음부터 한글로 쓰인 책은 임진왜란 이전까지는 존재하지 않았다. 한글로 쓰인 책은 예외 없이 한문을 번역한 것이었다. 다시 말해 한글 서적은 번역의 형태로만 존재했다. 애초부터 한국어로 사유한 책은 존재하지 않았다는 이야기다. 이것이 비극이다.

또한 한글 서적이 담은 내용도 따져볼 필요가 있다. 한국어로 번역되고 한글로 표기된 서적의 내용과 목적은 대체 무엇이던가? 이쯤 되면 그 내용이 궁금한 것이다. 조선 전기에 이뤄진 번역은 거의 예외 없이 국가가 주도했다. 이미 언급했듯 인쇄시설은 물론이고 그 외 인쇄에 필요한 물자와 인력을 국가가 독점했기 때문에 번역 및 번역물을 인쇄·출판하는 주체 역시 국가일 수밖에 없었다. 따라서 번역서 선택은 오로지 국가 혹은 왕실의 권력으로만 가능했다.

그럼 민중이나 민중의 삶과 관련되는 번역서는 아예 없었던 것일까? 그런 책들이 있었다면 그 성격은 어떤 것이었는지 검토해보자.

조선조의 번역사업은 훈민정음 창제 이후 시작된 것이 아니다. 태종 4년 10월 28일 의정부에서 『대명률大明律』 번역을 요청한다. 『대명률』은 형법이다. 건국 이후 명이 대륙의 주인이 되자, 이 형법을 조선에서도 그대로 적용하기로 했던 것이다. 『대명률』의 처벌은 기본적으로 신체형 위주였고, 당연히 고문이 용인되었다. 이 때문에 매우 신중하고 정확한 법조문 이해가 필요했다. 이것이 언해를 요청한 이유다. 하지만 이때 번역이 완성되었는지는 의문이다. 『대명률』을 이두로 번역하라는 명령은 태종 11년 12월 2일, 세종 13년 6월 22일에 거듭 내려지고 있다. 『세종실록』 13년의 기사에 따르면, 지신사 안숭선安崇善·좌대언 김종서金宗瑞는 『대명률』 번역에 대해 이렇게 말하고 있다.

> 『대명률』의 문장은 뜻을 이해하기 어렵습니다. 조율照律하며 죄의 경중을 따질 때 실수하게 되니, 정말 불편합니다. 바라옵건대 『당률소의唐律疏義』·『의형이람議刑易覽』 등의 글을 참고해 번역하고 풀이하여 사람들이 알기 쉽도록 하소서.[7]

7 『세종실록』 13년 6월 22일.

이에 따라 세종은 상정소에서 번역할 것을 명한다. 이후에도 『대명률』은 계속 문제가 되었다. 세종은 근신들에게 이렇게 말하고 있다.

> 사리를 아는 사람이라도 율문律文을 검토한 뒤에 죄의 경중을 안다. 하물며 어리석은 백성이야 어떻게 범한 죄의 크고 작음을 알아 스스로 그치겠는가? 백성들이 율문을 다 알게 할 수는 없겠지만, 따로 큰 죄에 해당하는 조문만이라도 뽑아 이두문으로 번역한 뒤 민간에 반포하여 우부우부가 죄를 피하게 해주는 것이 어떠하겠는가?[8]

8 『세종실록』 14년 11월 7일.

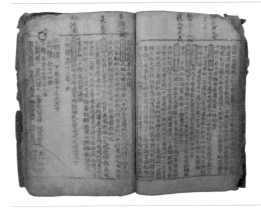

『대명률』은 1397년에 반포되어 명·청시대 500여 년간 형률刑律의 근본이 된 중국의 법전이다. 총 30권으로 구성되어 있다.

　『대명률』 요약본을 번역·광포함으로써 우부우부, 곧 어리석은 남자와 여자의 범죄를 예방하자는 것이야말로 전형적 교화론이다. 일반적으로 '교화론'이라 하면 그 체제유지적 속성 때문에 음험한 책략으로 이해되곤 하지만, 그런 점을 고려한다 하더라도 세종의 발언에는 진정한 애민의식이 가득하다. 다음 허조許稠의 말과 비교해보라. 즉 "간악한 백성이 율문을 알면, 죄의 크고 작은 것을 알게 되어 두려워하고 꺼리는 바 없어질 것이고, 법을 농락하는 무리가 이로부터 일어날 것입니다." 다음 날 지신사 안숭선은 『대명률』은 우리나라 사람이 쉽사리 깨닫지 못하므로 우리말〔俚語〕로 번역하여 반포해 강습하게 할 것을 요청했다. 번역의 의도는 아름다웠다. 아무리 가벼운 태형笞刑과 장형杖刑도 반드시 율에 따라 집행하여 임금의 어질고 후한 덕을 보여주자는 것이었다.[9] 즉 형의 집행을 반드시 법률에 따르자는 것이었다. 이것은 이전의 형 집행이 다분히 자의적이었음을 의미한다. 다만 법률서가 한글로 번역되었는지 그리고 그것이 세종의 의도대로 광포되었는지는 의문이다.

9　『세종실록』 14년 11월 13일.

　　　　　　　　　　　　　　　　조선시대 책과 지식의 역사

백성에게 읽힐 책을 만들어 유포하다

국가가 백성을 독자로 삼아 가장 광범위하게 유포시킨 책은『삼강
행실도』같은 윤리서였다.『삼강행실도』는 원래 세종 13년에 세종
의 명으로 수집해 엮은 것이었다. 집현전에서『삼강행실도』원고
를 완성하고, 서문과 전문을 붙여 올린 것은 세종 14년 6월 9일이
었다. 그러나 이 책이 즉시 인쇄되어 반포된 것은 아니었다. 같은
해 10월 20일 세종이『삼강행실도』의 서문을 쓴 직제학 권채權採를
불러 서문의 글자 몇 개를 고치라 명하고 있으며, 세종 15년 2월
24일 예문 대제학 정초鄭招가 명을 받들어『삼강행실도』의 발미跋
尾를 지어 올리면서 "판板에 새기기를 마치자" 자신에게 발문을
지으라고 명했다는 것을 보면 아마도 이때까지 인쇄가 끝나지 않
았던 것이다.

　반포 명령이 내려진 것은 세종 16년 4월 27일이었다. 세종은 중
추원사 윤회尹淮가 대신 쓴 교서에서 이렇게 말하고 있다.

　　이에 유신儒臣에게 명하여 고금의 충신·효자·열녀 중 뛰어나게 본
　　받을 만한 행실이 있는 사람을 가려 사실을 기록해 싣고, 아울러 시
　　찬詩贊을 모아 엮었다. 하지만 그래도 어리석은 남녀가 쉽게 이해
　　하지 못할까 염려한 나머지 그림을 붙이고 '삼강행실三綱行實'이라
　　이름을 붙이고, 인쇄·광포하나니, 길거리 아이들과 여염 부녀자들

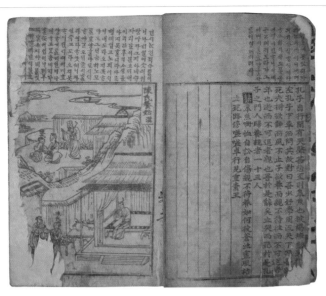

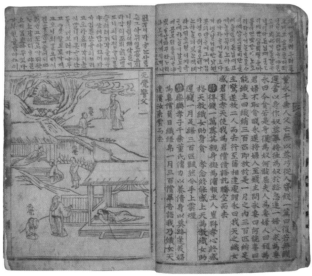

조선시대의 교화서 『삼강행실도』. 언해가 있는 목판본 3권 1책이다. 조선과 중국의 서적에서 군신君臣·부자父子·부부夫婦 등 세 가지 기본 강령三綱의 모범이 될 만한 충신·효자·열녀를 각각 35명씩 모두 105명을 뽑아 그 행적을 그림과 글로 칭송한 책이다. 『삼강행실효자도三綱行實孝子圖』·『삼강행실충신도三綱行實忠臣圖』·『삼강행실열녀도三綱行實烈女圖』의 3부로 구성되었다.

까지 모두 쉽게 알아들어 책을 펼쳐 보고 입으로 외는 가운데 감발感發하는 바가 있다면, 이끌어 가르치는 방법에 작은 보탬이나마 없지 않을 것이다.

다만 백성들이 문자(한자)를 몰라 책을 나눠주더라도 남이 가르쳐주지 않으면 또 어떻게 그 뜻을 알아 감동하는 마음이 일어나겠는가? 내가 『주례周禮』를 보니, "외사外史는 책의 이름을 사방에 알리는 일을 도맡으니, 사방 사람들이 책의 글자를 알게 하여 책을 읽을 수 있게 한다" 하였다. 이제 이 책을 만들었으니 서울과 외방에서는 백성을 가르치는 방법에 힘을 다 쏟기를 바란다.

서울의 한성부와 오부, 외방의 감사와 수령은 학식이 있는 사람을 널리 찾아 권장하고 격려하여, 귀하거나 천하거나 늘 배우고 익히게 할 것이다. 부녀자들은 친속들이 정성을 다해 가르쳐 모두 환히 알게 하고, 입으로 외고 마음속으로 생각하게 하라. 그리하여 아침에 한 걸음 나아가고 저녁에 또 한 걸음 나아가 하늘로부터 타고난 선한 마음을 깨닫게 된다면, 남의 자식이 된 사람은 효성을 다할 것을 생각하고, 남의 신하가 된 사람은 충성을 다할 것을 생각할 것이며, 남편과 아내가 된 사람 또한 부부의 도리를 다할 것이다. 사람들은 의리를 알고 스스로를 새롭게 만들려는 뜻을 크게 가질 수 있을 것이고, 교화는 이루어지고 풍속은 아름다워져서 지극한 정치의 경지에 충분히 도달할 수 있을 것이다.[10]

10 『세종실록』, 16년 4월 27일.

이 책은 불행하게도 한문으로 쓰인 것이었다. "길거리 아이들과 여염 부녀자들까지 모두 쉽게 알아듣기"를 바랐지만, "백성들이 문자(한자)를 몰라 책을 나눠주더라도 남이 가르쳐주지 않으면 또 어떻게 그 뜻을 알아 감동하는 마음이 일어나겠는가?"라는 말에서 보듯, 그것은 애당초 불가능했다. 그림을 덧붙인 것은 궁여지

책이었고, 따라서 "서울의 한성부와 오부, 외방의 감사와 수령은 학식이 있는 사람을 널리 찾아 권장하고 격려하여, 귀하거나 천하거나 늘 배우고 익히게 할 것"을 명할 수밖에 없었다.

이 한 권의 책이 500년이라는 기나긴 기간 동안 백성을 유교 이데올로기로 의식화할 줄은 세종 자신도 몰랐을 것이다. 이 책은 그해 가을 11월 24일 종친宗親과 신하, 여러 도道에 하사된 후 끊임없이 재출판되었다. 세종 21년 3월 9일에는 함길도 관찰사의 요청에 따라 부거현富居縣에 『육전율문六典律文』『농잠서農蠶書』와 함께 반사頒賜되었고, 세종 25년 2월 15일에는 『계주서戒酒書』와 함께 함길도의 경원慶源·경흥慶興·회령會寧·온성穩城·종성鍾城·부거 등 각 고을에 하사되었다.

『삼강행실도』의 보급과 의식화는 이후 국가의 중요한 대민정책으로 자리 잡았다. 성종 2년 3월 28일 『삼강행실』를 향교 교생에게 강습시킬 것을 명하는 등 보급에 애썼다. 성종 2년 6월 8일 한치형韓致亨은 상소를 올려 각 도 관찰사에게 『소학小學』과 『삼강행실도』를 널리 간행해 어른과 어린이 할 것 없이 모두 배우라 명령할 것을 요청하고 있다. 이 요청은 성종 2년 6월 18일 그대로 집행되었다. 하지만 효과는 별로 없었던 듯하다. 식견 없는 관리들이 태만하게 봉행奉行하지 않으므로 실효를 얻지 못하거나,[11] 『삼강행실도』를 주군州郡에 반포했는데 수령守令들이 하찮은 일로 여기고 거행하지 않았던 것이다.[12]

이는 지방관의 해태解怠에도 그 이유가 있지만 가장 큰 문제는 책의 수량이 부족하다는 점이었다. 성종 9년 8월 21일 우의정 홍귀달洪貴達은 집집마다 『소학』은 있으나 『삼강행실도』는 간직한 사람이 적다고 말한다. 따라서 책을 많이 인쇄해 보급할 필요가 생겼다는 것이다. 성종 12년 3월 24일, 드디어 왕은 근자에는 사

11 『성종실록』, 7년 7월 23일.

12 『성종실록』, 8년 4월 22일.

조선시대 책과 지식의 역사

족士族의 부녀 중에도 혹 실행失行하는, 곧 유가의 성도덕에 어긋나는 행위를 하는 경우가 있다면서 언문으로 된 『삼강행실도』 열녀편을 인쇄하여 서울의 오부와 제도諸道에 반사하여, 여염의 부녀자가 다 배우고 익힐 수 있게 하라고 명한다. 이에 따라 성종 12년 4월 21일 예조에서는, 서울에서는 종친 · 재추宰樞와 벌열閥閱의 집안은 물론이고 변변치 못한 집안이나 가난한 집안이라도 가장이 가르치게 할 것이고, 지방의 경우 궁벽한 시골에 흩어져 살기에 가르칠 만한 사람이 없으면 명망이 있는 촌로가 다니면서 가르치게 할 것을 요청했다.

성종 20년 6월 1일 경기 관찰사 박숭질朴崇質은 『삼강행실도』에서 절행節行이 특이한 것만 뽑아 축약본을 만들어 반포하자고 요청했다. 이 요청이 수용되어 금속활자로 인쇄해 반포하기로 결정되었다. 이듬해 성종은 『삼강행실도』를 경성의 오부와 팔도八道의 군현에 반사하고 어리석은 남녀로 하여금 두루 알지 못함이 없게 하라고 명했다.[13]

13 『성종실록』 21년 4월 1일.

『삼강행실도』의 보급은 숫제 법률로 정해졌다. 『경국대전經國大典』「예전」 '장권獎勸' 조를 보자. "삼강행실을 언문으로 번역하여 서울과 지방 사족의 가장 · 남자어른[父老] 혹은 교수 · 훈도訓導 등으로 하여금 부녀자와 어린아이들을 가르쳐 이해하게 하고, 만약 대의大義에 능통하고 몸가짐과 행실이 뛰어난 자가 있으면 서울은 한성부가, 지방은 관찰사가 왕에게 보고하여 상을 준다."

『삼강행실도』가 대대적으로 보급된 것은 중종 때였다. 중종 1년 11월 2일, 궁중에서 쓰는 술의 공급을 맡아보던 관아인 사온서司醞署의 주부 우행언禹行言은 『삼강행실도』를 반포하여 백성이 소리 내어 읽고 외게 할 것을 청했다. 요청이 즉시 실행된 것은 아니었다. 4년 뒤인 중종 5년 1월 4일 임금은 『삼강행실도』를 팔도에 반

사하라는 명령을 내린다. 그러나 『삼강행실도』가 본격적으로 반포
된 것은 중종 6년부터다. 그해 8월 28일 중종은 "근래 풍속이 불미
하다"면서 『삼강행실도』를 많이 찍어 서울과 지방에 반포해 백성
들에게 주지시킬 것과 건국 이래의 열녀와 효자 중 기존의 『삼강행
실도』에 실리지 않은 사람들도 수집·기록한 뒤 그림을 그리고 시
와 찬을 덧붙여 간행하라고 명한다. 속편을 만들라는 말이다. 이로
부터 약 2개월 후인 중종 6년 10월 20일에 『삼강행실도』 2940질을
찍어 반포하라는 명을 교서관에 내린다. 간행부수가 밝혀진 조선
시대의 책들 가운데 이 2940질은 가장 큰 부수다. 『삼강행실도』
보급에 국가가 얼마나 열중했는지를 짐작할 수 있을 것이다.

　이어 중종 7년 10월 8일에는 『삼강행실도』 속편이 기획되었고
이 일을 전담할 관청을 설치하라는 명령이 내려졌다. 속편에 중종
반정 때 충절忠節로 죽은 사람을 찾아넣으라는 지시도 내려졌다.[14]
그리고 그때까지 인쇄된 언해본 『삼강행실도』의 글자가 너무 작다
하여 큰 글자로 인쇄해 보기 편하게 하라고 명하기도 했다.[15] 『삼
강행실도』는 계속해서 인쇄되고 보급되었다.

　『중종실록』 10년 5월 21일자에서 임금은 이렇게 명하고 있다.

<blockquote>『삼강행실도』는 다른 책과 같지 않으므로 여항의 백성들도 모두
알게 하고 싶다. 정부·육조·한성부의 당상堂上과 낭청郎廳 중에서
이 책을 내려줄 만한 사람을 뽑아서 보고하라. 오부에도 나눠주어
여항에서 가르치게 하라.</blockquote>

　같은 해 6월 9일 중종은 개성부 백성들이 전조前朝인 고려의 풍
속을 따라 불교만 숭상할 뿐 사람이 떳떳이 지켜야 할 도리를 알
지 못하니 염려스럽다면서 『삼강행실도』를 더 인쇄해 내려 보내

14 『중종실록』 8년 2월
28일, 『중종실록』 9년
4월 2일.

15 『중종실록』 9년 4월
2일.

라고 명령했다.

그 이후로도 『삼강행실도』는 조선 후기까지 자주 간행되었으며, 그것의 준행 여부도 관심의 대상이었다. 예컨대 중종은 "전에 『삼강행실도』를 인쇄해 반포했는데, 읽고 실천하는지 아니면 그냥 형식적인 것으로 여기는지 알 수 없다"고 우려하고 있다.[16]

16 『중종실록』 13년 3월 11일.

중종 때 『삼강행실도』를
많이 찍은 이유

조선시대에 책은 값비싼 물건이었다. 그럼에도 유독 『삼강행실도』
만 이토록 자주 대량으로 인쇄된 까닭은 무엇일까? 『삼강행실도』
를 처음 편찬했던 세종은 과연 이 책이 500년 동안 그렇게 많이
출판될 줄 알았을까? 세종 때 편찬된 책으로 후대까지 이처럼 자
주 인쇄된 책은 없었다. 그리고 왜 하필 중종 때 『삼강행실도』가
대량 인쇄되었을까?

　앞서 살펴보았듯 『삼강행실도』에 대한 조정의 관심이 가장 높
았던 때는 중종조다. 흥미롭게도 이 책이 대량으로 인쇄·유포된
것은 중종 5년에서 중종 13년에 이르는 기간이다. 2940질에 이르
는 『삼강행실도』 인쇄도 이 기간에 일어났던 일이다. 그러던 것이
중종 13년을 기점으로 이후 18년 동안은 『삼강행실도』에 대한 언
급이 전혀 없다는 점도 놀랍다. 중종 14년(1519)에 무슨 일이 있었
던가. 바로 '기묘사화'가 있었다. 남곤南袞·심정沈貞·홍경주洪景
舟 등 훈구파가 성리학에 바탕을 둔 이상정치를 주장하던 조광조
와 김정 등 신진사림新進士林을 죽이고 유배하여 정치적으로 제거
한 사건이다. 중종 초기의 『삼강행실도』 보급은 조광조를 위시한
기묘사림이 추동한 것이었다. 군주로부터 백성에 이르기까지 모
든 인간을 도덕적 인간으로 만드는 것이 기묘사림의 정치적 구상
이었다. 물론 그 배후에는 성리학이라는 도덕권력이 자리 잡고 있

었다.

조선은 연산조를 거치며 이미 내부적 모순을 드러냈다. 중앙의 관료집단은 귀족이 되었고 그들은 백성이 생산한 것으로 향락을 누렸다. 이런 이유로 백성들 역시 체제에 쉽게 순응하지 않았다. 가장 안정기라 말할 수 있는 성종 때 홍길동洪吉同 같은 군도가 발생했으니, 안정이란 것도 지배계급의 안정이었을 뿐이고 민중의 삶은 결코 안정되지 않았다. 홍길동은 우리가 생각하는 것 이상으로 조선사회를 뒤흔들었다. "충청도는 홍길동이 도적질한 뒤로 유망流亡했던 사람들이 다시 모여들지 않고 있고, 오랫동안 양전量田 (논밭의 면적과 등급을 측량하는 일)을 하지 못했으므로 세稅를 거두기가 실로 어렵다"[17]는 말이 나올 정도였던 것이다.

17 『중종실록』 8년 8월 29일.

사림은 체제의 위기 국면을 『삼강행실도』로 돌파하고자 한 것이었다. 중종 12년 6월 27일 홍문관은 임금이 『삼강행실도』 속편을 짓도록 명령한 것을 찬양하고는 그 밖에도 『소학』 『열녀전』 『여계女誡』 『여칙女則』 등도 한글로 옮겨 반포하자고 청하면서, 이렇게 말하고 있다.

요사이 도학道學이 밝지 못하고 교화敎化가 쇠퇴하여 규문閨門은 외설스럽고 문란하여 못하는 짓이 없습니다. 근본이 이미 이러하니 그 끝이 어떨지도 알 수가 있습니다. 부부간에 투기하고 부자간에 반목하고 형제간에 서로 해치는 자들이 흔히 있습니다. 풍속이 붕괴된 것이 지금 이때보다 더한 적이 없는 것은, 다 이유가 있습니다.

윤리의 위기를 역설하면서 교화를 강화하자는 주장은 곳곳에 보인다.

〈허매익수許梅溺水〉, 『속삼강행실도』. 한국학중앙연구원 장서각.

〈김씨자경金氏自經〉, 『속삼강행실도』. 한국학중앙연구원 장서각.

경상도와 전라도는 우리나라의 추로지향鄒魯之鄕인데, 큰 죄인이 형벌을 면하고 달아난 지 1년이나 되었습니다. 근래에 천재天災가 많기는 하지만, 어찌 이 변보다 더하겠습니까?[18]

신이 경상도 관찰사가 되었을 때 보니, 경상도의 인심과 풍속이 더할 수 없이 무너져 있었습니다. 지금 성상께서 풍속을 변화시키는 데 뜻을 두고 계시므로, 신은 그 지극하신 뜻을 본받아 완악한 풍속을 변화시키고자 합니다. 적이 그 방법을 생각해보니 풍속을 바로

18 『중종실록』 12년 12월 28일.

조선시대 책과 지식의 역사

잡을 수 있는 옛사람의 책을 골라 상세한 언해를 붙여 도내에 반포하고 가르치는 것이 좋을 것 같습니다.[19]

19 『중종실록』 13년 4월 1일, 동지중추부사 김안국의 아룀.

근래 인심이 완악해지고 풍속이 무너진 나머지 불효하고 불손한 짓으로 강상綱常을 어지럽히는 자가 이어지고 있습니다. 왕법王法으로 처벌한다 하더라도 징계되는 바가 없습니다. 이는 진실로 교화가 이루어지지 않기 때문이니, 나라를 다스리는 사람이 깊이 우려해야 할 바입니다.[20]

20 『중종실록』 31년 5월 10일.

근래 인심이 야박하고 악해져서 윤리의 소중함을 모르기 때문에 종종 효경梟獍(어미를 잡아먹는 새와 아비를 잡아먹는 짐승) 같은 무리가 거룩하고 밝은 정치를 더럽힙니다. 이것은 참으로 신들이 공분을 느끼는 바이고, 성상께서도 깊이 걱정하시는 것입니다. 교화의 방법을 거듭 밝혀 큰 변화를 도모할 때라고 생각합니다.[21]

21 『중종실록』 35년 6월 22일.

중종이 즉위했을 때는 이미 왕조가 건국된 지 100년을 넘겨 체제의 모순을 드러내고 있었다. 앞서 언급한 바와 같이 충청도 일대를 중심으로 활약한 도적떼의 우두머리 홍길동이 관복을 입고 설치기 시작한 것이 이미 성종 때였다. 지방의 이정里正들도 홍길동과 한통속이었으니 일부 민중의 지지를 받아 그렇게 오랫동안 활동할 수 있었던 것이다. 중종 25년 12월 28일에는 60명의 군도가 체포되었고, 이어 백정 출신의 도적 임꺽정이 나온다. 조선의 백성들이 체제에 순응하지 않았다는 뜻이다. 이러한 위기 국면에서 사림은 모순의 진원지인 권문귀족에게 윤리적 절제를 요구하는 한편 민중 길들이기를 꾀했던 것이니, 그 실천적 도구가 바로 『삼강행실도』였던 것이다.

그러나 『삼강행실도』는 국가가 의도한 대로 성과를 거둘 수 있었던가? 책의 발행을 국가가 독점하는 상황에서 『삼강행실도』만큼 자주 많이 인쇄·보급된 책은 없었다. 윤리서를 보급한다고 해서 피지배자가 꼭 윤리적 인간이 된다는 보장은 없다. 『삼강행실도』를 언문으로 번역하겠다는 세종의 말에 정창손이 "『삼강행실도』를 반포한 뒤 충신·효자·열녀가 무리를 지어 나오는 것을 보지 못했습니다. 실천하고 하지 않고는 사람의 자질이 어떤가에 달린 것일 뿐입니다. 어찌 꼭 언문으로 번역한 뒤라야, 사람들이 모두 그것을 본받을 것입니까?"라고 비꼬았던 것은 그래서다. 그럼에도 불구하고 이 책은 효과를 거두었다. 납득할 수 없는 이상한 효과를.

중종 21년 7월과 8월 사이 조정은 효자와 열녀를 찾아내 대대적으로 표창하는데 그 내용이 아주 흥미롭다. 강원도 관찰사 황효헌黃孝獻이 보고한 사례[22]는 이렇다. 진사進士 신명화申命和의 아내 이씨李氏는 평소 『삼강행실도』를 외는 사람이었는데, 남편이 병들어 죽을 지경에 처하자 패도를 뽑아 왼손의 가운뎃손가락을 잘랐고 그날 밤 꿈에 하늘에서 크기가 대추만 한 약이 떨어졌으며, 다음 날 남편의 병이 나았다는 것이다. 끊어낸 손가락을 태워서 약으로 사용한 경우도 있었다.

22 『중종실록』 21년 7월 15일.

유학幼學 유인석劉仁碩은 아버지 유계선劉繼先이 광질狂疾에 걸려 죽을 지경이 되자 손가락을 잘라내 효험을 보았다는 『삼강행실도』의 이야기를 보고, 도끼로 손가락을 잘라 불에 태운 다음 빻아서 물에 타서 올렸다. 유계선은 이것을 먹고 병이 치료되었다.[23]

23 『중종실록』 21년 7월 15일.

단지斷指(손가락을 자르는 일)와 할고割股(허벅지 살을 베어내는 것)는 조선시대의 효자전과 열녀전에 무수히 등장하는 제재다. 효자와 열녀는 효성과 열행을 입증하기 위해 자신을 희생해야 했는데, 그중 가장 두드러진 희생 방법이 단지와 할고였다. 어버이 혹은 남편을 위해 신체의 일부를 잘라내는 이 야만적 행위는 『삼강행실도』로 인해 전파되었던 것이고, 이런 행위는 특별히 그 동리를 표창하는 정문旌門, 세금을 면제해주는 복호復戶, 기타 벼슬과 물품을 하사하는 방식을 통해 권장되었다.[24] 만약 공자가 살아 있어 효와 열을 위해 손가락을 자르고 넓적다리 살을 베어내 굽거나 삶는 광경을 보았다면 무어라고 했을까? 올바른 윤리적 행위라며 칭송했을 것인가? 아마도 아닐 것이다.

24 『중종실록』 23년 8월 12일.

　이런 윤리의 야만적 실천은 주로 민중에게서, 또는 양반가라면 주로 여성에게서 일어나는 일이었다. 양반 남성에게서는 거의 찾아보기 어려운 일이었다. 그것은 백성들에게만, 사회적 약자에게만 강요된 윤리였다. 남편이 아내를 위해 죽는 법은 없었고, 임금이 신하를 위해 죽는 법도 없었으며, 아버지가 자식을 위해 죽는 법도 없었다. 국가는 끊임없이 백성은 무지한 존재임을 주장했다. 그 주장에서 다시 '효'와 '충'과 '열'이라는 윤리의 외피를 뒤집어쓴 새로운 무지가 생겨났던 것이다. 그것은 약자가 강자에게 행한, 무제한적으로 윤리를 준수해야 한다는 강요였다. 달리 말해 강자에 대한 약자의 복종을 요구하는 것이었고, 일정한 성과도 거두었다.

　하지만 『삼강행실도』는 너무나 자주 너무나 많이 언급되었고 반포되었다. 『삼강행실도』의 효험이 떨어지면 또 다른 수단도 얼마든지 있었다. 중종 31년 5월 12일, 김근사金謹思는 이렇게 말하고 있다.

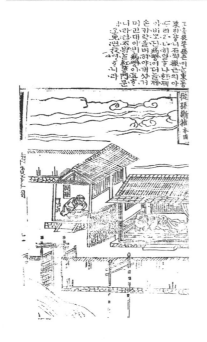

「종손단지從孫斷指」, 『속삼강행실도』. 한국학   「수명단지守明斷指」, 『동국신속심강행실도』. 규장각.
중앙연구원 장서각.

『삼강행실도』 같은 책은 모두 옛날이야기라 서울과 지방의 사족과
백성들이 예사로 여겨 마음이 전혀 움직이지 않습니다. 이제 여러
책 중에서 본받을 만한 이야기를 골라 책으로 엮어 나라 전체에 인
쇄해 반포한다면, 아마도 눈과 귀에 새로워 각자 알고 본받을 터이
니 교화에 도움이 될 것이라는 성상의 하교는 참으로 지당합니다.
다만 지방의 외진 고을에서는 사람들이 문자를 아는 경우가 드물어
새 책을 반포해도 다 이해하기는 어려울 것입니다. 언문으로 쓴다
면, 우부우부도 능히 이해할 수 있을 것이니, 책을 엮을 때 언문으로
번역하여 두루 알 수 있게 하는 데 힘쓰는 것이 어떠한지요?

『삼강행실도』를 사민들, 곧 사족과 평민 모두 심상하게 여기고 아무런 감흥도 느끼지 않기에 새 윤리서의 언해본이 필요하다는 이야기다. 하지만 이것은 윤리서의 간행과 보급을 정당화하는 논리일 뿐 그런 늘 사업은 있어왔다. 예컨대 중종 12년 6월 27일 홍문관은 『소학』이라든지 『열녀전』 『여계』 『여칙』 같은 것을 한글로 번역하여 인쇄·반포할 것을 건의하고 있으며, 김안국金安國은 『여씨향약呂氏鄕約』과 『정속正俗』을 자신이 번역하고는 국가에서 인쇄·반포할 것을 요청하고 있다. 『이륜행실도二倫行實圖』는 그가 승지로 있을 때 개간을 청한 적이 있었다. 『여씨향약』은 대대적으로 보급되었고, 『소학』도 광범위하게 유포되었다.

언해 윤리서의 보급은 언뜻 모든 인간을 도덕적으로 만들겠다는 선량한 의도에서 나온 것으로 보이지만 결국에는 사족체제 유지를 위한 것이었다. 중종 12년 6월 27일 홍문관은 『소학』 『열녀전』 『여계』 『여칙』의 번역과 간행을 요구했던 바, 그 궁극의 효용을 "사람마다 윗사람을 피붙이처럼 여기고 관청의 윗사람(혹은 수령)을 위해 죽는 데"서 찾고 있다. 언해 윤리서는 민중에게 윤리적 인간이 되라는 요구를 외피로 쓰고 있지만 실제로는 국가와 체제에 대한 무조건적 복종을 요구한 것이었다. 그것을 통해 사족체제의 영원한 지속을 바랐던 것이다.

한글 언해서의 문제

조선시대에 가장 광범위하게 보급된 서적은 전술했듯 언해 윤리
서였다. 하지만 이 외에도 민중을 겨냥해 출판된 서적이 약간 있
다. 농서와 잠서 등 주로 농업기술과 관련된 것이었다.

『태종실록』14년 12월 6일, 원조元朝의 『농상집요』는 백성들에
게 유익함에도 불구하고 글이 어렵다는 이유로 "향곡의 소민"을
위해 번역이 요청되었고 이에 판각하여 널리 반포하게 했다. 이두
로 번역한 것이었다. 농사에 관계된 책은 더러 번역이 되었던 바,
『농상집요』에 실린 「양잠방養蠶方」역시 이두로 번역·출판되었
다.[25] 세조 7년 3월 14일, 한계희韓繼禧 등 문신 30여 명이 한글로
『잠서蠶書』를 번역하였다. 의서인 『안기집安驥集』의 「수우경水牛經」
이 번역되고 주자소에서 인쇄된 것도 이런 맥락에서 이해된다.
「수우경」은 소와 말의 병을 치료하는 서적이다. 소는 곧 농업노동
과 밀접한 관계가 있다.[26]

이 외에 민중과 관련 있는 서적은 의서였다. 『향약집성방鄕藥集
成方』은 성종 19년 9월 20일에 언해되어 주자소에서 인쇄되었다.
『구황촬요』는 명종 때 언해본으로 간행되었다.[27] 온역瘟疫 치료에
관한 의서 『벽온방辟瘟方』은 세종 때 이어俚語로 번역하여 서울과
지방에 인쇄·반포한 것이지만 희귀한 책이 되어 김안국이 경상도
관찰사 때 언해를 붙여 간행했고, 창진瘡疹에 관한 의서 『창진방瘡

25 『태종실록』17년 5월 24일.

26 『성종실록』25년 4월 2일.

27 『명종실록』9년 11월 25일.

疹方』역시 번역하여 개간했으나 서울과 지방에 두루 반포하지 않
았으므로 김안국이 경상도 관찰사로 있을 때 간행·반포했다.[28]

이런 것이야말로 광범위하게 유포되어야 할 책이지만, 현실은
전혀 그렇지 않았다. 농민에게 가장 필요한 서적은 농서인데도 세
종 11년 5월 16일에 찬술을 명한 『농사직설農事直說』은 모두 한문
으로 쓰인 것이었다. 따라서 농민은 읽을 수가 없었다. 이것은 "자

상하게 가르쳐 농민 모두가 두루 알게 하라"[29]는 세종의 말처럼
농민의 손에 쥐어진 것이 아니었다. 윤리서를 더 중요하게 생각한
탓이다.

그렇다면 과연 어떤 책이 언해되었던 것인가? 최초로 번역된
언문서는 앞서 언급한 바와 같이 『운회』다. 그러나 이 책은 민중과
는 아무런 상관이 없는 책이었다. 『실록』을 중심으로 해서 임진왜
란 이전까지의 언해본 서적을 검토해보자. 먼저 이름이 널리 알려
진 책이다.

• 세종
『용비어천가』, 세종 27년(1445) 편찬, 세종 29년(1447) 간행.
『석보상절』, 세종 29년(1447) 편찬, 세종 31년(1449) 간행.
『월인천강지곡』, 세종 29년(1447)~세종 30년(1448) 사이에 완성 간
행된 것으로 추정.

• 세조
『초학자회初學字會』, 세조 4년(1458), 최항과 한계희의 상喪 때문에

중단되었던 『초학자회』 언문주해 작업을 계속할 것을 명함.[30] 간행
여부는 미상.
『월인석보』, 세조 5년(1459) 간행.

『석보상절』 언해본. 1447년. 청주고인쇄박물관.

『월인천강지곡』 언해본. 1447년. 청주고인쇄박물관.

조선시대 책과 지식의 역사

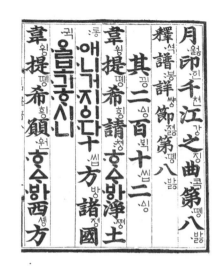

『월인석보』언해본. 1459년. 청주고인쇄박물관.

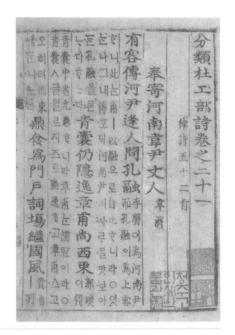

『두시언해』. 1481년. 청주고인쇄박물관.

『명황계감언해明皇誡鑑諺解』, 세조 7년(1461) 『명황계감』의 언해를 명함.[31] 성종 18년(1487)에 『명황계감언해』가 간행.

『금강경언해』, 세조 10년(1464) 『금강경』의 언해를 명함.[32] 같은 해 『금강경언해』가 간행.

『원각경언해』, 세조 11년(1465) 『원각경』의 언해를 명함.[33] 같은 해 『원각경언해』가 간행.

31 『세조실록』 7년 8월 27일.

32 『세조실록』 10년 2월 8일.

33 『세조실록』 11년 3월 9일.

● 성종

『두시언해』, 성종 12년(1481) 간행.

『몽한운요蒙漢韻要』, 성종 8년(1477) 완성.[34] 몽고어와 중국어를 번역한 것임. 간행 여부는 미상.

『연주시격聯珠詩格』·『황산곡시집黃山谷詩集』, 성종 14년 언해를 명함.[35] 간행 여부는 미상.

34 『성종실록』 8년 9월 4일.

35 『성종실록』 14년 7월 29일.

대부분 불경과 문학서적의 언해다. 불경 번역은 주로 왕실의 불교 신앙을 위한 것이거나 왕실 부녀자의 명복을 빌고자 하는 의도에서 이루어진 것이었다. 불경의 언해는 거창한 사업이었고 또 한국어로의 번역이었지만, 민중을 위한 일은 결코 아니었다. 또한 『두시언해』가 농민과 무슨 관련이 있겠는가? 『홍무정운』이나 『동국정운』『연주시격』『황산곡시집』도 민중의 삶과는 무관한 지배 사족을 위한 책일 뿐이었다.

이런 서적의 언해본은 민중을 위한 것도 아니었고 정확한 의미를 전달하려는 목적의 '번역'도 아니었다. 조선의 서적 중 가장 중요한 책이라 말할 수 있는 사서삼경의 언해를 예로 들어보자. 사서삼경의 언해는 한글이 창제되고 난 뒤 거의 150년이 지난 선조 때 와서야 이루어졌다. 물론 그 이전인 세종 30년 3월 28일 집현전에서 언문으로 사서를 번역했다고 하지만, 그 결과 출판이 되었는지는 알 수가 없다. 사서삼경의 언해본은 선조 17년 교정청校正廳을 설치한 뒤 만들어지기 시작해 선조 21년 10월 29일에 마무리되었다(이것이 어떤 방식으로 출판되었는지 또한 미상이다). 일단 끝을 맺었다는 것은 선조 34년에 다시 경서 교정청이 생겼다는 사실로 미루어 알 수 있다.

경서의 언해 역시 민중을 위한 것이 아니었다. 경서 교정청의 구실은 표준 해석을 마련한다는 데 있었던 것이지 유교 경전을 민중에게 전파하는 일과는 아무런 상관이 없었다. 또 경서 번역에서는 한 언어를 완전히 다른 언어로 번역한다는 의식이 없었다. 제대로 된 번역이라면 원문을 참고하지 않고 번역문만으로도 원전의 내용과 정신에 도달할 수 있어야 하는데, 경서 번역은 전혀 그렇지 않았다. 곧 언해란 온전한 한국어 번역이 아니었다. 그저 한문을 한국어 어순으로 옮겨놓은 데 지나지 않았던 것이다. 말하자면 원문에 구결을 단 수준에서 약간 더 나아가 한국어로 옮길 수 있는 어휘를 한국어로 옮긴 것일 뿐이었다. 따라서 한문과 한자를 모르는 사람은 경서 언해본 역시 읽고 이해할 수 없었다.

그렇다면 왜 이런 언해가 필요했단 말인가. 사실 이 시기의 경서 학습은 한문이라는 언어에 대한 통사론적 이해가 없는 상태에서 이루어졌다. 그러므로 어디를 끊느냐 또는 어떤 구결을 다느냐에 따라 원문 이해에 차이가 생겼다. 경서는 이른바 진리를 담고 있는 서적이며 보다 정확한 이해를 요구하는 글이었다. 따라서 누구나 합의할 수 있는 표준 구결이 필요했다. 예컨대 조선시대 사서의 표준 언해본을 한번 보자. 『맹자』의 첫머리다. 원문은 다음과 같다.

孟子見梁惠王, 王曰: "叟不遠千里而來, 亦將有以利吾國乎?"

이 문장의 뜻은 다음과 같다. "맹자가 양혜왕을 만났다. 왕이 말하기를, '노인장께서 천리를 멀리 여기지 않고 오셨으니, 또한 우리나라를 이롭게 할 무엇이 있습니까?'" 이 문장의 언해본은 다음과 같다.

孟밍子ᄌ ㅣ 見견梁량惠혜王왕ᄒ신대 王왕曰왈叟수 ㅣ 不불遠원千쳔里리而이來ᄅ ᄒ시니 亦역將쟝有유以이利리吾오國국乎호 ㅣ 잇가
孟밍子ᄌ ㅣ 梁량惠혜王왕을보신대 王왕이ᄀᆞ로아샤딕 叟수 ㅣ 千쳔里리ᄅ 멀리아니너겨오시니ᄯᅩᆫᄒ쟝ᄎ 쎠내 國국을 利리케홈이이시리잇가

보다시피 번역이라고는 할 수 없다. 즉 번역문을 보고서 이 문장의 의미를 정확히 이해하기는 어렵다. 경서의 언해는 표준 구결을 달아 직역하려는 의도에서 만들어졌을 뿐이다. 언해가 있어도 경전은 여전히 사족의 독점물이었던 것이다. 서양의 중세에 라틴어 성경이 승려와 귀족을 위한 것이었던 점과 마찬가지다.

4

서울의 인쇄 · 출판 기관

|

주자소와 교서관

오늘날 책은 상품이며 출판사란 그 상품을 제조하는 기업이다. 책을 일반 소비재와 구분하려 하기도 하지만, 현대 절대다수의 책은 이윤 동기에서 제작되는 상품일 뿐이다. 물론 비영리 출판도 있기는 하다. 그러나 예외적 소수이니 큰 의미를 부여하기 어렵다.

출판이 이윤을 추구하는 기업이라는 것은 누구나 자본만 있으면 출판에 뛰어들 수 있다는 말이다. 이에 반해 조선시대의 서적은 대부분 상품으로 제작된 것이 아니었다. 물론 18세기 말에 이르러 방각본이라는 민간의 상업용 서적이 출현하지만, 조선시대 전체를 통틀어 방각본 서적의 존재와 그 영향력은 미미한 수준이었다. 반면 앞서 살펴보았듯 구텐베르크의 금속활자는 민간에서 생겨난 것이고 금속활자인쇄는 애당초 상업적 목적을 갖고 시작되었다. 이것이 서양의 인쇄출판사와 한국의 인쇄출판사를 갈라놓은 분수령이다. 조선의 인쇄·출판은 국가나 관이 독점적 지위를 누렸고 나머지 일부만을 민간에서 담당했다. 이것은 1890년대 말 민간에서 근대적 형태의 출판사가 출현하기 전까지 변함이 없었다.

국가가 서적출판을 독점했다면 도대체 어떤 기관이 그 일을 맡았으며 또 어떤 내적 메커니즘을 가지고 운용되었던 것일까?

계미자 밀랍 조판의 한 과정. 청주고인쇄박물관.

서적원과 교서관 설립

태조는 즉위하자마자 관직제도를 정하는데,[1] 그 가운데 서적의 인쇄·출판을 주관하는 관청은 둘이었다.

1 『태조실록』 1년 7월 28일.

> (1) 서적원은 경적經籍의 인출을 맡는다. 영이 1명인데 종7품이고, 승이 2명인데 종8품이고, 녹사가 2명인데 종9품이고, 사리가 2명이다.
> (2) 교서감校書監은 문적文籍·도서圖書와 제초祭醮■의 축문祝文 등에 관련된 일을 맡는다. 판사가 2명인데 정3품이고, 감이 2명인데 종3품이고, 소감이 2명인데 종4품이고, 승이 1명인데 종5품이고, 낭이 2명인데 정7품이고, 저작랑이 2명인데 정8품이고, 교감이 2명인데 정9품이고, 정자가 2명인데 종9품이다.■■

서적원은 고려의 관직제도를 그대로 따랐던 것이다. 앞서 언급한 바 있지만 여기서 다시 간단히 정리해보자. 서적원은 고려 문종 때 설치한 서적점에서 유래한다. 그 뒤 충선왕 때 서적원을 한림원에 병합했다가 뒤에 다시 설치했고, 공양왕 3년에 혁파했다가

■　재앙을 물리치고 복을 비는 제사.
■■　인용문에서 영令, 승丞, 녹사錄事, 사리司吏, 판사判事, 감監, 소감少監, 낭郎, 저작랑著作郞, 교감校勘, 정자正字는 모두 관직 명칭이다.

조선시대 책과 지식의 역사

1년 뒤인 공양왕 4년에 서적원으로 개칭해 주자鑄字와 서적인쇄를 관장하게 했던 것이다. 공양왕 4년은 1392년이고, 곧 조선 태조의 즉위년이다. 따라서 서적원은 고려의 제도를 그대로 이어받은 것임을 알 수 있다. 그런데 이 서적원은 원래 서적인쇄를 맡는 곳이었으나, 이후의 『실록』에는 이 관청의 이름이 전혀 나오지 않는다. 다만 백주지사 서찬이 목활자를 제조해 바침으로써 『대명률직해』 등의 서적을 인쇄했다는 점은 이미 언급한 바다.

교서감은 고려의 비서성(곧 전교시)을 계승한 것이다. 태종 1년 7월 13일에 그 명칭을 교서관으로 바꾸고, 소감 이상 등급의 관원을 혁파하고, 종5품 교리校理 하나, 종6품 부교리 하나를 두고, 참외參外는 이전과 같이 그대로 두었다. 교서관은 그야말로 '책을 교정한다'라는 뜻을 가진 곳으로 책의 출판을 전담하는 유일한 관청이었다. 물론 교서관의 임무는 책의 출판에 국한되지 않았다. 교서관은 서적과 상관없는 일도 맡았다. 국가 제사에 쓰이는 '향축' 관리를 맡았고, 국가의 각종 기관에서 쓰는 도장 제작도 교서관의 몫이었다. 그러나 뭐라 해도 교서관의 가장 큰 임무는 서적간행이었다. 이 부분을 『실록』을 통해 살펴보자. 성종 14년 12월 23일 전교서典校署 박사博士 고언겸高彦謙 등은 상소문을 올린다.

본조는 조종조祖宗朝 이래 유교의 도리를 높이 받들어 서적을 나라를 다스리는 중요한 보물로 삼았으므로 천하의 책을 모아 융문루隆文樓·융무루隆武樓에 간직하여 고열考閱에 대비하였습니다. 융문루·융무루는 본서本署(전교서를 말한다)가 맡고 있고, 또 책을 인쇄할 때는 전교관典校官이 한쪽에서는 정본正本을, 한쪽에서는 인쇄된 책을 잡고서 글자마다 교정하고 줄마다 검사해서 빠진 글을 채워넣고 잘못된 글자를 바로잡은 뒤 편차를 정하고 제본을 하여, 성상의

『경국대전』. 조선 왕조의 근본을 이루는 법전. 고려 말부터 성종 때까지 약 100년간 반포된 제법령諸法令, 교지敎旨, 조례條例 및 관례慣例 등을 망라하였다. 성종 16년(1485)년에 간행되었다.

독서에 대비합니다. 그리하여 우리 전하께서 제왕의 마음가짐과 정치의 요지를 연구하고, 전대의 치란흥망治亂興亡의 원인을 살피게 하니 그 직임이 정말 가볍지 않습니다.

고언겸 등의 요구는 전교서가 원래 교서관이었는데 세조 때 '전교서'로 바뀌어 '활인서' '액정서'와 동급이 되었다며 이제 다시 정3품 관서로 올려주고 명칭도 '교서관'으로 바꾸어달라는 것이었다. 이때 『경국대전』을 완성하기 위해 감교청勘校廳을 열고 최종적으로 법과 제도를 손질하고 있었기에 고언겸 등이 상소를 했던 것이다. 이 상소는 뒤에 한 번 더 검토하겠다.

하지만 그 명칭에 상관없이 고언겸의 상소는 교서관이 맡고 있는 일을 정확히 전하고 있다. 교서관은 (1)책을 인쇄할 때 원고와 교정지를 대조해 교정을 보는 것 (2)융문루와 융무루(이에 대해서는 뒤에 다시 언급한다)에 서적을 수장하고 관리하는 것이 가장 큰 임무였다. 이와 아울러 각종 서적의 목판을 준비했다가 원하는 사

조선시대 책과 지식의 역사

람에게 인쇄해주는 것도 교서관의 중요한 임무였다. 이런 임무를 수행하는 데는 상당한 학문과 지식이 필요하기 때문에 교서관 관원은 모두 문신들 가운데서 임명했다.

흥미로운 것은 의외로 태종에서 단종에 이르는 기간 동안의 『실록』에서 교서관 활동에 대한 의미 있는 기록을 찾아보기 어렵다는 점이다. 아마도 이는 주자소 때문이 아닌가 한다. 주자소는 문자 그대로 활자를 주조하는 곳이라는 뜻이다. 활자를 주자라 불렀으니 활자가 있는 곳이라는 뜻도 된다. 서적인쇄는 실제로 주자소에서 이루어졌기 때문에 주자소가 퍽 비중 있게 여겨졌다. 그러나 세조 6년 주자소가 교서관에 합쳐지면서 이후 서적의 인쇄·출판은 오로지 교서관에서 이루어지게 된다. 세조 6년 이전에는 교서관이 출판사, 주자소가 인쇄소에 해당했던 것이다. 이제 주자소에 대해 먼저 살피고, 다시 교서관에 대해 상론하겠다.

주자소 독주 시대

세조 6년 주자소가 없어지기 전까지 조선 전기의 서적인쇄는 모두 주자소에서 이루어졌다. 주자소의 실제 활동을 보면 공양왕 4년의 서적원 설립 목적과 동일하다. 그때 "주자와 서적인쇄를 관장하게 한다"고 하지 않았던가? 이는 물론 태조 원년의 서적원과 동일한데, 서적원의 이름이 사라지고 난 뒤 그 일을 실질적으로 주자소에서 맡았다. 즉 주자소가 생기자 서적원의 구실을 사실상 떠맡게 되었고 서적원은 어느새 흐지부지된 것이다.

주자소는 그 이름에서 알 수 있듯 원래 금속활자를 주조하는 곳이다. 또 앞서 언급한 바와 같이 활자를 주자라 불렀기 때문에 활자를 간직한 곳이라는 의미도 된다. 어쨌거나 주자소는 활자를 제작·관리했으므로 자연스레 이곳에서 책의 인쇄가 이루어졌던 것이다. 주자소는 주로 활자인쇄를 담당했으며 목판인쇄는 부차적이었다. 지방에서 새긴 목판을 보관하고 인쇄하기도 했던 것이다. 그러나 역시 대종은 활자인쇄였다.

주자소는 태종 3년에 설치되었으나 조직 구성을 파악하기란 쉽지 않다. 왜냐하면 조선시대의 관청과 그 조직은 『경국대전』에 밝혀져 있지만 주자소는 『경국대전』 성립 이전에 없어졌기 때문이다. 따라서 『경국대전』에는 주자소에 관한 언급이 없다. 부족하나마 『실록』을 통해서라도 주자소의 인적 구성에 관해 이야기해보

주자소를 그린 그림. 조선시대에 활자를 주조하여 서적의 인쇄를 담당했던 중앙관서가 주자소다. 청주고인쇄박물관.

자. 태종 3년의 자료에 의하면, 주자소는 따로 책임자를 두지 않고 예문관 대제학과 승정원 승지를 제조로 겸임케 하고 있다. 조선시대 관직체계에서는 한 관청의 관직을 다른 관청의 관료로 겸임하게 하는 일이 흔했다. 예컨대 임금에게 경사經史를 강론하는 경연청의 경우 그 관직은 영의정을 위시한 다른 관청 관료들이 모두 겸임했다. 그러나 대개 제조를 두는 관청이란 기술 직무를 맡는 관아나 등급이 조금 떨어지는 하급 관아다. 예컨대 사역원이나 내의원이 그렇다. 이 두 관청에서 통역과 의학이라는 전문 분야는 역관과 의관이 담당하더라도 그 관청의 최고직인 도제조와 제조는 양반 관료들이 맡았던 것이다.

조선시대 관청은 양반 관료가 맡는 관직이 있고 중간계급(중인과 서리)이 맡는 관직이 있으며, 그다음에 양민과 천민이 맡는 것이 있다. 주자소에 관한 여러 기록을 종합하건대 주자소 역시 이 조직을 그대로 따른 것으로 보인다. 중간 관직부터 살펴보자. 주자소의 중간 관리직으로는 별좌가 있었다.∎ 이것은 문신이 맡는 것이 원칙이었으며 정원은 7명이었으나[2] 뒤에 5명으로 축소되었다.[3] 다만 주자소 서원書員이 어떤 역할을 맡았는지는 분명하지 않다.

2 『문종실록』 1년 7월 15일.

3 『문종실록』 2년 4월 2일.

별좌 아래에 양반 관료가 아닌 서리직이 있다. 그런데 이 서리직은 주자소 자체 인력이 아니라 교서관 서리가 겸임한 것으로 보인다. 『세종실록』 7년 7월 15일 이조에서는 교서관 서원은 주자소에서 일하는 임원인데 교서관 서원이라 일컫는 것이 불편하다며 주자소 서원이라 고쳐 부르는 것이 합당하다고 건의해 세종의 허락을 받았다. 이에 따르면 실제로 교서관 서원이 주자소 서원으로 근무했던 것이다. 주자소 서원은 실차實差 15명과 예차預差 9명이었다.[4]

4 『세종실록』 13년 4월 1일.

∎   원래 명칭은 제거提擧였으나 세종 30년 7월 20일 별좌로 바뀌었다.

조선시대 책과 지식의 역사

제조와 별좌는 실제 인쇄작업을 담당하지는 않는다. 서원 역시 마찬가지였을 것이다. 주자소에서 활자의 주조와 인쇄를 담당한 사람은 장인이었다. 뒷날 주자소가 교서관에 합쳐진 다음 교서관 소속 장인들을 검토함으로써 주자소 장인들에 대해 유추할 수 있을 것이다. 이는 교서관에 대해 언급하면서 거론하기로 한다.

어쨌거나 주자소가 활자의 제작·보관·인쇄·제본에 관련된 장인들을 보유했던 것만큼은 말할 필요조차 없는 사실이다. 앞서 언급한 바와 같이 장인들 중에는 승려가 포함되어 있었다. 『세종실록』 5년 8월 9일자에 『통감속편通鑑續編』을 인쇄한 주자소의 승려·서원·재랑 등에게 면포綿布 74필, 정포正布 52필을 주어 포상했다는 것을 보면 승려들이 주자소에 소속되었음을 알 수 있다. 더욱이 뒤에 『세종실록』 14년 8월 16일 기사에, 도성 안팎에서 상행위를 하면서 군역을 모면하려는 중들을 단속하기 위해 한성부에서 '서책을 장정하고 주자소에서 글자를 새기는 승려' 등을 제외하고는 모두 논죄충군論罪忠軍을 청해 허락받는 것을 보면 중들이 주자소에 소속되어 책을 장정하고 금속활자를 만드는 등 장인의 역할을 했던 듯싶다.

주자소 장인의 대우가 어떠했는지는 명확히 밝혀져 있지 않다. 그러나 태종에서 성종에 이르는 기간 동안 서적인쇄가 폭발적으로 늘어났고, 국가에서도 그 일에 대단히 관심을 기울였기 때문에 중요한 서적의 인쇄가 끝나면 상사賞賜가 잦았다. 아마도 다른 관청의 장인들에 비해서는 대우가 나았던 것으로 보인다. 예컨대 군기감軍器監의 장인이 닷새마다 순번에 따라 갈마들어 번을 서되 한 때의 급료만 받고 또 다른 일까지 해야 하는 데 반해, 주자소 장인은 다른 임무를 맡지 않아 번을 나누어 하게 하되 세 때의 급료를 받거나 두 때의 급료를 받으며, 혹은 상직賞職을 받기도 했다.[5]

5 『세종실록』 16년 6월 11일.

주자소는 태종 3년에서 세조 6년에 이르는 기간 동안 사실상 인쇄문화를 주도했다. 이치상으로 보아 교서관은 정3품 관청이고, 목판과 활자를 도맡아 관장하고 있어 서적인쇄 업무가 많아 번거롭다고 했지만,[6] 그건 교서관이 인쇄의 주체가 되어 바쁘다는 소리는 아니었다. 교서관은 주자소에 사람을 파견하고 주자소에서 쏟아내는 인쇄물에 교정을 보는 등 주자소와 불가분의 관계였으나 인쇄는 어디까지나 주자소의 관할사항이었다. 세종 17년 9월 12일, 주자소를 경복궁 안으로 옮기고 한 달이 지난 뒤 세종은 이렇게 말하고 있다.

6 『세종실록』 22년 2월 12일.

주자소는 설립할 때부터 대궐 안의 아문으로 삼고 관원을 임명하여 일을 독려하게 하였으며, 승정원이 이 모든 것을 주관하게 하였다. 하지만 관사官司가 대궐 밖에 있어 왕래하며 계품啓稟할 때 일이 늦어진 경우가 많았다. 그래서 대궐 안으로 옮기게 하고, 승지 2명이 주관하게 하였다. 옛날 주자소에는 목판만 남겨두고 교서관에서 그것을 관장하게 할 것이다. 또 2품 이상의 문신 1인과 승지 1인을 제조로 삼고, 교서 · 교리와 참외 2, 3인은 다른 사무를 제쳐두고 일을 나누어 맡게 하되, 교체될 때는 해유解由▪를 상세히 기록하여 주고받도록 하는 것을 영원한 법으로 삼을 것이다.[7]

7 『세종실록』 17년 10월 19일.

애당초 주자소는 교서관의 하급기관이 아닌, 승정원을 통해 임금의 명령을 받아 책의 인쇄와 출판을 주관한 곳이었다. 왕–승정원–주자소라는 명령체계가 있었던 것이고, 다만 교서관은 책의 교정을 맡았을 뿐이다. 원래 주자소는 궐내 아문이었으나 사정이

▪ 조선시대에 관원 교체 시 전임자와 후임자 사이에 인수인계를 하는 법률적 절차.

여의치 않아 궐 밖에 두던 것을 세종 17년에 궐내로 옮긴 것도 주자소의 위상을 강화하는 계기가 되었다. 주자소를 궐내로 옮기는 과정에서 주자소는 두 곳으로 분리되었다. 가장 중요한 금속활자는 궐내 주자소로 이관되었고, 기존의 주자소는 목판과 함께 주자소의 관할이 되었던 것이다. 주자소 제조를 문신과 승지가 맡게 한 것도 주자소의 독립성을 지켜주었다. 인사에서도 주자소 별좌는 이조에서 관장하는 것이 아니라 승정원에서 관장했으며, 뒤에는 주자소 제조가 관장하도록 바뀌었다.[8]

8 『세종실록』 18년 10월 7일.

활자를 직접 주조한다는 점에서 약간 다르기는 하지만 주자소는 현대의 인쇄소에 해당한다. 현대의 인쇄소는 출판 프로세스에서 매우 중요한 역할을 하지만 책은 오로지 출판사 이름으로 발간된다. 그런데 인쇄소에 불과한 그 주자소가 세종 시대에는 서적간행의 주역이었다는 말인가? 현대의 출판은 원고를 받아 장정하기까지 모든 것을 출판사에서 기획한다. 인쇄소는 다만 그 기획을 물리적으로 현상화할 뿐이다. 그러나 이 시기에는 서적기획을 왕과 관료들이 도맡았다. 교서관 자체의 기획은 거의 없었다.

주자소는 세종대에 전성기를 맞았다가 세조 초기에 혁파된다. 그 사이 약간의 해프닝이 있었기에 간단히 정리한다. 문종 즉위년 7월 4일 이조에 지시하여 임시로 주자소를 폐지시켰다. 나흘 뒤 하위지河緯地는 "문치를 숭상하는 조종祖宗의 아름다운 뜻을 따라 주자소를 둔 것인데 전하께서 즉위하시자 처음 하는 정사에서 갑자기 혁파하셨으니 옳지 못한 일"이라 지적했고, 문종은 이에 대해 "주자소는 혁파한 것이 아니고 마침 인쇄할 만한 서적이 없기 때문에 임시로 파한 것이며, 활자는 그대로 주자소에 두었으니 인쇄할 만한 서적이 있으면 전처럼 인쇄하겠다"[9]라고 답한다. 주자소가 매우 민감한 문제였던 것으로 보인다.

9 『문종실록』 즉위년 7월 8일.

이것이 문제가 되었던 것은 주자소의 활자가 정음청正音廳으로 이관되었기 때문이다. 정음청은 곧 언문청諺文廳으로 불경의 언해를 담당하던 곳이다. 신하들은 주자소의 주자가 정음청으로 이관된 까닭이 혹 왕의 불경 간행과 관련 있지 않을까 우려했던 것이다. 이에 대한 문종의 답변은 아래와 같다.

정음청은 오늘 세운 것이 아니고 이미 설치한 지 오래다. 하물며 별다른 폐단도 없음에랴? 너희들은 내가 불교를 좋아해 불경을 찍을 것이라 생각한다만, 나는 잠시도 불교를 좋아하는 마음을 가진 적이 없다. 만약 마음속으로 정말 불교를 좋아하면서도 '불교를 좋아하지 않는다'라고 한다면 마음이 실로 절로 부끄러울 것이다. 대군大君들이 불경을 찍는 일이라면 내가 어떻게 금하겠는가?[10]

10 『문종실록』 즉위년 10월 28일.

이에 대해 신하들은 자신들이 명을 들은 이래로 정음청이 임금이 불경을 찍기 위한 것이 아니라 믿고 있으나 다시 문제 삼는 것은 이를 환관이 주관하기 때문이라는 것이다. 사실 이 시기에 문종은 환관에 호의적이었으며, 또 이를 기화로 엄자치嚴自治라는 환관은 상당한 세력을 쌓았던 것으로 알려져 있다.[11] 또 신하들은 대군 무리가 불경을 찍는 것은 자신도 금할 수 없다는 문종의 발언에 상당히 우려를 표명하면서 정음청 혁파를 거듭 요구했다. 그러나 이때 이미 활자는 주자소로 다시 옮겨졌고 공장들도 주자소로 다시 소속되었으며 정음청에 남아 있는 것은 소소한 서판書板이 다였다. 그리고 나머지 활자도 우여곡절 끝에 모두 주자소로 다시 이관되었다.[12]

11 『단종실록』 3년 2월 27일.

주자소는 조선시대의 인쇄·출판에 엄청난 영향을 미쳤다. 주자소의 역할은 무엇보다 활자 주조였다. 애초 태종 3년 2월 주자소

12 『문종실록』 즉위년 10월 30일, 『문종실록』 즉위년 12월 17일.

조선시대 책과 지식의 역사

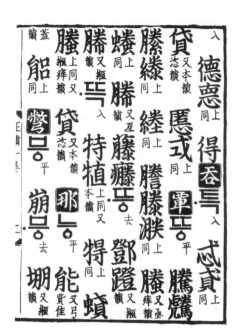

동국정운자로 찍은 『동국정운』. 1447년. 건국대학교 박물관.

홍무정운자로 찍은 『홍무정운』. 1455년. 고려대학교 중앙도서관.

를 설치했을 때의 목적이 활자 주조였던 만큼 주자소는 금속활자 제작을 독점했다. 세조 6년 주자소가 교서관에 합쳐질 때까지 주자소에서 제작한 주요 활자는 다음과 같다.

계미자 태종 3년(1403)

경자자 세종 2년(1420)

갑인자 세종 16년(1434)

병진자 세종 18년(1436)

경오자 문종 즉위년(1450)

을해자 세조 1년(1455)

무인자 세조 4년(1458)

여기에 초주갑인자와 같이 사용했던 '월인석보 한글자', 『동국
정운』을 찍을 때 사용했던 '동국정운자' 그리고 이와 함께 사용했
던 '동국정운 한글자', 『홍무정운』을 찍을 때 사용했던 '홍무정운
자' 그리고 이와 함께 사용했던 '홍무정운 한글자', 을해자와 함께
사용했던 '능엄 한글자'를 포함한다면, 모두 13종의 활자가 만들
어졌던 것이다.■ 주자소는 이 활자로 막대한 양의 서적을 쏟아내
며 조선 전기의 인쇄와 출판을 주도했다.■■

■　　동국정운자는 큰 글자와 작은 글자가 있는데, 큰 글자는 나무 활자고 작은 활자는 구리 활자다. 동국정
운 한글활자는 나무 활자다. 홍무정운도 큰 글자는 나무, 작은 글자는 구리, 한글활자는 나무 글자다. 이 사항
과 위의 활자에 관한 것은 천혜봉, 앞의 책, 369면을 참고할 것.
■■　　주자소에서 만든 활자는 뒷날 제작된 활자의 모본이 되었다. 예컨대 갑인자는 조선 후기까지 여러 차례
제작되었다. 이로 보아 주자소는 실로 조선시대 활자의 모본을 만들었던 것이다.

　　　　　　　　　　　　　　　　　　　　　　　　　조선시대 책과 지식의 역사

교서관 시대의 시작

세조 6년 5월 22일 이조에서 줄일 수 있는 관원과 없앨 수 있는 관청을 정리해 올리는데, 주자소를 교서관에 합치자는 건의도 있었다. 이 건의가 받아들여져 교서관이 주자소를 흡수했다. 『경국대전』에 주자소라는 명칭이 나오지 않는 것은 이 때문이다.

이로부터 6년 뒤 세조 12년 교서관은 전교서로 이름을 바꾸었다.[13] 관서의 명칭만 바뀐 것이 아니라 소속 관원의 명칭도 바뀌었다. 여기서 세세히 그런 정황을 밝힐 필요는 없을 것이다. 어쨌든 전교서로 바뀐 것은 교서관의 지위가 하락했다는 의미였다. 앞서 언급한 바와 같이 조선조의 관청 위계상 가장 낮은 곳에 '서署'라는 명칭이 붙는 것이니, 교서관이 전교서가 됨으로써 혜민서惠民署·액정서掖庭署·활인서活人署와 동급이 된 것이다.

성종 14년 10월 25일, 전교서 박사 고언겸 등이 전교서를 교서관으로 개명할 것과 위상을 올려줄 것을 상소한다. 상소의 논리를 간단히 정리하면 이렇다.

13 『세조실록』 12년 1월 15일.

교서관은 태조 때는 교서감이었고, 정3품 판사가 2인, 종3품 감 2인, 종4품 소감 2인과 그 아래 승·낭·저작·교감·정자가 있었다. 따라서 교서감은 정3품 아문이다. 태종 때 와서 교서감은 교서관으로 바뀌는데, 교리 1명을 더 두어 예문관·성균관과 아울러 삼관三館이라

일컬었으니, 교서관의 직책이 결코 가볍지 않았다.

전교서(곧 교서관)는 수교讐校를 맡고 향축을 맡아 벼슬의 임무가 가볍지 아니하여 작은 사司와 미세한 관官에 비할 것이 아니다. 또 전교서는 성균관·예문관·승문원과 나란히 사관四館이 되었고 다 같이 문신 출신인 곳이다. 다른 곳은 모두 3품 아문이지만 전교서는 홀로 종5품 아문이 되었으니, 이것은 공평하지 않다.

이 상소가 올라간 데는 약간의 배경이 있다. 이때는 『경국대전』의 최종 완성본을 만들기 위해 내용을 검토하여 고치고 정리할 때였으므로 교서관 관원들이 교서관의 지위를 올리고자 이런 상소를 올렸던 것이다.

고언겸의 상소로 전교서가 교서관으로 바뀌지는 않았다. 성종 14년 12월 23일 재차 상소가 있었고, 성종 15년 1월 21일에 전교서는 다시 교서관이 되었다. 고언겸 등이 바란 대로 3품 아문이 되었고, 겸판교 1원員과 교리 1원을 더 두었다. 나머지는 이전과 같았다.

『경국대전』은 조선의 기본 법전이니만큼 교서관의 조직과 목적은 전全 조선 시기를 통틀어 별다른 개정 없이 그대로 유지되었다. 이제 『경국대전』을 통해 교서관의 설립 목적과 조직의 구성을 간단히 알아보자. 『경국대전』은 교서관의 설립 목적과 조직에 대해 이렇게 밝히고 있다.

정3품 아문

교서관—경적의 인쇄·반포 및 향축·인장전각印章篆刻의 임무를 맡는다. 모두 문관을 쓴다. 전문篆文에 정숙精熟한 자 3인은 그 품계에 따라 겸임시킨다. 제조는 2원, 별좌·별제는 합해서 4원을 둔다.

박사 이하는 또 의정부의 사록 1원과 봉상시奉常寺의 직장 이하 1원으로 겸임하게 하고 차례차례 승진·전보시킨다. 1년에 양도목兩都目■으로 2원은 그 직職에서 떠나야 한다.[14]

14 『역주경국대전』 35~36면.

정3품(판교 1인, 타관이 겸임), 종5품(교리 1원, 별좌), 정6품(별제), 종6품(별제), 정7품(박사 2원), 정8품(저작 2원), 정9품(정자 2원), 종9품(부정자 2원).

복잡한 내용이지만, 중요한 내용은 이미 언급했다. 다만 위의 관직은 모두 양반 관직이다. 이들은 인쇄에 관련된 실무를 담당하지 않는다. 관청에서 실무를 담당하는 것은 잡직과 서리와 장인이다. 그러나 교서관에는 잡직이 없고 서리만 16명 배정되어 있다. 서리 16명은 각각 나눠 맡은 분야가 따로 있었던 것으로 보인다. 즉 『세조실록』 7년 7월 3일자에 열자서원列字書員, 장책서원粧冊書員의 이름이 있는 것을 보면, 인쇄할 때 활자를 늘어놓는 일을 담당하거나 제본을 담당하는 서원이 따로 있었던 것이다.

가장 중요한 것은 실제 책의 제작을 맡는 장인들이다. 교서관에는 야장冶匠 6명, 균자장均字匠 40명, 인출장印出匠 20명, 각자장刻字匠 14명, 주장鑄匠 8명, 조각장彫刻匠 8명, 목장木匠 2명, 지장紙匠 4명 등 도합 102명의 장인이 있었다.

세조 이후 교서관은 금속활자와 지방에서 제작된 목판을 보유한 거대한 인쇄기관이 되었다. 이승소李承召는 「전교서판당기典校署板堂記」[15]라는 귀중한 자료를 남기고 있는데, 이 글을 통해 당시 교서관의 규모를 짐작할 수 있다.

15 『삼탄집(三灘集)』; 『한국문집총간』 11, 472~473면.

■ 조선시대에 한 해에 두 차례(6월과 12월) 실시하는 인사 고과.

국초國初에 교서관을 훈도방薰陶坊 동원洞源의 서쪽에 창설하고, 그 땅에서 동쪽으로 대청大廳 3간間을 지어 사무를 처리하는 곳으로 삼 았다. 그 서쪽에 판당板堂 5간을 짓고, 또 그 아래에 4간을 지었으 며, 또 꺾어서 북쪽에 7간을 지어 사서오경과 제사자집諸史子集의 판 각을 간직해두었다.

우리 세종조 때 명나라 문황제가 새로 펴낸 『사서대전』『오경대전』 『성리대전性理大全』 등의 서적을 하사하자 임금께서 지금 세상과 후 대에 은혜를 널리 끼치고자 생각하시어, 전라·경상 두 도에 명하시 어 목판을 새겨 교서관에 실어 오게 하였다.

이에 새로운 각판과 예전의 각판이 구름처럼 쌓이게 되어, 책을 인 쇄할 때마다 뒤지고 출납하는 즈음에 공간이 너무 협소하여 빽빽이 쌓아놓은 탓에 마멸되고 파손되는 것이 너무 많아 사람들이 골칫거 리로 여겼다. 이에 북쪽 판당의 동쪽을 틔워 4간을 짓고 또 그 동쪽 에 4간을 지었으나 그래도 여전히 부족하였다.

교서관은 훈도방에 있었으며 사무를 처리하는 공간은 3간이었 고 나머지는 모두 판목을 저장하는 공간, 곧 '판당'이었던 것이다. 이 판당은 원래 16간이었으나 세종조 때 경상도와 전라도에서 제 작한 『사서대전』『오경대전』『성리대전』의 목판을 저장하기 위해 다시 8간을 더 지었던 것이다.

판당 증축이 이것으로 끝은 아니었다. 성종 5년(1474)에 다시 한명회韓明澮와 양성지 등이 서적을 널리 퍼뜨리자며 건의를 올리 자, 성종은 전라도 나주·영광의 염세鹽稅를 떼주어 서적의 발행비 용에 보태게 했고, 이후 몇 년 지나자 도저히 기존 공간으로는 목 판을 다 수용할 수 없어 그동안 저축해둔 비용으로 다시 성종 8년 (1477) 서판당西板堂의 남쪽에 6간 판당을 증축했다는 것이다. 그

조선시대 책과 지식의 역사

리하여 목판을 저장하는 판당은 모두 30간이 되었다.

교서관은 자체 제작한 활자와 주자소에서 제작한 활자를 모두 관장하여 엄청난 목판을 소유한 거대한 기관이 되었다. 한마디로 말해 바로 이곳이 조선조 출판의 센터였다. 교서관은 최대의 인쇄·출판기관이었다. 이곳에서 국가를 유지하는 데 필요한 서적들이 인쇄되고 발행되었다. 책의 인쇄야 지방에서도 이루어지고 개인적 차원에서도 이루어지지만, 어느 곳이든 교서관을 넘어설 기관은 없었다. 국가는 교서관이라는 기관을 통해 지식을 공급했고, 이에 필적하는 다른 인쇄기관은 없었던 것이다.

책방과 주자도감

주자소 말고 서적의 인쇄기능을 담당하던 곳이 있다. 정음청, 책방, 간경도감刊經都監, 주자도감鑄字都監이 그것인데, 정음청에 대해서는 이미 언급했다. 정음청은 신하들이 수차례 폐지를 요구해 단종 원년 11월 2일에 혁파된다. 간경도감에 대해서는 뒤에 불경인쇄와 관련해 자세히 다루기로 하고, 여기서는 책방과 주자도감에 대해서만 언급하자.

'책방'이라는 명사名詞가 처음 등장하는 것은 『문종실록』 즉위년 11월 9일자, 의정부의 "정음청과 책방은 다 주자소에 복귀시켰으니 보루각報漏閣의 잡공雜工 또한 혁파하는 것이 마땅합니다"라는 요구에 문종이 "정음청은 『소학』 인쇄를 끝낸 뒤 모두 주자소에 복귀시키겠다. 보루각 또한 혁파하겠으나 책방은 혁파할 수 없다"고 하는 데서 처음 나온다.

이 책방은 "대궐 안에 정음청·책방·사표국司豹局을 설치하여 모두 환관에게 맡기고 공장工匠을 많이 부리는데, 주자소가 활자를 전적으로 맡고 있으니 책방·정음청은 없어도 된다"[16]라는 말에서 보듯 인쇄를 담당하는 곳이었다. 책방 자체에 인판장인印板匠人과 장책서원 등을 보유하는 인쇄기관이었던 것이다.[17] 책방은 본래 주자소의 분사[18]라는 말도 있었다. 신하들은 책방의 존재에 대해 매우 부정적이었고 그래서 문종에게 계속 혁파를 주장하는

16 『문종실록』 1년 6월 8일.

17 『단종실록』 1년 5월 24일.

18 『단종실록』 1년 5월 9일.

조선시대 책과 지식의 역사

데, 이는 그 기원이 수상했기 때문이다. 즉 이 책방은 세종이 신하들의 비난을 피해 대궐 안에서 불경을 찍기 위해 설치한 것이었고,[19] 그 기능은 문종을 거쳐 단종 때까지 계속되었던 것이다. 신하들의 거듭된 요구로 책방은 단종 3년 2월 27일에 혁파되었다. 세조 6년의 주자소 혁파 이후에는 활자 제작을 교서관에서 담당했을 것이다. 세조 6년 이후의 활자 조성은 세조 11년의 을유자, 성종 15년의 갑진자, 성종 24년의 계축자 등을 꼽을 수 있다. 이 모두가 교서관에서 제작되었을 것이다.

19 『단종실록』 1년 5월 24일.

연산군이 축출된 뒤 중종조에 이르기까지 인쇄기술은 그 수준이 점차 저하된다. 『중종실록』 10년 11월 2일자에서 홍문관 부제학 김근사 등은 이 현상을 지적하면서 서적문화를 복구하자는 취지의 차자箚子를 올린다.

서적을 모아 간직하는 것은 그 유래가 오래되었습니다. 훌륭한 정치에 뜻을 둔 사람이라면, 모두 이것을 중요한 일로 생각하니, 대개 성현의 말씀과 가르침 및 역대의 치란흥망이 모두 여기 실려 있기 때문입니다.

세종대왕께서 문교文敎를 깊이 생각하고 서적에 뜻을 극진히 기울이시어, 빠진 장서가 없고 반포하지 않은 책이 없었습니다. 구리로 활자를 제작하되 그것이 정치하기 짝이 없었고, 종이는 깨끗하고 인쇄는 정밀하였으니, 유사 이래 드문 바였습니다. 책에 관한 절목節目이 이처럼 상세하였으니, 찬란한 문치文治가 수많은 왕보다 높이 뛰어난 것은 이를 통해서도 상상해볼 수가 있는 것입니다. 하지만 세대가 멀어지고 연대가 오래되자, 온전히 권수를 다 갖춘 책이 거의 남아 있지 않고, 게다가 폐조廢朝 때 와서 거의 다 흩어져 없어졌으니, 더욱 안타깝습니다.

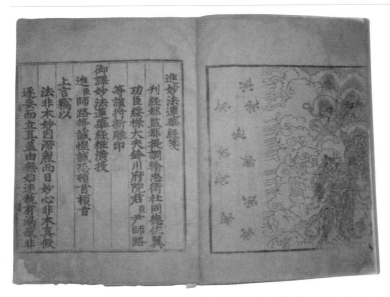

간경도감에서 발행한 『묘법연화경』 권1. 세조가 직접 경문에 구결을 달고 윤사로 등이 간경도감에서 번역하여 1463년(세조 9)에 목판으로 간행한 불경이다. 청주고인쇄박물관.

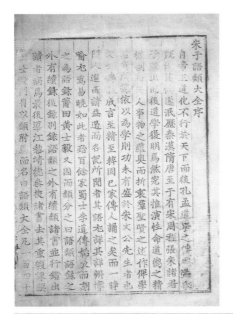

『주자어류』. 주회가 제자들과 강학한 어록을 모아 편집한 것으로, 제자들이 주회와의 문답 내용을 각자 기록해두었다가 모아 편찬한 것이다. 모두 140권이다. 청주고인쇄박물관.

조선시대 책과 지식의 역사

세종조가 금속활자의 본격적 주조가 시작된 시기인 동시에 서적문화의 융성기라는 것 그리고 연산조를 거치면서 인쇄·출판이 급속히 쇠락했다는 것이 요지다. 특히 금속활자에 대해 자세히 언급하는데, 이 시기에 와서 활자는 도둑맞거나 망실되어 목활자로 채운 것이 절반이 넘어 활자 모양이 잘못되고 추한 지경에 이르렀다고 한다. 더욱이 불량한 종이와 먹을 사용함으로써 인쇄가 흐릿하고 글자가 정교하지 않다는 것, 교정도 제대로 보지 않는다는 점 등 제반 문제를 지적하고 있다. 김근사 등은 이렇게 요청한다. (1)중국에서 새 서적을 적극 구입할 것 (2)인쇄를 담당할 새 도감都監을 설치할 것 (3)인쇄장인들의 봉료俸料를 올려 사기를 높일 것 (4)교정을 제대로 할 것 (5)홍문관에만 소장된 『주문공집朱文公集』 『주자어류朱子語類』 등의 성리학 서적과 『자치통감』 『삼국지』 등 역사서를 인쇄하여 광포할 것.

중종은 이 건의를 받아들여 새롭게 도감을 설치하는데, 교서관에 인쇄를 맡기면 전과 같을 것이라는 이유였다. 이때 중종의 의도대로 '각별한 칭호'로 만들어진 것이 '주자도감'이다.[20] 중종은 주자도감을 설치하는 동시에 "비부秘府에 수장되지 않은 서적이 없고 사인士人과 서인庶人의 집에 배포되지 않은 책이 없도록 하겠다"면서[21] 중국에서 서적을 적극 구입해 오는 것은 물론 국내에서도 희귀 서적을 광범위하게 조사·수집하고 홍문관에서 인쇄를 요청한 서적을 발행할 것을 지시했다. 아울러 중국본 『자치통감』의 글자를 따라 금속활자를 새로 주조하고, 갑진자와 갑인자 중 불량한 활자는 보주補鑄하게 하였다. 이때 『자치통감』의 글자를 따라 만든 활자를 해당 연도의 간지를 따라 병자자■[22]라고 한다.

주자도감은 중종 11년 5월 20일에 혁파된다. 대간大諫이 심한 가뭄이 계속되어 경비를 줄여야 한다는 이유로 혁파를 청했던 것

20 『중종실록』 10년 11월 3일, 『중종실록』 11년 1월 22일.

21 『중종실록』 10년 11월 4일.

22 천혜봉, 앞의 책, 284면 참조.

이다. 하기야 원래 도감이란 임시로 만든 관청이어서 맡았던 특정
사안이 처리되거나 여타의 사정이 생기면 쉽게 없앨 수 있는 것이
었다.

■   병자년은 중종 11년이다. 이 활자는 중종 기묘년(1519) 소격서와 사찰의 유기鍮器를 거두어 만든 활자
와 동일하다고 한다. 따라서 기묘년에 만들었다는 기묘자는 병자자를 보주報鑄한 것으로 본다.

출판대상의 선정과정

주자소와 교서관은 국가의 출판기관이다. 그렇다면 이 국가기관에서 출판하는 책은 어떤 메커니즘에 의해 결정되는 것인가? 먼저 다음 두 예를 보자.

(1) 이에 앞서 임금이 학자들이 역사에 어두운 것을 걱정한 나머지 『자치통감훈의資治通鑑訓義』를 편찬하게 했고, 또 초학자들이 책을 두루 보지 못하는 것을 염려해서, 윤회에게 증선지曾先之의 『역대세년가歷代世年歌』에 주해를 달게 하였다. 그런데 유독 원나라의 역사만 빠졌으므로 임강臨江 장미화張美和의 시로 보충하게 하였다.

우리나라의 역사도 역시 몰라서는 안 되기에 이조 판서 권도權蹈에게 편찬을 명하고, 주해를 달게 하였다. 책은 비록 간단하지만 개벽한 이래 국운國運의 장단과 국세國勢의 이합離合의 본말을 대략 한번 보고 분명히 알 수가 있었다. 이때에 와서 주자소에서 인쇄하여 대소 신하들에게 나눠주었다.[23]

23 『세종실록』 18년 4월 4일.

(2) 경연經筵에서 소장하고 있는 『국어음의國語音義』 한 책에 탈락된 것이 매우 많았으므로 중국에서 별본別本을 구했지만, 빠진 것이 오히려 많고 주해註解가 또 소략하였다. 일본에서 구하여 또 상세한 것과 소략한 것 두 본本, 『국어보음國語補音』 세 권을 얻어 왔으나 역시 완전하지 않았다. 이에 집현전에 명하여 경연에 소장된 구본舊本

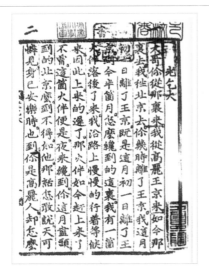

『노걸대』. 조선시대의 중국어 교본이다. 상하 2권. 노걸대의 '노'는 상대를 높이는 접두어로 우리말의 '~씨', 영어의 'Mr.~'와 비슷하고, '걸대'는 몽고인이 중국인을 가리켜 부르는 'kita(i)'를 한문의 음을 빌려 표기한 말이다. 규장각.

『박통사 언해』. 『노걸대』와 함께 사용된 대표적인 외국어 학습서다. '통사'는 역관이니 곧 '박씨 성을 가진 역관'이라는 뜻이다. 규장각.

조선시대 책과 지식의 역사

을 위주로 하고, 다른 여러 책을 참고해 오류를 바로잡고 빠진 것을 보충하여, 『국어음의』와 『국어보음』을 가지고 번잡한 것을 깎은 뒤 절목 아래에 나누어 넣었다. 그래도 완전하지 못한 것은 운서韻書로 보충하고, 마침내 주자소에서 인쇄해 널리 펴내게 하였다.[24]

24 『세종실록』 22년 6월 26일.

『세종실록』의 자료인데, 이에 따르면 순전히 임금이 주체가 되어 인쇄·출판할 대상을 선정해 명령한 것이다. 즉 인쇄·출판의 대상을 결정하는 주체는 임금이었다.

이와는 다른 스타일도 있다. 특정 관청에서 책의 인쇄를 요청하여 임금이 허락하는 경우다. 예컨대 『세종실록』 5년 6월 23일자에서 사역원은 예조를 통해 『노걸대老乞大』『박통사朴通事』『전한서』『후한서』『직해효경直解孝經』 등의 인쇄를 요청하여 임금의 허락을 받고 있으며, 『세종실록』 5년 10월 3일자에서 승문원은 『지정조격至正條格』『이학지남吏學指南』『어제대고御製大誥』의 인쇄를 요청해 허락받고 있다. 이 두 경우는 사역원과 승문원이라는 관청에서 특별히 필요로 하는 서적의 인쇄를 요청해 허락을 받은 것이다.

하지만 절대다수의 서적은 임금의 측근에 있는 고급 관료들의 요청을 임금이 허락하는 형식으로 인쇄·출판된다. 다음 예를 보자.

> 판부사 허조가 아뢰었다. "『효경』과 『소학』은 모두 초학자가 마땅히 읽고 익혀야 할 책이지만, 『소학』은 과거 볼 때에 강講하기 때문에 선비들이 모두 마지못해 읽습니다. 그런데 『효경』은 세상의 초학자들이 전혀 읽지 않습니다. 청컨대 경연의 『구해효경句解孝經』을 내다가 간행해 초학을 가르치게 하소서."
>
> 이에 임금이 "그렇다" 하고, 좌대언 허성許誠에게 "주자소에서 250질을 인쇄하여 반포하도록 하라"고 명하였다.[25]

25 『세종실록』 11년 3월 22일.

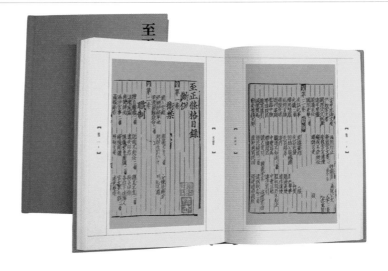

『지정조격』. 원나라의 법전으로 원나라 순제 지정 6년, 고려 충목왕 2년인 1346년에 완성됐다. 중국에서도 사라진 1346년판 원나라 법전이 2003년 경주 양동마을 경주손씨慶州孫氏 종가 고문서 뭉치에서 발견되었으며, 이는 현존하는 세계 유일의 원대元代 법전으로 밝혀졌다. '지정至正'이란 이 법전이 편찬된 당시 원나라 순제 때 쓰던 연호이며, '조격條格'은 법률 시행규칙이나 세칙을 가리킨다. 한국학중앙연구원 장서각.

신하가 요청하고 임금이 허락해 주자소에서 인쇄하도록 명령했던 것이다. 이것이 주자소와 교서관에서 인쇄·출판이 이루어지는 가장 보편적인 경우다.

주자소와 교서관은 국가기관이었기 때문에 출판은 왕명으로 이루어졌다. 그런데 여기에도 미묘한 차이는 있다. 출판의 명목상 결정자는 임금이지만, 출판대상 서적의 선정주체는 다를 수 있다는 것이다. 앞서 들었던 예에서 (1)과 (2)는 세종이 직접 출판대상을 선정한 경우다. 그러나 조선시대 전체를 통틀어보면 이것이 보편적인 경우는 아니었다. 이것은 왕권이 강력하거나 국왕이 고도의 지적 능력을 갖춘 경우에만 해당하는 이야기였다. 예컨대 세

조선시대 책과 지식의 역사

『효경』. 유가의 주요 경전 13경+三經의 하나다. 이 책은 '효도'를 주된 내용으로 다루어 『효경』이라 했으며, 13경 중 유일하게 처음부터 책이름에 '경經'자를 붙인 것이다.

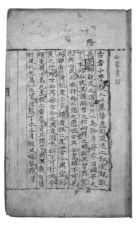

『소학』. 주희가 엮은 것이라 되어 있으나, 사실은 그의 제자 유자징劉子澄이 주희의 지시에 따라 여러 경전에서 동몽童蒙들을 교화敎化할 수 있는 일상생활의 자잘한 범절과 수양을 위한 격언과 충신·효자의 사적 등을 모아 편찬했다.

종에서 성종에 이르는 기간은 왕권이 강력했고, 또 국왕 자신이 당대의 일류 지식인이기도 했다. 특히 조선 전기 인쇄·출판 문화의 기본 틀을 짰던 세종이야말로 당대 최고의 지식인이자 학자였던 것이다. 그런 면에서 세종부터 성종의 치세기 동안 국왕이 출판대상 서적을 선정했던 것은 조금도 이상한 일이 아니다.

　그러나 중종조 이후 출판대상 선정의 실제적 주도자는 관료로 넘어간 것으로 보인다.■ 김안국을 예로 들어보자. 김안국은 「부경사신수매서책인반의赴京使臣收買書冊印頒議」[26]란 글을 남기고 있는데, 풀이하면 "중국에 갔던 사신이 구입한 서적의 인쇄에 대한 의견"이란 뜻이 되겠다. 즉 중국에 갔던 사신이 대량 구입했던 책 가운데 어떤 책을 몇 부나 인쇄할 것인가를 중종이 김안국에게 물었던 것이고, 김안국은 이에 대해 의견을 올렸던 것이다. 책은 모두 15종이다. 김안국은 각각의 책에 대해 3~4부를 찍을 것, 대여섯 부를 찍을 것, 다수 인출할 것 등을 구분해 답하고 있다.■■

　김안국의 의견이 그대로 실행되었는지는 의문이지만, 어쨌든 중종 스스로 이런 책에 대한 판단을 내릴 수 있는 능력은 없었던 것이다. 이 경우는 출판대상 선정을 임금이 관료에게 의뢰한 적실한 예가 된다. 사실 『중종실록』의 출판 관계 기사를 훑어보면, 이 시기 국가의 출판을 주도한 것은 관료였고, 특히 사림 출신이었음을 확인할 수 있다. 물론 관료가 요청해도 임금이 허락하지 않은 경우도 없지 않지만 대개는 요청을 허락하는 것이 통례였

26 『모재집(慕齋集)』: 『한국문집총간』 20, 174~176면.

■　다만 정조는 예외다. 정조는 규장각을 설치해 18세기 후반의 서적출판을 주도했다. 이것은 정조가 보기 드물게 박학한 지식인이었기 때문으로 생각된다.
■■　대상 서적은 『춘추집해春秋集解』『대명률독법大明律讀法』『대명률직인大明律直引』『여씨독서기呂氏讀書記』『고문관건古文關鍵』『황극경세서皇極經世書』『역경집설易經集說』『지재집止齋集』『상산집象山集』『적성논간록赤城論諫錄』『고문원古文苑』『초씨역림焦氏易林』『두시집해杜詩集解』『산해관지山海關志』『안씨가훈顔氏家訓』이다.

27 『미암일기초』 1, 37면: 정묘년(1567) 11월 4일.

28 『미암일기초』 3, 371 면: 계유년(1573) 1월 27일.

다.▪27 다만 인쇄부수는 여전히 임금이 결정했다.▪▪28

　　그러나 출판대상 서적을 임금이 선정하건 관료가 선정하건 본질적 차이는 없었다. 어느 쪽이든 간에 지배계급의 이익을 위한 서적을 인쇄·출판한다는 데 대해 이견이 있을 수 없었던 것이다. 국가이익과 지배체제 영속을 위한 서적을 출판하자는 것은 두말할 것도 없이 이미 묵계된 사항이었다.

　　이상에서 언급한 바와 같이 주자소와 교서관은 인쇄·출판 기관이었지만 그 기관 스스로 출판할 서적을 선정한 것은 아니었다.▪▪▪ 출판할 서적을 선정하는 것은 임금과 관료들의 몫이었으며, 주자소 교서관은 그것의 인쇄과정을 담당했을 뿐이다.

　　서적원·주자소·교서관 그리고 임시관청이던 책방·간경도감·주자도감은 모두 국가의 인쇄기관이었다. 그중 조선조 500년을 통틀어 중심이 된 것은 '교서관'이었다. 교서관은 광해군 때 잠시

29 『광해군일기』 2년 11월 20일.

서적교인도감書籍校印都監으로 바꾼 것29 외에는 시종일관 그 이름을 그대로 유지했다. 정조 연간에 오면 규장각의 외각이 되지만 이는 규장각과 보다 밀접한 관계를 갖고 규장각에서 편찬하는 책의 인쇄를 도맡으라는 의미지 교서관의 기본 기능에 변화가 생긴다는 의미는 아니었다.

　　교서관의 존재 의의는 어디에 있는가? 그것은 출판과 인쇄를

■　　신하가 임금에게 서적인쇄를 요청하는 기록은 유희춘의 『미암일기초』에서 상당수 찾아볼 수 있다. 예컨대 선조 즉위년 11월 4일, 유희춘은 기대승이 임금에게 『의례경전통해儀禮經傳通解』 인쇄를 요청한 것을 두고 사문에 공이 있는 일이라면서 아주 기뻐하고 있다. 이 책은 뒤에 인쇄되었다. 이런 예는 여러 자료에서 허다하게 발견된다.

■■　　예컨대 1573년 유희춘은 교서관 제조가 『주자대전』의 인쇄부수를 임금에게 묻자 진상용 5부와 나라에서 쓸 것을 100부로 하라는 임금의 명이 있었음을 『미암일기초』에 적고 있다. 교서관에서 서적을 인쇄할 때 인쇄부수를 반드시 임금에게 품한다는 것은 『실록』이나 『미암일기초』에서 흔히 찾아볼 수 있다.

■■■　　물론 때로는 교서관 제조가 인쇄를 요청하는 경우도 있었지만 보편적이지는 않았다.

국가가 독점한다는 데 있다. 당시 책은 지식을 전달하고 확산하는 유일무이한 방식이었고, 이를 국가가 독점한다는 것은 국가가 체제유지 수단을 독점했다는 뜻이다. 국가가 발행하는 책으로 사대부는 지배계급으로서의 교양과 이데올로기를 갖출 수 있었다. 그리고 그것이 조선체제를 장구하게 유지하는 중요한 수단이 되어주었다.

5

지방에서 만든 책

—

관찰사가 독점한 지방의 인쇄 · 출판

조선시대, 특히 조선 전기의 출판·인쇄를 주도한 것은 물론 주자소와 교서관이었으며 이는 국가기관이었다. 그러나 주자소와 교서관 외에도 인쇄를 담당하는 국가기관이 있었다. 지방관청에서도 출판·인쇄 작업이 활발히 이루어졌던 것이다. 조선조의 지방행정 조직은 인구와 면적, 그 외 여러 요소의 중요도에 따라 주·부·군·현으로 나뉘고 그 위에 상급기관으로서 관찰사의 소재지인 감영이 있었다. 이 감영을 필두로 한 각 행정단위에서도 인쇄·출판이 이루어진다. 물론 이 외에도 출판이 가능한 곳으로 사찰과 서원이 있기는 했다. 사찰은 유교 국가 조선조에서 사찰은 결코 인쇄·출판 문화의 주류가 아니었다.[*]

또 서원은 1542년 주세붕(周世鵬)이 세운 백운동서원이 최초이며, 그 이후 수가 급속히 증가하기는 했으나 임진왜란 때까지는 출판·인쇄 실적을 별로 내지 못했다.[**] 따라서 서원 역시 조선 전기 서적인쇄에서 별다른 의미를 갖지 못한다. 자연히 조선 전기 출판·인쇄는 중앙의 주자소·교서관과 지방의 행정단위를 중심으로 이루어졌다. 그렇다면 중앙과 지방의 인쇄는 어떻게 다르고 또 지방의 인쇄는 어떻게 이루어졌던가?

[*]   그렇다고 해서 사찰이 일반 서적을 전혀 찍지 않았다는 것은 아니다. 사찰이 불경 외에 일반 서적 인쇄를 담당한 경우도 있다.
[**]   김두종은 『한국고인쇄기술사』(273면)에서 임진왜란 때까지 서원 간본으로 5종의 서적을 들고 있을 뿐이다.

주세붕이 세운 '백운동서원'의 전경.

지방에서 더 적극적으로 이루어진 목판인쇄

조선 전기의 인쇄방식은 금속활자인쇄와 목판인쇄가 주류를 이루었다. 주자소·교서관은 금속활자를 보유한 곳이니 목판인쇄는 이루어지지 않았을 것이라 생각하기 쉽지만 그렇지는 않다. 앞서 살핀 바와 같이 교서관에 30간가량의 건물을 채울 엄청난 분량의 목판이 있었으니, 교서관 인쇄에는 목판인쇄가 대량 포함되었을 것이다. 그러나 이 목판의 제작이 반드시 교서관에서 이루어지지는 않은 것 같다. 『사서대전』『오경대전』의 목판이 전라도와 경상도에서 제작되어 주자소와 교서관으로 이관된 데서 확인할 수 있듯 교서관 소장 목판의 절대다수는 지방에서 제작된 것으로 짐작된다.

즉 주자소·교서관이 목판을 제작하지 않은 것은 아니지만 인쇄의 대종을 이루는 것은 역시 활자인쇄였던 것이다. 그러나 원래 금속활자로 이루어지는 인쇄는 작업이 완료되면 즉시 해판하기 때문에 동일한 서적을 다시 얻을 수 없다는 데 문제가 있었다. 더욱이 목판이든 활판이든 인쇄부수는 대개 200~300부, 많아야 500부를 넘지 않는 것이 상례였다. 목판의 경우는 판목을 간직했다가 필요할 때 다시 찍어내면 되지만, 금속활자본은 해판이 되고 나면 다시는 얻을 수 없다. 금속활자판은 지형紙型*이나 필름을 남기지 않는 것이다. 요컨대 활자인쇄는 애초 소수의 고급한 인쇄물을 빠른 시간 안에 얻는다는 데 그 목적이 있었기 때문에 수요

조선시대 책과 지식의 역사

『성리대전서절요性理大全書節要』. 임진왜란 전인 1538년경에 간행된 목활자본. 호남에서 간행되었다. 거질『성리대전』을 4권으로 발췌한 완질完帙로서 16세기 당시 성리학 수용을 알려주고 있다. 청주고인쇄박물관.

가 방대한 서적을 다량 인쇄할 수는 없었다. 따라서 다종소량多種少量을 지향하는 주자소와 교서관의 금속활자로는 방대한 수요를 만족시킬 수 없다. 그렇다면 서적수요가 방대할 때는 어찌해야 하는가? 당연히 목판으로 인쇄한다. 그러나 목판인쇄는 교서관의 전문 영역이 아니므로 이 작업은 지방행정단위의 몫으로 돌아가는 것이다.

조선 전기 지방의 인쇄·출판은 소수의 목활자인쇄를 제외하면 절대다수가 목판인쇄였다. 조선 전기 지방관아에서 금속활자를 보유한 경우는 없었다. 지방에서 금속활자를 보유할 수 없었던 것은 여러 제약요건 때문이었던 것으로 보인다. 금속활자의 주조와

■　　인쇄용 연판鉛版을 뜨기 위하여 식자판 위에 축축한 종이를 올려놓고 무거운 물건으로 눌러서 그 종이 위에 활자의 자국이 나타나게 한 것.

관리 그리고 책의 인쇄에는 상당한 인원과 비용이 소요되었다. 교서관의 경우 양반 관료를 제외하고 서리 16명, 잡직 64명, 장인 102명이 소속되어 있었다. 이렇게 많은 사람을 관리하는 데는 당연히 막대한 비용이 요구되었다. 따라서 주·부·군·현의 행정단위는 물론이고 관찰사가 주재하는 감영조차 이를 다 감당하기는 어려웠던 것이다.

　지방의 감영이나 주·부·군·현에서 목판인쇄가 이루어진다 해도 모든 지방에서 균형적으로 서적인쇄가 이루어졌던 것은 아니다. 조선 전기에 이루어졌던 목판인쇄의 수량적 상황을 짐작할 수 있는 자료로 『고사촬요攷事撮要』의 「팔도책판목록八道冊板目錄」이 있는데, 이 자료는 임진왜란 이전 전국 각 지방이 간직한 서적의 판목을 소개하고 있다. 선조 18년에 목판을 소장했던 고을의 수효는 다음과 같다.[1]

1　김두종, 앞의 책, 227면.

경기도　　1

충청도　　7

황해도　　7

강원도　10

전라도　44

경상도　43

평안도　　4

함경도　　4

　이는 지방행정단위의 숫자로 책판의 숫자와 일정한 상관관계가 있지만 반드시 정비례 관계는 아니다. 이 문제는 뒤에 다시 따져보기로 하고 일단 여기서는 덮어두자.

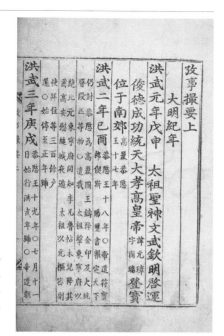

『고사촬요』 상. 조선 중기의 학자 어숙권魚叔權이 조선시대의 사대교린事大交隣을 비롯하여 일상생활에 필요한 사항을 뽑아 엮어놓은 책이다(3권 3책). 『고사촬요』의 「팔도책판목록」은 조선 최초의 도서목록으로서 임진왜란 이전 전국 각지에서 발간된 도서의 간행장소와 간행연도를 추정할 수 있는 유일한 자료다. 화봉책박물관.

위에서 보듯 전라도와 경상도가 40곳 이상의 행정단위에서 인쇄가 이루어졌을 뿐 그 외 나머지 지방은 모두 10곳 이하다. 전라도와 경상도에서 많은 인쇄가 이루어진 데는 복합적 이유가 있다. 무엇보다 이곳은 인구의 조밀지대였다. 따라서 그 인구수에 비례해 책의 수요도 많았을 것으로 추정된다. 이와 동시에 이곳이 책 제작에 필요한 노동력과 종이 등 물자가 풍부하다는 이유도 작용했을 것이다. 예컨대 『중종실록』 13년 2월 29일자에 따르면, 구례 현감이 되어 임지로 떠나는 안처순安處順이 임금에게 하직인사를 올리면서 자신이 부임하는 고을 구례에는 "간재刊材와 종이"가 있으니 『근사록近思錄』을 많이 찍어낸다면 그 도(전라도)뿐 아니라 다른 지방에도 널리 퍼뜨리게 될 것이라며 허락을 받고 있다. 이

는 가장 낮은 행정단위인 현에서 이루어진 것이지만 어쨌든 목판
의 재료와 종이가 풍부하기 때문에 가능했던 일이다.

『경국대전』「공전工典」 '외공장外工匠'조에 의하면, 종이를 만드
는 지장紙匠의 수는 705명인데 지장이 있는 곳은 충청도, 경상도,
전라도, 강원도, 황해도 5곳이다(경기도, 평안도, 함경도는 없었다).
이 중에서 충청도 131명, 경상도 265명, 전라도 237명으로 세 지
역이 거의 대부분을 차지한다.[2] 강원도와 황해도는 33명과 39명
에 불과하다. 물론 이곳에서 생산된 종이는 주로 중앙에 공급되는
것이었으나 종이의 생산이 풍부한 만큼 현지에서 소비되는 것도
적지 않았을 터이다.

2 같은 책, 227면.

이 점을 고려한다면 서적인쇄가 거의 이루어지지 않은 다른 지
역의 사정도 이해가 된다. 함경도 같은 곳은 인구가 적을 뿐 아니
라 종이가 생산되지 않는 곳이다. 경기도는 서울과 가까웠으므로
따로 서적을 인쇄할 필요가 없었을 것으로 짐작된다. 강원도는 종
이가 생산될 뿐 아니라 목판인쇄에 필요한 목재를 풍부하게 구할
수 있다는 이점 덕분에 다수의 인쇄처를 가졌던 것이 아닌가 한다.
다만 의아한 것은 충청도가 종이의 생산지였는데도 불구하고 인쇄
처가 적었다는 사실이다. 그 이유를 현재로서는 알 길이 없다.

조선 전기 지방에서 목판으로 찍은 서적으로 남아 전하는 것은
희귀하다. 하지만 그 목록은 대충 짐작할 수 있다. 위의 『고사촬
요』의 「팔도책판목록」에 서명이 밝혀져 있는 것이다. 모두 985종
의 책판이 있는 바, 매우 풍부한 서적이 지방에서 인쇄되었음을
알려준다.

중앙의 명령에 의해 제작된 책

오늘날 인쇄·출판의 주체는 출판사다. 출판사는 책을 출판해 판매함으로써 이익을 거두고자 하는 기업이다. 물론 비영리 출판이 없지는 않지만 전체 출판에서 차지하는 비율은 미미할 터이다. 그렇다면 조선 전기 지방에서 인쇄·출판을 한다고 했을 때 그 주체는 과연 누가 되는 것인가? 누가 출판할 서적을 결정하는가?

지방관아에서 책을 출판하는 방식은 대개 몇 가지로 나뉜다. 첫째는 중앙정부의 명령으로 출판이 이루어지는 경우가 있다. 우선 이에 대해 알아보자. 조선시대에 가장 수요가 많았던 책은 사서삼경 혹은 사서오경이라고 할 수 있다. 여기에 기본적인 성리학 서적과 그 개념을 정리한 『성리대전』 역시 필수 서적이다. 그런데 사서와 오경 혹은 삼경 및 『성리대전』은 세종 1년 12월 7일에 명의 황제가 하사한 『성리대전』『사서대전』『오경대전』을 저본으로 삼아 다시 인쇄한 것이다.■

이 책들은 세종대에 간행된다. 『세종실록』 7년 10월 15일자에서 세종은 충청도·전라도·경상도 감사에게 『성리대전』『오경대전』『사서대전』 인쇄에 필요한 종이를 충청도가 3000첩貼, 전라도가 4000첩, 경상도가 6000첩을 제작해 올릴 것을 명하고 있다.

■ 이 책자들은 뒤에 몇 차례 더 하사되었다.

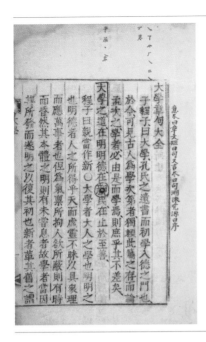

大學章句大全

子程子曰大學孔氏之遺書而初學入德之門也
於今可見古人爲學次第者獨賴此篇之存而論
孟子之書次之學者必由是而學焉則庶乎其不差矣

大學之道在明明德○民在止於至善

程子曰親當作新○大學者大人之學也明明
德者人之所得乎天而虛靈不昧以具衆理
而應萬事者也但爲氣稟所拘人欲所蔽則有時
而昏然其本體之明則有未嘗息者故學者當因
其所發而遂明之以復其初也新者革其舊之謂

『대학장구대전』. 『대학』은 공자의 제자 증자曾子가 지은 것으로 알려진 유교 경전이다. 『대학』은 경 1장 전 10장으로 이루어진 짤막한 글이다. 『장구대전』은 주회가 편찬하고 주를 단 것에 여러 학자가 소주小註를 붙인 책이다. 화봉책박물관.

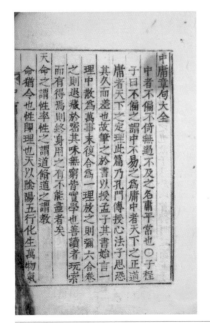

中庸章句大全

中者不偏不倚無過不及之名庸平常也○子程
子曰不偏之謂中不易之謂庸中者天下之正道
庸者天下之定理此篇乃孔門傳授心法子思恐
其久而差也故筆之於書以授孟子其書始言一
理中散爲萬事末復合爲一理放之則彌六合卷
之則退藏於密其味無窮皆實學也善讀者玩索
而有得焉則終身用之有不能盡者矣

天命之謂性率性之謂道修道之謂教

命猶令也性即理也天以陰陽五行化生萬物氣

『중용장구대전』. 화봉책박물관.

조선시대 책과 지식의 역사

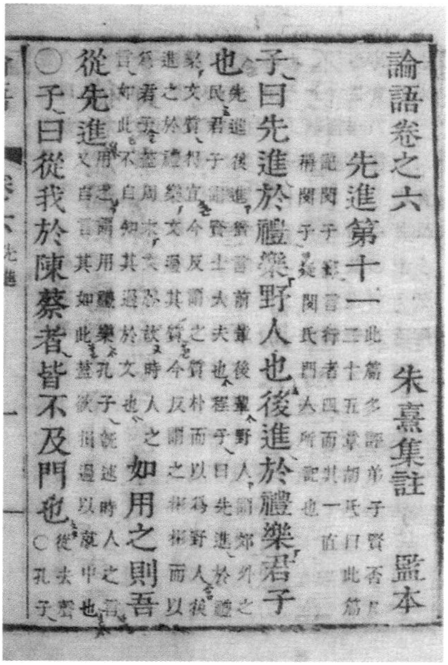

論語卷之六　朱熹集註　監本

先進第十一

子曰先進於禮樂野人也後進於禮樂君子也

如用之則吾從先進

○子曰從我於陳蔡者皆不及門也

『논어』. 화봉책박물관.

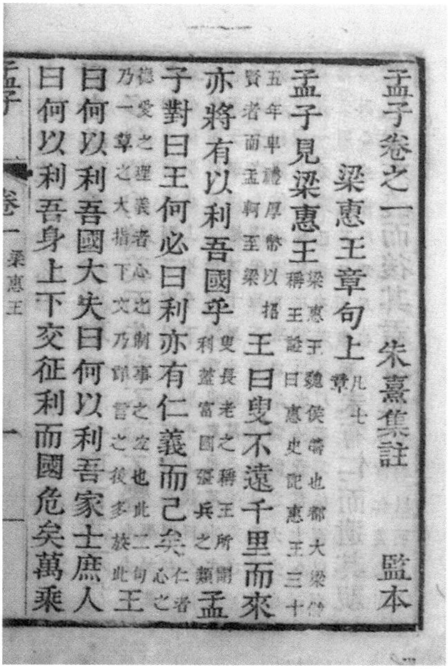

孟子卷之一　朱熹集註　監本

梁惠王章句上 凡七章

孟子見梁惠王 梁惠王魏侯罃也都大梁僭稱王諡曰惠史記惠王三十五年卑禮厚幣以招賢者而孟軻至梁

王曰叟不遠千里而來亦將有以利吾國乎 叟長老之稱王所謂利蓋富國彊兵之類

孟子對曰王何必曰利亦有仁義而已矣 仁者心之德愛之理義者心之制事之宜也此二句乃一章之大指下文乃詳言之後多放此

王曰何以利吾國大夫曰何以利吾家士庶人曰何以利吾身上下交征利而國危矣萬乘

『맹자』. 화봉책박물관.

그러나 책들이 실제로 중앙에서 인쇄된 것 같지는 않다. 왜냐하면 2년 뒤인 세종 9년 7월 18일에 경상도 감사가 『성리대전』을 인쇄해 올리고 있기 때문이다.

이어 세종 9년 9월 3일에는 경상도 감사에게 『성리대전』의 예에 의거해 『역경』『서경』『춘추』를, 그해 10월 28일에는 전라도 감사에게 『시경』과 『춘추』의 인쇄를 명령한다. 『오경대전』 인쇄가 먼저 되었다는 이야기인데, 세종 10년 1월 26일 강원도 감사가 강원도의 세 고을에서 『사서대전』의 목판 제작을 끝내고 목판을 보관하는 장서각을 지을 예정이라는 보고를 올리는 것으로 보아 『사서대전』은 아마 강원도에서 제작된 듯하다.

『사서대전』『오경대전』『성리대전』이 대표적인 경우일 텐데, 이처럼 중앙의 명령으로 지방에서 목판본을 제작하는 경우는 허다했다. 예컨대 『세조실록』 4년 1월 19일자에 따르면, 예조에서는 중국어야말로 '사대事大의 선무先務'임에도 서적이 희소해 학자가 쉽게 얻어 읽어보지 못한다면서 『박통사』와 『노걸대』를 각각 1벌씩 황해도와 강원도에 나누어 보내 판각하게 하고 교서관으로 하여금 인쇄해 널리 배포할 것을 청하고 있다. 이 역시 중앙의 서적을 지방에서 인쇄해 올리라고 명한 경우다.

중앙에서 지방관아에 서적인쇄를 명령하는 경우는 중앙에서 인쇄할 텍스트를 미리 정해주고 그것을 인쇄해 바치거나 반포하는 방식이 일반적이었다. 세종 13년 5월 13일, 『상정원육전詳定元六典』을 회수하고 이두吏讀로 된 『원육전』에 대해 각판의 소재처인 강원도로 하여금 파손된 각판을 보충한 뒤 인쇄해, 나라 전체에 나눠주게 한 것이나, 세조 12년 7월 1일 왕명으로 『대명강해율大明講解律』『율학해이律學解頤』『율학변의律學辨疑』 등을 양성지에게 교정하게 하고, 『대명강해율』은 경상도에, 『율학해이』는 전라도에, 『율학변의』는 충청도에 나누어 보내 500건㈵씩 인쇄해 나라 전체에 널리 반포한 것은 법률서적을 지방에 보급하기 위해서였다.

이는 곧 지방의 목판인쇄가 중앙정부의 의도를 충족시키는 기능적 역할을 맡고 있었음을 의미한다. 왜 중앙에서 지방에 인쇄를 의뢰했을까? 중앙의 교서관은 활자인쇄가 주류였고 목판 제작은 드물었던 탓이다. 즉 주자소나 교서관이 인쇄한 양으로는 서적수요의 절대량을 채울 수 없었던 것이다. 『성종실록』 20년 5월 30일 기사는 그 사정을 잘 말해준다. 내의원 제조 윤호尹壕 등이 『신찬구급간이방新撰救急簡易方』 9권을 바치자 이를 지방에 보내 인쇄할 것을 명한다. 이때 성종과 윤호 사이에 오간 대화를 보자. 성종이 "많이 인쇄하여 서울과 지방의 여러 고을에 두루 나눠주는 것이 옳다. 또 민간의 백성들도 모두 인쇄한 책을 얻을 수 있도록 하라" 하자, 윤호 등은 모든 고을에 두루 나눠주기는 어렵다면서 각 도의 감사에게 목판을 제작해 계수관界首官(큰 읍의 수령)이 찍어내도록 하자고 했다. 성종이 동의했음은 물론이다.

광범위하게 배포해야 하는 책, 곧 수요가 많은 책은 지방에서 목판을 제작해 인쇄하는 것이 일반적인 방법이었다. 위 기사도 어떤 특정한 지방이 아니라 모든 도에서 인쇄한다는 것을 결정하고 있지 않은가? 과연 성종은 여러 도의 관찰사에게 이 책이 도착하는 즉시 목판을 제작해 인쇄할 것을 명령한다.[3] 중앙정부가 광범위하게 보급하고자 한 서적을 모조리 중앙에서 인쇄해 보급한 것이 아니라, 지방에 1~2권을 하사해 그것을 목판으로 제작하게 했던 것이다. 이는 중앙정부의 인쇄부수, 곧 주자소 내지 전교서의 인쇄부수가 필요한 서적의 양을 충족시키지 못했기 때문이다.

지방에서 중앙정부에 발행 허락을 요청하는 경우도 다르지 않았다. 다만 이 경우 주로 지방의 사인士人 교육을 위한 유가의 기

3 『성종실록』 20년 9월 26일.

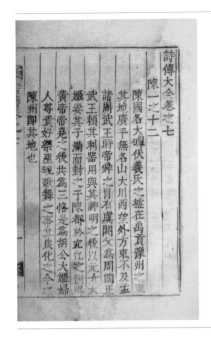

『시전대전詩傳大全』. 『시경』은 주나라 초기부터 춘추시대 초기까지 황하 중류 지역에서 노래로 불렀던 시 305편을 모은 시집이다. 화봉책박물관.

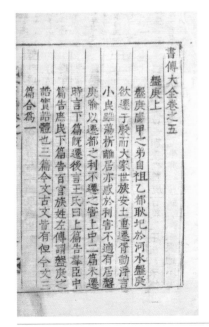

『서전대전書傳大全』. 『서경』은 중국의 요순 때부터 주나라 때까지의 정사政事에 관한 문서다. 「상서尚書」라고도 불린다. 화봉책박물관.

조선시대 책과 지식의 역사

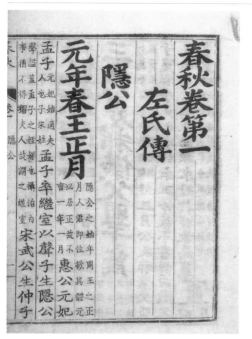

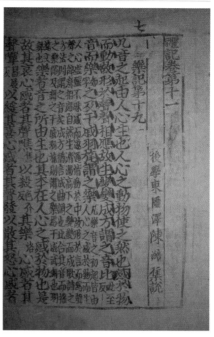

『춘추春秋』. 공자가 엮은 노魯나라의 역사다. 화봉책박물관.

『예기』. 주나라 말기부터 진나라, 한나라까지의 예禮에 관한 학설을 모은 책.

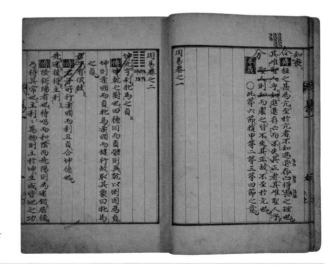

『주역』. 경經과 전傳의 두 부분으로 구성된 점서占書다.

본 텍스트 인쇄가 압도적으로 많았다. 인쇄부수도 가장 많았던 것으로 생각된다. 예컨대 성종 12년 8월 22일, 참찬관參贊官 유윤겸柳允謙이『중용』과『대학』의 판본이 닳아 못쓰게 되었으므로 경상도·전라도·충청도에서 목판을 제작할 것을 요청해 허락받고 있으며, 성종 14년 10월 24일 지중추부사 정문형鄭文炯은 영안도永安道(함경도)에 서적이 적다면서『시경』『서경』『중용』『대학』의 선본善本을 보내 여러 고을에서 간행하게 할 것을 청해 허락받고 있다. 이런 예에서 보듯 목판을 새길 수 있는 선본을 가진 지방관아는 왕에게 청해 인쇄하면 그만이지만, 대개의 경우 인쇄의 저본이 되는 선본은 중앙의 하사물이었다. 성종 15년 6월 15일, 강원도 관찰사 성현은 이렇게 요청하고 있다.

> 본도의 강릉·원주 같은 곳은 풍속이 학문을 숭상하므로 인재가 많습니다. 그 밖의 여러 고을 생도 중에도 총명해 가르칠 만한 사람이 많습니다. 하지만 땅이 척박하고 백성이 가난해 서적을 스스로 마련하기 어렵고, 여러 고을도 잔폐殘廢하여 마련해줄 수가 없습니다. 이 때문에 학문을 그만둡니다. 청컨대 사서·오경을 인쇄해 도호부 이상은 각각 2건, 군·현은 각각 1건을 내려 학문을 일으킬 방도를 열어주소서.

이러한 요청으로 원주와 강릉에는 사서와『서경』『시경』각각 2건을, 나머지 여러 고을에는 사서 각 1건을 인쇄해 보내는 것이 결정되었다. 이 책들은 각 지방에서 인쇄저본이 되었다. 물론 지방에 따라 텍스트 선정에는 약간의 변화가 있었다. 국방의 요지로 진보鎭堡가 몰려 있는 평안도와 함경도에는 권관權管 과 군관들을 위해 사서와『소학』등 유가의 기본 텍스트와『장감박의將鑑博

議』『무경武經』『손자孫子』『오자吳子』 등의 병서兵書가 보급되었
다.[4] 역시 이 책을 대본으로 삼아 다시 인쇄하려는 것이었다.

이상은 중앙정부에서 목판의 제작부터 인쇄까지 출판의 전 과
정을 위임하는 경우다. 이와 달리 지방의 목판을 이용해 책을 인
쇄만 하도록 하는 경우도 적지 않다.『세종실록』 22년 4월 24일
자에서, 개성부 유수에게 개성부에서 판각한『동국문감東國文鑑』
『은대집의례銀臺集儀禮』『어제태평집御製太平集』『신천집新千集』『삼
례소三禮疏』『맹자소孟子疏』『논어論語』 등의 서적을 1~2벌씩 찍
어 올리라고 한 것은 개성에 이미 이런 책의 목판이 있었다는 뜻
이다. 이런 사례는 여러 자료에서 광범위하게 나타난다.『세조실
록』 4년 2월 4일자에서는 전라도 관찰사에게 금산군에서 목판을
만들어 인쇄한 조학사趙學士의 음자천자판陰字千字板을 올려 보낼
것을 명령하고 있으며,『세조실록』 14년 6월 27일자에서는 경상도
관찰사에게 안동부에서 예전에 간행한『동파대전문집東坡大全文
集』 10건을 인쇄해 보낼 것을 명령하고 있다.■■

이처럼 중앙과 지방은 인쇄와 출판에서 서로 유기적 관계를 맺
고 있었다. 중앙의 주자소와 교서관은 금속활자를 갖고 있었고 일
부 목판본을 제작하기도 했지만, 대량의 출판물을 요구하는 목판
의 절대다수는 지방에서 제작되었다. 보다 많은 부수로 인쇄해야
하는 서적들은 거의 예외 없이 목판본으로 제작되었고, 이 일은
중앙이 지방에 명령을 내림으로써 가능했다.

■ 　변경의 진鎭에 둔 종9품의 무관.
■■ 　만약 인쇄할 책이 거질이거나 인쇄물을 빨리 얻고 싶으면 여러 도에서 혹은 여러 군에서 나누어 목판을
제작한다. 이런 예는 비교적 많이 발견된다.

지방의 자체 출판

중앙의 명령에 의해 목판본을 제작하는 경우를 제외한 나머지 책
들은 어떤 과정을 통해 누구에 의해 출판이 결정되었을까?『고사
촬요』의「팔도책판목록」에 따르면 책판은 각 도의 주·부·군·현
등 하위 행정단위에 보관되었다. 대체로는 책판을 제작한 곳에서
그 책판을 보유한다. 그러나 이들 행정단위, 즉 주·부·군·현의
장들이 책의 출판을 스스로 판단해 추진한 것이라고 단정할 수는
없다. 그런 경우가 없지는 않겠지만 많은 경우 각 도의 최고책임
자인 관찰사의 결정에 따라 책판 제작만 하는 경우가 허다한 것
이다.

조금 강하게 말한다면 지방에서 출판의 권한은 거의 관찰사에
게 집중되었던 것으로 보인다. 성종 24년에 일어났던 사건을 통해
이 점을 살펴보자. 이해 12월 24일 홍문관 부제학 김심金諶 등은
차자箚子를 올려 이극돈李克墩이 경상도 관찰사로 있을 때『유양
잡조酉陽雜俎』『당송시화唐宋詩話』『유산악부遺山樂府』『파한집破閑
集』『보한집補閑集』『태평통재太平通載』등을 간행해 성종에게 바친
일을 문제 삼았다.[5] 성종은 이 책을 받자 홍문관에『당송시화』『파
한집』『보한집』등의 서적에 주해를 해서 올리라고 명하는데, 김
심 등은 이런 설화집이나 시화는 제왕학에 무익한 책인데 이극돈
이 출세를 위해 아첨하느라 책을 좋아하는 성종에게 올린 것이라

5 『성종실록』 24년 12월
24일.

조선시대 책과 지식의 역사

고 주장했다. 김심 등의 견해는 사뭇 극단적이다. 여러 모로 검토할 여지가 있는 흥미로운 사건이지만, 여기서는 일단 그치도록 하자. 지금 중요하게 살펴봐야 하는 것은 지방에선 관찰사의 판단으로 책을 출판했다는 점이다.『고사촬요』의「팔도책판목록」을 보면 이 책들은 임진왜란 이전까지는 책판이 존재했다. 여기서 이극돈이 만든 책판의 소재처를 보자.

상주─『유양잡조』『태평통재』『당송시화』
진주─『유산악부』
함양─『파한집』『보한집』

보다시피 세 지역에서 인쇄했다. 관찰사가 자신이 관할하는 지역에 목판 제작을 명령한 것이다. 관찰사가 서적출판의 주체가 되고 있는 것은 여러 자료에서 광범위하게 발견된다. 예컨대 성현은 자신의 저작인『풍소궤범風騷軌範』을 강원도 관찰사로 있을 때 간행했고, 김안국은 북경에서『성리대전』을 구입해 자신이 경상도 관찰사로 있을 때 간행했다. 이런 경우는 지방관이 학문적 식견이 있다는 것을 전제로 한다. 하지만 관찰사 스스로 책의 출판을 주도하는 경우는 생각보다 적다. 성현은 15세기를 대표할 만한 문인이었고 김안국은 기묘사림의 전위前衛로서 성리학 보급에 심혈을 기울였던 인물이니 자신의 학문적 판단에 의해 책의 출판을 결정할 수 있었던 것이다.

그러나 지방에서 찍어낸 모든 서적을 관찰사 자신이 판단하고 선정한 것이라고는 볼 수 없다. 그중 많은 수는 관찰사와 관련 있는 인물들의 요청에 의해 출판되었으리라 짐작된다. 유호인兪好仁이 출판의 주체가 되었던『황산곡집黃山谷集』을 예로 들어보자. 유

『파한집』. 고려 명종 때의 문인 이인로의
문학비평서다.

『보한집』. 초간본이 고려 고종 41년(1254)
에 간행된, 문인 최자의 문학비평서다.

조선시대 책과 지식의 역사

호인은 홍문관의 장서고에서 『황산곡집』을 본 적이 있으나 민간에서는 매우 드물어 구하기가 어려웠다고 한다. 그는 성임成任·성현 형제에게서 이 책을 얻어 간행하고자 성종 11년 김자행金自行이 경상도 관찰사로 부임하자 그에게 부탁해 인쇄공을 모아 출판을 시도했는데, 책판 제작이 거의 절반 가까이 되어갈 무렵 흉년이 들었다. 여러 이웃 고을에 제작 작업을 나누어 맡겨 판각을 다 마치려 했으나 끝을 보지 못하고 세월만 보냈다. 그 뒤 성종 12년에 경상도 관찰사로 부임한 이철견李鐵堅은 유호인이 사는 군의 군수 최한후崔漢候에게 책의 인쇄를 책임 지움으로써 판목 제작을 맡았던 여러 고을을 독려해 불과 열흘 만에 책을 간행했다.[6]

6 유호인, 「황산곡집발 (黃山谷集跋)」, 『뇌계집 (㵢溪集)』; 『한국문집총간』 15, 187~188면.

이 책은 분명 유호인이라는 개인의 의도에 따라 제작된 것이다. 그리고 유호인 스스로 "경비가 조금 갖추어지자 널리 전하고자 하였다經費粗具. 思欲廣傳"라고 말하는 것으로 보아 서적의 제작비용 역시 유호인 자신이 마련했던 것으로 보인다. 그런데 여기서 중요한 것은 유호인이 관찰사에게 책의 간행을 부탁하고 있으며, 결국 관찰사의 명령으로 책이 간행되었다는 사실이다. 지방에서 이루어지는 출판에 관한 권한이 관찰사에게 있었다는 이야기다. 물론 앞서 말했듯 예외가 없지는 않을 것이다. 주·부·군·현의 행정단위에서도 출판은 얼마든지 가능했고, 또 그런 사례가 있지만 주류는 어디까지나 관찰사의 판단이었다. 즉 관찰사가 출판을 결정하면 하위 행정단위에 책판 제작을 맡겨 인쇄하고 그 책판은 해당 지역 내에서 간수하게 하는 것이 지방에서 이루어지는 인쇄의 일반적 형태였던 듯하다.

퇴계 이황은 『퇴계집退溪集』에 성리학 관계 서적출판에 관여한 자료를 여럿 남기고 있는데, 여기서 『신간계몽익전新刊啓蒙翼傳』의 출판과정을 살펴보자. 『신간계몽익전』은 우성전禹性傳이 유성룡柳

成龍에게서 얻어 이황에게 보낸 것이다. 퇴계는 이 책에 아주 감동해 1부를 필사해 역동서원易東書院에 두었다. 그런데 성주목사 김극일金克一이 퇴계를 찾아왔다가 이 책을 갖고 있다는 이야기를 듣고, 인쇄가 필요한 책이라고 말한 뒤 감사 이양원李陽元에게 고해 인근 고을에 적당히 나누어 판목을 제작하게 했던 것이다.[7] 『전도수언傳道粹言』 『이락연원록伊洛淵源錄』 등의 서적 역시 지방관을 통해 감사 남궁침南宮忱에게 부탁해 여러 고을에서 판목을 제작한 것이었다.

7 『퇴계집』 2: 『한국문집총간』 30, 471면.

결국 지방에서 책을 찍을 때 가장 유력한 루트는 관찰사의 허락을 받는 것이었다. 이런 사례 역시 비교적 광범위하게 발견된다. 출판에 관한 판단이 관찰사의 고유 업무나 권한에 속하는지는 분명하지 않으나, 관찰사가 지방에서 출판이 이루어질 때 가장 큰 권한을 쥐고 있었던 것은 분명한 사실이다.

관찰사를 통하든지 아니면 주·부·군·현 행정단위의 장을 통하든지 간에 조선 전기에 지방관아에서 출판한 서적은, 『고사촬요』 「팔도책판목록」을 보건대 상당한 양에 이르렀다. 그런데 이 목록에 따르면 동일한 서적이 여러 지방에서 중복 출판된 경우가 허다하다. 예컨대 수요가 많은 사서삼경 등은 각 지방의 수요를 충족시키기 위해 지방 스스로 목판본을 제작하지 않을 수 없었던 것이다. 그러나 이런 경우를 제외하더라도 중복 출판은 상당히 문제가 되었으며, 이는 결국 비용문제로 귀결된다.

『세종실록』 14년 8월 3일자에서 세종은 예조에 이렇게 전지하고 있다.

각 도의 관찰사들이 마음대로 서책을 간행하여 혹 다른 도에서 이미 간행한 책을 간행하는가 하면, 혹 긴요하지 않은 책도 간행하여 한갓 재력財力만 허비하니 실로 옳지 않다. 지금부터는 보고한 뒤에 간행하게 하라.

각 지방관들이 자기들 마음대로 책을 찍어낸 결과 중복 출판이 되거나 긴요하지 않은 책을 간행하는 경우가 있다는 것이다. 그 결과 재력 낭비가 발생한다는 것이다. 물론 이에 해당하는 경우를 지금은 확인하기 어렵다. 사실 세종의 의도는 지방의 인쇄·출판을 중앙에서 통제하자는 것이었는데, 이런 사항은 이후의『실록』들에서 지방관이 서적인쇄에 대해 임금에게 보고하는 내용으로 보아 상당 기간 지켜졌을 것으로 보인다.

지방에서 제작한 목판본은 책판을 남긴다. 이 책판은 대체로 판목을 새긴 고을에 소장되는 것이 일반적이었다. 일단 책판을 완성하면 동일한 책을 필요한 만큼 거듭 인쇄할 수 있다는 것이 장점이다. 따라서 각 지방관아는 목판의 보관과 관리에 극히 신중을 기했다. 그렇다고 해도 목판의 간수 방법에 별다른 대책이 있지는 않았는데, 세종 10년 1월 26일 강원도 관찰사가 마련한 방법에 따라 새로 정해졌다. 강원도 관찰사는 목판 관리를 다음과 같이 하겠다고 왕에게 보고한다. 내용을 요약하면 이렇다.

『사서대전』을 이미 세 곳에 나누어 책판을 만들어 각기 누각을 짓고 분류하고 간직하여 책판이 뒤섞이지 않게 하고, 만약에 혹시 닳아 없어지는 것이 있으면 즉시 다시 책판을 제작하게 한다. 수령이 교대할 때에는 해유解由에 명백히 기재하게 한다. 전의 책판도 또한 이 예를 따를 것이며, 장서각藏書閣을 짓는 것도 자원하는 중들에게 맡기되, 공역功役을 마치면 관직을 상으로 준다.

이런 의견이 받아들여져 지방감영에서 새긴 목판은 보통 감영에서 소장했지만, 특수한 경우 서울로 이송되기도 했다. 『사서대전』『오경대전』『성리대전』이 대표적으로 그러했지만, 『역경』『시경』『춘추』도 때로는 주자소로 이관되었다.[8] 한편 목판 관리가 여전히 허술한 곳도 없지 않았다. 『성종실록』 9년 8월 25일자에서 지사 강희맹姜希孟은 이렇게 아뢰고 있다.

8 『세종실록』, 11년 2월 3일.

> 『오경정의五經正義』는 당나라 공영달孔穎達이 편찬한 책입니다. 『예기禮記』는 빠진 부분이 많지만, 다른 경經은 목판이 모두 갖추어져 있습니다. 전에 개성부의 공인工人이 훔쳐 빗을 만들어 팔았는데, 신의 아비가 유수로 있을 때 보고 곧 조정에 보고하자, 세종께서 서울로 실어 오라고 명하셨습니다. 지금 외전교서外典校署에 간직되어 있으니, 청컨대 1벌을 인쇄하고, 그 빠진 곳은 보충해 새겨 널리 전하게 하소서.

이 기사에 실린 사례로 보아 목판의 훼손과 망실도 적지 않았던 것이다.

그런데 이 많던 책판이 모두 어디로 사라졌을까? 조선 전기 각 지방에 있던 목판은 뒷날 임진왜란 때 거의 불타버린 것으로 생각된다. 광해군 5년에 속편으로 낸 훈련도감본 『고사촬요』 발문에 "팔도의 책판은 이제 불타 훼손되었으므로 모두 없애버리고 토산土産으로 대신한다"라는 문구가 있다.[9] 이 기록으로 보아 임진왜란을 거치면서 지방감영이 소장하던 책판이 대부분 소실되었던 것이다.

9 김두종, 앞의 책, 211면.

어디서 어떤 책을 얼마나 찍었나?
: 『고사촬요』의 책판목록

이제 지방에서 간행된 책의 종수가 얼마나 되었는지 살펴보자. 이는 조선 전기의 인쇄·출판 문화를 제대로 살피기 위해 꼭 필요한 작업이다. 하지만 현존하는 책의 실물과 관계된 저작을 남김없이 검토하지 않는 이상 불가능한 일이기도 하다. 물론 그 개략에 접근할 길이 아예 없지는 않다. 앞서 여러 차례 언급한 『고사촬요』「팔도책판목록」에 선조 18년까지 조사된 전국의 책판이 실려 있어서다. 이 책판목록이 과연 조선 전기에 지방에서 발행된 모든 책판의 목록인가에 대해서는 의문이 없을 수 없다. 왜냐하면 지방에서 제작된 목록이 서울 교서관에 소장되기도 하고, 오랜 시간이 경과하면서 책판 자체가 훼손·망실될 가능성이 있었기 때문이다. 또 이 목록은 사찰에서 발행한 불경을 완전히 배제하고 있다. 하지만 선조 18년 당시까지도 책판이 추가되고 있는 것으로 보아 조사가 계속되었다는 뜻이며, 따라서 선조 18년까지로 국한한다면 다는 아닐지라도 당시 지방에 존재하던 책판은 대부분 망라한다고 봐도 무방할 것이다.

김두종이 『한국고인쇄기술사』에서 『고사촬요』의 「팔도책판목록」을 정리해 제시해놓고 있으니 이제 이 자료로 조선 전기 지방에서 인쇄·출판한 서적의 총량과 내용에 대해 간단히 살펴보자. 책판의 수는 선조 9년의 것과 그 이후 조사에서 추가된 선조 18년

의 증가분을 표시한다. 더하기 표시(+)를 한 것이 증가된 책판의
수다.[10]

10 김두종, 앞의 책,
211면.

지역	책판 수
경기도	수원(3)
충청도	충주(3), 청주(6), 공주(5), 홍주(7), 제천(2), 임천:보광사(2), 한산(2)
황해도	연안(+8), 해주(12+38), 서흥:귀진사(+3), 수안(4), 곡산(6), 봉산(+3)
강원도	춘천(7), 횡성(1), 원주(23), 회양(6), 정선(9), 양양(5), 강릉(3), 삼척(4), 평해(2)
전라도	고산(1+1), 익산(1), 금산(20+8), 임피(+2), 전주(36+30), 옥구(2), 금구(3), 김제(+1), 용담(+1), 태인(2+6), 진안(1+1), 부안(3), 정읍(3), 고부(1), 고창(+1), 장성(+1), 무장(5+7), 남원(19+18), 함평(2), 장수(+1), 순창(3+4), 진원(+1), 곡성(+1), 운봉(2), 영광(1), 옥과(1+1), 담양(3+6), 구례(1+4), 광주(15+17), 나주(16+4), 향교(7+1), 창평(1+1), 능성(2+10), 남평(3), 동복(3), 무안(2), 영암(2), 보성(4+2), 순천(7+17), 광양(2), 장흥(5+5), 낙안(+1), 해남(+1), 제주(+2)
경상도	풍기(3+3), 상주(18+7), 영주(6+6), 예천(7+3), 안동(23+4), 선산(9+2), 비안(1), 금산(1), 개령(1+1), 의성(10+7), 청송(+2), 지례(1+1), 의흥(+1), 성주(7+16), 함양(4+2), 대구(5+4), 고령(1), 영천(8+12), 영해(+2), 청도(8+2), 영덕(+5), 현풍(1), 초계(3), 합천(7+2), 안음(1), 창녕(1), 경주(22+20), 밀양(14+9), 칠원(+1), 의령(2), 산음(2+1), 창원(4+1), 함안(2), 진주(26+24), 김해(2+4), 울산(+1), 양산(+2), 곤양(3+3), 고성(2+3), 하동(1+3), 사천(+1), 남해(+3), 거제(+3)
평안도	중화(4+5), 평양(28+27), 상원(+1), 함종(+2)
함경도	안변(4), 함흥(7+1), 홍원(1), 회령(+6)

이를 다시 도별로 줄여 정리한 것이 다음 표다.[11]

11 같은 책, 227면.

조선시대 책과 지식의 역사

	선조 9년 책판 수	선조 18년 신증 책판 수	선조 18년 책판 수
경기도	2	0	2
충청도	37	0	37
황해도	23	54	77
강원도	62	0	62
전라도	165	170	335
경상도	223	164	387
평안도	32	34	66
함경도	13	6	19
합계	557	428	985

선조 18년을 기준으로 잡을 때 조선의 지방에는 책판이 985종 있었던 것이다. 그러나 이 가운데는 책판이라 볼 수 없는 것도 있었다. 소동파의 「적벽부赤壁賦」 목판이 있었던 것으로 나타나는데, 알다시피 책이 아니다. 또 같은 책을 여러 지역에서 중복 출판한 것도 있어 그것을 빼면 전체 종수가 조금 줄어들 것이다.

주지하다시피 팔도에서 목판인쇄가 가장 활발히 이루어진 곳은 전라도와 경상도다. 이 두 도에서도 전라도는 전주(66종), 남원(37종), 광주(32종), 나주(20종), 순천(24종) 같은 큰 고을이 압도적이다. 경상도도 마찬가지로 안동(27종), 진주(50종), 경주(42종), 밀양(23종) 등이 주요한 인쇄·출판지였다. 선조 18년 이 두 도의 책판 수는 722종으로 전체 985종의 73퍼센트를 차지한다. 실제 조선 전기에 지방에서 이루어진 인쇄는 전라도와 경상도가 주도했던 것이다. 앞서 잠깐 언급했듯 이 두 지역은 인구가 조밀해 노동력이 많고 또 종이의 산지(특히 전주)였기 때문이었던 것으로 보인다.

그렇다면 지방에서 찍은 책은 어떤 것이 주종을 이루었을까? 먼저 사서삼경부터 알아보자. 사서 간행은 본문만 찍은 것, 주석본, 기타를 합해 계산한다. 『대학』 18종, 『중용』 18종, 『논어』 8종, 『맹자』 10종으로 모두 54종이다. 삼경은 『서경』 10종, 『시경』 10종, 『주역』 6종으로 모두 26종이다. 사서삼경이 모두 80종인 것이다. 물론 여기에 『춘추』 7종, 『예기』 4종을 추가하면 사서오경은 91종이 된다. 물론 이로써 경전이 끝나는 것은 아니다. 『효경』은 무려 17종이 간행되었다. 간단히 말해 경전에 해당하는 책은 104종이다.

이 외에 발행종수가 많았던 것은 아동용 초학 교과서다. 『천자문』은 30종으로 『고사촬요』의 책판목록에서 가장 많은 발행종수를 차지한다. 『천자문』을 떼고 난 뒤에 읽는 『사략史略』은 10종이나 발행되었고, 『동몽선습童蒙先習』과 『동몽수지童蒙須知』 역시 각각 6종과 8종이 인쇄·출판되었다. 이 외에 발행종수가 또 많았던 것은 백성 교화의 수단으로 보급되었던 서적이다. 사대부가의 유교적 의례 교과서인 『주자가례朱子家禮』는 12종, 수신 교과서로 조정에서 적극 보급한 『소학』은 20종이나 간행되었고, 『여씨향약』은 7종, 김안국의 『정속』 역시 11차례나 간행되었다.

이는 무엇을 의미하는가? 사서오경에 『효경』을 합하면 모두 108종, 위에서 든 아동용 교과서는 4종의 책이 54종, 『주자가례』 『소학』 『여씨향약』 『정속』은 합쳐서 50종이 간행되었다. 이들 18종의 책이 다시 212종이 된다는 이야기다. 게다가 이 18종이 전체 985종의 책에서 20퍼센트를 차지했던 것이다. 많은 출판물이 지방에서 목판으로 쏟아져나왔지만 그것이 곧 출판물의 다양화를

석봉石峯 한호韓濩가 쓴 『천자문』. 중국 남조南朝 양梁의 주흥사周興嗣가 지었다고 전한다. 사언고시四言古詩 250구句, 합해서 1000자가 각각 다른 글자로 되어 있다.

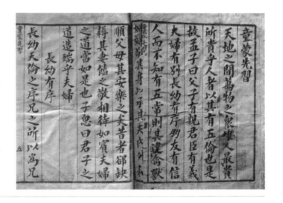

『동몽선습』. 조선시대 서당書堂에서 교재로 사용한 책. 조선 중종 때 학자 박세무朴世茂가 저술했다. 『천자문』을 익히고 난 후 학동들이 배우는 초급교재로, 오륜五倫에 대해 먼저 설명하고, 중국의 삼황오제三皇五帝부터 명나라까지의 역대 사실史實과 단군 시기부터 조선까지의 역사를 약술했다.

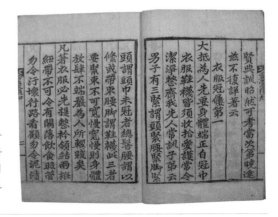

『동몽수지』. 중국 송나라 때 주자朱子가 아동교육을 위해 편집했다. 아동이 학문에 들어가기에 앞서 기본적으로 갖추어야 할 자세를 기록한 수신서修身書다. 고려 말에 들어온 것으로 추정되며, 아동교육용으로 널리 사용되었다.

의미하지는 않았다는 이야기다. 더욱이 압도적 다수를 차지한 위 18종의 책 가운데 조선인이 쓴 책은 『동몽선습』 『정속』에 불과하다.

출판의 다양성이란 결국 개인 저작의 활발한 출판을 의미하는 것일 터이다. 개인의 저작이라면 문집을 꼽지 않을 수 없는데, 1392년 조선 건국 이후 선조 18년(1585)까지 발행된 개인문집으로서 위의 책판목록에 실린 저자의 수효는 약 70명 정도다. 200여 년 동안 70종이라면 1년에 3종 정도가 발간되었다는 이야기다. 개인의 저작을 인쇄해 출판하는 것은 지극히 희귀한 경우였다.

중앙의 주자소나 교서관에서 찍은 책들은 중복 출판이 적으며 동시에 아주 다양한 종수를 자랑했다. 이에 반해 지방에서 제작된 목판본 서적은 다양성이 현저히 떨어진다. 지방의 목판본 서적은 전국적으로 수요가 있는 책, 곧 대량의 수요가 있는 책이었다. 그렇다면 아무래도 조선시대의 인쇄·출판은 중앙과 지방이 역할을 분담하고 있었으며 활자인쇄와 목판인쇄의 구실을 다르게 설정하고 있었다고 생각된다.

정리하자면, 중앙의 주자소·교서관을 제외하면 서적인쇄는 지방의 행정단위에서 이루어졌다. 그리고 그 인쇄방식은 목판인쇄가 절대다수였다. 지방감영을 비롯한 주·부·군·현의 행정단위에서 목판을 제작했던 것이다. 지방의 인쇄는 중앙, 곧 왕명으로 책판을 제작하는 경우가 있으나 소수였고, 절대다수는 관찰사의 판단과 주변 사인士人들의 요청에 따라 인쇄되었던 것으로 보인다. 한마디로, 지방의 출판 역시 임금과 관료에 의해 주도되던 중앙의 출판과 동일한 구조로 이루어졌다는 이야기다.

물론 지방의 사찰이나 서원이 서적을 인쇄·출판하는 경우가 없지 않았다. 하지만 사찰은 고려시대에 비해 인쇄·출판 기관으로

서 비중이 고려시대에 비해 말할 수 없이 낮아졌으며, 서원은 조선 후기로 가면 인쇄·출판의 중요한 주체가 되지만, 조선 전기에는 아직 그런 위상을 차지하지 못하고 있었다.

지방에서 발행한 서적은 사서삼경과 같은 유가의 경전과 아동용 교과서, 그리고 교화용 서적이 주류를 차지했다. 또 대부분은 중국 책들이었다. 문집을 제외하면 개인의 독창적 저술이란 흔치 않았다. 아니 거의 없었다고 해도 과언은 아니다. 개인이 각고의 연구 끝에 새로운 연구결과를 창출해낸다 할지라도 관의 힘을 빌리지 않으면 출판이 불가능했다는 의미다. 국가와 지방의 행정관청이 주도하는 서적문화가 지식 보급을 온통 장악하고 있었던 것이다.

6

한 권의 책은 어떻게 탄생했을까?

—

원고 집필에서 장정까지

인쇄의 의의는 어디에 있는가? 인쇄는 동일한 복제물을 복수적으로 만들어내는 방법이다. 곧 어떤 정보와 지식과 사유를 동일한 형태로 다중에게 전달하는 기능을 수행하기 위해 인쇄라는 행위가 필요한 것이다. 간단히 말하자면, 동일한 지식을 복제하는 데 그 의의가 있다. 하기야 책은 단 한 권으로 존재할 수도 있다. 애초 단 한 벌의 필사본으로 제작된 유일본이 그런 경우다. 유일본은 물론 중요하다. 움베르토 에코의 『장미의 이름』에 등장하는 한 권의 책, 곧 아리스토텔레스의 '희극론'은 에코의 상상력이 만든 소산물에 불과하지만, 소설 속에서 그것이 연기로 사라질 때 나는 참으로 무한한 아쉬움을 느꼈다. 유일본은 그것의 내용에 따라 무게는 동일하지 않지만, 어쨌든 유일하다는 것 자체만으로도 가치를 부여받을 수 있다.

그러나 지식의 확산과 전파를 생각한다면, 유일본으로 존재하는 한 그것이 아무리 탁월한 지혜를 담았다 해도 그 의미는 축소되기 마련이다. 나의 관심은 저 어두운 서고의 한 켠에 잊힌 채로 있거나 어떤 인색한 소장가의 서재에 유폐된 단 한 권의 서책이 아니라, 복제되어 읽힌 책들에 있다. 읽히지 않는 책은 책이 아니다. 책이란 인쇄되거나 그 외의 복제과정을 거쳐 확산되지 않는 한 존재가치가 떨어지는 법이다.

책은 인쇄되어 전파됨으로써 비로소 생명력을 갖는 존재가 된다. 그러나 중세의 인쇄과정이란 그 기술적 원리는 동일할지 몰라도 미세한 프로세스는 현대와 상이한 점이 없지 않다. 이제 원고를 마련하는 것부터 인쇄하고 제본하는 과정이 어떠했는지 살펴보자.

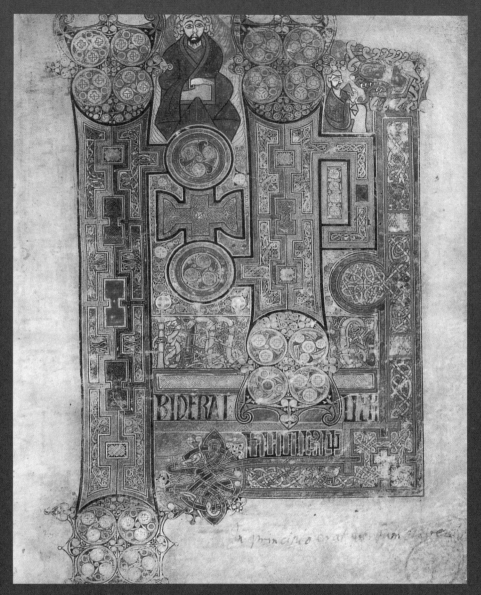

아일랜드 수도사들이 필사한 채색 성경, 『켈스의 서』. 「요한복음」의 시작 부분 : 태초에 말씀이 있었으니 In principio erat verbum, 7~9세기.

중국 고전을 인쇄하는 두 가지 방식

인쇄본이 탄생하려면 인쇄의 대본, 즉 원고가 있어야 한다. 원고는 책의 처음이자 마지막이다. 인쇄본이란 결국 원고를 복제한 것에 지나지 않기 때문이다. '원고'라는 말은 복제를 전제한 것이며, 대개의 경우 그 복제의 방법이 '인쇄'다. 왜 곧바로 인쇄라고 하지 않고 복제라고 하느냐면, 하나의 필사본을 여러 벌 베껴 복수의 필사본을 만들어내는 경우가 있어서다. 그러나 한 사람이 동일한 책을 여러 벌 베낀다 할지라도 그것은 이미 동일한 것이 아니다. 서양 중세의 수도원에서 필사한 '채색 성경'은 모두 『성경』이지만 동일한 형태의 『성경』은 아니다. 어쨌거나 필사에 의한 복제는 동일한 '서적복제'가 아니다. 더욱이 인쇄술이 탄생한 이후에는 복제수단으로서 '필사'가 갖는 의의가 현저히 약화되었다.

책을 찍기 위해 원고가 있어야 한다는 것은 자명한 사실이니 달리 무슨 말이 필요하랴. 하지만 우리나라 중세의 인쇄 프로세스에서 원고가 어떤 의미를 갖고 또 어떤 문제를 제기하는가는 그리 간단하지 않다. 먼저 말하기 편한 쪽부터 시작해보자. 세종대의 활자 제작과 인쇄 기술은 전에 없던 새로운 기술이었고, 이것으로 엄청난 종수의 책을 쏟아냈다. 다만 여기에도 유보사항은 있다. 세종 당시에 찍어낸 책은 어떤 것들이었는가. 물론 실물이 완벽하게 전하지는 않지만 앞서 살펴보았듯 그 목록은 거의 완벽하게 정

조선시대 책과 지식의 역사

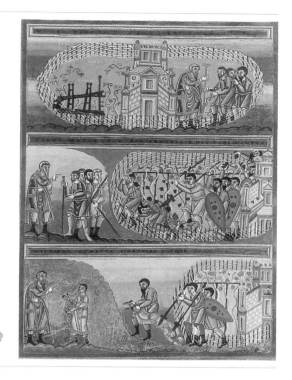

채색 성경 『코덱스 아우레우스』의 일부. 양
피지 문서. 11세기.

리할 수 있다. 손보기 교수는 조선시대 활자로 찍은 책의 목록을
정리했던 바, 각 활자마다 그 활자로 어떤 책을 찍었는지도 일목
요연하게 정리해두었다.[1] 이를 근거로 조선시대에 가장 많이 사용
되었던 갑인자로 어떤 성격의 책들을 찍었는지 간단히 살펴보자.

갑인자는 1434년(세종 16)에 제작되었다. 초주갑인자初鑄甲寅字
또는 '갑인1자'라고 하는데, 이 활자로 찍은 책의 하한 연대는
1470년에서 1490년으로 추정된다. 찍은 책의 종수는 76종이다.
이 가운데 중국의 서적을 다시 찍은 것은 57종, 한국 서적은 19종
이다. 중국 책이 압도적으로 많은 것이다. 손보기 교수의 목록은
1403년에 제작된 계미자부터 임진왜란 이전까지의 활자본을 망라

1   손보기, 『한국의 고활
자』, 보진재, 1987, 415
~433면에 활자별로 정
리되어 있다.

하는데, 활자에 따라 약간의 편차가 나기는 하지만 역시 중국 서적이 압도적 다수를 점한다.

갑인자 인쇄의 예에서 볼 수 있듯 조선 전기 인쇄본은 중국 서적이 압도적 주류를 점했던 것으로 보인다. 곧 인쇄된 서적의 원고는 절대다수가 중국을 원산지로 삼았다. 이 현상이 내포하는 문제는 여러 차원에서 분석·이해될 수 있지만, 여기서는 오로지 원고의 문제로만 국한해 살펴보고자 한다.

중국의 고전을 인쇄하는 데는 두 가지 방식이 있다. 첫째 책을 해체해 원본의 낱장을 목판에 뒤집어 붙이고 그대로 새겨내는 번각翻刻이 있다. 이것은 오늘날로 말하자면 전자복사기를 이용한 방법과 같다. 즉 원본이 그대로 복제된다. 이 경우는 기계적 복제이기 때문에 '원고'라는 개념조차 성립할 수 없다. 둘째 중국에서 들여온 책의 내용을 다시 조판하는 경우다. 문제는 바로 여기서 발생한다. 보통은 그 원본을 수정 없이 그대로 활자로 재조판하겠지만, 어떤 경우 책에 생산적 변개變改가 일어나기도 하는 것이다. 예컨대 세종조의 『사정전훈의자치통감思政殿訓義資治通鑑』이라든가 『한류문韓柳文』은 활자를 그대로 다시 옮긴 것이 아니라, 기존의 주석을 광범위하게 취사선택하고 또 새로운 주석을 추가했다. 이런 경우는 허다하며, 이것이 바로 생산적 변개다. 새로운 주석을 추가하지 않더라도 원문의 오자를 바로잡는 일은 있다. 이것은 물론 인쇄에 들어가기 전의 일이다. 다음 자료를 보자.

우리나라는 중국과 멀리 있어 서책이 매우 희귀합니다. 서적을 간행하지 않으면 그 학술을 배우고자 하는 사람들이 무엇에 의지할 수 있겠습니까? 또 천문학서와 의학서는 사용하는 문자가 유학儒學과 같지 않아 반드시 별도의 공부가 있어야만 뜻을 환히 깨달을 수

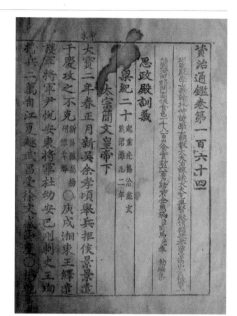

갑인자로 찍은 『사정전훈의자치통감』. 『자치통감』은 송
대 사마광이 기원전 403년부터 959년(현덕 6)까지의 역
사를 기록한 책이다. 『사정전훈의자치통감』은 세종이
집현전 학자들과 함께 사정전에서 훈의한 『자치통감』
이라는 뜻이다. 청주고인쇄박물관.

갑인자로 찍은 『당유선생집唐柳先生集』. 세종이 1438년
여름에 집현전의 최만리·김빈·이영서·조수 등에게
유종원의 시문을 찬집하도록 명하여 1440년 6월에 간
행한 문집이다. 청주고인쇄박물관.

가 있는 법입니다. 더욱이 중국 판본板本은 오자가 허다하여 거의 구두를 뗄 수 없는 지경입니다. 그 학문을 전공하여 능통한 사람이 아니라면 교정하는 것이 지극히 어렵습니다. 만약 천문학서에 오자가 있다면 천체를 관찰하는 도리가 지극하지 못할 것입니다. 더욱이 의학서로 말할 것 같으면 한 글자의 오자, 한 획의 차이로 인해 한寒·열熱의 증세가 달라지고, 전錢·양兩의 약제 분량이 어긋나게 됩니다. 죽고 살고 하는 것이 이에서 결정되니 더욱 소홀히 할 수 없는 것입니다.[2]

2 「명종실록」 8년 3월 2일.

중국 서적에 오자가 많음을 지적하고 있는데 이는 아마도 그것을 재인쇄하는 경우가 많기 때문에 하는 말일 터이다. 위 글은 주로 천문서나 의서에 관해 임금에게 아뢴 것이지만, '인쇄'에서 교정의 중요함은 두말할 나위가 없을 것이다. 예컨대 중종 31년 중국에서 『문원영화文苑英華』 필사본 1질을 은銀 25냥으로 깎아서 구입했던 바,[3] 원래 교서관에서 간행하려 했으나 '오자와 착간錯簡 투성이'였으므로 간행하지 못하고 조선에 파견된 중국 사신에게 항의하는 일까지 있었다.[4]

3 「중종실록」 31년 11월 2일.

4 「중종실록」 32년 4월 20일.

중요한 서적일수록 원본을 잘 교정해 완벽한 인쇄대본을 만들어야 했다. 사서삼경 같은 책은 양반의 필독서인데도 오자가 많아 교정이 요구되었던 것이다.■[5] 책의 분량이 많을수록 오자도 많았다. 예컨대 주자의 문집 『주자대전』은 주자학 연구에서 두말할 필요 없이 중요한 책인데, 이 책은 중종 38년(1543)에 김안국에 의해 을해자로 간행되었으나 오자가 많아 선조 8년(1575)에 유희춘의

5 「미암일기초」 3, 377면: 계유년(1571) 2월 4일 참조.

■　유희춘은 선조에게 외교서관의 목판 사서삼경에 오자가 허다하다면서 중국본과 비교해 교정할 것을 청하고 있다.

　　　　　　　　　　　　　　　　　조선시대 책과 지식의 역사

건의로 다시 인쇄되었다. 물론 교정은 유희춘이 맡았다. 그의 일기『미암일기초』를 보면, 선조 6년(1573) 2월부터 교정을 보기 시작하여 선조 8년(1575) 6월에 끝마치고 인쇄에 부쳤는데, 그가 교정을 본『주자대전』은 오자가 적은 것으로 알려져 있었다.

지금까지 언급한 바와 같이 중국 서적을 다시 인쇄할 경우는 번각이 아니라면 원문에 새로운 주석을 붙이거나 교정을 통해 인쇄 대본을 마련했다. 이러한 교정은 본래 교서관 관원의 임무였으나 한문으로 쓰인 원문의 교정을 본다는 것 자체가 텍스트에 대한 깊은 이해를 요구했다. 그렇기에 비단 교서관 관원뿐 아니라 당대의 일류 학자들이 교정에 참여했던 것이며 이는 학자로서의 임무기도 했던 것이다. 그러나 이로써 교정이 끝나는 것은 아니다. 인쇄 과정에서 또 한 차례 교정을 보았다.

그러나 이런 경우는 중국 책을 다시 찍어낼 때의 이야기이고, 만약 국내 저자의 서적을 출판하는 경우라면 어떠했을까? 이때는 중국 책과는 달리 참조할 원본이 없다. 오로지 저자가 남긴 저작이 원고가 되는 것이다. 이 경우를 검토해보자.

국내 저자의 원고로 책 만들기

현대 출판에서 개인의 저작은 대개 출판을 전제로 집필되기 마련이다. 내가 쓰는 논문이나 책은 인쇄를 전제한 것이다. 활자화되지 않는 글을 쓴다는 것은 거의 상상할 수 없다. 하기야 나의 일기와 내 아내의 가계부는 인쇄를 전제하지 않는다. 그러나 학계라는 제도 안에 소속된 사람으로서 나의 글쓰기는 모두 인쇄를 전제한다. 그것은 보통 저널이나 학회의 논문집에 실리기로 예정되어 있다. 또 출판사와의 교섭이 이미 이루어졌거나 적당한 출판사를 물색해 출판할 의도를 이미 갖고 있는 것이다. 아니 내가 쓰는 이 원고가 출판사와 교섭되지 않은 상태라 할지라도 어쨌든 내 생전에 출판을 하기로 나는 예정하고 있는 것이다. 나의 글쓰기 행위, 즉 원고 생산 행위는 이미 인쇄·출판과 불가분의 관계에 있는 것이다.

하지만 조선시대에는 사정이 달랐다. 결론부터 말하자면 지식의 생성·유통 과정이 현대와는 판연히 달랐다. 예컨대 성리학에 대한 퇴계의 주요한 학적 견해는 기대승과의 편지를 통해 제출되었다. 전근대사회에서 편지는 학문행위에서 매우 중요한 수단이었다. 조선시대의 학자로 명망이 있던 사람의 문집에는 대량의 편지가 실려 있다. 물론 극히 개인적인 한가하고 느긋한 편지, 예컨대 집안문제나 안부를 묻는 것 따위도 있다. 하지만 의미 있는 편지, 즉 발신인이 학문적 의문을 정리해 문목問目을 만들어 보내면

다산이 승려 완호에게 보낸 편지. 월전미술관.

수신인이 정성껏 답해 보내는 편지가 있다. 특히 성리학이 발달한 16세기 이후의 문집에서 이런 형식의 편지를 허다하게 볼 수 있다. 하기야 이런 편지는 즉각 공적으로 간행되지 않고 필사본 형태로 남는다.

편지는 하나의 예일 뿐이다. 그 외의 중요한 글 역시 필사본 형태로 개인의 서재에 남게 되고, 만약 중요한 내용을 담고 있다면 동료나 다른 문인에 의해 전사되어 유통된다. 시와 문예적 산문도 같은 방식으로 태어나고 유통된다.

한편 이와 달리 단일한 주제로 완결된 저작이 쓰일 수도 있다.

예컨대 정약용의 『목민심서牧民心書』와 『흠흠신서欽欽新書』 같은 것이 그렇다. 하지만 이 역시 애당초 인쇄·출판을 염두에 두고 저술한 것은 아니었다. 다산의 저술이 부분적으로나마 인쇄된 것은 19세기 말부터 20세기 초였으며, 그의 저작이 완간된 것은 사후 200년이 지난 20세기 전반이었다. 박지원의 『열하일기熱河日記』역시 20세기 들어 간행되었다. 요컨대 현대의 상식과는 너무나 다르게도 조선시대의 저술가들은 저술 자체에 큰 비중을 두었을 뿐 출판은 부차적이었다. 이는 당대의 지식유통에서 중요한 문제를 제기한다.

그렇다면 이 저작들은 어떤 방식으로 인쇄되어 책이라는 형태로 간행되었던 것인가? 저자들 스스로 인쇄를 결정하는 경우가 아주 없지는 않았겠지만, 인쇄를 결정하는 당사자는 대부분 저자가 아니었다. 오랫동안 필사본으로 전해지다가 어떤 차원에서든 인쇄의 명분을 얻은 다음에야 간행이 이루어졌던 것이다. 왕명으로 이루어지든, 후손이 선조를 찬양하기 위해서든, 학문적 필요성에 따른 것이든, 그들은 저자가 아니었다.

일단 인쇄가 결정되면 인쇄대본을 확정해야 한다. 여기에도 문제가 있다. 즉 원래의 저작물이 곧 인쇄대본이 되지는 않는다는 것이다. 현대의 인쇄·출판은 저자와 출판사가 직접적으로 관계를 맺지만, 중세의 인쇄는 저자와 출판사 사이에 관계가 없다. 즉 저술주체와 인쇄·발행 주체가 직접적 연관을 맺는 일이 거의 없었다. 이는 곧 저자가 인쇄·출판 과정에 개입할 여지가 없다는 것이며, 극단적으로 말하면 원고에 대한 책임조차 질 수 없는 경우도 발생한다는 것이다.

『열하일기』를 예로 들어보자. 『열하일기』는 지금 숱한 이본異本 (필사본)이 존재한다. 그런데 이 이본들은 포함하는 본문의 양에서 벌써 차이가 난다. A본에는 X라는 제목의 글이 있는데 B본에는 없는 식이다. 또는 X라는 동일한 내용의 글이라 할지라도 어떤 문장은 빠졌거나 변개된 경우가 있다. 가장 심한 사례가 김성칠이 소개한 필사본이다. 정통 고문체가 아닌 소설 식 문체에 시휘時諱에 저촉될 만한 내용이 있을 경우 누군가가 모조리 고치고 빼는 수고를 아끼지 않았던 것이다.[6] 원작이 사라지고 만 것이다. 『열하일기』 전체는 1932년에 공간되었지만[7] 그것을 연암이 쓴 원본이라고 확언할 수는 없는 것이다. 다시 말해 연암의 『열하일기』가 곧 간행본 『열하일기』라는 말은 아니라는 것이다. '저자의 원고 = 간행 원고'라는 등식이 성립하지 않는다.

조선시대 문인학자들의 저작은 대부분 문집 형태로 간행되었다. 이러한 문집에 대해서는 뒤에 상세히 말할 테지만, 단일한 주제를 가지고 단독으로 묶일 수 있는 저작을 제외한 한 개인의 집필행위 결과물을 모두 수렴하는 것이 바로 문집이다. 따라서 단독 저술이 희귀하던 조선시대에는 개인 저작의 대부분이 문집 형태로 나왔다. 문집은 저자의 살아생전에 간행되는 경우도 있다. 남공철南公轍의 시문집은 자기 손으로 자기 집에서 자기가 소유하고 있던 활자로 찍은 것이다. 그러나 이런 경우는 그야말로 희귀하고, 대부분의 문집은 후손이나 다른 문인들이 간행했다. 아무튼 남공철의 경우를 두고 말한다면 원본과 인쇄본의 차이는 인쇄과정에서 발생하는 오자 외에는 '원본 = 인쇄본'의 등식이 성립한다.

그러나 후손이나 다른 문인 혹은 기타 관련 인사가 인쇄하는 경우에는 문제의 양상이 달라진다. 이때 인쇄대본을 마련하는 것은 저자가 아니라 인쇄주체이기 때문이다. 물론 이정섭李廷燮의 『저촌집樗村集』이나 박지원의 『연암집燕巖集』은 저자가 생전에 문집에 들어갈 글을 선발하고 편차를 정해놓은 것이기 때문에 문제 발생

6 자세한 것은 김성칠, 〈옛사람들의 문집 교정— '열하일기의 경우'〉, 『민족문학사연구』 3, 민족문학사연구소, 1993을 참고할 것.

7 이때 간행된 박영철본 『연암집』에 수록되었다.

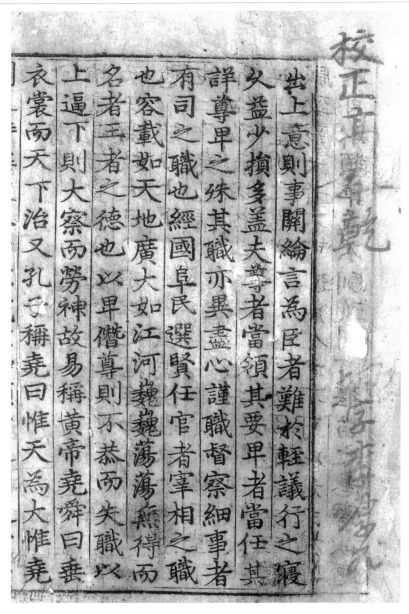

出上意則事關綸言為臣者難於輕議行之寢
火益少損多蓋夫尊者當領其要甲者當任其
詳尊甲之殊其職亦異盡心謹職督察細事者
有司之職也經國阜民選賢任官者宰相之職
也容載如天地廣大如江河巍巍蕩蕩無得而
名者王者之德也以甲僭尊則不恭而失職以
上逼下則大察而勞神故易稱黃帝堯舜曰垂
衣裳而天下治又孔子稱堯曰惟天為大惟堯

교정이 끝난 교정지에 고봉건高奉乾과 이후백李厚百이 각각 서명하여 자신이 교정 업무를 맡았음을 밝히고 있
다(오른쪽 주황색 글씨 부분).

의 소지가 적었지만 이 또한 예외적인 경우다. 대부분의 문집은 타인에 의해 정리된다. 저자가 죽으면 후손이나 다른 문인이 주체가 되어 원고를 광범위하게 조사해 일단 추려낼 것과 실을 것을 구분한다. 가편집假編輯을 하는 경우도 있는데, 현재까지 전하는 필사본 중에서 교정기호나 주묵朱墨으로 자구를 수정하거나 삭제할 부분을 지정한 경우를 왕왕 볼 수 있다. 이렇게 해서 완전한 정초본正草本을 최종적으로 만들어낸다. 이것이 목판인쇄나 활자인쇄의 대본이 되는 것이다.

이 과정에서 원고의 개변과 조작이 얼마든지 일어날 수 있다. 조신曹伸의 『소문쇄록謏聞鎖錄』에 다음과 같은 일화가 전한다.

> 강문량공姜文良公 경순景醇이 『진산세고晉山世稿』를 엮었는데, 김참판金參判 수녕壽寧과 함께 고치고 더하고 빼고 하여 남의 눈에 좋게 보이고 뒷사람들에게 선세先世의 시명詩名을 날리고자 한 것이 있었다. 사람들은 그것을 효도라고 생각하였다.
>
> 신상사辛上舍 영희永禧의 집에 조부 문희공文禧公의 문집이 있는데, 어떤 사람이 "그대의 가집家集은 인쇄할 만한가?"라고 했더니 신상사가 말하기를 "조부께서는 글을 잘한다는 이름이 있었으나 가집에 실린 바에는 한 가지도 전할 만한 것이 없다. 일찍이 문생門生을 애도한 시에 '서른두 살에 죽었으니 불행하게도 안회顏回와 같구나'라고 한 것이 있는데, 이 시구 외에는 가작이 없으니 어찌 간행하겠는가?"라고 하였다. 사람들이 그를 불효라고 하지만 나는 그렇지 않다고 생각한다. 왜냐? 부조父祖의 행실과 재예才藝를 있는 그대로 말하는 것이 곧 효도이기 때문이다. 만약 말을 교묘히 하고 붓을 꾸며 부조를 기린다면, 부조의 귀신이 어찌 저승에서 부끄러워하지 않겠는가?[8]

8 조신 저, 정용수 역, 『소문쇄록』, 국학자료원, 1997, 234~235면. 번역은 조금 고쳤다.

후손이 선조의 명예를 위해 원고를 개변하기도 했던 것이다. 이런 예에서 보듯 저자의 원본이 곧 인쇄본이라는 등식은 성립하지 않는다.

지금 말한 것은 원고의 의도적 변개가 일어난 경우지만, 그 반대도 있다. 기존의 원고에서 오자와 탈자 등 오류를 바로잡아 완벽을 기하는 경우가 있다. 세종조의 서적은 인쇄술 자체가 후대의 추종을 불허하거니와 오자가 없는 것으로도 유명하다. 이는 원고 교정에 그만큼 세심한 주의를 기울인 덕분이다. 이를테면 세종 13년 5월 22일 허조가 『동인문東人文』과 『익재집益齋集』이 '문학자의 궤범軌範'이라며 간행 및 보급을 청하자, 윤회와 신장申檣 등 당대 일류 문인들에게 교정을 시켜 주자소에서 인쇄할 것을 지시한다. 번각이 아니라 아예 새로 교정하게 했던 것이다.

원고의 인쇄과정

이 복잡한 과정을 거쳐 원고가 마련되면 이제 인쇄에 부친다. 인쇄 방법은 활자인쇄와 목판인쇄 두 가지다. 먼저 활자인쇄부터 보자.

활자본에는 목활자가 있고 금속활자가 있으나 그 과정은 다를 것이 없다. 또 목활자는 조선 전기에 인쇄의 주류가 아니었으므로 여기서는 금속활자 인쇄과정만 간단히 서술한다. 금속활자인쇄를 위해서는 활자 제작이 선행되는데 이 과정은 뒤에 자세히 언급할 것이다.

금속활자인쇄는 목판인쇄와 달리 조판과정이 있다. 조판의 핵심은 활자에 종이를 대어 찍어낼 때 활자가 움직이지 않게 하는 데 있는데, 원래는 밀랍으로 활자를 고정했으나 밀랍이 움직이는 탓에 세종 때 대나무와 파지 등으로 활자 사이를 메워 고정시키는 방법이 고안되었다는 것은 이미 언급한 바 있다. 이후 과정은 현대의 활판인쇄와 조금도 다르지 않다.

먼저 활자를 심을 조판틀을 준비한다. 이것은 구리로 만들어지는데 광곽匡廓, 계선界線, 판심版心 등을 먼저 짠다(사방의 테두리를 '광곽', 세로로 행을 구분한 줄을 '계선', 중간에 책의 제목·어미·쪽수를 표시한 부분을 '판심'이라 한다). 이 판이 준비되면 문선文選, 즉 사용할 글자를 고르는 일에 들어간다. 교서관에서 교정을 담당하던 잡직인 창준唱准이 원고를 펼쳐놓고 필요한 글자를 원고 글자의 순서대로 외친다. 그러면 활자를 정리하고 간수하는 일을 맡은 교서관의 수장守藏이 그 글자를 뽑아 원고 또는 그 책 위에 늘어놓는다. 이는 현대 활판인쇄의 문선과 똑같은 과정이다. 그다음, '상판上版'이라 하여 활자를 틀 속에 심는다. 오늘날로 치자면 납활자인쇄의 '식자植字'에 해당하는 작업이다. 식자가 끝나면 활자를 고정시키는 작업이 시작된다. 활자 사이에 대나무 조각이나 파지 등을 끼워넣어 단단히 고정시키고 심긴 활자가 평면을 이루도록 활자다지개 등으로 활자를 평평하게 누른다. 이 과정을 '균자均字'라 하며, 이 일을 맡는 사람이 균자장均字匠이다. 균자가 끝나면 인쇄에 들어갈 수 있다. 이 균자과정까지 완료되면, 목판인쇄로 치자면 곧 목판이 완성된 것과 같다.

유연묵油煙墨을 쓴다는 점을 제외하면 활자인쇄의 인출과정 자체는 목판과 다름이 없다. 다만 활자인쇄는 종이를 약간 축였다가 습기가 가시면 두 사람이 종이를 판판하게 잡아당겨 활자면에 구김 없이 붙여 한 장 한 장 찍어낸다. 이 찍어내는 과정을 바로 인출印出이라 하는 것이며, 이 과정을 담당하는 장인을 인출장印出匠이라 한다.

목판본을 인쇄하는 과정은 다음과 같다. 가장 중요한 것은 판목의 재료인 나무를 구하는 일이다. 판목 재료로는 대추나무와 배나무가 가장 좋고, 가래나무가 그다음이다. 그런데 대추나무와 배나무는 과수목이라 베어버리면 아깝다. 따라서 우리나라에서 가장 많이 사용된 것은 가래나무다. 인쇄에 올리는 일을 일컬어 지금도 '상재上梓'라 하는데 인쇄할 종이의 재료로 가래나무梓를 썼기 때문이다. 나무가 마련되면 적당한 크기와 부피로 나무판을 켜서 바다의 짠물에 일정 기간 담가 판각하기 쉽게 결을 삭인다. 만약 짠물에 담글 수 없는 경우에는 웅덩이의 민물을 이용하며, 밀폐된

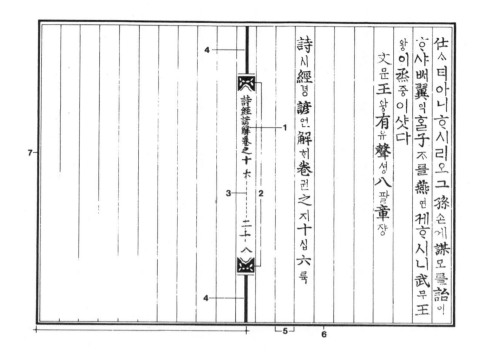

판식(조판틀)의 명칭. **1** 판심제版心題(책명) **2** 어미魚尾(접지표) **3** 판심선版心線(가름줄) **4** 흑구黑口(검은막대) **5** 계선界線(사잇줄) **6, 7** 광곽匡郭(테두리선: 위아래를 광, 왼쪽과 오른쪽을 곽이라 함)

9 천혜봉, 『한국 서지학』, 민음사, 1991, 130~131면에 의함. 이하의 인쇄과정에 관한 내용은 주로 이 책을 참고했음.

곳에 넣어 쩌 진을 빼고 살충한 다음 잘 건조시킨다. 나중에 판목이 뒤틀리거나 뻐개지는 것을 방지하고자 함이다. 그런 뒤 목수가 나무판의 양쪽 표면을 대패질해서 반드럽게 하고 양 끝의 가장자리에 마구리하는 작업을 한다.[9]

판목이 완성되면 인쇄대본을 마련한다. 먼저 투식판套式版을 만든다. 고서는 종이 한 장을 반으로 접어 제본한다. 한 장을 떼어내 펼쳐보면 위의 그림과 같이 되는데, 광곽·계선·판심 등을 기준으로 잡는다. 원고를 정서하기 전에 우선 이 세 요소만 새긴 목판을 만드는 것이다. 이것이 '투식판'인 바 줄친 공책이나 원고지를 찍어내는 판 정도로 생각하면 이해하기 쉽겠다. 투식판으로 찍을 책의 쪽수만큼 '공책'을 찍어내는 것이다. 그리고 여기에 원고를 정서한다. 글씨는 물론 저자의 것이 아니다. 명필이나 달필가가 쓴다. 하긴 당대의 명필이 쓰는 인쇄대본이라면 국가에서 마음먹고 인쇄하는 책일 테고, 보통은 그냥 주변의 글씨 잘 쓰는 사람에게 부탁한다. 다만 이것은 본문을 인쇄할 때의 이야기고, 서문이나 발문은 당대의 저명한 문인이나 명필에게서 받아 그대로 판목에 새기곤 했다. 그러나 이 정서본이 반드시 인쇄되지는 않았다. 고서를 보다 보면 어떤 경우 정서본을 마련한 뒤에도 인쇄에 부치지 못하고 남은 경우가 더러 있다. 일단 판각용 정서본이 마련되면 판목에 뒤집어 붙인다. 거꾸로 비추어 보이는 글자 형태를 따라 각수刻手가 새기면 목판이 완성된다. 이것은 물론 새로운 원고를 가지고 인쇄할 경우이고, 만약 번각본이라면 원래의 책을 해체해 판목에 뒤집어 붙인 다음 그대로 새기기만 하면 된다. 이렇게 인쇄한 번각본은 솜씨만 좋다면 원본과 거의 차이가 나지 않아 종종 헷갈리는 경우도 있었다. 특히 원본이 활자본이라면 그것이 활자본이냐 목판번각본이냐를 두고 서지학자들 사이에 시비가 일기도 한다.

판목이 완성되면 인쇄에 들어간다. 인쇄에는 먹과 종이, 기타 인쇄도구가 필요하다. 먹에는 소나무를 태워 생기는 그을음과 아교를 녹여 섞어 만든 송연묵松煙墨이 있고, 각종 기름을 태워 생긴 그을음과 아교를 녹여 섞어 만든 유연묵이 있다. 전자는 목판에 적합하고 후자는 활자인쇄에 적합하다. 먹물은 먹을 빻아 물에 담가 풀어지게 한 다음 먹물그릇에 담아두고 인쇄할 때는 술이나 알코올성 물질을 섞어 사용한다. 이는 먹물이 골고루 침투하면서도 빨리 증발되어 번지지 않게 하기 위함이었다. 먹이 준비되면 목판에 먹솔이나 먹비로 먹물을 균일하게 칠한 다음 종이를 얹고 말총이나 모발뭉치로 골고루 두드려 찍어낸다. 이것이 목판인쇄의 대략적 과정이다.

원고의 교정

이것으로 책 제작이 끝난 것인가? 그렇지 않다. 중간에 이루어지는 중요한 한 과정을 그냥 지나쳤다. 교정校正이 그것이다. 사실 인출은 시험인쇄와 교정의 과정을 거친 뒤에야 비로소 이루어지는 것이다. 목판본이라면 대개 정서본을 만드는 과정에서 교정이 끝난다. 따라서 목판인쇄에서는 교정과정이 그리 큰 의미를 갖지 않는다. 물론 오자誤字가 없지 않았으므로 오자가 있을 경우에는 해당 글자를 파내고 따로 글자를 새겨 대신 박아넣었다. 그러나 활자본 인쇄는 창준이 글자를 외치고 수장이 상판하는 과정에서 오자·탈자가 생길 수 있으므로 활자인쇄에서는 교정과정이 대단히 중요하다. 교정의 방식은 오늘날과 다를 바 없었다. 현재 남아 전하는 교정지를 보면 붉은색 먹으로 틀린 글자를 고칠 것을 지시하고 있다.

금속활자가 국가의 소유였으므로 활자인쇄에서 교정은 원래 교서관의 몫이었다. 성종 14년 12월 23일 전교서(교서관의 다른 이름)에서는 교정에 대해 이렇게 말하고 있다.

또 책을 인쇄할 때는 전교관이 한쪽에서는 정본을, 한쪽에서는 인쇄된 책을 잡고서 글자마다 교정하고 줄마다 검사해서 빠진 글을 채워넣고 잘못된 글자를 바로잡은 뒤 편차를 정하고 제본을 합니다.

조선시대 책과 지식의 역사

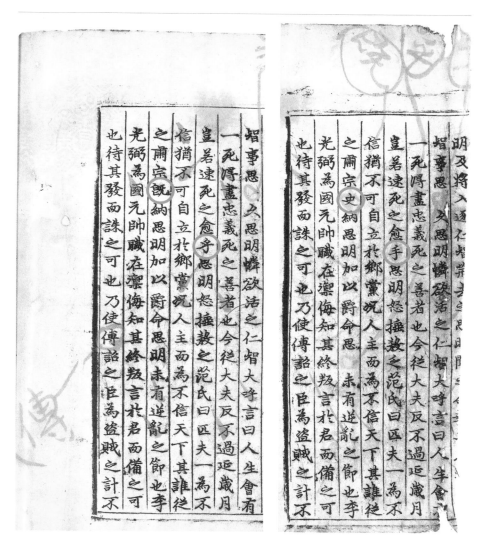

1680년경의 교정지. 원고는 『자치통감』으로, 오른쪽 면의 틀린 글자 手자와 史자를, 乎자와 旣자로 붉은색 먹을 써서 바로잡은 것이 왼쪽 면에서 확인된다. 그 외에 빠진 글자도 채워넣었고 오자를 추가로 바로잡기도 했다.

그런데 중종 38년 9월에 완성된 『대전후속록大典後續錄』은 전에 없던 법령을 하나 추가하고 있다.

> 서책을 인출할 때 감인관監印官·감교관監校官·창준·수장·균자장은, 한 권에 한 글자의 오자가 나오면 태笞 30대를 치고, 오자가 한 글자씩 늘어날 때마다 1등을 더한다.
>
> 인출장은 한 권에 한 글자가 혹 먹이 짙거나 희미하면 태 30대를 치고 한 글자마다 1등을 더한다.
>
> 틀린 글자 수를 모두 합해 죄를 다스리되 관원은 다섯 자 이상이면 파출罷黜하고, 창준 이하 장인은 죄를 물은 뒤 사일仕日을 50일 깎는데, 모두 사전赦前을 가리지 않는다(원본 자체의 글자가 잘못된 경우는 해당되지 않는다: 원주).[10]

10 『대전후속록』, 「예전(禮典)」, 아세아문화사, 1983, 45면.

이 경우 오자는 인쇄과정에서 발생한 것이다. 왜냐하면 "원본의 글자가 잘못된 경우는 해당되지 않는다"고 밝히고 있기 때문이다.

여기서 '권'이란 외형적 분류가 아니라 내용적 분류다. 즉 1책 2권일 수도 있다. 따라서 보통 1책에 2권 이상이 들어간다고 보면 1권은 그리 여유 있는 것이 아니다. 큰 책은 수십 권으로 이루어졌기 때문에 오자가 수십 개 날 수도 있다. 실제로 이 법령이 적용되어 태를 맞았다는 기록은 찾기 어렵다. 어쨌든 오자가 생기면 감인관·감교관(양반 관직이다)과 창준·수장 등 잡직관, 균자장이 모두 태를 맞게 되어 있었던 것이다. 인출장 또한 인쇄된 서책의 글씨가 지나치게 짙거나 너무 희미하면 똑같은 처벌을 받게 되어 있었다. 잘못된 글자가 다섯 자 이상이면 양반 관직은 파직, 나머지 직인들은 사일을 50일 깎게 되어 있었다. 사일이란 오늘날로 치자면 '근무일수' 같은 것으로 근무일수를 일정 정도 채우지 못하면 승진을 할 수 없으므로 이 역시 가혹한 처분이었다.

이 법령은 중종 38년에 발포發布되었지만, 사실 이 법령이 생긴 것은 그 이전으로 소급된다. 조선 전기는 인쇄문화가 이전보다는 고도로 발달한 시기라고 하지만, 그 시절의 책에는 오자가 적지 않았다. 세종과 세조 때의 실례를 보자.

> 교서 저작랑 장돈의蔣敦義와 성균 직학 배강裵杠을 의금부에 가두라고 명했다. 주자소 관원으로서 『강목통감綱目通鑑』을 인쇄하였는데 착오가 많았기 때문이다.[11]

11 『세종실록』 10년 1월 4일.

> 교서랑 신복륜申卜倫, 교감 허선許譔·김양완金良琬, 정자 양순달楊順達 등을 파직하고, 별좌 이수산李壽山·문소조文紹祖 등의 자급資給을 강등하라 명하였다. 『역대군감歷代君鑑』의 교정에 착오가 있었기 때문이다.[12]

12 『세조실록』 6년 8월 29일.

인쇄물에서 오자가 발생해 처벌한 사례가 실제 있었던 것이다. 그런데 『대전후속록』의 법령이 실제 적용된 사례는 흔치 않다. 단 하나의 사례가 있는 바, 선조 6년 2월 『황화집皇華集』과 『내훈內訓』을 인쇄할 때 적용된 사항이다. 선조는 그해 6월 25일에 최근 인쇄한 『내훈』과 『황화집』의 자획이 희미하고 바르지 않아 정밀하지 않은 곳이 있다고 하여 교서관 관원과 글자를 박은 그 아랫사람을 추고推考하여 죄를 다스리라 명했다. 이에 교서관 제조 유희춘이 대관臺官직을 사임했다. 물론 유희춘은 선조가 신임하던 신하였으므로 사임은 받아들여지지 않았다. 이에 대한 형조의 조율이 있었는데 다음과 같다.

형조가 아뢰었다.

"『내훈』·『황화집』을 인쇄할 때 글자의 획이 희미하고 가늘고 끊어져 바르지 않아, 정밀하지 않은 곳이 많습니다. 그렇게 된 사연을 조사하여 성상께서 결정하시는 대로 조율照律하려고 합니다. 율문律文은 『대전후속록』에 '서책을 인출할 때 감인관·감교관·창준·수장·균자장은, 한 권에 한 글자의 오자가 나오면 태 30대를 치고, 오자가 한 글자씩 늘어날 때마다 1등을 더한다. 인출장은 한 권에 한 글자가 혹 먹이 짙거나 희미하면 태 30대를 치고 한 글자마다 1등을 더한다. 틀린 글자 수를 모두 합해 죄를 다스리되 관원은 다섯 자 이상이면 파출하고, 창준 이하 장인은 죄를 물은 뒤 사일을 50일 깎는다' 하였고, 계해년 3월 13일의 승전承傳에는 '서책을 인쇄할 때 착오가 많더라도 꼼꼼하게 살피지 못한 잘못일 터이고 달리 무슨 의도가 있는 것은 아니다. 문서의 착오로 인해 일죄一罪(사형)에 이른다면, 너무 무거울 것이니 안 될 일이다. 꼼꼼하게 살피지 못한 잘못은 장杖 100대로 처벌하는 것으로 조율하는 것이 옳다'고 하였습니다. 지금 교서관 관원을 조사하라는 승전에는 자수가 적혀 있지 않아 조율의 경중이 어렵기에 감히 여쭙니다."

이에 임금이 답하였다. "그 책은 다 먹이 아주 검지 않고 희미하다. 어떻게 낱낱이 수를 셀 수 있겠는가. 흐린 글자를 참작하여 조율하도록 하라."[13]

13 『선조실록』 6년 3월 17일.

희미한 글자로 인해 처벌을 논의하는 장면이다. 결국 이 사건은 창준 31명의 두 달 월급의 절반이, 수장제원·인출장·균자장은 한 달 월급이 깎이는 처벌로 끝났다.[14]

이처럼 실제로 인쇄과정에서 오자와 희미한 글자는 적지 않았다. 이 역시 시대를 타는 것인지 문화적 수준이 최고조에 달하던

14 『미암일기초』 3면, 445면: 계유년(1573) 4월 1일.

세종조의 책은 오자가 거의 없었던 반면, 그 이후로는 "근래 간행한 책들은 오자가 많아 읽을 수가 없으니 한심하다"라는 말까지 나오는 지경이었다.[15]

인쇄과정에서 발생하는 교정은 당연히 교서관의 소관사항이겠지만, 책 자체의 교정은 교서관의 몫이 아니었다. 『용재총화』에 "감인관은 교서관 관원이 되고, 감교관은 따로 문신에게 명하여 하게 했다"라는 기록이 있다. 물론 교서관의 교정과 다른 문신의 교정이 실제 업무에서 분리될 수는 없겠으나, 본문 교정은 유능한 문신에게 따로 맡긴다는 것이 원래의 취지였다. 교정을 맡았던 대표적 관서가 홍문관이다. 홍문관에서 한 번 교정한 다음 또 윤번으로 교서관에 직접 가서 교정한 예가 있었다.[16] 선조 7년 12월 1일 석강에서 유희춘은 『통감강목』의 인출을 건의하는데, 그 자신의 말에 의하면 중종조에 교서관에서 인출한 『통감강목』(목판본)은 오자가 많았고, 세종조에 인출한 『훈의강목訓義綱目』만이 글자가 틀리지 않았다고 해서 교정을 '학식이 얕고 짧은' 교서관 관원에게 맡기지 말고 조헌趙憲에게 맡길 것을 청원했다. 다음 날 선조는 홍문관 관원에게 『훈의강목』과 여러 서적을 참고로 교정하게 할 것을 명했다. 선조 때 이루어진 교정의 실례로, 유희춘의 기록을 보자.

> 나는 승정원의 누방樓房에 들렀다가 옥당玉堂으로 갔다. 전한 민군閔君 기문起文, 부교리 황군黃君 정욱廷彧 경문景文, 저작 조군趙君 정기廷機가 정당正堂에 모여 네 사람이 같이 『논어』 17장, 『소학』 6장을 교정하였다.[17]

전한·부교리·저작은 모두 홍문관의 관직이다. 교정이 실제로 홍문관에서 이루어졌던 것을 알 수 있다.

15 『명종실록』 8년 3월 2일, 사간원의 아룀.

16 『명종실록』 8년 3월 2일, 사간원의 아룀.

17 『미암일기초』 1, 206면; 무진년(1568) 4월 27일.

서책의 제본

교정을 거쳐 본문을 인쇄하고 나면 제본과정이 남는다. 제본을 '장책粧冊'이라 했다. 『세조실록』에 '장책서원'이란 말이 나오는 것으로 보아 책의 제본을 전담하는 장인이 있었다. 제본의 방식에는 권자본卷子本(두루마리), 선풍엽旋風葉, 호접장蝴蝶裝, 포배장包背裝 등이 있으나,[18] 가장 보편적인 것은 요즘도 흔히 볼 수 있는 선장線裝이었다. 책을 실로 튼튼하게 묶기 때문에 '선장'이라 한 것이다.

　인쇄된 본문 종이를 판심을 중심으로 하여 반으로 접어 각 면의 순서에 따라 모은 뒤 원하는 크기대로 가장자리를 잘라낸다. 그리고 표지를 씌운 다음 구멍을 다섯 개 뚫어 실을 질기게 꼬아 묶는다. 묶는 과정이 끝나면 일단 책이 완성되는 것이다. 구멍을 다섯 개 뚫은 것은 우리나라만의 특징이다. 일본과 중국은 네 구멍이 보편적이고 여섯 개나 때로는 여덟 개까지 있다.

　다만 표지는 따로 만드는데 고급 책은 비단을 사용하기도 하지만 대개는 닥종이를 몇 겹으로 겹쳐 만들었다. 밋밋하면 재미가 없기 때문에 목질이 단단한 나무에 여러 가지 무늬를 새겨 이른바 능화판菱花板을 만든다. 이 능화판에 표지를 대고 세게 문지르면 거기에 문양이 새겨진다. 고서 표지에 어린 은은한 무늬는 바로 이렇게 만들어지는 것이다. 흔히 보는 누런 표지는 황백黃柏 괴자즙槐子汁을 염색해 빛깔을 낸 것이다. 좀이 먹지 않도록 하려는 의

도도 있었다.

제본에도 원칙이 있다. 한 권으로 묶을 수 있는 정도의 적당한 양만 제본한다는 것이다. 선조 6년 3월 17일 유희춘이 제본 분량에 대해 희귀한 기록을 남겼다.

『내훈』의 둘째 권은 134장이나 되는데, 한 책이 100장을 넘으면 분량이 너무 많아 책을 펼치기가 불편합니다. 그 가운데 화희등황후和憙鄧皇后 이상이 77장이고 대명마황후大明馬皇后 이하가 57장인데, 두 권으로 만들면 알맞을 것입니다.

대개 하나의 책은 100장 내외로 제본이 이루어졌던 것이다. 제본과 관련해 흥미로운 사실이 있다. 요즘 책은 제본된 상태로 팔리고 제본되지 않은 건 책으로 치지 않지만, 옛날에는 꼭 그렇지도 않았다는 점이다. 똑같은 판원版元으로 찍은 책인데도 크기와 제본이 다른 경우를 종종 볼 수 있는데, 소장자가 제본을 다르게 했기 때문이다. 다 그렇지는 않았겠지만 나라에서 찍은 책은 제본을 하지 않은 상태로 하사한 적도 꽤 있었던 것 같다. 『세종실록』 22년 8월 10일자에서 세종은 승정원에 이런 명령을 내리고 있다.

주자소에서 서적을 인쇄하여 각 품各品에 나눠주는데, 그 받은 자가 마음을 써서 장황粧䌙■하지 아니하여 책이 헐게 되니, 이제부터는 3개월 내에 장황하여 본원本院에 바쳐 선사기宣賜記■■를 받도록 하되 영구한 법식으로 하라.

■　서화나 서책을 보존하고 장식하는 작업.
■■　임금이 하사한 책이라는 기록.

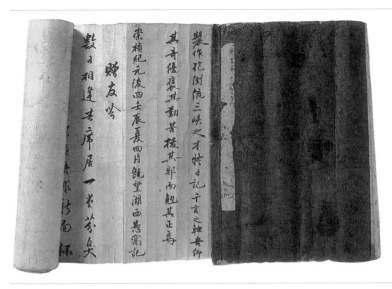

권자본(두루마
리). 오랫동안
사용된 책 제본
의 한 형태다.

선풍엽. 병풍처럼
연결된 형태다.

조선시대 책과 지식의 역사

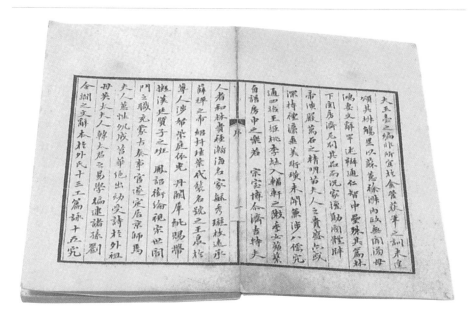

호접장. 인쇄된 면 또는 필사한 면이 안쪽으로 오도록 종이의 한복판에서 접고 접은 판심의 바깥쪽에 풀을 발라 장정한 것이다.

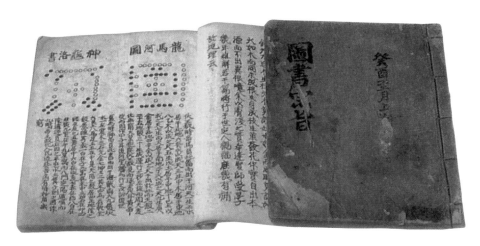

선장. 표지의 오른쪽 부분을 실로 꿰매는 가장 보편적인 책 제본 형태다. 일본이나 중국은 보통 구멍을 네 개 뚫어 엮었으나 조선의 책은 다섯 개 뚫었다.

이 기사에 따르면 이 당시 하사하는 책에는 표지가 없었던 모양이다. 그러나 아마 신하에게 하사하는 책만 그랬던 것 같고 궁중의 도서관에 소장되는 서적이나 어람용 서적은 당연히 장책서원 등이 제본해 올렸을 것이다. 또 하사하는 책은 모두 예외 없이 제본하지 않은 상태로 하사되었는지도 의문이다.

어쨌거나 후대의 기록에 따르면 제본은 주로 개인의 몫이었던 것 같다. 그 실례가 유희춘의 경우다. 유희춘은 『미암일기초』에 자신이 구입한 책과 인쇄한 책 그리고 필사한 책에 대해 남김없이 기록했는데, 책을 제본했다는 기록도 상당수 있다. 그중 몇 가지를 보자.

- 1567년

10월 9일 —주희민朱希閔이 책을 묶어 가지고 왔다.[19]

10월 10일 —주희민이 7책과 8책을 묶어 가지고 왔다. 나는 먹을 주고 또 포태泡太 2두斗, 누룩 1덩이를 주었다.[20]

- 1568년

6월 11일 —장책장이 『고문궤범古文軌範』 2책을 제본해 왔다. 나는 생선과 쌀로 보답했다.[21]

10월 17일 —실록청實錄廳의 장책서원이 『거가필용居家必用』 5책, 『연수서延壽書』 2책 등을 제본해 왔다. 너무나 기쁘다.[22]

10월 23일 —실록청 장책제원 김인수金仁壽를 불러 『추강냉화秋江冷話』 『쇄쇄록瑣碎錄』 『병진정사록丙辰丁巳錄』 『역서석易書釋』 『대학주토大學註討』 등 5책을 제본해 오라고 시켰다.[23]

- 1569년

윤6월 20일 —교서관 노비 수석守石이 제본한 『유문柳文』 1책을 가

19 『미암일기초』 1, 8면.

20 같은 책, 8면.

21 같은 책, 257면.

22 같은 책, 367면.

23 같은 책, 381면.

24 『미암일기초』 2, 54면.

25 같은 책, 82면.

지고 왔다. 나는 『이선주고문선李選註古文選』 30책의 제본비를 부쳐 보냈다.[24]

8월 3일—교서관 노비 수석이 제본한 『이선주고문선』 30책을 가지고 왔다. 나는 소금 1두와 나락 3두로 보답했다.[25]

인쇄소에서 일괄 제본하는 것이 아니라, 유희춘이 썼듯 대개 국가 관청에 소속된 제본장인을 불러 일을 맡긴 것이다. 이는 필사본의 경우에도 마찬가지였다. 자신이 어떤 책을 베꼈다면 그 역시 제본장인을 불러 대가를 치르고 제본했던 것이다. 하기야 이 역시 서울에서나 그랬다는 것이고, 한미한 지방의 선비는 자신이 도맡아 했으리라 짐작된다.

지금까지 살펴본 활자인쇄나 목판인쇄의 과정은 조선조가 종언을 고할 때까지 별 변화가 없었다. 원고를 확정하고 교정을 보는 과정도 인쇄의 물리적 과정도 전혀 변하지 않았다. 목판인쇄술은 탄생부터 종말까지 달라진 것이 아무것도 없었다. 활자인쇄 또한 세종 때 밀랍으로 활자를 고정시키는 방법을 대나무로 활자를 고정시키는 방식으로 바꾼 이후 19세기 말 신식 연활자인쇄가 시작될 때까지 그 이상의 개량은 없었다. 선장 위주의 제본방식도 달라지지 않았다. 활자 제작이 기계로 이루어진다든지 인쇄과정이 기계화된다든지 하는 변화가 전혀 없었던 것이다.

그야말로 아무런 변화도 없이 똑같은 인쇄과정이 지루하게 이어졌는데, 그 이유는 무엇인가? 테크놀로지가 책의 제작을 제한했던 것인가, 아니면 서적의 사회적 수요가 테크놀로지에 변화의 압력을 가하지 못했던 것인가? 이도 저도 아니라면 양자가 동시에 상호작용한 것인가? 실로 궁금한 일이 아닐 수 없다.

7

책을 만든 사람들

지금 내 책상 위에 책이 한 권 놓여 있다. 이 책의 본문이 끝나고 색인도 끝나고 저자 후기도 끝나면 책의 맨 마지막 면에 간기刊記가 있다. 요즘은 목차 앞에 간기를 두는 경우도 많다. 간기에는 책을 만든 주체가 밝혀져 있다. 저자(혹은 역자나 편자)를 맨 먼저 기록하고, 출판사와 인쇄소 이름이 잇달아 나온다. 출판사 사장은 거개 발행인으로 기록되고, 때에 따라서는 편집자의 이름과 표지 그림을 그리거나 장정한 사람의 이름을 써놓기도 한다. 제본소까지 밝히는 경우도 있다. 책표지 제목이 특별히 어떤 유명인의 손을 빌려 쓴 것이라면 '아무개 제자題字'라는 말을 책의 날개에 써넣기도 한다.

하지만 사실 저자 외에는 이 모든 이름이 좀처럼 기억되지 않는다. 활자를 만든 사람, 문선을 하는 사람, 조판하는 사람, 인쇄기를 돌리는 사람, 제본하는 사람 등 기능과 노동력으로 책에 물질적 형태를 부여한 사람들의 이름은 기억되지 않는다. 책은 저자가 만드는 것이 아니다. 출판사가 만드는 것도 아니다. 책은 바로 이 장인들에 의해 탄생하는 것이다. 장인들은 실로 중요하다. 구텐베르크의 인쇄술이 전 유럽에 퍼지게 된 것은 장인들의 디아스포라 덕분이었다. 그럼 중세의 인쇄장인들은 도대체 어떤 사람들이었던가? 책의 역사는 그들을 기억해주었는가?

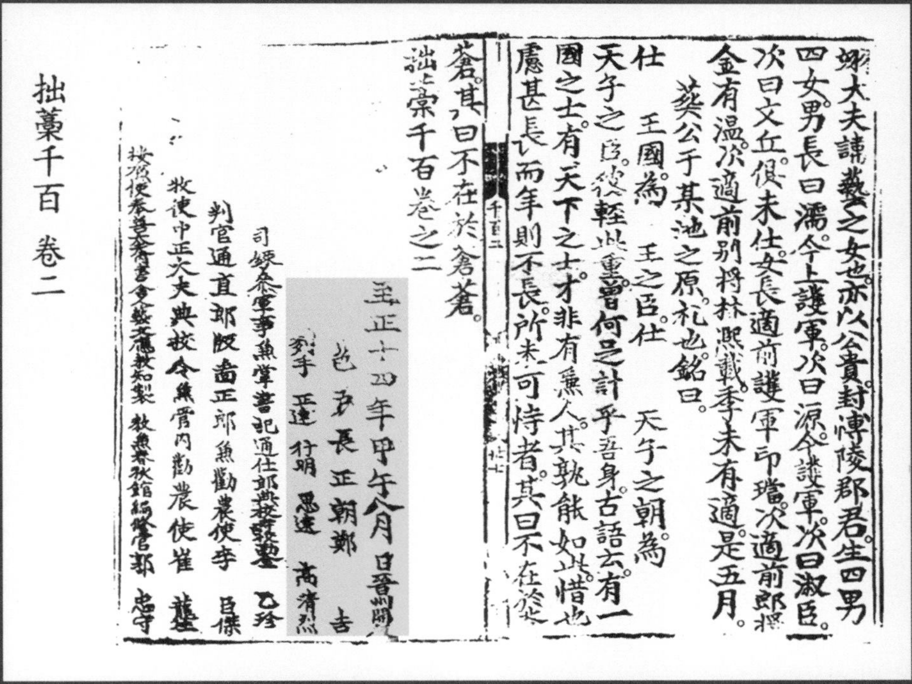

娚大夫諱藝之女也。亦以公貴封溥陵郡君。生四男
四女。男長曰濡。今上護軍。次曰源。今護軍。次曰淑臣。
次曰文丘。俱未仕。女長適前護軍印璫。次適前郎將
金有溫。次適前別將林漑戩。季未有適。是五月。
葬公于某地之原。禮也。銘曰。
仕　王國。爲　王之臣。仕　天子之朝。爲
天子之臣。役輕此重。曾何足計乎吾身。古語云。有一
國之士。有天下之士。才非有兼人。其孰能如此。惜也
慮甚長。長而年則不長。所未可恃者。其曰不在於
蒼。其曰不在於蒼蒼。
拙藁千百卷之二

至正十四年甲午八月 日晉州開
邑司長正朝鄭 吉
刻手 正達 行明 思達 高清烈
司錄參軍事兼掌書記通仕郞典校校勘 乙珍
判官通直郞版圖正郞兼勸農使李 臣傑
牧使中正大夫典校令兼管內勸農使崔 龍蓋
按廉使奉善大夫[illegible]知製敎 敎兼春秋館編修官郭 忠守

拙藁千百 卷二

『졸고천백』 간기에 밝혀진 장인의 이름. 주황색 부분에서 각수들의 이름이 보인다. 국립중앙도서관.

고려와 조선의 책 말미에 남은 이름

결론부터 말하자면, 장인들의 이름은 기억되지 않는다. 다만 희귀하다 할 수밖에 없는 몇몇 사례가 남아 그것을 본보기로 삼을 수는 있다. 먼저 고려시대 자료를 보자. 고려 말기의 문인 최해의 문집 『졸고천백拙藁千百』은 1354년 진주에서 목판본으로 인쇄한 것인데, 그 말미에 간단한 간기가 붙어 있다.

지 정 십 사 년 갑 오 팔 월 일 진 주 개 판
至正 十四年 甲午 八月 日 晉州 開板
색 호 장 정 조 정 길
色戶長 正朝 鄭吉
각 수 정 연 행 명 사 원 고 청 렬
刻手 正連 行明 思遠 高淸烈 [1]

1 『졸고천백』, 『한국문집총간』 3, 40면.

이 자료는 각수의 이름이 밝혀졌다는 점에서 중요하다. 각수 네 사람 중 앞의 세 사람은 아마도 승려인 것으로 짐작된다. 왜 하필 승려일까?

승려가 각수를 맡은 경우는 다른 자료에서도 확인된다. 역시 고려 말기에 간행된 『근사록』에도 각수가 밝혀져 있는데, 인용하면 다음과 같다.[2]

2 김두종, 앞의 책, 도판 55면.

각 판　　도 인 계 송
刻板　　道人 戒松
　　　　도 인 계 환
　　　　道人 戒桓

조선시대 책과 지식의 역사

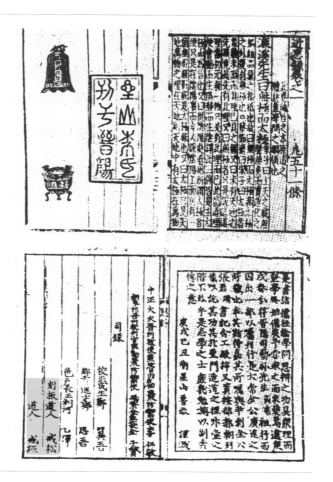

『근사록』에서 확인할 수 있는 각수들의 이름(주황색 부분). 국립중앙도서관.

'도인'이라고 표기한 것으로 보아 역시 승려가 분명하다. 고려 시대 지방에서 판각된 서적은 모두 예외 없이 승려가 각판을 담당하는 등, 그들이 인쇄과정을 독점했다고 볼 수는 없지만 고려가 불교 사회라는 점 그리고 『대장경』 같은 거질의 불전佛典과 사찰들마다 간행한 각종 불경이 출판물의 거대한 줄기를 이루었음을 생각한다면, 사찰이 불경뿐 아니라 다른 서적의 출판처가 되었으리라 충분히 추리할 수 있다.

『세종실록지리지』에 의하면, 진주목의 단속사斷俗寺에 이규보의 문집『동국이상국집東國李相國集』과 한유韓愈의 문집인『한창려집韓昌黎集』의 목판이 보관되어 있었다. 이는 사찰에서 불경 외에 일반 서적도 인쇄했음을 입증해준다.[3] 승려가 목판을 제작하는 등 인쇄에서 중요한 역할을 맡았음은 두말할 나위가 없는 것이다.

조선 초기에도 책의 제작, 그중 목판본 각수에 승려가 다수 포함되었던 것으로 보인다. 『세종실록』 5년 8월 9일자를 보면, 『통감속편通鑑續編』을 인쇄한 주자소의 중〔僧人〕· 서원書員· 재랑齋郎 등에게 면포 74필, 정포 52필을 주어 포상했다고 하였으니, 주자소의 장인 중에 승려가 있었던 것이다. 좀 더 구체적인 자료는 세종 14년 한성부에서 왕에게 올린 의견이다.

3 『세종실록지리지』 150권, 경상도 진주목.

> 중들이 도성 안팎에서 장사하는 일로 돌아다니며 군역을 면하려 합니다. 이제부터 선종· 교종과, 귀후소歸厚所에서 뼈를 땅에 묻어주는 중과, 서책을 장정하고 주자소에서 글자를 새기는 중과, 한증소汗蒸所와 별요別窯의 중 이외에 맡은 일이 없는 중은 모두 죄를 논한 뒤 군대에 채워 넣으소서.[4]

4 『세종실록』 14년 8월 16일.

"서책을 장정하고 주자소에서 글자를 새기는 중"이라는 말에서 보듯 승려들은 책의 제본을 맡거나 금속활자를 만들기 위해 글자의 본을 새기는 일에 동원되었던 것이다. 이는 태종부터 세조대에 있었던 불교 사원의 정리, 곧 절의 수를 줄이는 일과 관련될 것이다. 사원을 없애버리니 거기 소속되었던 승려들이 국가의 기관(주자소)으로 자리를 옮겨 필요한 기능을 제공했던 것으로 보인다.

물론 주자소 등의 인쇄기관에 얼마나 많은 승려가 소속되었는지 또 어느 시기까지 승려가 동원되었는지에 대해서는 확실히 말하기 어렵다. 다만 그 이후에도 사찰에서 이루어진 인쇄작업을 승려가 맡았던 것만은 분명하다. 조선시대에도 사찰은 여전히 서적의 인쇄처였다. 사찰에서 찍은 책을 '사찰판寺刹版'이라 하는데, 이는 대개 불교 서적들이었지만 불교 서적과 관련 없는 일반 서적도 목판으로 인쇄하는 경우가 더러 있었던 것이다. 일반 서적의 경우 개인이 문집 등을 인쇄해달라고 의뢰하는 경우가 있었고, 또 사찰 스스로의 필요에 의해 인쇄하는 경우가 있었다. 후자의 경우 사찰의 승려들을 교육하려는 용도였던 것으로 짐작되는데, 선조 8년(1575) 전라도 안심사安心寺에서 간행한 『유합類合』 『천자문』 등이 바로 그런 예다. 사찰에서 찍는 서적들은 책 말미에 연대가 명백한 기원문祈願文과 간경刊經의 시주·연판練板·자판煮板 및 각수·승역僧役 등의 이름이 나열되어 있어 우리나라 인쇄술의 변천과 판본을 고증하는 데 귀중한 자료가 된다.[5] 그러나 조선시대에는 사찰에서 인쇄하는 책이 전체 출판에서 주류가 되지 못한다.

이 외에 간기가 달린 서적들이 극소수 알려져 있는데, 예컨대 성종 12년(1481)에 왕실에서 주관해 인쇄한 『상교정본자비도량참법詳校正本慈悲道場懺法』이라는 책을 보자. 이 책 말미에 간행과 관련된 사람들의 이름이 열거되었는데, 그중 인쇄와 관련된 사람들의 이름을 인용하자면 다음과 같다.[6]

5 김두종, 앞의 책, 144면.

6 천혜봉, 앞의 책, 174면.

창준唱准—별감 김종만別監 金終萬

화원畵員—백종린白終麟 이장손李長孫

각자刻字—권돈일權頓— 장막동張莫同 이영산李永山 김녹동金祿同 고말종高末終 최득산崔得山 김귀손金貴孫 이장손 우인수禹仁守 홍보천洪寶千

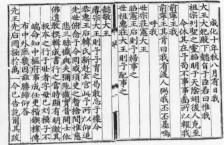

『상교정본자비도량참법』 간기에 실린 간행 관련 작업자들의 이름(주황색 부분이 인쇄 관련 장인들). 국립중앙도서관.

목수 木手 ― 유산석劉山石 김귀산金貴山

연판 鍊板 ― 김윤생金尹生 최말중崔末中

야장 冶匠 ― 산수 山守

주장 注匠 ― 석산石山 두이금豆伊金

도자장 刀子匠 ― 주금만周金萬

인출장 印出匠 ― 유실구지兪實仇知

칠장 柒匠 ― 고미라高未羅 김무기지金無其只

인쇄과정에 동원된 사람들의 이름이 이처럼 소상히 밝혀진 자료를 만나기란 쉽지 않다. 그러나 이 기록 자체가 어떤 새로운 정보를 제공해주는 것은 아니다. 얼핏 보아 승려의 이름이 없다는 것 정도가 특기할 만한 사항이다. 야장의 산수, 주장의 석산은 승려가 아닐까 싶지만 확실치는 않다. 성종대에 와서 국가기관이 완전히 정비되면서 주자소 등 중앙 인쇄처에서 승려가 밀려났으리라 조심스럽게 추정할 따름이다.

이런 예가 아니더라도, 서적의 맨 마지막 면에 책의 인쇄에 관여한 장인들 이름이 밝혀진 경우가 드물게 발견되기는 하지만, 그것만으로는 인쇄장인들의 노동조건이나 임금 등 그들의 사회적 존재형태를 알아내기가 어렵다. 이 점을 염두에 두고 조선 전기의 인쇄·출판 장인들에 대해 좀 더 추적해보자.

활자인쇄의 장인

앞서 언급했듯 조선시대에 책의 제작을 맡았던 기관은 세조 6년 주자소가 교서관에 합쳐지기 전까지는 주자소와 교서관 두 곳이었다. 이 두 기관 중 책을 직접 제작하는 곳은 주자소였다. 물론 세조 6년 주자소가 교서관에 합쳐진 뒤에는 교서관이 책의 제작을 관장하게 된다.

주자소가 책의 제작을 맡는 기관이었으므로 그 기구가 약간의 변형을 거쳐 교서관(전교서)으로 옮겨졌음은 두말할 나위가 없다. 조선 전기의 『실록』, 그중 세조 6년 주자소가 교서관에 합쳐지기 전까지의 『실록』은 주자소에 대한 풍부한 자료를 남기고 있으나, 실제 책의 제작을 맡았던 장인에 대한 자료는 거의 남아 있지 않다. 책 제작을 실제로 맡았던 장인들에 대한 기록으로 현재까지 거의 유일하게 남아 있는 자료는 『경국대전』이다. 『경국대전』에 조선시대 인쇄·출판을 주도했던 교서관에 관한 자료가 남아 있다. 이를 살펴보자.

교서관의 인적 구성은 매우 복잡했다. 『경국대전』에는 교서관과 관련된 자료가 네 군데에 흩어져 있다.

(1) 「이전吏典」 '경관직京官職' ─ 교서관의 설립 목적과 관장 업무. 양
반 관직의 직제.

7 『역주경국대전』 35~
36면, 70면, 110면, 500
~501면이다.

(2) 「이전」 '경아전京衙前' ― 교서관 소속 서리의 수.

(3) 「이전」 '잡직雜織' ― 교서관 소속 잡직의 수와 승진·퇴임 규정.

(4) 「공전工典」 '경공장京工匠' 조 ― 책의 제작에 관계하는 장인들의

종류와 수.[7]

(1)의 양반 관료들은 책의 기술적 제작과정에는 관여하지 않으
므로 말할 필요가 없다. 실제 책을 만드는 기술적 제작과정은 (2)
(3) (4)에서 일어난다. 먼저 (2)를 보자.

『경국대전』에 의하면 교서관의 서리는 16명이다. 서리는 관아
에서 행정실무를 담당하는 하급관료다. 중앙의 모든 관서에는 서
리가 배치되는데, 『경국대전』에는 서리의 수만 밝혀져 있고 구체
적인 업무 분장에 대한 언급은 없다. 해당 관서의 연혁과 업무를
소상히 밝히는 관서지官署志를 보면 서리의 분장 업무를 알 수 있
지만, 교서관은 관서지가 없어 상세한 내용을 알 수가 없다. 다만
『세조실록』 7년 7월 3일자에 의하면, 교서관에는 열자서원과 장책
서원이 있다고 했다. 장책서원은 앞에서도 살펴보았듯 책의 제본
을 맡는 직임이다. 열자서원의 구실에 대해서는 성현의 『용재총
화』 외에는 달리 참고할 자료가 없다. 성현은 활자의 제작·인쇄 과
정을 소상히 밝히고 있는데, 문선과정에 대해서는 다음과 같이 말
하고 있다.

서초書草(원고를 가리킨다)를 소리내 읽는 사람을 창준唱準이라 하는
데, 글을 아는 사람이 이 일을 맡는다.
수장守藏이 활자를 서초 위에 늘어놓고[列字] 판으로 옮기는 것을 상
판上板이라 한다.[8]

8 『용재총화』 권7.

이 자료에 따르면 활자를 원고 위에 늘어놓는 것이 바로 '열자列字'다. 문선과정의 일부인 셈이다. 그런데 『용재총화』는 이것을 '수장'이 맡는다고 말한다. 수장은 본래 금속활자를 분류·보관하는 일을 맡은 사람인데, 그가 열자 임무를 맡는다면 수장이 곧 열자서원이라는 이야기가 된다. 열자서원은 『경국대전』 같은 법전과 『실록』에서는 그 이름이 전혀 보이지 않는 것으로 보아 나중에 '수장'이라는 명칭으로 흡수 통합된 것이 아닌가 한다.

장책서원은 『경국대전』에는 서리직으로 규정되지 않고 '잡직'에서 등장한다. 즉 (3)의 교서관 잡직에 대해 『경국대전』은 이렇게 규정하고 있다.

수장제원守藏諸員은 44명, 장책제원은 20명으로, 각기 2개의 번으로 나눈다. 근무일수 900일이 차면 품계를 올려주되 종6품이 되면 그 직을 떠나야 한다. 근무일수가 많은 자 각 2인은 서반西班으로 보내 서용한다. 계속 근무하기를 원하는 자는 근무일수 193일이 되면 모두 품계를 올려주되 정3품에서 그친다.
종8품 사준司准 1원 수장원守藏員으로 체아직遞兒職이다.
종9품 사감司勘 1원 수장원으로 체아직이다.[9]

9 『역주경국대전』, 70~71면.

잡직은 '수장제원' '장책제원' 두 종류가 있으며, 숫자는 44명, 20명이다. 모두 64명의 제원이 있었던 것이다. 그리고 이들은 좁은 길이기는 하지만, 종8품의 사준이나 종9품의 사감으로 승진할 수 있었다. 여기서 사준이 퍽 중요한 자리다. 사준은 곧 창준을 말하는 것으로, 교서관의 수장제원이 승진할 수 있는 유일한 자리였던 것이다.[■] 창준은 위에서 인용한 『용재총화』가 밝히고 있듯 '한문을 이해하는 사람'이어야 했고, 또 교정에 관한 책임을 져야 했

조선시대 책과 지식의 역사

다. 예컨대 세조 8년에 간행된 서적을 검토한 결과 오류가 많아 창준을 처벌한 일이 있었고,[10] 중종 38년(1543)에 편집된 『대전후속록』에는 인쇄된 서책에 오자가 있을 경우 '감인관·감교관·창준·수장·균자장'을 처벌하는 규정이 신설되어 있다. 결국 창준은 책의 인쇄과정에서 져야 할 책임이 꽤 무거웠던 것이다.

10 『세조실록』 8년 1년 28일.

창준의 수는 조선 후기에 오면 상당히 증가하지만, 『경국대전』에는 사준 1명으로 한정되어 있다. 그러나 실제 인쇄 업무가 폭주하면 창준의 수도 늘어나기 마련이었다. 유희춘의 『미암일기초』에 "창준 32명과 장책제원 19명이 내알內謁하였다"[11] 라고 하는 것으로 보아 16세기 말쯤에는 창준이 적어도 30명을 상회하는 상당히 많은 수로 증가했음을 알 수 있다. 창준은 한문을 이해하는 사람이어야 했기 때문에 한시를 짓는 평가를 한 뒤 선발했다.[12]

11 『미암일기초』 3, 343면: 계유년(1573) 1월 2일.

지금까지 (2) (3)에 대해 언급했는데 이들은 인쇄의 기술적 제작에는 참여하지 않는다. 창준과 장책제원은 모두 원고의 낭독과 교정에 관여하거나 책이 인쇄된 이후 제본을 담당했다. 정작 책의 인쇄는 순수한 장인들이 맡은 것이다. 이제 (4)장인을 검토할 차례다. 『경국대전』 「공전」 '경공장조'에 의하면 교서관에 소속된 장인의 숫자는 88명이다. 이 숫자는 주자소를 교서관에 합친 직후인 세조 6년 8월 1일 현재 교서관 장인의 숫자 73명과 차이를 보인다. 대개 70명에서 80명 남짓이 주자소나 교서관의 장인이었던 것이다.

12 『미암일기초』 4, 195면: 계유년(1573) 12월 9일: 같은 책, 167면: 계유년(1573) 11월 11일.

이들 경공장에 속한 사람들은 장인, 말 그대로 기술자였다. 이

■　정조 6년 교서관을 규장각 외각으로 두었을 때 관제에 변화가 있었는데, 소속 잡직에 대해 언급하며 "잡직, 사준 10명"이라 하고, "지금은 창준이라 부른다"라고 주석을 달았다. 사준을 창준이라 부르는 관례를 따랐던 것이다.

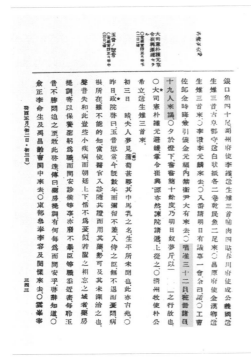

『미암일기초』 3, 1573년 1월 2일자 기록. "창준 32명과 장책제원 19명이 내알하였다"라는 구절이 보인다(주황색 구분).

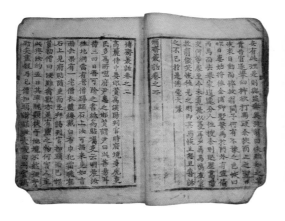

『용재총화』와 성현의 친필. 『용재총화』는 조선 중기에 성현이 지은 필기잡록筆記雜錄이다. 1525년(중종 20) 경주에서 간행되어 3권 3책의 필사본으로 전하던 것이, 1909년 조선고서간행회에서 펴낸 『대동야승大東野乘』에 채록되어 널리 알려지게 되었다. 성현은 학자이자 관료로서 폭넓은 학식과 관직 경험을 바탕으로 고려부터 조선 성종대까지의 역사·지리·학문·종교·문학·음악·서화·풍속 등을 이 책에 기록했다. 국립중앙도서관.

들이 서적인쇄의 하드웨어를 맡은 것이다. 과연 이들은 어떤 일을 했을까? 앞서 성현의 『용재총화』를 부분적으로 인용한 바 있는데 이 자료를 통째로 인용해 견주어보자. 편의상 단락을 나눈다.

(1) 대개 주자鑄字하는 법은 먼저 황양목黃楊木을 써서 글자를 새기고, 해포海蒲의 부드러운 진흙을 평평하게 인판印板에 폈다가 목각자木刻字를 진흙 속에 안착하면 찍힌 곳이 움푹 들어가[凹] 글자가 되니, 이때 두 인판을 합하고 녹은 구리를 한 구멍으로 쏟아 부어 흐르는 구리액이 움푹 들어간 곳에 들어가서 하나하나의 글자가 되면 이를 깎고 또 깎아서 정제한다.

(2) 나무에 (글자를) 새기는 사람을 각자刻字라 하고,

(3) 주조하는 사람을 주장鑄匠이라 하고,

(4) 드디어 여러 글자를 나누어 궤에 저장하였는데, 그 글자를 지키는 사람을 수장守藏이라 하여 나이 어린 공노公奴가 이 일을 하였다.

(5) 그 서초를 소리 내어 읽는 사람을 창준이라 하였으며 글을 아는 사람이 이 일을 하였다.

(6) 수장이 활자를 서초 위에 나열한 뒤 판에 옮기는 것을 상판이라 하고,

(7) 대나무 조각으로 빈 데를 메워 단단하게 해 움직이지 않게 하는 사람을 균자장이라 하고,

(8) 주자를 받아 이를 찍어내는 사람을 인출장이라 하였다.

(9) 그 감인관은 교서관원校書館員이 되었으며, 감교관은 따로 문신文臣에게 명하여 하게 하였다.[13]

13 『용재총화』 7.

(1)은 금속활자 제작법 전체를 요약한 것이다. 글자의 본은 원래 예전 책의 글자본을 그대로 사용하거나 글씨를 잘 쓰는 문신에

조선시대 책과 지식의 역사

사각목틀을 이용하여 금속활자를 만드
는 과정을 재현하는 모습. 청주고인쇄박
물관.

금속활자의 조판과정을 재현하는 모습. 청주고인쇄박물관.

금속활자의 인쇄과정을 재현하는 모습. 청주고인쇄박물관.

게 쓰게 하기 때문에 장인들이 개입할 영역이 아니다. (2)의 글씨본을 나무에 새기는 장인이 '각자장'이다. (3)의 '주장'은 그 역할이 좀 복잡하다. 먼저 틀을 짤 준비를 해서 해감모래를 채우고 반반하게 평면으로 만든 뒤 거기에 나무글자를 찍는다. 그리고 틀을 합쳐 녹인 구리액을 붓는다. 그것이 식으면 나무에 열매가 열리듯 활자가 주렁주렁 매달린 가지쇠가 나온다. 여기서 활자를 떼어내 줄로 쓸어서 한 글자 한 글자 완성한다. 이 과정을 맡는 것이 '주장'이다. 각자장과 주장은 오로지 활자 제작에만 관여한다. 이 활자를 분류·저장하는 일을 맡는 것이 (4)의 '수장'이다.

다음이 인쇄과정이다. 인쇄과정은 오늘날의 연활자 조판 및 인쇄와 다를 바 없다. 일단 원고가 마련되면 활자를 뽑는 문선과 조판의 과정을 거친다. 현대의 연활자인쇄는 문선공이 원고를 손에 쥐고 직접 활자를 뽑지만, 위 기록에 의하면 조선시대에는 '창준'이 문선을 맡았다. 창준은 원고를 보고 무슨 글자를 뽑으라고 지시한다. 이 작업은 한문·한자를 모르고서는 불가능했기 때문에 "글을 아는 사람이 이 일을 하였다"라고 한 것이다. 그런데 창준은 원래 글자를 낭송하는 사람일 뿐 직접 문선을 하지는 않기 때문에 어떤 방식으로 활자를 뽑았는지 알 길이 없다. 추측건대 활자가 특정한 분류방식에 의해 정리·분류되었고 어떤 기호가 달려 있어 창준의 지시에 따라 수장이 활자를 골라낸 것 아닌가 한다.

(6)수장은 활자를 골라 원고 위에 늘어놓고 활자판에 옮긴다. 그 뒤 활자판의 틈새를 대나무로 메워 단단히 고정시키는 일을 하는 사람이 (7)균자장이다. 이렇게 조판을 하고 나면 활자 위에 먹물을 묻히고 종이를 덮어 두드려 인쇄해낸다. 이를 담당하는 사람이 (8)인출장이다.

(9)의 감인관은 교서관 소속으로 인쇄의 전 과정을 감독하고 감

『경국대전』에 등장하는 장인 명칭	『용재총화』에 등장하는 장인 명칭
조각장	각자장
야장	
주장	주장
균자장	균자장
인출장	인출장
목장	
지장	
사준	창준
수장	수장

교관은 교서관 이외 기관에 소속된 관원으로서 인쇄되어 나온 교정지를 교정하는 역할을 맡는다. 이것은 양반 관직이기 때문에 여기서 말할 필요는 없다.

위에 인용한 『용재총화』 자료에 나타난 장인을 『경국대전』의 장인과 비교하면 위의 표와 같다. 『경국대전』의 야장, 목장, 지장이 『용재총화』에서는 보이지 않음을 알 수 있다. 이 가운데 지장은 종이 제작을 담당했다기보다는 종이의 가공 등 종이와 관련되는 제반 업무를 맡았을 것으로 보인다. 교서관은 직접 종이를 제작하지 않았고 교서관에서 쓸 종이는 조지서나 지방에서 제작해 올려보냈기 때문이다. 야장은 아마도 금속활자 제작에 필요한 금속 용해 등을 맡았을 테고, 목장은 목판과 능화판 제작에 관여하지 않았을까 한다. 『용재총화』에 이들이 빠진 것은 『용재총화』가 금속활자에만 초점을 맞춘 탓으로 여겨진다.

인쇄에 필요한 장인의 수를 『경국대전』에 따라 총계하면, 서리 16명, 장책제원·수장제원 64명, 경공장 84명으로 164명이다. 교서관에서 책 제작에 관여하는 인원의 총수다. 물론 이는 법전에 규정된 것일 뿐 실제로는 증감이 있었을 것이다.

지금껏 언급하지 못한 것을 몇 가지 추가로 언급해두자. 『경국대전』이 완성되기까지 주자소에 소속된 공장의 인원수는 현재 정확히 파악할 수 없다. 다만 세조 6년 5월 22일 주자소를 교서관에 합치고 그 얼마 후인 세조 6년 8월 1일의 기록에 의하면 교서관 장인은 73명이었고 조지서 지장은 74명이었으니, 보통은 이 숫자를 넘기지 않았을 것이다. 더불어 참고할 만한 자료로는 『성종실록』 2년 1월 21일 기사가 있다. 이날 대사간 김수녕金壽寧 등은 간경도감 혁파를 요구하는 상소를 올리는데, 이에 따르면 간경도감에 소속된 장인 수가 170여 명, 소비하는 식량이 한 달에 200석이었다. 상당히 많은 수의 장인이 소속되어 있었다는 이야기다.

이 장인들이 바로 책의 제작실무를 맡았던 이들이다. 그리고 이 장인의 구성은 조선시대 500년에 걸쳐 전혀 바뀌지 않았다. 또한 그 작업의 방식과 과정 역시 변함이 없었다. 서양에서는 활자 제작이 19세기 초에 기계화되었고, 인쇄는 구텐베르크 때부터 이미 포도주 압착기를 사용해 반기계화되었지만, 조선은 처음부터 끝까지 오로지 수공업적 방식에만 의존했던 것이다.

지방의 인쇄장인

소수의 목활자인쇄를 제외하면 지방의 인쇄물 절대다수는 목판으로 이루어진다. 목판인쇄라면 당연히 판목을 제작하고 활자를 새기는 각자장, 즉 각수刻手 그리고 인출을 담당하는 인출장과 제본을 담당하는 장책장이 필요했을 것이다. 그러나 결론부터 말하면 지방에서 이루어진 목판본 제작에 관여한 장인들에 대해서는 현재 알려진 바가 거의 없다.

『경국대전』에 의하면 중앙의 교서관과 달리 지방관아에는 인쇄를 담당하는 장인이 소속되어 있지 않다. 지방관아에 소속된 장인을 외공장外工匠이라 하는데, 『경국대전』 「공전」 '외공장'에 각 도별로 그 종류와 인원수가 밝혀져 있다. 예컨대 조선 전기 인쇄가 활발하게 이루어졌던 경상도를 보자. 경상도 관찰사영, 좌·우도 병마절도사영, 좌·우도 수군절도사영 등 상급 관청과 그 이하의 주·부·군·현마다 소속된 공장의 종류와 숫자가 나열되어 있다. 관찰사영의 경우 야장冶匠 18명, 궁인弓人 2명, 시인矢人 2명, 궁현장弓弦匠 1명, 피장皮匠 1명, 칠장漆匠 1명, 소성장梳省匠 2명, 소장梳匠 1명, 선자장扇子匠 2명, 유구장油具匠 1명, 상자장箱子匠 4명, 갑장甲匠 1명이 소속되어 있다.[14] 이 외에 좌·우도 병마절도사영, 좌·우도 수군절도사영에 각각 장인이 있는데, 그 종류는 대개 관찰사영과 같다. 또한 각 고을마다 장인이 소속되어 있으나 교서관에 소속된 그런 공장은 없다.

인쇄와 관련될 수 있는 장인을 찾자면 지장과 목장이 있다. 지장은 그 수가 상당히 많은데, 이는 앞서 언급한 바 있듯 경상도·전라도·충청도가 종이 산지로서 중앙에 종이를 공급하기 위해 존재했기 때문이다. 물론 이들 종이 산지가 책의 생산처로서 유명하기는 했지만, 지방의 지장이 지방의 인쇄물 때문에 존재했던 것은 아니다. 목장은 그야말로 나무를 다루는 장인이라 목판 제작에 동원되었을 가능성이 있다. 그러나 일반적으로 목장이 갖는 기능은 그 범위가 매우 넓어 이들이 목판 제작을 도맡았다고 단언할 수는 없다. 결국 지방의 인쇄장인들에 대한 정보가 현재로서는 거의 없는 것이다.

그렇다고 아예 포기할 일은 아니다. 유희춘의 『미암일기초』에 다음과 같은 기록이 있다.

(1) 남원의 장책장 석을시石乙屎가 왔다. 나이는 69세이지만 장책에 노련하였으므로 그에게 맡겼다.[15]

(2) 고을 원을 불러 만났는데, 이산기관尼山記官 나목종羅穆種이 각자의 교장巧匠이라고 들었다. 즉시 편지를 써서 올려 보내게 하였다.[16]

15 『미암일기초』 5, 195면: 병자년(1576) 5월 6일.

16 『미암일기초』 3, 58면: 신미년(1571) 3월 19일.

(1)은 인쇄가 활발히 이루어지던 남원의 경우다. 그러나 이 장책장이 과연 관공장에 속했는지는 알 수 없다. (2)의 '기관記官'은 지방 아전을 말하는데, 그렇다면 나목종은 아전으로서 각자장이었던 셈이다. 어쨌거나 위 사례에서 보듯 지방에도 인쇄장인들이 있었던 것만은 확실하다.

만약 지방관청 자체에 인쇄장인들이 공적으로 소속되어 있지

조선시대 책과 지식의 역사

宗府史錄京洗ニ遊ル

李大仲忠詣水使トナル

南原裝帙託來ル

追上冊ヲ粧了ス

坩也以燒酒一瓶藥果一斗生蛤五十餘乾民魚三尾乾鯯魚五尾東來○雨小而止○略觀光燮妻高氏得病乙庚月酉丑時貴榮之命○朝憲府吏蘇群歸京洛余於容朴三宰簡以勵光燮耶爲請○光燮耶爲瘦應爲賻

初五日 雨威光燮之言捐書養氣○聞李公大仲爲忠酒水使余以狀謝各三恩退生晨設酒餅宋震夫妻兒女五口來震之妹應福夫人又以貼屓子給六人○宋震持壺酒來女子爲

餉○申時始雨未久而止○初六日去夜自子時大雨向曉止○余及夫人夢悖見數林九齡乙巳助亂之罪九齡對以鄭順朋林百齡等首倡所爲我只隨從而已云○○南原粧冊匠石乙屎來年六十九矣

光燮羣去余以扇二柄送于光燮夫妻○人夢悖見○食後 然循糠粧帙故任之○鄰居李慶元來刮進上冊選背宋震補背○午後天 雷小雨○府使令運瓦軍各加十支除還上所納木故也

初七日 雨晴夢見四虽鞱○朝出見粧冊匠整疊進上冊三卷及割正○宋震亦來覲○石乙屎粧了進上三冊手品甚好余深喜以笠帽扇子賞之○地

丙子五月(初四日〜初七日)

一九五

『미암일기초』 5, 1576년 5월 6일자 기록. "남원의 장책장 석을시가 왔다"라는 문장이 보인다(주황색 부분).

않았다면 나머지 가능성은 두 가지다. 첫째 관아에 소속된 장인들 일부를 훈련시켜 인쇄를 맡기는 경우가 있었을 것이다. 하지만 이는 가능성은 없지 않으나 입증해줄 자료가 현재 없다. 둘째 개인적으로 인쇄기술을 습득해 영업하는 사람, 곧 사장私匠을 불러 인쇄를 의뢰하는 경우가 있었을 수 있다. 예컨대 조선 중기의 인쇄물 생산처로는 서원을 들 수 있는데, 이 서원에서는 어떻게 서적을 인쇄했을까? 서원이 평상시에 각수를 고용했을 리 만무하니 아마 이 경우에도 사장을 불렀으리라고 보는 것이 합당하다. 지방의 사장이 언제 생겨났으며 인원은 어느 정도였는지를 밝히기는 어렵지만, 선조 때 이미 서울 교서관에서 사장을 불러들여 인쇄를 맡기고 대가를 지불하는 것으로 보아, 지방에서도 사장이 존재했다고 보는 편이 옳을 것이다.

매우 드물기는 해도 조선 후기에는 금속활자를 갖고 다니면서 인쇄를 대행해준 상업적 인쇄를 확인할 수 있으며, 목활자인쇄 대행업 역시 그 시기를 확정할 수는 없지만 19세기 들어 사뭇 활발해진 것으로 보인다. 더욱이 목판인쇄는 돈을 받고 한 팀을 이루어 서적인쇄를 담당하는 경우가 있었음은 불문가지다. 18세기 이래 영리를 목적으로 한 방각본이 민간에 출현했으니 이는 역으로 각수를 비롯한 인쇄기술자들이 급기야 직접 인쇄출판업에 뛰어들었다고 해석할 수 있다. 따라서 민간 인쇄기술자들의 활동은 훨씬 이전으로 소급되는 것이다. 다만 그 소급상한선이 어디인지 모를뿐더러 그들의 사회적 존재형태와 영업방식은 도무지 알 길이 없다.

인쇄장인의 급료는 얼마였을까?

앞서 살펴보았듯 조선시대의 인쇄·출판은 국가가 독점했으며 책 제작은 교서관 장인들에 의해 이루어졌다. 물론 경공장으로 규정된 장인 이외에 수장제원과 장책제원이 있어 그들의 지위는 공장보다 높았지만, 사실상 그들이 맡았던 역할도 책 제작에 직접 관여하는 것이었다. 그럼 이들에 대한 처우는 어떠했을까? 그리고 조선시대 전 시기에 걸쳐 장인들의 조직 내부에는 전혀 변화가 없었을까? 지방의 사장에 대해서는 알 길이 없으니, 서울의 교서관 공장의 예를 가지고 알아보자.

교서관 장인은 관에 소속된 관공장官工匠이다. 조선의 관공장은 사노비寺奴婢와 관노비官奴婢 등 노비가 주축이었으나 점차 양인 출신도 공장으로 진출하는 추세였다.[18] 물론 양인 장인은 '속량贖良된 천인'처럼 거의 천인에 가까운 양인들로서 소위 신량역천身良役賤 신분이었다. 이 외에 승려와 사천私賤이 소속되어 있었으나 핵심은 관노와 양인이었으며 그중 양인이 수적 비율에서 점차 우위를 차지했으리라 추측한다.[19] 즉 노비 출신 공장의 비능률성 때문에 점차 양인 출신 공장이 수공업계의 주인공으로 등장했다는 것이다.[20]

주자소나 교서관의 장인들도 이런 일반적 추세와 같은 흐름 속에 있었을 것이다. 주자소에 각자하는 중과 책을 장정하는 중이

18 강만길, 『조선시대 상공업사 연구』, 한길사, 1984. 18면.

19 같은 책, 20면.

20 같은 책, 19면.

있었다는 기록은 승려 출신들이 관공장이 되었음을 증명해주며, 『용재총화』에서 '수장'을 나이 어린 공노가 맡는다고 한 것은 바로 수장제원에 관노비가 포함되었음을 의미한다. 물론 인쇄에 관여했던 공장의 출신성분을 여기서 낱낱이 밝힐 수는 없다. 다만 관노비와 승려 출신들이 포함된 것으로 보아, 교서관 장인들도 당시의 일반적 추세를 따랐으리라고 추측할 따름이다.

그렇다면 교서관 장인에 대한 처우는 어땠을까? 불행하게도 우리는 이 문제에 대한 답을 갖고 있지 않다. 즉 노동의 대가를 지불하는 시스템이 어떤 것이었으며 그 대가가 당시 물가에 견주어 어떤 수준이었는지 도무지 짐작할 길이 없다. 다만 성종조까지는 인쇄에 종사하는 장인이 다른 장인보다 상대적으로 우월한 지위를 누렸다고 할 수는 있다. 『세종실록』 16년 6월 11일자에서 병조와 군기감의 제조가 공장을 격려하고 인원수를 늘리는 조건에 대해 아뢰고 있는데 군기감 장인은 원래 700~800명이었으나 힘든 노역과 열악한 근무조건을 견디지 못해 반수 이상이 달아나버렸다는 것이다. 이들은 국가에 소속되어 기술과 노동을 제공했으나 국가에서 그들의 노동력을 가혹하게 착취한 탓에 견디지 못하고 달아났던 것이다. 그러나 상의원과 공조와 주자소의 장인은 다른 맡은 일이 없어, 번番을 나누어 일을 시키되 때로는 세 때의 요料를 받고 때로는 두 때의 요를 받으며 혹은 상직賞職을 받기도 한다는 것이다. '세 때의 요', '두 때의 요'란 것이 무엇을 지칭하는지는 모르겠으나 '요'란 일반적으로 매달 지급되는 월봉月俸을 말한다. 조선 전기의 장인들은 번을 나누어 관청에서 노동했고 그 대가로 월봉을 받았다.▪ 그런데 다른 장인에 비해 주자소 장인은 상대적으로 노동이 가볍고 대우도 우월했던 것으로 보인다. 잡직에 대한 처우 또한 그렇지 않았을까 짐작한다.▪▪

21 『연산군일기』 11년 11월 6일.

연산군 11년 호조 판서 등이 재정 부족을 타개하고자 지출을 줄일 것을 건의하는데, 그 대책의 하나로 교서관·관상감의 인서서원印書書員의 급료가 적지 않다 하여 시급한 책이 아니라면 인쇄를 중지할 것을 청하고 있다.[21] 구체적 내역이야 알 수 없어도 인쇄에 관련된 노동에 상당한 급료가 지급되었다는 의미다. 이는 물론 서원, 곧 서리에 해당하는 언급이지만 다른 장인들도 괜찮은 대우를 받았음을 확인할 수 있다. 중종 10년 11월 2일 홍문관 부제학 김근사는 당시의 인쇄·출판 문화의 급격한 쇠락을 지적하면서 이렇게 말하고 있다.

예전에는 급료를 일에 맞게 지급해 온갖 장인을 격려하였습니다. 지금은 책을 인쇄하는 장인들에게 흉년이라서 경비를 줄인다며 적은 급료조차 제대로 주지 않습니다. 그러니 일거리를 맡기고 독촉을 한들 힘을 다 쏟아 일하기를 기대하기가 어렵습니다. …… 또 따로 도감都監을 세워 일을 감독하게 하고 그 장인에게 급료를 넉넉하게 주어 일을 빨리 끝맺도록 하고, 교서를 맡은 사람이 직무를 팽개치는 것을 더욱 엄격히 단속한다면, 다시 세종조의 수준에 도달할 수 있을 것이니, 어찌 사문斯文의 큰 다행이 아니겠습니까?

즉 중종 이전에는 인쇄장인에 대한 처우가 매우 좋았지만 중종

■ 『중종실록』 32년 4월 25일자에서 김안로는 이렇게 말하고 있다. "백공에 관한 일은 그전에는 월봉으로 처자를 돌볼 수 있었으므로 관역官役에 전심했었습니다. 지금은 월봉을 감해버려 공장들이 처자를 돌볼 수 없으므로 으레 도망갈 꾀만 냅니다. 양인으로 공장이 된 자들도 이 때문에 다 흩어져버리므로 부득이 각사各司의 종들로 충원하고 있습니다. 각사의 노비가 없어지는 것은 주로 이 때문입니다." 즉 공장에게는 월봉이 지급되었던 것이다.

■■ 창준도 삭료, 곧 월급을 받았다. 『미암일기초』 선조 6년(1573) 4월 1일자에서 교서관 제조 유희춘은 창준의 삭료 한 달치를 절반 깎고 있다(『미암일기초』 3, 363면).

조 들어와 처우가 낮아졌기 때문에 인쇄·출판의 수준이 떨어졌다는 것이다. 세종에서 성종에 이르는 시기는 인쇄·출판 문화의 전성기였으며 장인에 대한 대우도 좋았던 것이다.

이 외에도 인쇄장인들에게는 상사, 곧 상賞을 내리는 일이 잦았다. 태종 12년 10월 1일에는 『대학연의』를 인쇄한 장인들에게 각기 쌀 1석을 하사했고, 세종 3년 3월 24일에는 경자자를 만들고 조판술을 개량한 뒤 인쇄장인들의 노고를 치하하며 주자소에 술 120병을 하사했다. 세종 10년 12월 13일에는 『성리대전』과 『사서대전』 『오경대전』을 인쇄한 사람에게 미곡을 내려주었다. 특히 실록과 같은 중요한 서적의 인쇄가 끝나면 특별한 상사가 있었다. 단종 2년 5월 2일에는 『세종실록』 편찬 때 주자소의 담당 서리였던 황문黃文 등 3인에게 근무한 날 1일마다 별사別仕 3일을 더 주고 근무일수가 만료된 뒤에는 취재取才 없이 곧바로 동반東班의 벼슬자리에 임명할 것을 명했다. 아마도 서적이 다른 수공업품과는 달리 고급한 문화적 생산물이라는 점이 고려되었을 것이다. 서적 제작에 관여하는 장인들에 대한 우대심리가 있었던 것이 아닌가 싶다.

계량적 수치로 확인할 수는 없지만, 조선 전기에 서적인쇄가 가장 활발한 시기였던 세종에서 성종에 이르는 기간은 장인들에 대한 대우가 후대에 비해 상대적으로 나았던 것으로 보인다. 그러나 이미 지적한 바와 같이 연산군대를 거쳐 교서관의 인쇄활동은 그 수준이 급속도로 떨어진 듯 보인다. 앞서 인용했던 김근사의 차자와 이에 대한 중종의 반응을 보자. 김근사는 같은 글에서 이렇게 말하고 있다.

세종대왕께서 문교文敎를 깊이 생각하고 서적에 뜻을 극진히 기울

조선시대 책과 지식의 역사

이시어, 빠진 장서가 없고 반포하지 않은 책이 없었습니다. 구리로 활자를 제작하되 그것이 정치하기 짝이 없었고, 종이는 깨끗하고 인쇄는 정밀하였으니, 유사 이래 드문 바였습니다. 책에 관한 절목 節目이 이처럼 상세하였으니, 찬란한 문치文治가 수많은 임금보다 높이 뛰어난 것은, 이를 통해서도 상상해볼 수가 있는 것입니다. 하지만 세대가 멀어지고 연대가 오래되자, 온전히 권수를 다 갖춘 책이 거의 남아 있지 않고, 게다가 폐조廢朝 때에 거의 다 흩어져 없어졌으니, 정말이지 더욱 안타깝습니다. …… 교감하는 사람이 맡은 일을 제대로 수행하지 않는 것이 근래에 와서 더욱 심해졌습니다. 선조先朝 때 만든 구리활자를 삼가 간수하지 않아 혹 도둑을 맞기도 하고 혹 잃어버리기도 하여 나무활자로 보충한 것이 거의 반이나 됩니다. 활자의 모양이 잘못되고 더러워 쓸 수 없는 것도 있습니다. 종이는 거칠고 먹은 더러워 책을 찍어놓으면 희미하고, 활자는 기울어진 것이 많아, 혹은 어그러지고 혹은 빠지기도 합니다. 그런데도 책을 완성하기에만 힘써 다시는 교정을 하지 않습니다. 심한 경우 인쇄할 적에 사지私紙로 바꿔치기를 하는 경우도 있습니다.

서적인쇄의 하드웨어가 무너지고 있다는 절절한 토로다. 동활자를 잃어버려 목활자를 끼워넣는가 하면,▪22 인쇄용지가 조악한 데다 민간의 종이로 바꿔넣은 일도 발생했다. 교정은 정확하지 않으며 인쇄기술이 형편없어 인쇄효과가 나지 않았다.

이런 지적에 대해 중종은 김근사의 요청을 받아들이면서 인쇄를 담당할 도감을 새로 설치하고 활자를 주조하라 명한다. 그런데

22 『필원잡기』권1.

▪   이는 이미 성종 때부터 일어났던 일이다. 서거정은 『필원잡기』에서 장인들이 활자를 훔치곤 해서 목활자를 겸해 쓰고 있으므로 책의 수준이 떨어졌다고 말하고 있다.

교서관을 제쳐두고 하필이면 왜 새 도감을 만들라 한 것인가? 중종의 말인즉 이렇다. "교서관을 시켜 인쇄를 감독하게 하면 또 전과 같을 것이니 도감을 따로 설치하여 정밀하게 인쇄해 반포하라." 곧 교서관에서 이루어지는 인쇄의 수준이 중종조에 와서는 현저히 떨어졌던 것이다.

교서관의 인쇄수준이 낮아졌다는 것은 곧 인쇄장인들의 기술수준이 떨어졌다는 의미다. 그리고 이는 전반적으로 관공장제의 붕괴와 관련된다. 관공장제의 붕괴란 공장이 소속 관아에서 이탈해 도망치는 현상을 의미하는 바, 연산군과 중종조를 거치면서 관공장들이 급속히 관아를 이탈하기 시작한 것이다. 이는 무엇보다도 국가재정의 궁핍 때문이었다. 즉 국가재정의 궁핍으로 말미암아 공장에게 노동의 대가를 지불할 수 없었던 것이다. 그뿐 아니라 고위급 양반들이 관아에 소속된 공장을 데려다 제멋대로 사역을 시키거나 구종丘從으로 점유해 스스로 관장제를 무너뜨렸다. 또 하나 중요한 이유는 관장제 자체의 모순이다. 즉 관장들이 자기 이익과는 거리가 먼 강제노동에 자발적 작업의욕을 보일 리 없었던 것이다.[23] 이런 여러 이유로 관장제는 연산군과 중종조를 거치면서 서서히 붕괴되었다.

교서관 장인들은 이런 일반적 현상과 어떻게 연관될까? 관장제가 붕괴되자 그 자리를 사장私匠으로 채우거나 다시 노비를 관장으로 삼는 현상이 일어났다.[24] 이런 일은 교서관에도 동일하게 적용된다. 『미암일기초』 계유년(1573) 8월 4일자에는 "교서관의 『운회』의 각수인 사장 6명의 월봉단자月俸單字에 서명을 하고 나왔다"라는 기록이 있다.[25] 여기서 '사장'이란 관청에 소속된 공장이 아니라, 개인적으로 자신의 기술로 영업하는 장인을 말한다. 즉 이들은 목판을 새기는 기능을 갖고 관청에 일시적으로 소속되어

23 강만길, 앞의 책, 69 ~73면.

24 같은 책, 70~75면.

25 『미암일기초』 4, 57면.

조선시대 책과 지식의 역사

○庚辰
二百二
歙々

光愛取才及比周
獻民訓導ノ事ヲ
沈義謙ニ簡通ス

沈嵒茂長賦民ノ
規ヲ遵守ス

昭会到手私所月
佛原字ニ著名ス

金公貴榮答曰己銘錄之但當待時而已又以光愛保暴取才爲託金背答曰

蹟悉之矢但學於令公而未得其精粕欲試陛才是可惜也呵ゝ○校朱金五

十七八卷○以羅士忱家屬之病爲之覔藥于金彦鳳處○以光愛保暴取才

及周獻民懷仁訓導事簡通恭議沈義謙蒙諾○別坐具英俊監蔡金龜瑞來

去○瓮岩郡守沈岩及金宗麗來訪余昔宰茂長承柳仲沿英俊監幕余規模

酌定一邑之枉之式厭後之宰慶而不用至辛酉年崔弘僴爲縣監幕余規模

而悉復之枉之後沈岩纖至而又遂守之民甚安悅云○松京金彦良來謁

初四日　酒雨而晴早朝肅拜詣闕會劉手私匠六名月俸單字而出訪新永興府

食朝飯于依幕著名校晢館詣會劉手私匠六名月俸單字而出訪新永興府

初六日發行適今朝聞其家春病羞不可言余暫話而出歷訪李公湛病寒

衣重裘可憐ゝゝ遂歸舍○夫人夢見我太夫人赤身來臨被夫人覆衾而臥

又希奉自外蒙氷傀傷而入氷傀傷色紅潤余又夢見三公云不用故

皆吉兆○路過長審姜公士何以辛應基鷹于訓練正姜公亦不忘爲答○

癸酉八月○初二日~初四日

五七

『미암일기초』 4, 1573년 8월 4일자 기록. 인쇄작업을 사장에게 맡길 수밖에 없었던 사정을 보여주는 내용이 있다 (주황색 부분). '사장'은 자신의 기술을 가지고 영업을 하는 장인이다.

월급을 받고 노동을 제공했던 것이다.

이뿐 아니라 노비가 교서관에서 장인 구실을 했던 사례도 찾아볼 수 있다. 역시 『미암일기초』에서 인용한 것이다.

(1) 교서관에 각자장으로서 다른 관서에 투속投屬한 사람이 누구냐고 물었더니, 관원이 군자분감軍資分監의 노奴 임수성林守成은 덕빈궁德賓宮 별감으로 투속하고 있고, 사온서司醞署의 노 주은정周銀貞은 수성궁壽成宮 별감으로 투속하고 있으며, 내섬시內贍寺 노 김수종金守宗은 향실香室의 수복守僕으로 투속하고 있는데, 이 세 사람이 그

런 경우라 하였다.[26]

(2) 어제 나(유희춘)는 교서관 제조로서 교서관의 수장장인은 서책을 인출하느라 조금도 쉴 겨를이 없으니 그 본사本司에서 다른 일에 동원하지 말 것을 계청啓請했는데, 임금께서 그대로 따랐다.[27]

26 같은 책, 136면: 계유년(1573) 10월 11일.

27 같은 책, 156면: 계유년 11월 2일.

인용문 (1)에 등장하는 장인의 신분은 모두 노비다. 원래 교서관 소속 장인이 다른 관사에 투속했다 말하고 있는데, 아마도 이는 원래 해당 관아의 노비 출신이었을 것이다. (2)는 수장장인을 본사에서 침역하지 말 것을 요구하고 있는데, 이는 원래 수장장인이 다른 관아 소속이었음을 입증한다.

이런 예에서 확인할 수 있듯 교서관 장인 중에는 사장이 끼어 있었거나 순수한 교서관 소속이 아니라 다른 관아 소속 노비였던 것이다. 그러나 사장과 다른 관아 노비가 교서관 장인을 완전히 대체했는지는 알 수 없으며 또 교서관 장인 중 사장과 다른 관아 노비의 비중이 어느 정도였는지도 알 수 없다. 다만 교서관 장인의 구성이 바뀌고 있음은 확인할 수 있는 것이다.

끝으로 한 가지 문제를 더 지적해둔다. 유희춘의 『미암일기초』에는 유희춘이 자기 책을 제본하기 위해, 또는 서적 필사를 위해 교서관 장인들을 자주 부르고 그 노동의 대가로 일정한 사례를 하는 이야기가 나온다. 물론 그 자료는 관장제가 무너지고 난 후의 것이기는 하지만, 교서관 장인이 국가가 아니라 개인을 위해 자신의 기능을 제공하는 일은 그 이전에도 있었으리라 추측한다. 교서관 장인들은 관역이 없을 때는 이처럼 민간의 수요에 응했던 것 아닐까? 임진왜란 직후의 상황을 예로 들자면, 광해군 2년 11월 20일 교서관 제조가 청원한 다음과 같은 내용을 볼 수 있다.

여러 관청과 사대부 집안에서 도장을 새기고 책을 인쇄하고 제본하며, 종이를 자르는 등의 크고 작은 일을 모두 본관에 떠맡기고 있습니다. 조금이라도 늦어지면 채찍을 마구 휘두르고 사람을 줄로 묶기도 합니다. 본관은 여러 관청 중에서 미천한 처지라, 그 즈음에 감히 어떻게 버텨볼 수도 없습니다. 부득불 공역公役을 팽개치고 그들의 요구에 응할 수밖에 없습니다.

일찍이 이런 폐단이 있다고 누차 진달한 적이 있었고, 또 금단禁斷케 하라는 전교를 받은 것이 한두 번이 아니었습니다만, 전교를 받든 뒤에도 함부로 요구하는 일이 더욱 심해지고 있습니다. 하지만 감히 일마다 다 여쭐 수는 없습니다. 나라의 기강이 이 지경이 되었으니, 신들은 어찌할 방도를 알지 못하고 있습니다.

요컨대 사대부가에서 교서관 장인들을 동원해 책과 관련된 사적 노동을 강요한다는 이야기인데, 이는 물론 임진왜란 이후의 특수한 사정이기는 하다. 하지만 교서관 장인들이 사대부가의 서적 관련 업무에 동원된 것은 흔한 일이었다. 적당한 사료가 없으니 하는 수 없이 1700년경 자료를 예로 들어야겠다. 김창흡金昌翕은 1699년 강화도에서 아버지 김수항의 문집 『문곡집』을 인쇄하고, 이어 1700년에 『택재집澤齋集』 『칩와집蟄窩集』의 인쇄를 끝낸 뒤 그 일에 동원되었던 장인을 불러 작은 술자리를 베푼다. 이 사정을 기록한 것이 「선집인역장인연음시소기先集印役匠人宴飮時小記」[28]라는 글인데, 인쇄에 동원된 균자장 2명, 각수 1명, 인장 1명, 열자장 6명의 이름이 나온다. 그런데 이들 모두가 교서관 소속 장인들이었다. 물론 노동의 대가를 따로 받았을 것이다.

비록 임진왜란 이후의 것이기는 해도 바로 이런 예가 교서관 장인의 기능과 노동력을 민간에서 사용했음을 충분히 입증해준다.

28 『삼연집(三淵集)』 3: 『한국문집총간』 167, 123 ~124면.

민간의 이런 수요가 아마도 교서관 장인들에게는 과외의 일로서 일정한 수입을 보장했을 터이고, 급기야 사장私匠을 출현하게 했으리라 생각된다. 그러나 조선 전기의 인쇄에서 사장의 역할이 어느 정도였는지는 알 길이 없다.

이 장에서 살펴본 것처럼 교서관에는 서리와 제원 그리고 공장이 있었으며 이들이 인쇄의 전 과정을 담당했다. 연산군조까지는 상대적으로 다른 장인에 비해 인쇄장인에 대한 대우가 나쁘지 않았으나, 그 후 중종 시절에 와서 급속도로 악화된 것으로 판단된다. 국가재정의 궁핍으로 장인들에 대한 처우가 나빠졌고 이로써 교서관의 인쇄수준도 극도로 저하되었다. 그러면서 정확한 시기는 알 수 없으나 교서관에 사장이 섞여들게 되었고, 한편으로는 다른 관아 노비를 교서관 장인으로 끌어들이기도 했다. 그러나 사장과 다른 관아 노비가 교서관 장인을 완전히 대체했는지, 또 어느 정도 비중을 차지했는지는 미상이다.

이런 변화가 인쇄문화 전체에 어떤 영향을 미쳤는지는 간단히 판단할 수 있는 일이 아니다. 하지만 이런 변화에도 불구하고 조선 전기의 인쇄주체는 여전히 국가였다고 말할 수 있다. 즉 관장제 붕괴나 사장 출현이 인쇄문화 전반에 현저한 변화를 불러일으켰다고 보기는 어려운 것이다. 장인을 천시하는 관념 탓에 사장이든 관장이든 인쇄장인에 대한 사회적 인식은 결코 큰 변화를 보이지 못했을 것이다. 조선시대 500년 동안 인쇄기술이 거의 발달하지 않았던 것은 바로 이 때문인 듯하다.

8

책값은 얼마였을까?

책은 하나의 사물이지만 지식을 담고 있다. 책은 본질적으로 담고 있는 지식의 확산을 자기목적으로 갖는다. 조금 원론적인 이야기를 해보자. 지식의 확산은 다음과 같은 여러 차원에서 결정된다.

(1) 지식생산의 자유

(2) 지식복제의 수단

(3) 지식유통의 수단

(1)은 곧 사상의 자유다. 이에 대해서는 추가 설명이 필요 없을 것이다. (2)는 인쇄술 같은 지식복제의 수단이다. 오늘날로 말하자면 녹음기, 복사기, 컴퓨터 등이 이런 수단에 포함된다. 일단 (1)과 (2)는 제쳐놓고 (3)을 보자. 이 영역도 광범위하다. 다른 사람이나 도서관에서 책을 빌려 보는 일도 포함될 것이다. 현대에는 인터넷도 그런 도구 중 하나일 것이다. 그러나 중세부터 현대까지 지식을 유통시키는 절대적 수단은 서적이었다. 그런데 여기에는 간과할 수 없는 중요한 사항이 하나 있다. 지식을 획득하는 데 따른 비용을 지불해야 한다는 점이다. (1)과 (2)의 조건이 만족스럽다 해도 유통의 수단이 없다면 나는 그 지식에 접근할 수 없다. 그런 수단이 존재한다 해도 내가 비용을 치를 수 없다면 그 지식에 접근할 수 없다. 예컨대 인터넷이 아무리 '지식과 정보의 바다'라 할지라도 그것에 접속하는 비용이 나의 한 달 생계비에 해당한다면 나에게는 소용없는 것이 된다.

중세에 지식을 획득하는 비용은 곧 책값의 문제로 귀결된다. 도서관이 있지 않느냐고 반문할지 모르지만, 그 도서관은 오로지 왕실과 소수 관료를 위한 것이었다. 주자소는 본래 서적의 대량 보급을 위해 설치한 것이었지만, 국민 누구나 서적을 저렴한 가격으로 살 수 있었던 것은 아니다. 생각해보라. 조선의 지배층을 선발하는 과거시험도 원칙적으로는 천민을 제외하고는 누구에게나 응시 기회가 열려 있었다. 상민도 과거를 칠 자격은 있었다는 이야기다. 하지만 현실적으로 상민은 과거에 응시할 수 없었다. 시험을 치기 위해 필요한 지식을 획득하는 데 따르는 비용을 감당할 수 없었기 때문이다. 그중 중요한 요인이 바로 책값이었다. 요컨대 서적이 존재하느냐의 문제가 아니라 서적에 매겨진 가격, 곧 책값의 문제가 제기된다.

그러나 '서적의 가격'은 퍽 곤혹스러운 주제다. 계량적 방법으로 책값의 변동 추이를 알아낼 방법이 전무해서다. 그러므로 책값이 당시의 경제 수준으로 미루어 엄청난 고가高價였음을 소묘하는 정도에 머물 수밖에 없겠다.

『대학』이나 『중용』은 논 2∼3마지기

내 서가를 메우고 있는 책의 뒤표지에는 극소수의 비매품 서적을 제외하고는 예외 없이 책값이 씌어 있다. 그러나 조선시대의 서적에는 책값이 씌어 있지 않았다. 그러나 이 사실이 곧 책값이 없다는 의미는 물론 아니다. 책은 국가나 지방관청에서 독점적으로 인쇄했으며, 그 외의 상업적 출판은 18세기 말에 방각본이 출현할 때까지는 이루어지지 않았다.▪ 국가에서 발행하는 서적은 애당초 비영리 목적이었으니 가격이 있을 리 만무하다. 하지만 일단 서적이 발행되면 그것은 거래의 대상이 되었다. 다만 책값을 밝힌 문헌은 거의 없다고 봐도 무방할 것이다.

조선시대에 책값은 매우 비쌌던 것으로 보인다. 『성종실록』 9년 1월 23일 기사는 책값을 낮추기 위한 노력이 있었음을 알려준다.

임금이 말했다. "우리나라는 서책이 너무 적지 않은가?"
이에 서거정이 "서울에 사는 유생은 서책을 쉽게 얻지만, 외방 사람은 얻어 읽기가 실로 어렵습니다. 전에는 여러 고을에서 서책을 간행하는 일이 자못 많았는데, 지금은 목판이 너무 닳았습니다. 거듭

▪ 방각본이라 해서 서적에 값을 매기는 경우가 있는가 하면 다 그렇지는 않았다. 서적에 정확한 가격을 매긴 것은 19세기 말 상업적 출판사가 생겨나 신식 연활자인쇄가 시작된 이후의 일이다.

조선시대 책과 지식의 역사

간행하라고 하는 것이 좋겠습니다"라고 하였다.

임금이 "중국에서는 어떻게 하는가?" 하자, 서거정이 "집집마다 목판을 새겨 판매합니다" 하였다.

시강관 최숙정崔淑精이 말했다.

"우리나라에서는 비록 조관朝官의 집이라도 사서·오경을 소장하고 있는 사람이 적습니다. 경서가 이런 상황이니, 여러 사책史冊은 더욱 적습니다. 지금 어전魚箭 을 이미 전교서에 주었습니다만, 신은 어전을 더 주어 책값을 낮추기를 청합니다. 그러면 사람마다 쉽게 살 수 있을 것입니다."

이에 임금이 "내가 서적을 많이 찍어 널리 보급하고자 한다. 비용은 비록 많이 들겠지만 인재가 배출된다면 어찌 보탬이 작겠는가?" 하고, 승지에게 명하여 인쇄할 만한 서책을 적어 아뢰게 하였다.

전교서는 곧 교서관이다. "조관의 집이라도 사서·오경을 가지고 있는 사람이 적다"라는 언급은 과장이 섞였을지도 모르지만 서적의 절대적 공급량이 부족했던 것은 사실로 보인다. 더욱이 지방에서는 관청을 제외하고 달리 서적을 인쇄하는 곳이 없었기 때문에 구입에 상당한 어려움이 있었던 것이다. 감영과 지방관아의 목판인쇄도 상시 이루어진 것이 아니었고, 또 인쇄한 책을 판매하는 것도 아니었다.

그렇다면 책값은 구체적으로 어느 정도였을까? 나는 『중종실록』에서 다음과 같은 희귀한 내용을 보았다. 어득강의 말이다.

■ 물고기를 잡기 위해 강이나 개울, 바닷가에 싸리나무나 대나무, 말목 등을 쳐서 물고기가 들어오면 못 나가게 하는 장치.

외방의 유생 중에는 비록 학문에 뜻이 있지만 서책이 없어 독서를 하지 못하는 사람도 또한 많이 있습니다. 궁핍한 사람은 책값이 없어 책을 사지 못하고, 혹 값을 마련할 수 있다 해도 『대학』이나 『중용』 같은 책은 상면포 3~4필은 주어야 살 수 있습니다. 값이 이처럼 비싸므로 살 수가 없는 형편입니다.[1]

1 『중종실록』 24년 5월 25일.

『대학』과 『중용』은 알다시피 내용이 아주 짧다. 분량이 적다는 이야기다. 대개 조선시대의 서적은 한 면이 10행이고 1행은 20자다. 오늘날의 200자 원고지 1장이 1면에 해당한다. 영조 때 인쇄한 것이 현재 영인본으로 널리 보급되어 있는 사서의 경우,■ 『대학』과 『중용』은 각각 178면, 294면이다. 200~300면에 불과한 책의 값이 면포 3~4필에 해당했다는 것이다. 참고로 현재 널리 읽히는 성백효 번역의 『대학』 『중용』의 합본[2]은 번역문과 원문을 합쳐 246면인데 값은 7500원이다. 면포는 아니지만 오늘날 (1필疋에 60만~70만 원 정도 하는) 안동포 3~4필을 이 번역본과 교환하고자 하는 사람이 있다면 아마도 정신질환자 취급을 받을 것이다.

2 『현토완역 대학·중용 집주(懸吐完譯 大學·中庸 集註)』, 전통문화연구회, 1996.

조선의 책값이 비쌌음을 말해주는 또 하나의 유력한 자료로 들 수 있는 것은 선조 9년(1576)의 자료다. 유희춘의 『미암일기초』에 다음과 같은 자료가 보인다.

내가 교정한 『주자대전』 『주자어류』는 모두 교정이 잘되어 사림士林이 이전 판본과는 아주 다르다며 다투어 애지중지하였다. 외방의 수령 중에 자제子弟를 위해 사려고 하는 사람이 오승목五升木 1동同을 값으로 치르고도 도리어 구할 수가 없다고 한다.[3]

3 『미암일기초』 5, 227 면: 병자년(1576) 6월 25일.

■　이것은 원래 세종 때 찍은 것을 다시 간행한 것이다.

조선시대 책과 지식의 역사

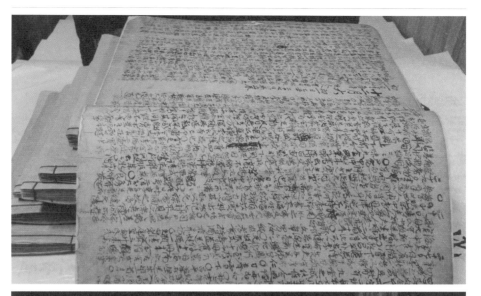

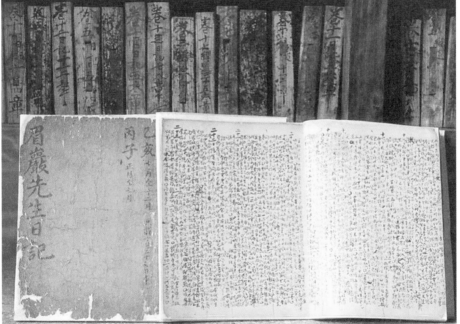

유희춘의 『미암일기초』 원본의 모습.

1동同은 면포 50필이다. 이것이 『주자대전』의 값인지 『주자어류』의 값인지, 아니면 둘을 합한 값인지는 몰라도 어마어마한 금액이 아닐 수 없다.

상면포 3~4필과 오승목 1동은 어느 정도 가치를 갖는가? 상면포는 삼승포三升布를 말하는 것으로 보통품질의 무명을 말하고, 오승목은 이보다 고급품질의 무명이다. 성종대에 완성된 『대전속록大典續錄』에 의하면, 풍년과 흉년을 막론하고 면포 1필에 쌀 7두斗를 환산하게 되어 있었다.[4] 물가변동을 고려하지 않고 단순 비교하기에는 무리가 따르지만, 일단 이를 기준으로 삼는다면 3~4필은 쌀 21말에서 28말 가격에 해당하는 셈이다.■ 20세기에는 보통 1마지기 논에서 산출되는 쌀이 대개 1섬, 즉 10두였다. 여기서 농업기술의 진보는 일단 논외로 하자. 그렇다면 21말에서 28말이란 논 2마지기 내지 3마지기에서 산출되는 양인 것이다. 『대학』이나 『중용』의 가격이 논 2~3마지기 소출에 해당하니 엄청난 고가인 것이다.

물론 이것은 법전상의 자료이기 때문에 현실과는 어긋날 수 있다. 1511년 천재지변이 들어 물가가 앙등하기 전의 면포 시세는 해마다 변동은 있지만 대개 3두였다. 3두를 기준으로 한다면 3~4필은 역시 9~12두가 된다. 논 1마지기의 1년 산출량이다. 이 역시 결코 낮은 가격은 아니다. 참고로 20세기 이야기를 잠깐 해보자. 머슴을 고용했던 일제시대 경상남도 일대에서 1년치 품삯이

4 『중종실록』 14년 6월 11일.

■ 물론 물가변동을 고려해볼 수 있다. 1474년에서 1553년까지의 면포 1필당 쌀값은 대충 밝혀져 있다. 중종 24년의 면포 1필당 쌀값은 9월에 1두 정도, 10월에 6~7승, 11월에 5승 정도로 변동한 바 있다(이태진 외, 『서울상업사』, 태학사, 2000, 123면). 『대전속록』의 7두와 너무나 동떨어진 값이다. 그 사정은 1511년부터 시작된 장기적 천재지변으로 인한 흉년 탓에 쌀값이 폭등한 데서 찾을 수 있다. 따라서 중종 24년의 쌀값은 정상적인 것이 아니고, 이를 준거로 삼기도 곤란한 것이다.

조선시대 책과 지식의 역사

쌀 1가마니였다고 한다.[5] 조선시대라 해서 별로 다르지 않았을 테
니 머슴이 1년을 고생해야 『대학』이나 『중용』 한 권을 얻을 수 있
다는 말이 된다.

　『주자대전』 『주자어류』는 성리학의 이해와 연구에 절대적으로
필요한 서적이다. 이 책의 값이 오승목 1동이라면 보통 백성이 느
끼기에 얼마만큼의 무게일까? 오승목은 조선 후기 국가에서 징수
하던 군포 기준으로 너비 7치, 길이는 35척이다. 임병양란이 끝나
고 정부는 양인들로부터 군역을 지지 않는 대신 1년에 군포 2필을
거두어들였는데, 이것이 너무나 가혹한 조치여서 그 부담을 감당
하지 못해 자살하는 자와 야반도주하는 자가 속출하고 급기야 거
대한 사회문제가 되었을 정도니, 군포 1필이란 어머어마한 가치였
던 것이다.■ 군포가 사회문제가 되자 1750년 균역청을 설치하고
2필을 1필로 감축했지만 그조차 농민에게는 감내할 수 없는 고통
의 무게였다. 『주자대전』 『주자어류』의 값이 50필이라는 것은
1750년 이전이라면 양민 25명이 1년 동안 내야 하는 군포의 양에
해당하고, 1750년 이후라면 양민 50명이 내야 하는 군포의 양에
해당하는 것이었다.

　이렇듯 조선 전기에는 책값이 엄청나게 높았다. 그런데 더 상세
한 자료는 없을까? 앞서 언급한 바와 같이 명종 9년(1554) 어숙권
魚叔權은 사대교린事大交隣에 관한 간단한 지식과 일상생활의 상식
을 내용으로 하는 『고사촬요』를 엮었는데, 이 책에 서적과 관련된
중요한 자료가 있다. 첫째 어숙권 당시 전국 각 지방에 소장된 책
판의 목록과, 「서책시준書冊市准」이라 하여 당시 서적의 가격을 기

■　군포가 가혹한 조세였음은 국사 교과서에 등장하는 '황구첨정黃口簽丁'이니 '백골징포白骨徵布'니 하는
말로도 충분히 짐작된다.

「서책시준」. 명종 9년 어숙권이 쓴 『고사촬요』에 들어 있는 당시 서적 가격을 기록해놓은 자료(주황색 부분). 국립중앙도서관.

록해놓은 것이다. 물론 순수한 책의 정가가 적힌 것은 아니고 책을 찍는 데 필요한 비용을 값으로 밝혀놓은 것이다. 『고사촬요』 원본은 지금 전하지 않고 후대의 번각본과 수정 보유판補遺板이 여럿 전하는데, 연조가 가장 높은 것은 선조 9년(1576)의 을해자 인쇄본이다. 「서책시준」을 그대로 인용해보자. 여기서 시준이란 말은 '시가時價'라는 말이다. 길지만 있는 그대로 인용하겠다.

조선시대 책과 지식의 역사

서명	종이	면포	쌀
『소학대문』	5첩 14장		1두 5승
『소학집성』	15첩 10장	0.5필	1두 5승
『대학』	3첩 3장		1두
『대학혹문』	3첩 16장		1두
『중용』	5첩 15장		1두 5승
『맹자』	25첩 12장	1.0필	2두
『시전』	44첩 10장	2.0필	2두 5승
『서전』	37첩 12장	2.0필	5승
『춘추부록』	70첩 10장	3.5필	2두
『주역』	53첩 12장	2.5필	2두 5승
『예기』	59첩 10장	2.0필	1두 5승
『좌전』	44첩	2.0필	2두
『성리대전』	108첩 17장	6.0필	
『소미통감』	60첩 16장	3.0필	
『호전춘추』	27첩	1.0필	2두
『운부군옥』	50첩	2.5필	1두
『운회』	49첩 12장	2.5필	
『본초연의』	58첩 12장	3.0필	1두
『향약집성방』	99첩 16장	5.5필	
『삼강행실도』	17첩 12장	0.5필	2두 5승
『병서』	22첩 11장	0.5필	

서명	종이	면포	쌀
『역대병요』	60첩	3.0필	
『계원필경』	11첩	0.5필	1두
『서하집』	7첩	0.5필	
『명황계감』	7첩 3장	0.5필	
『십구사략』	33첩 19장	1.5필	1두 5승
『고문진보』		0.5필	5승
『심경부주』			
『경국대전』	15첩 10장	0.5필	1두 5승
『후속록』			
『성학십도』	12장		

　먼저 팔리는 책의 종류를 보자. 사서삼경 같은 경서와 통감 유의 역사서 그리고 『성리대전』 등의 성리학 서적이 주류다. 이것이 조선조 지식인들이 선호하는, 아니 반드시 읽어야만 하는 책이었던 것이다. 그렇다면 이 책들의 값은 얼마였을까?

　위의 표는 서명, 종이, 면포, 쌀 등의 항목으로 짜여 있다. 여기서 문제가 되는 것은 종이, 면포, 쌀 간의 상관관계다. '종이' 항목은 책을 찍는 데 필요한 종이의 양을 가리킨다. 그럼 면포와 쌀은 곧 종이의 값을 말하는 것인가? 『서하집』은 종이 7첩에 면포가 0.5필이다. 만약 면포가 종잇값이라면, 면포 1필당 종이 14첩이 될 것이다. 그런데 『역대병요』는 종이 60첩에 면포 3필로, 면포 1필당 종이 20첩이 된다. 『서하집』과 『역대병요』는 6첩 차이가 난다. 종이 1첩은 100장으로 6첩은 종이 1200장이다. 따라서 위 표에 제시된 면포·쌀은 당연히 종이의 값이 아니다. 즉 면포와 쌀의 양은 책을 인쇄하는 비용, 곧 인쇄품삯을 말하는 것이다.

그럼 면포와 쌀의 양은 어떤 관계에 있는 것인가? 이 역시 호환이 되지 않는다. 즉 면포와 쌀이 함께 적힌 경우는 인쇄품삯으로 면포와 쌀을 같이 내야 한다는 뜻이다. 『소학집성』의 예를 들자면, "15첩 10장, 0.5필, 1두 5승"이라 적고 있는데 이는 종이는 15첩 10장을 내고, 인쇄품삯으로는 면포 0.5필과 쌀 1두 5승을 내라는 말이다.

「서책시준」은 명종 6년 서점 개설 논의가 있고 나서 그 3년 뒤에 작성된 것이다. 그렇다면 여기 적힌 사항은 아마 서적보급을 위해 종이를 가져오면 교서관에 소장된 목판으로 간행해주겠다는 정책적 산물이 아니었을까 싶다. 책을 인쇄하는 데는 단순히 종이만 드는 것이 아니라, 장인의 노동력과 인쇄에 쓸 먹 등이 소요된다. 아마도 관에서는 종이를 마련해 오면 인쇄비용을 받고 인쇄를 해주었던 것으로 여겨진다.

하지만 이런 경우에도 책값은 비쌌다. 성리학 연구에 절대적으로 필요한 『성리대전』 같은 서적은 종이가 약 108첩(1만 800장)에 인쇄품삯은 면포 6필이었다. 위에 인용한 「서책시준」은 1576년의 것이다. 그런데 앞서 유희춘은 1570년 6월 선상목選上木 1필로 책지용 백지白紙 6권을 사들이고, 7월에는 오승목 1필로 백지 6권을 사들이고 있다.[6] 1576년과 비교해 불과 6년 전 이야기니 이를 당시의 종이 시가로 생각해도 좋을 것이다. 한편 『맹자』는 25첩 12장의 종이가 소용되니 이것은 2512장의 양이다. 1첩은 종이 100장이고, 백지 6권은 120장이니, 2512장을 면포로 환산하면 20필이 약간 넘는다. 이 역시 어마어마한 값이 아닐 수 없는 것이다. 만약

6 『미암일기초』 2, 310면, 343면: 경오년 (1570) 6월 27일·경오년 7월 21일.

위 표의 책 22종을 모두 구입하려 한다면 어지간한 집안은 재산이 기울었을 것이다.

지금까지 계산한 것은 물론 엄밀하지 않다. 현재 우리에게 남아 있는 자료를 통해서는 조선 전기 서적의 가격을 명확하게 밝혀낼 수가 없어서다. 다만 조선 전기의 책값은 서적의 범람 속에서 살아가는 우리 현대인들은 상상조차 할 수 없을 만큼 높았다. 그 시절 책은 결코 만인의 것이 아니었다. 책은 극소수의 전유물이었다. 오로지 양반으로서 관직을 보유한 사람이거나 지주 계층만이 책을 구입할 수 있었던 것이다.

조선시대 책과 지식의 역사

값비싼 구리와 요구되는 노동력

인쇄술은 책의 대량 복제와 유포를 가능하게 한다는 점에 그 의의가 있다. 앞서 2장에서 상세히 살폈듯 우리에게 '금속활자'는 '민족문화'의 상징이 되어 있다. 흔히 금속활자라고 하면 그 결과로서 책의 대량 발행과 책값 하락, 독서인구 증가를 떠올린다. 그러나 조선에서는 금속활자 발명에도 불구하고 책값이 여전히 높았다. 왜 그랬던 것일까? 먼저 인쇄기술 쪽부터 살펴보자.

조선시대 인쇄의 주류는 목판인쇄와 금속활자인쇄였고,■ 그 가운데서도 대종을 이룬 것은 목판인쇄였다. 특히 앞서 검토한 「서책시준」에 올랐던 책들은 당시 수요가 가장 많던 책들인데 예외 없이 목판이었다. 그렇다면 목판본 제작에는 과연 어느 정도 비용이 들었던 것인가? 이 문제를 확인할 조선 전기의 자료는 현재 없다. 우회적인 길을 선택해보자.

아주 드문 사례로 성재 허전許傳의 『성재집性齋集』 간행비용이 소상하게 남아 있다.7 『성재집』은 1891년 박치복朴致馥이 주축이 되어 33권 17책으로 간행한 것이다. 이때 간행을 위해 모은 돈은 1만 578냥 4돈 7푼이었고, 실제 사용된 돈은 8554.47냥이었다. 이 중 책판을 보관하는 장판각藏板閣 등 건물 몇 채를 짓는 데 2103.06냥

7 류탁일, 「성재 허전의 문집 및 저술 간행」, 『성호학파(星湖學派)의 문집 간행연구』, 2000, 부산대 출판부, 12~40면, 이하 문집 간행비용에 대한 언급은 모두 이 논문에서 취한 것이다.

■ 목활자인쇄가 있기는 했지만 조선 전기에는 사용이 미미했기에 굳이 여기선 다루지 않는다.

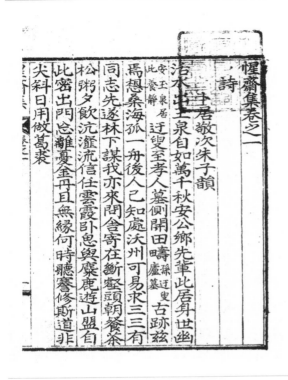

『성재집』. 조선 후기의 문신 허전의 시
문집이다. 1891년, 33권 17책으로 간행.

이 들었고, 순수하게 책 간행에 들어간 비용은 6451.41냥이었다.
6451.41냥의 세목은 다음과 같다.

책판 각판비	2740.87냥		42퍼센트
인출비	종잇값	1531.09냥	
	인출품삯	450냥	31퍼센트
	계	1,981.09냥	
잡비	1729.45냥		27퍼센트
합계	6451.41냥		

조선시대 책과 지식의 역사

목판을 새기는 데 든 비용과 인출비의 비율을 합하면 73퍼센트다. 현대의 출판과 비교하면 조선시대의 출판에서는 조판비와 종잇값과 인쇄비가 대부분을 차지하는 것이다. 특히 인출비는 종잇값과 인출품삯으로 구성되는데, 종잇값이 1531.09냥이고, 인출품삯은 450냥이었다. 종잇값은 전체 출판비용 6451.41냥의 24퍼센트를 차지한다.

『성재집』은 사장私匠이 인쇄한 것이고 19세기 말에 인쇄된 것이니, 이것을 조선 전기로 소급 적용하기에는 무리가 따른다. 하지만 그동안 목판인쇄술에 결정적 변화가 없었던 점을 고려하면 전체적 비용 구성은 아마 비슷했으리라 추측된다. 즉 목판본으로 인쇄했을 때 비용의 대부분은 목판 제작 품삯과 종잇값이 차지했던 것이다.

그런데 『성재집』 인출에 들어간 비용은 과연 어떤 정도의 사회적 구매력을 가졌을까? 정확히는 말할 수 없지만 막대한 금액이라는 점은 짐작할 수 있는데, 208개 문중과 24개 고을, 그리고 수십 명의 개인이 출연해 조성한 것이다. 만약 한 가문에서 이 책을 찍으려 했다면 거의 불가능한 일이었을 것이다.

하지만 책값을 높이는 보다 본질적인 이유는 목판 그 자체에서 찾아야 한다. 목판의 치명적 약점은 대량 인쇄가 불가능하다는 것이다. 목판은 무제한적 인쇄를 허용하지 않는다. 다만 인쇄가 끝나면 해판해버리는 금속활자인쇄와는 달리 보관이 가능하고 필요할 때마다 인쇄할 수 있다는 것이 장점이다. 금속활자인쇄에 비해 목판인쇄는 다량의 인쇄물을 지속적으로 얻을 수 있는 것이다. 그러나 이런 특성은 금속활자와 비교했을 때 얻게 되는 결과일 뿐이다. 목판인쇄는 일정한 수효 이상의 인쇄를 거치면 글자가 이지러지고 나무의 결이 드러나는 등 인쇄결과가 나빠진다. 따라서 수요가 많은 서적은 목판을 다시 제작해야 하고 거기에 또다시 비용이 들게 된다. 목판인쇄는 결코 저렴한 인쇄방식이 아닌 것이다.

그러므로 금속활자를 사용하면 책값이 훨씬 낮아지는 게 맞다. 하지만 조선의 금속활자 사용은 책값을 떨어뜨리지 못했다. 금속활자인쇄가 상당한 문제를 내포했기 때문이다. 이미 언급한 바와 같이 구텐베르크의 금속활자 및 인쇄술은 이후 50년 동안 유럽 전역에 급속도로 전파되었다. 이에 반해 조선의 금속활자는 조선조가 종언을 고할 때까지 소수의 경우를 제외하고는 오로지 국가가 독점했다. 왜 금속활자는 구텐베르크의 활자처럼 민간에 보급되지 못했는가? 조선조 인쇄물의 대종을 차지한 것은 금속활자인쇄물이 아니라 목판인쇄물이었다. 『고사촬요』에 실린 서적들 역시 금속활자가 아니라 목판인쇄물이었다. 금속활자가 지식의 독점을 해체했다는 서양의 전례를 두고 볼 때 조선조의 금속활자는 분명 정반대의 길을 걸은 것이다.

여기에는 여러 이유가 있을 것이다. 책을 읽을 수 있는 독서층이 박약했다는 것, 따라서 서적의 대량 발행이 불가능해 책값이 높게 형성되었다는 이유도 있다. 하지만 그 역도 가능하다. 즉 책값이 너무 높아 독서인구 형성을 저해했을 수도 있다. 물론 양자는 서로 영향을 주고받았을 것이다. 그러나 여기서는 일단 후자의 경우를 검토하기로 한다.

서적인쇄에 필요한 물자는 활자, 목판, 종이, 잉크(먹)로 정리된다. 여기에 노동력이 투입되어 책이 탄생하는 것이다. 그런데 목판은 나무이니만큼 조달이 비교적 쉽다. 먹 역시 나무를 태워 만드는 것이기 때문에 구하고 얻기가 어렵지 않다. 그렇다면 문제는 활자와 종이다. 이 문제를 검토해보자.

조선조의 금속활자는 동활자였다. 극소수의 철활자가 있기는

조선시대의 금속활자와 조판을 복원한 모습. 1455년 을해자본 『주자대전』. 청주고인쇄박물관.

8   책값은 얼마였을까?

315

했지만 예외적이다.■ 동활자 주조 숫자부터 알아보자. 앞서 언급한 바와 같이 조선 전기의 금속활자는 보통 10만 자에서 20만 자가 주조되었으며, 태종 3년 주자소 설립부터 시작해 성종조에 이르기까지 11차례 주조되었다. 중간에 앞서 쓰던 활자를 녹여 다시쓴 경우도 있지만, 대개는 새로 주조한 것이었다.

조선조의 활자는 조선조의 책을 보면 알 수 있듯 그 크기가 큰편이다. 요즘 책은 어지간하면 1면당 200자 원고지 5장가량, 곧 1000자를 담지만, 조선조 책들은 평균 1면당 10행 20자, 곧 200자원고지 1장 정도의 밀도로 조판되었다. 활자 크기가 엄청나게 컸다는 이야기다. 이를 15만 자 주조하고자 하면 상당량의 구리가필요하다. 더욱이 금속활자는 세종대에만 3차례 만들어졌으니 활자 주조에 엄청난 양의 구리가 투입되었을 것이다.

조선 전기에는 구리가 결코 값싼 금속이 아니었다. 오늘날에도구리는 철보다 값이 비싸다. 조선시대에 구리를 얻는 방법은 세가지였다. 첫째 구리그릇 등 기존의 구리를 녹여 사용하는 것, 둘째 광산에서 구리를 캐내 정련하는 것, 셋째 일본으로부터 사들이는 것이다. 구리 수요가 폭발적으로 늘어난 것은 세종 5년에 동전주조가 결정된 직후. 정부는 동전 통용을 결정하고 당나라의 개원통보開元通寶를 본떠 조선통보朝鮮通寶를 주조했다. 문제는 구리였다. 세종 6년 1월 18일의 상황을 보자면, 동전을 주조하는 화로가 30개였고 하루에 소요되는 구리의 양은 135근이었다. 1개월에는 4050근이요 1년에는 4만 8060근에 달했는데 그 시점에서 보유하고 있던 구리는 4011근에 불과했다. 즉 1개월 분량도 채 남아있지 않았다는 이야기다. 그만큼 구리는 귀한 금속이었던 것이다.

■   철활자는 녹이 슨다는 단점이 있어 활자는 대부분 동활자였다.

조선시대 책과 지식의 역사

부족한 구리 확보를 위해 각 관청은 물론 전·현직 관리들에게 품계에 따라 구리를 배분하여 바치게 할 것, 경외京外 관청의 구리 기명器皿과 범죄자의 속전贖錢을 구리로 바치게 할 것, 경사經師 무녀의 업세業稅■를 구리로 바칠 것, 민간에 흩어져 있는 역대 동전을 구리로 바치게 할 것, 돈을 녹여서 구리로 쓰는 자는 사사로이 주전한 죄로 논할 것 등이 결정되었고, 실제 양반 관료에게 품계에 따라 바칠 구리의 근수를 정한 기록까지 남아 있다. 그러나 이것으로 늘어나는 구리 수요를 충족시킬 수는 없었다. 구리광산을 개발하려는 노력이 시작되었다.

경상도, 전라도, 황해도, 평안도에서 구리광산을 개발하라는 명령이 떨어졌고,[8] 이후 구리가 산출되는 지방에 관한 기록도 발견된다. 여기서 그 전말을 낱낱이 들출 수는 없지만, 결론적으로 말해 구리광산 개발은 실패로 돌아갔다고 단언할 수 있다. 대부분의 구리광산은 투입 노동력에 비해 산출량이 터무니없이 적었던 것이다.[9] 더욱이 이 시기 구리광산 채굴인부는 모두 농민이었다. 농사를 짓는 농민을 광산에 투입해야 했으니 정부로서도 부담이 컸을 터이다.

정부는 주전에 드는 구리를 확보하기 위해 공사公私의 기명을 구리로 만들지 못하게 하고, 어기는 자는 장형杖刑 100대에 수군水軍으로 보충시키는 등 강력한 정책을 폈으나, 동전은 유통되지 않았고 주전사업 역시 실패로 돌아갔다.[10] 이후 구리는 "우리나라에 나지 않는 것"[11]이었으며, 나더라도 제련이 어려워 있으나마나 한 것으로 인식되었다. 세종 27년 7월 2일에는 국내 구리광산의 산출

8 『세종실록』 6년 9월 2일.

9 『세종실록』 21년 8월 28일, 『세종실록』 21년 1월 3일.

10 『세종실록』 9년 1월 7일.

11 『세종실록』 27년 6월 15일. 세종의 말이다.

■　'경사'는 굿이나 장례식에서 경문經文을 읽어주는 사람이다. 조선조에는 경사나 무당의 일을 억제하려고 이들에게 징벌의 의미로 세금을 받았다. 이것을 업세라고 한 것이다.

서양의 라틴 자모와 한자·한글 금속활자 자모. 청주고인쇄박물관.

량이 많지 않고 제련법이 발달하지 못해 구리광산을 찾아내고 제련법을 제시하는 사람에게는 상을 주겠다는 말까지 하고 있으니, 그 사정을 알 만하지 않은가.

더욱이 구리광산을 정부가 독점하며 개인의 광산 개발은 금했으므로 구리광산 개발이란 거의 불가능한 일이었다. 물론 가끔은 민간의 개발을 허락하는 경우도 있었으나 일회성에 그쳤다. 이로 인해 국내 구리광산은 18세기 중엽까지 거의 개발되지 못한 상태였다. 부족한 구리는 일본과의 무역으로 충당했다. 이미 세종 때 일본으로부터 구리를 수입했으며,[12] 성종조에 와서는 우리 쪽에서 대가를 치를 수 없을 정도로 많은 구리를 가져오기도 했다.[13] 대금은 면주綿紬와 정포正布와 면포綿布였다.

조선의 구리 부족 현상은 만성적인 것이었다. 구리가 귀한 금속이라는 점이 결국 조선 전기에 금속활자가 국가의 독점물이 되는 데 결정적 이유가 되었다. 하지만 보다 본질적으로는 조선의 활자가 한자라는 게 더 큰 요인이었다. 앞서 언급한 바와 같이 라틴 자모는 스물 몇 개의 활자만으로도 모든 책을 찍어낼 수 있다. 20벌이면 500~600자, 40벌이면 1200자 내외, 100벌이면 2500~2600자 정도다. 반면 한자는 어떤가. 최소한 10만 자였다. 서책을 제대로 인쇄해내려면 막대한 양의 활자가 필요했고, 따라서 활자 인쇄는 매우 많은 구리를 요구했던 것이다. 혹 구리를 손쉽게 구할 수 있다 하더라도 그 많은 활자를 제작하려면 거기에 또 엄청난 노동력이 들었으며, 그렇게 만든 활자로 책을 인쇄하는 데도 역시 노동력이 필요했다. 바로 이것이 금속활자가 조선사회에서 보편화되지 못한 이유다.

구텐베르크의 활자는 상업적 목적을 겨냥했으나 조선의 활자는 상업성과는 애초 상관이 없었다. 어떤 개인이 막대한 구리를 들여

12 『세종실록』 1년 4월 13일.

13 『성종실록』 23년 7월 1일.

활자를 주조하겠는가? 그것으로 과연 책을 찍어내 이익을 얻을
수 있단 말인가? 이 엄청난 일을 감당할 수 있는 것은 오로지 국가
뿐이었다. 금속활자로 다량의 책을 찍어 책값을 내릴 수 없었던
이유가 바로 이것이다.

종잇값은 왜 비쌌을까?

현대의 서적 출판에서 책값은 원고료, 디자인비, 조판비, 인쇄비, 종잇값, 제본비, 유통비, 인건비, 그리고 출판사 이익에 따라 결정된다. 여기서 가장 높은 비율을 점하는 것은 원고료와 표지와 본문의 디자인비, 조판비와 인건비일 것이다. 그러나 조선시대의 출판에서 책값에 영향을 미치는 가장 큰 비용은 종이였고, 지금과는 달리 엄청나게 높은 값에 매매되었다.

조선 전기에 종잇값이 얼마였는지는 정확히 밝혀진 바가 없다. 계량적 접근이 불가능한 것이다. 다만 몇몇 사료를 통해 종잇값이 고가였음은 확인할 수 있다. 세종 29년의 기록에 의하면 면주 3필로 표전지表箋紙 12장을 구매했다 하니, 면주 1필이 표전지 4장에 해당했던 것이다.[14] 면주는 명주로 곧 비단을 말한다(염색하지 않은 흰 비단이다). 표전지가 일반 서적을 인쇄하는 책지에 비해 고급 종이였다고는 하지만, 비단 1필 값이 종이 4장 값이라는 것은 종잇값이 상상할 수 없을 정도로 비쌌다는 의미다. 다음은 연대를 알 수 없는 자료인데, 곡식과 교환되는 종이 1장당 가격이다.[15]

14 『세종실록』 29년 윤4월 7일.

15 이겸노, 『문방사우』, 대원사, 1989, 27면.

청색지 1장	벼 7되(승) 5홉(경상, 전라)
국화지 1장	벼 5되(전라), 벼 1말(경상)

옥색지 1장	벼 1말 2되 5홉(경상, 전라)
설화지 1장	쌀 2되 5홉(전라), 벼 1말 3되 4홉(경상)
도화지 1장	쌀 2되 5홉(전라), 벼 1말 2되(경상)

이 자료의 연대를 알 수 없어 유감이지만 분명한 것은 종잇값이 무척 비쌌다는 사실이다. 위 자료에서 벼는 도정하지 않은 것이고 쌀은 도정한 것을 말한다. 가장 값이 높은 것은 경상도에서 유통된 설화지의 가격이다. 1장에 벼 1말 3되 4홉이었으니 도정한 쌀로 환산하면 6.5되에 해당한다. 조선에서는 쌀값이 엄청나게 비쌌으니, 쌀 6.5되를 종이 1장과 교환한다는 것은 일반 서민으로서는 상상하기 어려운 일이었다.

가장 정확한 자료는 앞서 소개한 1570년 6월 유희춘의 자료다. 이에 따르면 유희춘은 선상목 1필 또는 오승목 1필로 백지 6권을 사들인다. 어림잡아 면포 1필당 종이 120장이라는 이야기다. 위에서 계산한 바와 같이 『맹자』 한 질을 간행하자면 면포 20필 이상의 값을 치러야 했다. 면포 20필을 내고 『맹자』를 갖출 사람이 흔치는 않았을 것이다.

종잇값은 왜 비쌀 수밖에 없었을까? 종이는 책의 인쇄에만 쓰인 것이 아니다. 여러 용도가 있었다. 첫째 국가와 왕실의 수요가 있었다. 신하가 국왕에게 올리는 각종 문서, 관청과 관청 사이에 오가는 공문서, 국가가 신하에게 내리는 각종 문서가 다 종이였다. 둘째 중국에 올리는 문서와 중국에 대한 공물, 과거시험에 쓰이는 답안지, 심지어 장례와 갑옷을 만드는 데도 종이가 사용되었다.[16] "종이는 용도가 많아 공사公私의 서계書啓와 대소 상장喪葬

16 『세종실록』 6년 5월 25일.

조선시대 책과 지식의 역사

닥나무를 종이의 재료로 사용하기 시작한 것은 고려시대이지만 조선시대에 본격적으로 닥나무 재배를 장려했다. 줄기를 꺾으면 딱 하는 소리가 나기 때문에 '딱나무'라 하던 것이 표기가 바뀌어 닥나무라 부르게 되었다 한다. 닥나무의 질긴 나무껍질을 이용해 다양한 한지韓紙를 만들어낸다.

에 쓰이지 않는 데가 없다"고 할 정도였던 것이다.[17] 더욱이 태종부터 시작된 출판의 활성화는 종이 수요를 폭발적으로 증가시켰고, 이에 따라 종이는 더욱더 부족해졌다. 종이 부족을 극복하기 위해 용도에 따라 종이의 질을 규정하는가 하면,[18] 이를 어길 경우 처벌을 강화한다고 엄포를 놓았으나 소용이 없었다.[19] 종이의 재료가 되는 닥나무의 품귀로 두꺼운 종이의 제조를 제한하고, 다른 재료를 쓴 잡초지雜草紙를 사용하기로 결정했으나,■ 잡초지는 품질이 나빠 계속해서 닥지가 사용되었다.[20] 묵은 종이를 원료로 하는 재활용 종이인 환지還紙를 사용하도록 하기도 했지만 이 역시 품질이 조악해 사용이 중지되었다.[21]

이처럼 조선 전기는 종이의 수요량이 엄청나게 증가하고 있었으나 공급은 수요를 채워주지 못했다. 왜 종이는 부족할 수밖에 없었을까? 종이의 생산량 역시 원료와 노동력의 결합이 결정하는데 바로 여기에 문제가 있었다.

먼저 종이의 원료부터 따져보자. 조선시대의 종이는 종류가 여럿이고 그 원료도 다양하지만, 역시 가장 기본적이면서 절대적으로 많이 쓰인 원료는 닥이었다. 『경국대전』「공전」'재식栽植'에 의하면, 옻나무와 뽕나무 과목, 완전莞田, 전죽箭竹이 생산되는 곳과 더불어 닥나무에 대해서도 공조工曹와 해당 도·고을에서 장적帳籍을 작성해 국가의 관리대상으로 삼고 있다.[22] 닥나무를 국가의 장부에 올리도록 법령으로까지 정한 것은 닥의 확보가 그만큼 중요했다는 뜻이다. 다시 말해 닥이 늘 부족한 현실을 반영하는 것이다.

닥나무를 많이 심으면 될 것 아닌가 반문할 수 있지만, 사실 닥을 심고 가공하는 일은 백성들에게 엄청난 부담을 주었다. 『태종

17 『태종실록』10년 10월 29일.

18 『태종실록』7년 10월 24일, 『세종실록』19년 11월 26일.

19 『세종실록』25년 8월 10일.

20 『예종실록』원년 10월 4일.

21 『세조실록』5년 2월 18일, 『세조실록』7년 9월 1일.

22 『역주경국대전』487면.

■　잡초지는 닥에 초절목피草節木皮 1근·저피楮皮 3냥을 섞어 제조한 것.

조선시대 책과 지식의 역사

실록』10년 10월 29일 기사는 닥나무와 백성들의 관계를 두고 이렇게 말한다.

대소의 민가에 닥나무밭(楮田)이 있는 경우는 백에 하나둘도 없고, 가지고 있는 경우도 소재지 관청에 빼앗겨 이익이 자신에게 미치지 않고 도리어 해가 따릅니다. 그러므로 심지 않을 뿐 아니라 혹 베어버리는 자까지 있으니 한탄할 일입니다.

닥은 공물이었고 정부에 대가 없이 바치는 것이었다. 닥나무가 있다 해도 관에 빼앗겨 이익은 없이 해만 따르기 때문에 심지 않을 뿐만 아니라 베어버리기까지 한다는 데서 수탈의 강도를 짐작할 만하다. 이에 대호는 200주株를, 중호는 100주를, 소호는 50주■를 이듬해(태종 11년) 2월까지 모두 심게 하고, 감사로 하여금 사람을 보내 살펴서 법을 지키지 않을 경우 저화楮貨로 속전을 내게 하고 수령을 처벌하기로 결정했다. 그러나 이 법은 온전히 집행되지 않았다. 이후에도 닥나무가 부족하다는 지적은 계속 나왔기 때문이다.■■ 23 더욱이 함경도와 평안도 등 닥나무 생장에 적합하지 않은 기후와 풍토가 많았기 때문에 닥의 생산은 주로 경상도·충청도·전라도에 국한되었던 것이다.24 책을 만들 종이를 확보하기 위해 대마도에서 왜닥倭楮을 구해25 강화에 시험재배한 뒤 충청도 태안, 전라도 진도, 경상도 남해·하동에 나누어 심게 한 것도 모

23 『단종실록』 2년 6월 21일.

24 『세조실록』 6년 6월 12일.

25 『세종실록』 12년 8월 29일.

■ 조선시대 호적에서는 민호民戶를 빈부에 따라 5등급으로 나눠 기록한다. 대호大戶란 지방의 경우 50결結 이상의 토지를 소유한 것을, 서울의 경우 40간間 이상의 가옥을 소유한 것을 말한다. 20결 이상의 토지(지방), 30간 이상의 가옥(서울)은 중호中戶라 하며, 10결 이상의 토지(지방), 10간 이상의 가옥(서울)은 소호小戶, 5결 이상의 토지(지방), 5간 이상의 가옥(서울)은 잔호殘戶, 4결 이하의 토지(지방), 4간 이하의 가옥(서울)은 잔잔호殘殘戶라 했다.

■■ "우리나라에서 닥나무를 생산하는 곳이 적다"고 지적하고 있다.

두 닥을 확보하려는 노력으로 보인다.[26] 요컨대 닥은 상품으로 제작된 것이 아니었다.■ 닥이 공물인 이상 백성들이 닥나무를 자발적으로 증식시키기를 기대하기란 어려웠다. 그래서 국가권력의 강제가 가해졌던 것이다. 이런 제약 탓에 기본적으로 종잇값은 높게 형성될 수밖에 없었다.

26 『세종실록』 21년 1월 13일.

■　이 말은 종이가 전혀 상품으로는 거래되지 않았다는 의미가 아니다. 조선 전기 서울 시전에는 종이를 판매하는 지전紙廛이 있었다. 종이가 필요한 서울 사람은 모두들 이곳에서 구입했을 것이다. 그러나 지전이 국가에서 찍어내는 막대한 책의 용지를 공급한 것은 아니었다.

조선시대 책과 지식의 역사

누가 종이를 만들었을까?

종이 제조처는 중앙과 지방으로 나눌 수 있다. 서울에서 종이를 제조하는 곳은 장의사동壯義寺洞▪의 조지서造紙署였다. 조지서는 원래 조지소造紙所였다. 태종 12년 11월 28일에 저화용楮貨用 종이가 각 도에서 생산된 탓에 두께가 각기 다르다는 이유로 경기도에 조지소를 설치해 두께를 균일하게 하자는 의견이 제기되었고, 3년 뒤인 태종 15년 7월 25일에 조지소를 설치하게 된 것이다. 그러다 세종 2년 전라도 전주부와 남원부에서 해마다 세밑에 공납하던 사대事大의 표表·전箋·주奏·계啓·자문咨文▪▪에 쓸 종이를 조지소에서 제작하게 했던 것이다. 이후 조지소의 종이는 품질이 우수하여 전주와 남원 두 부府의 세공歲貢 독촉의 폐단이 비로소 없어졌다.[27] 다만 제조에 필요한 닥은 여전히 남원과 전주 등에서 공납되었다.[28] 그리고 세조 12년 1월 15일에는 조지소의 명칭을 '조지서'로 바꾸었다.

조지서는 사대에 필요한 표문表文·전문箋文에 쓰일 종이를 맡아 제작하는 곳이었다.[29] 물론 그 이외의 종이가 전혀 제작되지 않

27 『세종실록지리지』 148권.

28 『문종실록』 1년 5월 3일.

29 『성종실록』 3년 6월 19일.

▪   지금의 세검정 부근이다.
▪▪   중국 쪽에 보내는 외교문서를 말한다. 보내는 대상이 황제인가 황태자인가 예부인가 여부에 따라, 그리고 보내는 목적에 따라 표·전·주·계·자문으로 나뉜다.

조지서의 위치를 알려
주는 도성도(18세기
중엽).

조지서에서 작업하는 모습을 그린 그림.

조선시대 책과 지식의 역사

앗던 것은 아니다. 당시로서는 사대적 목적이 그 무엇보다 중시되었기 때문에 『경국대전』「공전」 '조지서'조에 "표전지와 자문지, 그 밖의 여러 가지 지물을 제조하는 일을 맡는다"[30]라고 표전지와 자문지를 표가 나게 앞세웠을 따름이다.

조지서에는 지장 81명이 소속되어 있었으며, 이들은 경공장이었다. 조지서는 주로 표전지와 왕실 행정기관에서 쓸 종이를 만들었지만 책지도 제조했다. 세종 6년 8월 2일 지조소紙造所에서 댓잎·솔잎·쑥대·창포대를 섞어 만든 사색책지四色冊紙 406첩을 올리자, 주자소에 내려 보냈다는 것이나, 같은 해 11월 24일 지조소에서 새로 제조한 호절지蒿節紙 280첩, 송엽지松葉紙 22첩을 주자소에 내려주었다는 것이 바로 그 예다. 또 세종 16년 7월 17일 『자치통감』을 인쇄하기 위한 종이 30만 권 중에서 조지소에 5만 권의 제조를 할당한 것도 그 예가 될 것이다.

책을 인쇄하는 종이, 곧 책지는 조지서에서도 제작했으나 그것이 모든 책지의 수요를 다 채워줄 수는 없었다. 세종에서 성종에 이르는 기간 동안 엄청난 양의 서책인쇄에 사용된 종이는 조지서에서 만든 것이 아니라, 지방에서 만들어 상납한 것이었다. 지방에서 상납된 것으로 책의 인쇄에 필요한 종이를 특별히 '책지'라 불렀던 바, 이것이 상당한 양에 달한다.

실제 지방에서 종이를 공물로 바친 예를 보자. 연도는 미상이지만, 전라도 순천부에서 올린 것이다. 앞에 쓴 것은 공물을 올린 관청이다.

군기시軍器寺 ─ 소약선지小藥線紙 15권, 중폭지中幅紙
장흥고長興庫 ─ 저주지楮注紙 14권, 진상지進上紙 7권
교서관 ─ 책지 40첩, 시정기지時政記紙 8첩, 의지衣紙 15첩

예조─진봉상품도련지進捧上品搗練紙 3권, 중품도련지 1권, 중지中紙

7권, 광장지廣壯紙 6권

관상감─계목지啓目紙 2권, 일과지日課紙 12권[31]

31 진단학회, 『한국사조
선 전기편)』, 을유문화사,
1962, 434~435면.

그 용도를 짐작할 수 없는 각종 종이가 순천부가 만들어야 할 몫
으로 배당되어 있었던 것이다. 여기서 책의 인쇄에 쓰이는 책지는
교서관에 40첩을 공납하고 있다. 1첩은 100장이므로 모두 4000장
이다.

이처럼 책지는 지방에서 공물 형태로 상납되었다. 지금 우리가
지방에서 공납된 책지의 양을 계량적으로 완벽하게 파악하는 것
은 불가능하니, 그 요점만 『실록』 기사를 통해 대략이나마 알아보
자. 『문종실록』 즉위년 10월 10일 기사에 따르면, 1년에 진상하는
각종 책지는 경상도 6500권, 전라도 4500권, 충청도·강원도 각각
2000권이었다. 이는 매우 가혹한 요구였기 때문에 이해부터 매년
경상도에서 모절지麴節紙·유목지柳木紙 각각 2000권, 전라도에서
호정지蒿精紙·유목지 각각 2000권, 충청도에서 마골지麻骨紙 1000
권, 강원도에서 유목지 1000권으로 하고, 그 나머지는 아울러 모
두 감면해주기로 결정했다. 『단종실록』 1년 11월 4일자에 의하면,
주자소에 바치는 책지가 경상도·전라도에서 각각 2000권, 충청
도·강원도에서 각각 500권이라고 되어 있다.

이 외에도 부정기적으로 책지를 제조해 올려야 했다. 태종 13년
3월 11일 해인사에서 『대장경』을 인쇄하기 위해 풍해도豐海島(현
재의 황해도)·경기도·충청도 관찰사에게 명령해 각 도에서 만든
경지經紙 260속束을 경상도로 모으게 한 것을 시작으로, 이후 기
록에도 종종 나타난다.

(1) 『강목속편綱目續編』─경상도 4500권, 전라도 2500권.[32]

(2) 『자치통감』─조지소 5만 권, 경상도 10만 5000권, 전라도 7만
8000권, 충청도 3만 3500권, 강원도 3만 3500권. 총계 30만 권.[33]

(3) 『성리대전』 『오경대전』 『사서대전』─충청도 3000첩, 전라도
4000첩, 경상도 6000첩.[34]

(4) 『대장경』 50벌─충청도 5만 1126권, 전라도 9만 9004권, 경상
도 9만 9004권, 강원도 4만 5126권, 황해도 1만 1126권. 도합 30만
5486권.[35]

(1) (2) (3)은 세종 연간의 기록이며 (4)는 세조 연간의 기록이
다. 『자치통감』은 종이가 30만 권 든다는 것인데, 종이 1권은 20장
이므로 모두 600만 장의 종이가 필요한 것이다. 세조 3년 『대장
경』 50부 인출에 필요한 종이 30만 5486권은 모두 700만 장을 넘
는다. 위에 소개한 네 사례는 특별한 경우로 국가가 그 제조원료
를 감당한 경우다. 워낙 엄청난 양이라 이때는 정부에서 제조원료
의 값을 치렀지만, 정기적 공납일 경우에는 현지에서 원료를 구해
다가 제조해서 바치는 식이었다.

그렇다면 책지의 주요 생산처인 지방에서 종이 제조를 맡았던
사람은 누구인가? 종이 제작을 담당하는 사람은 지장紙匠이었다.
『경국대전』에 의하면 지방 외공장 중 이들 지장의 숫자는 다음과
같다.

충청(131)

경상(265)

전라(237)

강원(33)

도합 705명인데, 지방관아에 소속되어 종이 제조를 맡았다. 그러나 이들이 어떤 방식으로 어느 정도 양의 종이를 생산했는지는 전혀 알려져 있지 않다. 또한 관아에 소속된 지장만 종이 제조를 맡았던 것도 아니다. 지방관아의 지장과 어떤 관계였는지는 현재 알 수 없으나, 지방의 사찰과 농민도 종이 생산의 주체였던 것이다.

이 가운데 먼저 사찰의 경우를 보자. 세종 16년 『자치통감』 인쇄를 위해 종이 30만 권 제조를 명령한 적이 있는데, 이때 종이 제작을 맡았던 것은 경상도·충청도·전라도·강원도 경내 사찰의 승려였다.■ 사찰의 승려가 종이 제작을 맡은 것은 훨씬 전 시기로 소급할 것이다. 고려시대에는 사찰이 중요한 출판기관이었으며 사찰의 인쇄·출판에 필요한 종이 제작을 승려들이 맡아 했을 것으로 여겨지기 때문이다. 이는 널리 알려진 사실이기도 하다. 선조 29년 승문원 사자관 문계박文繼朴이 임진왜란 이후 기능이 정지된 조지서의 복원을 청하면서 종이 잘 만드는 승려를 모집해 일정한 대우를 해주고 종이 제조를 맡게 할 것을 청한 것[36]을 보면, 지방의 종이 제조는 사찰에서 맡았음을 추리할 수 있는 것이다.■■[37]

기계화된 현대의 제지업이라면 이야기가 다르겠지만, 한 장 한 장 수공업 방식으로 제조하는 상황에서 종이 제조는 엄청난 노동력을 요하는 일이었다. "종이를 만드는 어려움은 다른 노동보다 심하다"[38]라는 것이 제지노동에 대한 당대의 인식이었다. 그런데

[36] 『선조실록』 29년 8월 13일.

[37] 『정조실록』 17년 12월 18일.

[38] 『명종실록』 12년 5월 7일. 단양군수 황준량의 아룀.

■　"경내의 중들을 시켜 종이 뜨는 일을 하게 하라"고 명령하고 있다.
■■　조선 후기의 자료지만, "닥나무를 심는 것은 원래 승려들의 일"이라는 말에서 조선시대 전반에 걸쳐 사찰 승려가 종이 제조를 맡았음을 알 수 있다. 사실 조선시대에 승려가 종이 제조를 맡았다는 것은 상식이 된 이야기다.

이 노동에는 보상이 없었다. 즉 사찰이나 농민들의 종이 제조는 반대급부가 없는 강제노동에 의해 이루어졌다. 앞서도 말했듯 종이는 국가에 의무적으로 바쳐야 하는 공물이었다. 그러다 보니 조선 전기 인쇄문화의 이면에는 민중의 고통이 고스란히 배어 있다. 『세종실록』 28년 4월 30일 기사는 종이 제조에 동원되는 농민의 고통을 이렇게 증언하고 있다.

> 각 도에서 만드는 책지는 비록 봄과 가을 두 차례에 만들어 바치게 합니다. 하지만, 각 도에서 그 수를 채워 바치기가 쉽지 않아 농민들을 모아 계속 부리므로 농사에 방해가 되고 생업을 걷어치우는 탄식이 없지 않습니다. 우선 정지하게 하소서.

책지 제작은 농민의 사역을 통해 봄과 가을에 이루어졌던 것인데, 알다시피 봄가을은 농번기다. 즉 종이 제조가 농민으로 하여금 농사 지을 겨를조차 없게 만들었던 것이다.

종이 제조는 지방민이 걸머질 수밖에 없었던 가혹한 노동이었기 때문에 실록들에 이와 관련된 기사가 다수 보인다. 『문종실록』 즉위년 10월 10일자에서 전 현감 이운경李云卿은 종이 제작에 따른 폐단을 이렇게 말하고 있다.

> 지방에서 진상하는 '책지'는 도회소都會所를 설치하여 만듭니다. 닥나무와 군인의 수를 각 고을에 나누어 배정한 뒤 도회소에 모아놓고 여러 달 일을 시키므로 부자와 형제가 양식을 가지고 대신해서 일을 하고, 왕래하기도 매우 어렵습니다. 원하옵건대, 진상하는 책지를 이제는 서울의 조지소에서 만들게 하고, 각 품의 벼슬아치가 하사받는 책지는 5, 6년 동안은 양을 줄여 백성들을 쉽게 해주소서.

닥나무와 종이 제작에 필요한 군인을 각 고을에 배정해 도회소에 모아놓고 종이를 제작하게 했던 것이다. 몇 달씩 일이 계속되기에 아버지와 아들, 형과 아우는 서로 대신해서 일을 하러 가는 경우가 많았던 것이다. 어쨌든 이것은 강제노동이다. 노동력에 대한 보상은 전혀 없었으며 오히려 농민들 스스로 양식을 마련해 가서 노동에 응하는 방식이었다. 이운경은 이 문제를 해결하기 위해 지방의 책지를 조지소에서 제작하는 것으로 일원화해달라 요구했으나 이는 거부되었고 대신에 책지 생산량을 반으로 줄여주기로 결정되었다.

이처럼 종이 제조는 농민들에게 너무도 가혹한 노동이었다. 때로는 지방에서 공납하는 책지 수량이 감면되기도 했으나 일시적이었고▪ 종이를 공물로 강제 배정하는 일이 중단되지는 않았다. 『명종실록』 12년 5월 7일자에서 단양군수 황준량黃俊良이 민폐 10조를 상소하는데, 그중 종이 공납에 관한 폐단을 지적하면서 이를 4년 동안 정지해달라 청원하는 것을 보면 종이 징납은 여전히 농민에게 무거운 짐이었던 것이다. 사찰이라고 해서 사정이 다를 것은 없었다. 선조 37년(1604) 경상북도 선산善山의 도리사桃李寺에서 절에 부과된 종이 제작의 고충을 지방관에게 하소연하며 그 양을 줄여달라는 청원이 있었던 것[39]을 보면, 사찰 역시 종이 제조라는 과중한 임무에 시달렸던 것이다.

39 이겸노, 앞의 책, 19면.

조선 전기에 종이 제작을 맡았던 것은 지방의 농민과 승려였다. 물론 서울 조지서에서 종이를 전문적으로 제작했지만, 방대한 양의 서적을 인쇄할 때면 필요한 종이를 모두 조지서에서 감당할 수

▪ 『세조실록』 3년 3월 2일자에 따르면 경상도의 책지 1000권과 강원도의 책지 250권이 감면되었는데, 이 해에만 임시로 감면된 것이었다.

종이 제조과정을 그린 그림.

가 없었다. 지방에서 제조된 책지가 조선 전기 서적인쇄의 기본재
료였는데 그 절대다수가 공물이었다. 곧 농민의 노동력을 무상으
로 착취한 것이었다. 농민 입장에서는 국가권력의 강제에 의한 종
이 제조가 달가울 리 없었다. 종이의 현실적 수요만큼 생산한다는
것은 있기 어려운 일이었다. 예컨대 선조 6년(1573) 교서관에서
『발명강목發明綱目』200질을 인쇄하려 했으나 만약 책지가 생산되
는 충청도·전라도·경상도에 필요한 종이량을 부담시키면 전에
없는 폐단이 일어난다 하여 100질로 줄여 인쇄했다.[40] 종이 제조
가 농민에게 부담을 지우고 그게 다시금 농민을 동요시킨다는 것

40 『미암일기초』 4, 37면:
계유년(1573) 7월 16일.

이다. 농민 입장에서는 자신들에게 이익이 전혀 없는 종이를 자발적으로 생산할 리 없는 것이다.

종이 제조에 투입되는 노동력이 무가無價라는 점이 종이 생산량을 늘려줄 것 같지만 도리어 제한했던 것이고 그래서 종잇값은 올라갈 수밖에 없었다. 책값이 비쌌던 것은 바로 이런 이유였다.

요컨대 조선 전기 서적의 가격이 상상을 초월할 정도로 비쌌던 것은 한마디로 말해 책 제작에 드는 물자와 비용 부담이 컸기 때문이다. 목판을 새기는 데도 상당한 비용이 요구되었으며 절대적으로 필요한 재료인 종이의 가격이 엄청나게 높았던 것이다. 목판 제작에 드는 막대한 비용을 금속활자가 없애준 것도 아니다. 금속활자는 한자활자였기 때문에 금속활자 제작은 라틴 자모에 비할 수 없이 많은 수의 활자를 만들어야 했고 그에 필요한 구리는 매우 비싼 금속이었다. 금속활자가 사용되기는 했지만 국가의 독점물이었을 뿐 민간의 인쇄에 보편적으로 사용되었던 것은 아니다.

높은 책값은 책을 원하는 사람들이 책에 접근하는 길을 막았다. 곧 지식 확산을 저해했다. 그 비싼 책을 구입할 수 있는 계층의 사람들이 책에서 획득한 지식으로 조선사회를 지배했다. 책이 누구나 손쉽게 구입할 수 있을 정도로 값싼 것이었더라면 조선이라는 국가가 500년을 이어가지 못했을지도 모른다. 그러나 조선조가 끝날 때까지 책값을 낮추려는 시도는 전혀 없었다. 양반사대부들은 오히려 책값이 높은 상태로 유지되기를 바랐는지도 모른다.

9

책은 어떻게 유통되었을까?

책의 생명은 유통이다. 유통되지 않는 책은 존재하지 않는 것이나 마찬가지다. 책의 유통은 책의 존재만큼이나, 아니 책의 존재보다 더 중요하다. 책을 저주한 독재자들이 두려워한 것은 책의 존재가 아니라 책의 유통이었다. 책을 쓴 자를 잡아다 죽임으로써 위험한 사상의 싹을 잘라버릴 수 있다. 그러나 그 책이 단 한 권이라도 존재한다면 언제라도 복제되어 유통될 수 있다. 책의 유통이야말로 책이라는 물질에 생명을 불어넣는 것이다.

현대의 서적 시장은 출판사→서점→독자라는 간단한 구조를 갖는다. 물론 책이 출판사에서 서점에 이르기 전까지 유통을 담당하는 서적 도매상도 있지만 독자와 직접적으로 연관되지는 않는다. 책의 유통구조 역시 변천의 역사를 갖는다. 프랑스에서는 서적을 목판에 얹은 채 이곳저곳 다니면서 파는 행상이 있었다. 오늘날에는 또 어떤가. 서점은 보통 특정 장소에 책을 진열하는 공간을 갖고 있기 마련이지만 요즘엔 서점이 사이버 공간에도 존재한다. 책의 유통구조가 끊임없이 바뀌는 것이다.

그렇다면 조선시대에는 책이 어떻게 유통되었을까? 근대 이후 책의 유통을 담당했던 '서점'은 19세기까지 그 모습을 보이지 않는다. 아무리 자료를 동원해도 18세기 끝으로 겨우 추정할 정도다. 그렇다면 조선시대에는 책이 인쇄된 뒤 어떤 방식으로 독자의 손에 전해졌을까?

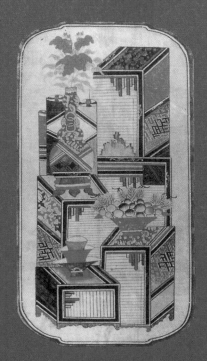

책거리를 묘사한 그림.

국가에서 인쇄해서 보급한 책

조선 전기에 인쇄된 서적은 어떻게 독자의 손에 들어갔는지를 주자소와 교서관을 사례로 들어 살펴보자.

주자소의 설립목적은 분명 서적판매였다. 태종 10년 2월 7일 "비로소 주자소에 명하여 서적을 인쇄해 팔게 하였다"라는 기사가 이를 알려준다. 그러나 주자소에서 과연 어떤 방법으로 책을 판매했는지는 밝혀져 있지 않다. 주자소에서 책을 '상업적으로' 팔았다는 내용의 『실록』 기사를 나는 본 적이 없다. 아마 실제로도 그런 일은 없었을 것이다. 그렇다면 주자소와 교서관의 서적은 어떻게 보급되고 유통되었단 말인가?

주자소와 교서관에서 인쇄된 서적은 '반사頒賜' 형태로 보급되었다. 앞서 『세종실록』 22년 8월 10일자, "주자소에서 서적을 인쇄하여 각 품品에 나누어주는데, 그 받은 자가 마음을 써서 장황하지 아니하여 책이 헐게 되니"라고 하면서 3개월 이내에 제본해 선사기를 받도록 하라는 기사를 예로 든 적이 있다. 바로 여기서 주자소 서적은 인쇄하여 각 품의 관리들에게 하사했다는 사실을 알 수가 있다. 즉 주자소 서적은 거의 대부분 중앙 관료들에게 반사한 것이다. 이러한 반사 기록은 『실록』에 자주 나타난다. 세종 때의 몇몇 경우를 예로 들어보자. 책을 하사했다는 기록이 많지만 그중 "주자소에서 인쇄한"이란 말이 붙은 경우를 몇 가지 들어보면 다음과 같다.

1 『세종실록』 5년 8월 2일.

2 『세종실록』 6년 1월 11일.

3 『세종실록』 6년 2월 14일.

4 『세종실록』 7년 1월 17일.

5 『세종실록』 7년 11월 8일.

주자소에서 인쇄한 『통감속편』을 바치므로, 문신에게 나눠주었다.[1]

대소 문신에게 주자소에서 인쇄한 『송파방宋播芳』을 1부씩 내려주었다.[2]

주자소에서 인출된 『대학대전』 50여 벌을 문신에게 나눠주었다.[3]

주자소에서 인쇄한 『장자莊子』를 문신들에게 나눠주었다.[4]

주자로 인쇄한 사마천의 『사기』를 문신들에게 나눠주었다.[5]

대개 이런 식이다. 세종 11년 2월 13일 부원군 이직 등 41인에게 『대전大典』 『역경』 『서경』 『춘추』 각 1벌씩을 하사한 후 문신들에게 또다시 하사한 서적을 정리해보면, 세종 11년 3월 18일 『초사楚辭』를 하사한 것을 시작으로, 세종 18년 2월 27일까지 『효경』 『고문선古文選』 『선시연의選詩演義』 『대학연의大學衍義』 『삼강행실도』 『지정조격』 『시대전』 『이백시집』 『훈의통감訓義通鑑』 등이 개인에게 하사되고 있다.

반사를 담당하는 관서는 교서관이었다. 교서관의 기본 임무는 서적의 '인쇄와 반포'였다. 주자소나 교서관에서 책이 인쇄되면 교서관에서는 반드시 반사기를 작성해 임금에게 올린다. 즉 반사 대상자 명단이다. 임금이 이 명단을 보고 해당자를 낙점하면 그 사람은 책을 받게 되는 것이다. 유희춘의 『미암일기초』에는 서책을 반사받은 기록이 상당수 남아 있는데 그중 참고가 됨직한 것을 인용해보자.

교서관에서 『백가시百家詩』를 다 인쇄했다 하여 먼저 15건을 진상하고 나머지 국용國用 150권 내에서 10건은 융문루와 융무루, 그리고

『미암일기초』 2, 1570년 9월 26일자 기록(주황색 부분).　　　『미암일기초』 2, 1570년 8월 12일자 기록(주황색 부분).

여러 관館·부府·조曹에 나누어 간직하게 하였다. 그 나머지 138건
은 낙점하여 종친 부마駙馬로서 2품 이상, 삼공三公, 1품에서 2품,
여섯 승지, 홍문관 주서, 한림, 대간 및 참의 감사 등 통정通政 중에
서 빼어난 사람에게 하사하였다.[6]

6　『미암일기초』 2, 397
면; 경오년(1570) 9월
26일.

중앙에서 찍은 책의 기본 보급방식은 이러했다. 먼저 진상, 곧
임금의 개인적 용도로 일정한 양을 바치고, 그다음 국가가 발행한
도서를 납본받아 저장하는 궁중의 도서관인 융문루와 융무루에
일정량을 할당한다. 그다음에는 관·부·조 등의 명칭을 단 중앙관
청에 하사된다. 그리고 난 뒤 개인에게 반사가 이루어지는데, 종

7 『미암일기초』2, 364면.

친이나 부마 등 왕실의 친척 그리고 관료조직의 상층부를 이루는 영의정·좌의정·우의정과 승정원·승지·홍문관·사헌부·사간원·관찰사 등 권력기관에 책이 배포되는 것이다. 예컨대 경오년(1570) 8월 12일에도[7] 『근사록』 반사가 이루어지고 있는데, 대상은 해안군海安君 등 종친 25명과 삼공, 영부사 1품에서 육조 참판·홍문관·사헌부·사간원·승지·주서·사관 등이다.

조선 전기에는 활자본이든 목판본이든 1차 발행량은 특별한 예외를 제외하면 수백 부에 불과했는데 모두 중앙의 고급 관료에게 반사 형식으로 보급되었다. 중·하급 관료는 물론이고 관료조직에 속하지 않은 양반, 그리고 지방에 사는 양반들은 반사 대상이 되지 못했다. 더욱이 일반 민중은 문맹이니 아예 고려 대상조차 되지 않았다.

그러므로 고급 관료로 오래 재직한다면 반사의 기회를 많이 얻어 서적을 제법 모을 수 있었을 것이다. 홍귀달이 「사인여강목서謝人與綱目書」라는 글에서 반사받은 경험을 이야기하고 있는데 참고할 만하다. 그는 원래 책이 없어 남에게 궁색하게 빌려 보는 처지였으나 관직의 길로 들어선 후 청현직淸顯職을 거치면서 임금의 은혜를 무한히 입고, 또 반사기에서도 항상 남보다 앞자리에 이름이 올라 있었다고 회고한다. 그래서 집안은 가난해도 서적만큼은 남보다 부유하다고 자부할 정도였다. 어느 날은 이런 일도 있었으니, 그가 상을 당해 5, 6년 서울을 떠나 있다 돌아오자 방 안의 벽에 전에 보지 못한 서적이 가득했다. 이를 보고 그가 웬일인가 묻자 집안사람들이 그가 없을 때 임금이 하사한 것이라 답했다고 한다.

■ 洪貴達, 「謝人與綱目書」, 『허백정집(虛白亭集)』: 『한국문집총간』 14, 114~115면.

홍귀달은 세조 6년(1460)에 과거에 합격해 예문관 봉교, 세자시
강원 설서, 장령, 직제학, 승지, 형조·이조의 참판, 대사성, 대제
학, 호조 판서, 좌참찬 등 청직淸職과 요직을 두루 역임했다. 그의
관력은 세조대부터 성종대에 걸치는데 출판·인쇄가 가장 활발히
이루어지던 시기다. 그는 서적을 반사받는 대상자 명단에 꼭 들었
으며, 덕분에 그것만으로도 제법 풍부한 장서를 꾸릴 수 있었다.

　　이 외에 서적이 하사되는 곳으로 중앙과 지방의 관서가 있었던
바, 이때 하사되는 서적은 그 성격이 약간 다르다. 물론 지방의 개
인에게 반사하는 경우를 상정할 수도 있겠지만 실제로는 이런 일
이 거의 일어나지 않았다고 봐야 할 것이다. 즉 국가권력을 집행
하는 데 필요한 서적 및 기술서적은 대개 중앙과 지방의 관아에만
하사되었다. 예컨대 세종 9년 3월 23일 『당률소의唐律疏義』를 중앙
과 지방의 관원에게 반사한 것이나, 세종 15년 8월 25일 경상도
감사가 진상한 『양휘산법楊輝算法』100권을 집현전과 호조 서운관
의 습산국習算局에 하사한 것, 세종 16년 6월 21일 『노걸대』와 『박
통사』를 승문원과 사역원에 하사한 것은 책과 해당 관청의 성격에
따라 반사한 것이다.

　　교육기관 역시 반사의 대상이었다. 서울의 교육기관은 성균관
과 사부 학당四部學堂이 있었던 바, 세종 7년 11월 2일에는 경상도
감사가 올린 『입학도설入學圖說』『주역』『시경』『춘추』『중용』『대
학』『논어』『효행록』『전서篆書천자문』『대자大字천자문』 등을 성
균관·교서관·사부 학당에 반사했고, 성종 7년 11월 5일에는 『대
학』『중용』 각각 40건, 『논어』『맹자』『시경』『서경』『주역』『춘추』
『예기』 각각 30건, 『성리대전』 5건을 성균관에 간직하게 하였다.
세조 4년 8월 26일에는 『역학계몽요해易學啓蒙要解』를 문신과 성균
관 유생에게 내려주었다.■

　　　　　　　　　　　조선시대 책과 지식의 역사

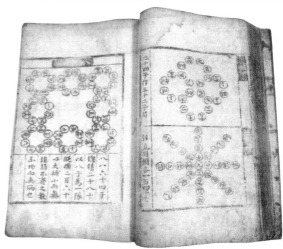

남송 양휘楊輝의 『양휘산법』. 조선시대의 산학算學 서적으로는 『상명산법詳明算法』 『계몽산법啓蒙算法』 등이 사용되었다.

지방에 서적을 하사할 경우에는 사정이 좀 더 복잡하다. 일방적으로 중앙에서 내려 보내는 경우가 있는가 하면, 반대로 지방의 요청에 의해 하사되는 경우가 있다. 전자는 대개 윤리서, 의서, 농학서가 주종을 이룬다. 윤리서로는 『삼강행실도』를 반사한 기록이 자주 보이고, 의서는 세종 11년 1월 29일 제주도에 의서 17벌을 보낸 것을 비롯해 세종 24년 2월 25일 함길도■■ 내의 새로 설치한 고을에 『보주동인경補註銅人經』 『향약집성방』 『본초화제本草和劑』 등을 보낸 일을 들 수 있다. 이처럼 새로 개척된 곳에 의서를 보낸 기록이 자주 보인다. 세종 31년 3월 2일에는 『동인경』과

■　　성균관이 소장한 책들에 대해서는 뒤에 도서관을 이야기할 때 소상히 다루겠다.
■■　함경도를 태종과 세종 연간에 부른 이름.

『맥경脈經』을 각 1건씩, 단종 2년 2월 5일 함길도에『화제방和劑方』과『증급유방拯急遺方』『향약집성방』인쇄본을 5건씩 내려 보낸 것을 들 수 있다. 이런 의학서를 보낼 경우에도 그 건수는 많지 않았다. 세조 12년 6월 13일, 팔도에 보낸『구급방』은 2건뿐이었다.

농학서는 가장 광범위하게 여러 지역에 내려 보낸 서적이다. 세종 12년 2월 14일『농사직설』을 여러 도의 감사와 주·군·부·현과 서울에 사는 시직時職·산직散職 2품 이상의 관원에게 반포했다. 이 책의 반사범위가 넓었던 것은 세종의 말을 빌리자면 "농사에 힘쓰고 곡식을 소중히 여기는 것은 왕정王政의 근본"이었기 때문이다.

『농사직설』은 농업국가라는 특수성이 작용한 것이고 의학 관련 서적은 인간의 질병에 관계된다는 점에서 특별한 것이었다. 이런 책은 매우 소중한 내용을 담고 있었으나 결코 자주 반사되지는 않았다. 바로 여기에 당시의 서적유통 문제가 있는 것이다. 이를테면『농사직설』같은 책은 농민에게 필수적이었으나 불행하게도 한문으로 씌어 있어 정작 농민들은 읽을 수 없었다.『세종실록』19년 2월 15일자에서 세종은 함길도·평안도의 감사에게 이런 유시諭示를 내린다.

지난번『농사직설』을 찬집撰集하여 각 도에 반포하였으니, 성의껏 친절하게 가르치고 일러서 농민으로 하여금 두루 알지 못하는 사람이 없게 하고, 관가에서도 마찬가지로 농서에 따라 갈고 심어 백성으로 하여금 본받게 하라.

의서 역시 특수한 전문 분야라는 점 때문에 대개는 의생의 학습용으로만 보급되었을 뿐 가정마다 구비해두는 서적은 아니었다.

조선시대 책과 지식의 역사

그런 점에서 이는 분명 주목할 만한 책들이기는 하나 그 수요가 많지는 않았다.

『실록』에는 지방관찰사가 서적반사를 요청하면 거의 예외 없이 허락해 책을 반사하는 기록이 허다하다. 세종에서 중종에 이르는 기간만 해도 결코 적지 않은 횟수로 반사 기록이 나타나는데, 이 자료를 한데 모아 검토하면 흥미로운 결과를 얻을 수 있다. 즉 서적반사를 요구하는 곳이 거의 언제나 함경도, 평안도, 제주도, 강원도라는 점이다. 이 네 지역의 공통점은 무엇인가. 새로 국토로 편입된 곳이거나 중앙에서 멀리 떨어진 곳이라는 점이다. 다시 말해 경상도, 전라도, 충청도, 경기도, 황해도에서 서적반사를 요구한 경우는 없다. 예컨대 『세종실록』 3년 9월 19일자에서 함길도 관찰사는 이렇게 청하고 있다.

도내에 서적이 적어 배우는 자가 강습할 수 없으니, 사서와 오경을 내려주셔서 학도들을 권면케 하기를 청합니다.

반사의 대상이 다양하다 해도 거의 대부분은 관찰사의 요구에 따라 감영으로 하사하는 식이었다. 세조 24년 4월 23일에는 함길도에 사서와 『소학』 3벌을, 성종 6년 11월 24일에는 영안도에 『소미통감少微通鑑』『춘추좌전春秋左傳』『고문진보古文眞寶』『문선책문文選策問』『고부古賦』 등을, 성종 12년 2월 16일에는 역시 영안도에 사서 및 『소학』『효경』에 이어 사학史學과 삼경을 하사하기로 결정한 것이 그 대표적 예다. 중종 4년 12월 13일 교서관에 간직한 『통감』과 사서오경을 다수 마련해 내려 보내줄 것을 평안도에서 청하자 허락했다.

물론 현이나 부 같은 지방행정단위를 명시해 하사하는 경우도

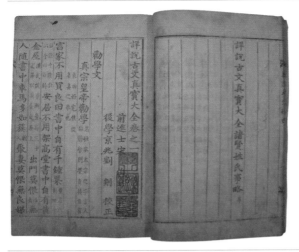

『상설고문진보대전』. 청주고인쇄박물관.

『고문진보』 필사본의 표지.

조선시대 책과 지식의 역사

있었다. 세종 21년 3월 9일 함길도 부거현富居縣에 『육전율문』『농잠서』『삼강행실도』를 보낸 것, 세종 21년 10월 28일에는 함경도의 신설 고을에 『시경』『서경』『춘추』를 인쇄해 보낼 것을 결정한 것, 중종 5년 1월 21일 사서오경과 『소학』『통감』『송감宋鑑』 각 5건을 강원도 강릉부江陵府에 하사한 것이 그 예다. 그러나 이 역시 관찰사의 요청에 따른 경우로 관찰사에게 우선 하사되어 전달된 것으로 보인다.

지방의 교육기관인 향교와 서원 역시 서적을 반사받는 대상이었다. 세종 23년 10월 18일에는 『직해소학直解小學』200본을 인쇄해 각 고을의 향교와 문신들에게 반사했고, 세종 26년 8월 14일에는 『통감훈의通鑑訓義』『성리군서性理群書』『근사록』『통감강목通鑑綱目』『유문柳文』『한문韓文』『통감절요通鑑節要』『집성소학集成小學』『사륜집絲綸集』 각각 1벌씩을 청주 향교에 하사했으며, 세종 27년 1월 29에는 평안도 무창·우예·위원 등 고을 향교의 생도에게 가르칠 사서와 『소학』 등을 하사했고, 세종 17년 9월 21일에는 『대학』『중용』『논어』『맹자』『시경』『서경』『예기』『역경』『춘추』『성리대전』 각 2질과 『소학』 10질을 제주 향교에 하사했다. 서원 역시 반사의 대상이었으니, 명종 7년 4월 25일 풍기豊基 소수서원紹修書院에 사서오경을 하사한 뒤 『소미통감』과 『통감속편』을 하사하였다.

위에서 지루하게 열거한 서적들을 보면 흥미로운 현상을 발견할 수 있다. 지방관이 요청하는 서적이나 반사하는 서적이란 것이 대개 사서삼경과 성리학 서적이라는 점이다. 그 외의 서적은 공급되지 않았고, 공급되었다 하더라도 아주 적은 양에 불과했다.

그런데 지방에서 서적을 인쇄했을 경우에는 어떻게 그 책들이 유통되었을까? 여기에 대해서는 알려진 바가 없다. 이 역시 인

조선 중기의 학자 최부의 시문집인 『금남집』. 외손자 유희춘이 엮어 1571년(선조 4)에 간행했다.

쇄·출판을 주도한 주체의 판단에 따라 이루어졌으리라 여겨지지만, 딱 부러지게 말할 만한 자료적 근거는 없다. 다만 개인이 지방에서 서적을 인쇄·출판한 경우를 추측케 하는 자료는 있다. 예컨대 조상의 문집을 인쇄했을 경우다. 유희춘은 1571년 자신의 외조 최부崔溥의 문집 『금남집錦南集』을 인쇄하는데, 모두 15부를 인쇄했다. 그는 이 책을 박순朴淳·송순宋純·기대승奇大升 등 당대의 명류名流들에게 보내려 계획한다.[8] 이들은 평소 유희춘과 친분이 있는 사이였다. 하기야 당연한 일이겠다. 지금도 책을 내면 스승이나 가까운 친지에게 기증본을 보내지 않는가? 만약 지방에서 사림들이 존숭할 만한 특정인의 저작을 공간하기 위해 비용을 추렴했다면 그 인쇄물은 당연히 자금을 낸 사람에게 증정되었을 것이다.

8 『미암일기초』 3, 174면: 신미년(1571) 10월 15일.

조선시대 책과 지식의 역사

개인 간의 기증과 매매

태종에서 성종에 이르는 기간 동안 여러 종류의 책이 출판되었다. 그러나 서울의 주자소·교서관에서 간행한 서적들의 절대다수는 중앙의 소수 관료들 손에 넘어갔다. 개인이 원한다고 해서 책을 마음대로 손에 넣을 수 있는 것은 결코 아니었다. 때로는 지방에도 주자소 서적이 보급되었으나, 그 역시 개인이 아닌 지방관이나 향교 등 관청이나 교육기관에 보급되었다. 물론 이것이 다시 판각되어 개인 손에 들어갔으리라 추정되지만 그 메커니즘이 어떠했는지는 알 길이 없다.

반사대상이 되지 못했다면, 도대체 개인은 어떤 루트로 서적을 구했을까? 더욱이 어차피 반사란 일회적이다. 특정 서적이 이미 반사된 이후에 태어난 세대는 어찌하는가? 이에 대한 정보 역시 매우 희귀하다. 다만 유희춘의 『미암일기초』에는 유희춘 자신이 서적을 구입한 여러 경로를 밝히고 있는 바, 이를 통해 개인의 서적 구입경로를 미루어 살펴보자.

가장 먼저 생각할 수 있는 것은 물질적 대가를 치르고 책을 사는 것이다. 『미암일기초』에는 책을 다른 이에게서 사거나 중국에서 구입한 사례가 있다. 그러나 책 구입 사례에서 이런 경우가 차지하는 비중은 그리 높지 않다. 더욱이 이 문제는 별도의 장에서 자세히 언급할 것이므로 여기서는 언급하지 않겠다.

이런 경우를 제외한다면 유희춘은 대체 어떻게 서적을 구입했을까? 그 방법은 (1)기증을 받는 것 (2)교서관과 지방 책판에서 책을 인출하는 것 (3)필사본을 제작하는 것 등 세 가지로 대별할 수 있다. '기증'부터 살펴보자.

(1) 강감사姜監司가 증정한 『○○경 ○○經』** 6책과, 『이학류편理學類編』 3책, 『자양문집紫陽文集』 10책, 『회암어록晦菴語錄』 5책, 『초당시집草堂詩集』 3책은 정말 나에게 백붕百朋 ** 을 내린 것이다.[9]

(2) 이산尼山 김판윤金判尹 수문秀文의 편지와 선물한 『강목』 150책이 왔다. 백년의 큰 은혜라 할 만하다.[10]

(3) 김동지金同知 홍윤弘胤이 『의례주소儀禮註疏』 17책을 선물하였다. 이것은 백붕의 선물이라 하겠다.[11]

(4) 전 찰방察訪 권공權公 수약守約이 『문한류선文翰類選』 당본唐本 64책, 『초당두시草堂杜詩』 10책, 『동래박의東萊博議』 2책을 보내왔다. 선물이 백붕보다 낫다.[12]

(5) 저녁에 병조참의 박군朴君 근원謹元이 당본 『통감』 9책을 보내왔다. 이것은 백붕의 선물이다.[13]

『미암일기초』에는 대가 없이 순수하게 책을 기증받은 경우가 허다하게 나온다. 위 자료만으로는 서적을 증정한 사람이 어떻게 그 책을 마련했는지가 분명치 않다. 다만 지방관이라면 자신의 관할 고을에서 제작한 목판본을 친지에게 기증할 수 있었으리라. 혹은 자신에게는 필요 없는 서적을 필요로 하는 사람에게 증정하는

9 『미암일기초』 1, 6면: 정묘년(1567) 10월 6일.

10 같은 책, 45면: 정묘년 11월 9일.

11 같은 책, 129면: 무진년(1568) 2월 16일.

12 같은 책, 322면: 무진년 8월 18일.

13 『미암일기초』 2, 294~295면: 경오년(1570) 6월 13일.

■   ○○는 원문 자체에 있는 판독불능 글자다.
■■   큰 재화 또는 선물이라는 뜻.

眉巖日記草一（第一册）

藝進所贈ノ書冊

禮曹參議任虎臣ノ関來ル

尹弘中小學ヲ寄ノ関來ル

許蓁完山ヨリ靈龜玖間ヲ持來ル

亦自京下來同坐那坐從容扶餘宰姜晨主宰金勳卿金君田旣孫君蘭造謁
而出日映姜監司先出詣扶餘宋監司留而談話至日將暮乃入官舍○利
仁燮訪權祐乃權正五紀之子也相叙權正論海南愛悟吾兄之事深有相感
之意○姜監司所贈書[　]紀六册理學類編二册崇陽文集十册晦菴語

錄五册草堂詩集三册可謂錫我百朋又四張[　]一口笠帽五事女帽二
部男女梳各一部注紙三卷狀紙五卷油墨十笏白貼扇五柄濃丹漆十口
五柄可謂大濟矣○扶餘宰以白米太各一石餉○奴子還自全州府
尹李公柑以白米一石次米二石右首魚十五尾爲遺○禮曹參議任虎臣調

元簡來○

初七日　晴朝靈光郡守尹弘中所寄小學三册來○谷城縣監朴思愼仲敏
所送白紙三卷狀紙二卷來○未明宋監司發向磻山適營吏來告去○石城
進士金應秋過訪年六十九能文十八舉而不登第者也深惜其有○無命以
一墨贈之○許簪還自完山贈我以墨十丁論語或問二册亦來○李欽明自

石城上洛送書簡民魚來○晡時益山居前谷城蘇遙伯迎以上洛過訪而去

『미암일기초』1. 1567년 10월 6일자 기록(주황색
부분).

경우도 충분히 생각해볼 수 있다. 그 경로야 제각기 다르겠지만
기증이야말로 사대부사회 내부에서 서적을 유통시키는 자연스럽
고 보편적인 방법의 하나가 아니었을까.

그러나 기증은 서적수요자가 서적을 손에 넣을 수 있는 가장 확
실한 방법이 아니다. 어디까지나 다른 사람의 의지와 호의에 기대
는 불확실한 방법일 뿐이다. 따라서 의식적으로 서적을 구입하려
한다면 아무래도 대가를 치르고 사야 할 것이다. 여기서 하나 생
각할 수 있는 문제는 서적매매가 과연 어떤 방식으로 이루어졌을
까 하는 점이다. 오늘날 서적구입은 인터넷서점을 포함한, '서점'
이라는 장소, 곧 책의 상업적 판매공간에서 이루어진다. 그런데

조선 전기에는 서점이 아예 존재하지 않았다. 서점이 탄생할 만한 조짐은 보였으나 그 조짐이 현실화되지는 못하고 있었던 것이다. 따라서 대가를 지불하면서 서적을 구입하는 거래는 그저 개인과 개인 간에 이루어지는 물물교환 수준이었다. 다음 예를 보자.

(1) 교서 저작著作 정엽丁熖 군회君晦가 찾아와 함께『예기』를 화매和賣하여 사는 일과『본초本草』의 빠진 권卷을 인출하고,『서하집』을 인출하는 등의 일을 의논하였다. 나는 미선尾扇 1자루, 청풍淸風 1자루를 주었다.[14]

(2) 고 참판 김안정金安鼎의 얼자孼子로 관상감 참봉을 맡고 있는 상祥이 나첨정羅僉正을 통해 내알內謁하였는데, 나는 그에게『두시杜詩』를 팔 사람을 찾아보게 하였다.[15]

(3) 삼승목三升木 2필, 백미白米 1두를 외교서관外校書館에 보냈다. 곧『예기』를 화매한 값이다.[16]

(4) 박원朴元이 내가 갖고 있지 않은『자치통감』12권을 가지고 와서 매매賣買를 의논하고 갔다.[17]

(5) 박원이 또『자치통감』2권을 갖고 왔다. 전에 가져온 것과 합치면 14권이다. 나는 녹미祿米 3두斗와 콩 3두를 주었다.[18]

(6) 박여주朴汝柱가 와서『군옥群玉』의 화매에 대한 행하行下를 달라고 하였다.[19]

(7) 이조원李調元이 와서『주역』『맹자』를 화매할 것을 청하였다. 나는 허락하였다.[20]

(8) 이여근李汝謹이 와서 인삼 8냥을 받아갔다. 곧『사서집석四書輯釋』『구본구공집具本歐公集』『십일가소설十一家小說』중 1건을 화매할 요량이었다.[21]

(9) 국봉범鞠奉範이『옥기미의玉機微義』를 가지고 와서 값을 의논하

14 『미암일기초』1, 261면: 무진년(1568) 6월 13일.

15 같은 책, 301면: 무진년 7월 28일.

16 같은 책, 329면: 무진년 8월 24일.

17 같은 책, 402면: 경오년(1570) 10월 5일.

18 같은 책, 407면: 경오년 10월 10일.

19 『미암일기초』3, 381~382면: 계유년(1573) 2월 7일.

20 같은 책, 455면: 계유년 4월 10일.

21 같은 책, 489면: 계유년 5월 12일.

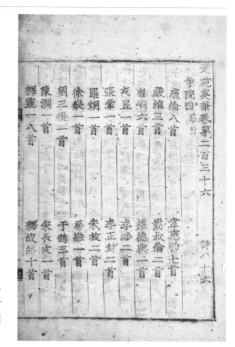

『문원영화』. 중국 송대에 편찬된 시문집이다. 총 1000권.
남조南朝의 양나라부터 당나라까지 시문 1만 9102편을
모아 수록했다. 작자가 2200명이나 되는데 당대唐代 인
물이 절대다수다.

『미암일기초』 2, 1575년 10월 29일자 기록(주황색 부분).
유희춘의 장서가 어마어마함을 알려주는 내용이다.

였다. 또 『여지승람』은 장악원 하인下人에게 있다고 하였다.[22]

(10) 박온정朴溫精이 와서 책을 사겠다는 약속[買冊之約]을 듣고 갔으니, 곧 『문원영화文苑英華』『태평통재太平通載』등의 책이다.[23]

22 『미암일기초』 3, 493면: 계유년 7월 1일.

23 『미암일기초』 4, 98면: 계유년 9월 10일.

위 사례에서 보듯 서적매매는 원래 소유자의 판매의사보다는 구매자의 구매의사가 보다 강하게 작용했다. 위 자료 (2)와 (9)를 보자. (2)는 『두시』를 판매할 의사가 있는 사람을 찾아보라는 주문이며, (9)는 언제 부탁했는지는 모르지만 유희춘의 요구에 따라 『여지승람』의 소재처를 알아냈다는 보고다.

위 자료에서도 알 수 있듯 이런 유의 서적매매에는 반드시 중개인이 있다. (2)의 김상, (9)의 국봉범 등 서적 소재처를 파악하는 사람이 곧 매매중개인이 된다. 양반 스스로 서적주인과 만나는 경우는 거의 없었다. 『미암일기초』자료에 의하면 중개인은 대체로 유희춘 주변 인물들이다. 이들 중에는 양반도 있지만, 보통은 신분이 낮거나 여러모로 보아 유희춘보다 아래 지위에 있는 사람들이다. 중개인은 양자 사이에서 가격을 절충한다. 이것이 '화매'다. 화매는 '파는 자가 사는 자와 값을 합의해서 파는 행위'를 말하는 것으로, 쉽게 말해 양자 사이의 가격절충이다.

가격절충이 이루어지면 책의 대금이 지급된다. (7) (8) (9)는 그렇게 해서 정해진 책의 값을 치른 사례다. 그러나 이것으로 매매가 마무리되지는 않는다. 중개인에게도 수수료를 주어야 하는 것이다. (6)은 중개인에게 행하, 곧 중개수수료를 떼어준 경우인데, 서적매매가 끝나면 중개인은 반드시 행하를 받아갔다.

이런 방식의 매매가 얼마나 보편적으로 이루어졌는지 그 정도를 측정하기란 실로 어렵다. 서적매매에 관한 기록은 오로지 『미암일기초』에서만 보이기 때문이다. 실제로 유희춘은 대단한 장서

24 『미암일기초』 5, 59면.

가였다. 『미암일기초』의 을해년(1575) 10월 29일 일기를 보면, 누 방樓房의 장서를 중당中堂으로 옮기는 장면이 나오는데,[24] 모두 3500여 책이라는 어마어마한 분량이다.■ 보기 드물게 유희춘은 책을 모으고자 온갖 노력을 기울이고 있다. 그 스스로 장서 축적 에 엄청난 관심을 쏟았으며, 서적구입 비용을 마련할 만큼 재력 또한 충분했다는 의미다. 유희춘은 책을 모으는 데 정력을 쏟았다 는 점에서 조금 특별한 경우라 하겠지만 중개인을 내세워 서적을 구입하는 일은 의외로 일반적이었다고도 말할 수 있다.

■ 유희춘은 『미암일기초』에서 집에 소장하고 있는 서적을 여러 차례에 걸쳐 정리하고 옮기는데, 이것으로 보아 '3500권'은 장서의 일부로 생각된다.

책판으로 인쇄하거나 필사하거나

기증과 매매가 불가능하다면 그때는 책을 어떻게 얻을까? 인쇄하면 된다. 금속활자 인쇄본의 경우 이미 책판 자체가 해체되어버리니 어쩔 도리가 없지만 목판본이라면 다시 인출하면 된다. 그런데 목판본은 처음 목판을 제작할 때 일정한 양을 찍어 출판주체와 관련 있는 사람들에게 분배한 뒤 목판은 그대로 간직해 훗날의 인쇄를 기다린다.

조선 전기에는 앞서 언급한 바와 같이 주로 지방에서 목판이 제작되어 해당 지방에 보관되었고, 그중 일부는 서울 교서관으로 이관되어 있었다. 조선시대의 목판은 목판의 최초 제작 때 일정 부수를 찍고 나면 그다음에 몇 부를 또 찍었는지 그 인쇄기록은 찾기 어렵다. 같은 목판으로 뒤에 다시 찍어낸 책을 후쇄본이라 하는데, 이는 요즘의 재판에 해당한다. 하지만 후쇄본과 초쇄본은 동일한 판원에서 찍혀나온 것이기 때문에 책판이 아주 낡은 경우가 아니면 초쇄본과 후쇄본을 구분하기 어렵다. 또 어떤 과정을 통해 인쇄가 결정되는지 알 길이 없다. 현대의 인쇄·출판은 상업적으로 이루어지기 때문에 재판도 이윤이 보장될 때만 가능하다. 그러나 조선시대 후쇄본들은 대량제작을 하는 경우도 물론 있겠지만, 단 1부 내지는 불과 2, 3부도 찍어냈던 것으로 보인다.

『고사촬요』의 「서책시준書冊市准」은 곧 '서적의 가격'이라는 말이다. 물론 이것은 서적을 인쇄해 팔았다는 의미가 아니라, 인쇄에 필요한 종이와 인쇄비를 가져오면 책을 인쇄해준다는 뜻이다. 과연 이 방식이 책의 유통에 얼마나 유효했는지는 모르지만, 유희춘의 기록에 의하면 교서관의 목판으로 인쇄해냈음을 알 수 있다.

(1) 허봉許篈이 고사告辭하였다. 나는 이절책지二折冊紙 27권, 장지壯紙 4권, 백지 3권, 모두 합쳐 68첩으로 『운부군옥韻府群玉』『전등신화剪燈新話』『본초本草』○권의 15의 19차 및 『중용혹문中庸或問』을 인쇄하게 하였다.[25]

(2) 절지 25권 10장을 교서관 저작 윤경희尹景禧에게 보내 『군옥』을 인출하게 하였다.[26]

(3) 인본印本 『본초』의 낙권落卷과 『계사繫辭』하권 『대학』 등 4책의 인쇄종이를 외교서관 정자 박민준朴民俊에게 보냈다.[27]

(2)와 (3)은 교서관에 책의 인쇄를 의뢰한 것이 분명한데 (1)은 그렇지 않다. 하지만 1568년 2월 14일 교서관의 억형億亨이 『전등신화』를 인쇄해 오는 것을[28] 보면, 분명히 교서관에 의뢰한 것이다. 이처럼 교서관의 책판으로 인쇄할 경우에는 필요한 종이를 보내고 있다. 인쇄품삯이 문제인데 아무런 기록이 없다. 유희춘은 교서관 제조를 지냈으니 인쇄품삯을 받았을 것 같지는 않다. 또 이 경우는 단 1부를 인쇄한 것으로 생각된다.

그런데 책판의 대부분은 지방관아에 소장되어 있는 것이다. 이 책판을 관리하는 것은 감사와 지방관이므로 만약 책판에서 책을 인쇄하고 싶다면 지방관에게 부탁하는 수밖에 없다. 다음 인용을 보자.

25 『미암일기초』 1, 7면: 정묘년(1567) 10월 9일.

26 같은 책, 149면: 무진년(1568) 3월 8일.

27 『미암일기초』 2, 29면: 정사년(1569) 6월 20일.

28 『미암일기초』 1, 127면.

『익재난고』(왼쪽)와 『역옹패설』. 목판본. 고려 후기의 문신·학자인 이제현의 시문집으로 그의 아들과 손자가 1432년에 『익재집』으로 중간했다. 초간 시 원고가 완전하지 않아 '난고'라는 제목을 붙였다.

아침에 새 경상감사 박공朴公 대립大立을 만났다. 조용히 이야기를 나누다가 『주례周禮』 『속몽구續蒙求』 『익재난고益齋亂藁』 『역옹패설櫟翁稗說』 등의 책을 인쇄해주면 좋겠다고 청하자 수백守伯(박대립)이 모두 허락하였다.[29]

29 『미암일기초』 2, 199
~200면: 경오년(1570)
5월 10일.

유희춘은 같은 날 편지를 써서 책의 인쇄를 부탁해 허락받고 있고, 13일 임지로 떠나는 박대립을 전송하면서 자기 집에서 준비한 다과를 대접하고 책의 인쇄를 재차 부탁해 허락을 얻어낸다. 관찰사는 한 도道의 행정을 책임지고 주·부·군·현의 장관은 그의 관할 아래 있기 때문에 관찰사를 통하는 것이 지방에서 서적을 인쇄하는 가장 확실한 방법이었다. 이 외에는 직접 해당 지방관에게 부탁하는 수밖에 없었다. 번거롭지만 다음 자료들을 보자.

조선시대 책과 지식의 역사

(1) 윤안동尹安東의 편지를 보니, 『이정전서二程全書』를 이미 나를 위해 인쇄해 왔다고 하였다.[30]

(2) 들으니, 성주목사 한성원韓性源 명숙明叔이 다시 편지를 보내 『당감唐鑑』을 인쇄해 보내는 것을 허락했다고 한다.[31]

(3) 울산군수 곽익郭趪이 양산본梁山本 『주자연보朱子年譜』 2책을 인쇄해 보내왔다.[32]

(4) 곤양군수의 서신을 보았다. 『고문선古文選』 25책 …… 장지 1권, 백지 2권이 왔다. 허다한 서적을 인쇄해 보내니 후하다고 할 만하다.[33]

(5) 장흥부사 조군趙君 희문希文이 『서하자집西河子集』 7책을 인쇄해 보냈다. 그 책을 보니 지보至寶를 얻은 것 같아 기쁘기 한량없다.

(6) 강원 감사가 『풍소궤범風騷軌範』 『설암증도가雪菴證道歌』를 보냈다.[34]

(7) ○○ 군수 정세필鄭世弼이 『주자연보』 2책과 청풍淸風 2자루를 보냈다.[35]

(8) 아침에 경상우병사 허공許公 세린世麟 응성應聲이 『주례周禮』 7책을 인쇄해 장정까지 해서 보내왔다. 너무나도 고맙다.[36]

(9) 강원 감사 김공金公 첨경添慶이 『소문정종蘇文正宗』 4책을 인쇄해 보냈다. 책을 보니 정밀하게 선발하여 누락된 것이 없다. 지극한 보배라 사랑할 만하다.[37]

(10) 『고문궤범古文軌範』이 윤참판尹參判으로부터 왔다. 관동關東에서 인쇄한 것이다.[38]

이런 사례는 극히 일부다. 『미암일기초』의 기록에 따르면 지방의 책판으로 서적을 인쇄한 경우는 그야말로 허다하다. 그는 책판을 가장 많이 보유했던 경상도, 전라도, 강원도 등에서 허다한 책

30 『미암일기초』 1, 4면: 정묘년(1567) 10월 3일.

31 같은 책, 4~5면: 정묘년 10월 4일.

32 같은 책, 164면: 무진년(1568) 3월 25일.

33 같은 책, 220면: 무진년 5월 7일.

34 같은 책, 359면: 무진년 9월 23일.

35 같은 책, 319면: 경오년(1570) 7월 5일.

36 같은 책, 332면: 경오년 7월 14일.

37 『미암일기초』 2, 332면: 경오년 7월 14일.

38 『미암일기초』 1, 246면: 무진년 6월 3일.

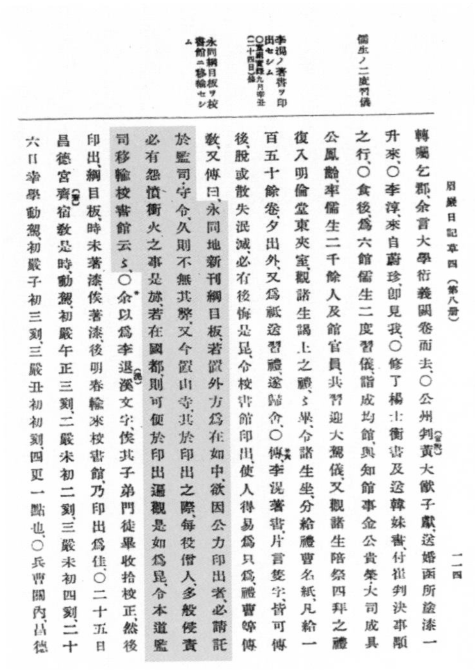

旧藏日記草四（第八冊）

二四

韓囑乞郡余言大學子獻遠婚兩所給漆一
升來○李淳來自藍珍即見我○修丁楊上衝書及遠韓妹晝付推判決事順
之行○貪後爲六館儒生二度習儀諧成均館興知館事金公貴叅大司成具
公鳳齡堂率儒員及館官員其習迎火寶親諸生坐謁上旱令諸體曹名紙凡給一
復入明倫堂東夾宴親習禮遭歸令凡李況著晝片言㶊字婢可傳
後脫或散失泯滅必有後悔是昆令校晝所印出便人得易爲只爲體曹嶂傳
敎又悔曰永同地新刊綱目板者闕外方爲在如中欲因公力印出甚必請託
必有怒憤衝火之事s在圓都則可便於印出遍觀是如爲昆合本道監
於監司守令久則不無其弊又今嶺山寺其於印出之際每校僧人多般侵責
司移輸校晝館云s○余以爲李選涘文字俟其子弟門徒畢收拾校正然後
印出綱目板時未著漆後明春輸來校晝館乃印出爲佳○二十五日
昌德宮齋宿敎是時動駕初嚴子初三劃三嚴丑初二劃二嚴未初四劃二十
六日幸學動駕初嚴子初三劃三嚴丑初四更一點也○兵曹圓內昌德

[Japanese cataloging notes, top right:]
備東ノ二東刊倣
李混ノ著術ツ印出セシム 二十五年九月廿五日生
李剛綱目板ヨリ校 書館ニ移輸セシ

『미암일기초』 4, 1573년 9월 24일자 기록.

을 인쇄해냈다. 조선 전기에는 책을 소유하는 유력한 루트가 그것이었다는 뜻이다.[39]

그런데 지방에서 서적을 인쇄할 경우 종이와 인쇄비용은 어떻게 감당했을까? 이에 대한 기록은 찾을 수 없지만, 아마도 지방관의 호의로 대가 없이 인쇄를 해주지 않았을까 짐작한다. 간혹 종이를 보내는 경우는 있었다. (10)의 강원도에서 인쇄해 보낸 『고문궤범』은 원래 그가 이절二折 장지壯紙 4권 12장을 윤참판을 통해 강원 감사에게 전해주어 찍어내도록 한 것이다. 그러나 종이를 보내는 경우가 과연 전체에서 어느 정도의 비중을 차지했는지는 모른다.

[39] 같은 책, 154면: 무진년 3월 13일.

조선시대 책과 지식의 역사

어쨌거나 지방의 책판은 초판 인쇄가 끝나면 대개 위와 같은 방법으로 다시 후쇄가 이루어졌던 것으로 보인다. 이와 관련해 다음과 같은 흥미로운 자료가 있다. 선조 6년 영동永同에서 『강목綱目』 책판을 제작해 인쇄해낸 적 있는데, 선조는 이 책판과 관련해 이렇게 말하고 있다.

> 영동 지방에서 새로 간행한 『강목』의 책판을 만약 외방에 둔다면 공력소力을 빌려 인출하려는 자가 반드시 감사와 수령에게 청탁할 것이고, 오래되면 그 폐단이 없지 않을 것이다. 또 지금 산사山寺에 두면 매번 인출할 때 중들을 여러 가지로 부려먹으러 들 것이고, 이에 원망하여 불을 질러버리는 일이 있을 것이다. 만약 서울에 둔다면 인출하기에 편리할 것이니 본도本道의 감사로 하여금 교서관으로 옮겨두게 하라.[40]

40 『미암일기초』 4, 114면: 계유년(1573) 9월 24일. 같은 내용의 기사가 『선조실록』 6년 9월 24일자에도 있다.

『강목』의 책판이 지방에 있다면 공력, 즉 관청의 힘으로 인출하려는 사람이 친분을 이용해 감사나 수령에게 부탁하여 폐단이 없지 않으리라는 말에서, 지방의 책판은 주로 해당 지방관에게 부탁해 책을 수시로 찍어냈음을 짐작할 수 있다.

지방관과의 친분을 이용해 지방 소재 책판에서 책을 찍어내는 방법이 양반사회에서 널리 유행했던 것이다. 그러나 이 경우 문제는 과연 이 방법이 누구에게나 개방된 것이었느냐다. 지방관과 친분을 틀 수 있는 경우는 그야말로 희귀했을 것이다. 유희춘은 임금의 신임을 받는 고급 관료였기 때문에 지방의 서적을 마음대로 인출할 수 있었다. 다음과 같은 기록도 새겨볼 만하다.

> 도내道內 책판을 기록한 장부를 보았다. 그중 볼 만한 책들을 뽑아

그 첩수貼數를 기록해두었다.[41]

41 『미암일기초』3, 89면: 신미년(1571) 5월 10일.

유희춘이 1571년 전라도 관찰사가 되었을 때 쓴 일기의 한 구절이다. 관찰사가 되어 전라도 소재 책판을 기록한 장부를 보고 인쇄하고 싶은 책을 추려놓았던 것이다. 이처럼 관찰사나 지방관으로 나가는 경우 혹은 관찰사나 지방관과 강력한 연고가 있을 때 책을 인쇄해낼 수 있었던 것으로 보인다.

그런데 지방 소재 책판을 인쇄해낼 수 없는 상황이라거나 책판 자체가 존재하지 않는 서적을 구입하고자 한다면 어찌해야 하는가? 이때는 필사본을 만드는 것이 유일한 방법이다. 국회도서관에서 엮은『한국고서종합목록』은 국내와 외국의 모든 고서목록을 조사해 엮은 것인데, 물론 이 책자로 고서 전체의 분량을 알 수는 없겠지만, 간본과 필사본의 경개를 대강이나마 확인할 수는 있다. 이 책에 의하면, 간본과 사본은 거의 반반이다. 즉 우리가 현재 물려받은 서적 중 필사본이 절반을 차지한다고 봐도 무리가 없을 것이다.

필사의 동기는 여러 차원에서 발생한다. 간본으로 된 원본이 없을 경우, 간본이 있다 해도 경제적 이유 혹은 다른 이유로 간본을 구할 수 없는 경우에 필사본이 제작되는 것이다. 그러나 필사본 역시 최초의 원고가 아닌 한 원본의 복제라는 점에서 예외가 아니다. 그런데 필사본에도 등급이 있다. 필요에 따라 스스로 필사하는 경우가 있는가 하면, 다른 사람에게 필사를 의뢰하는 경우가 있다. 전자도 무시할 수 없지만, 본격적 필사본 제작은 역시 후자에 속하는 것이다. 특히 여러 종의 필사본을 얻고자 한다거나 책의 권수가 많을 때는 남에게 의뢰하는 것이 일반적이다. 다시『미암일기초』자료를 보자.

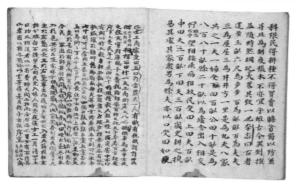

『성리자의』필사본. 송나라 진순陳淳이 성리학과 관련된 글자의 자의字義를 집록한 책이다. 초보 학자들이 쉽게 이해하도록 성리학 용어를 해설한 일종의 사전과 같은 책이며, 주자학의 중요한 입문서다. 국립중앙도서관.

(1) 박순원朴舜元이 『대학혹문大學或問』을 이미 받아 가 필사를 마치고, 또 『심경부주心經附註』를 받아 갔는데, 이제 거의 끝나간다.[42]

(2) 책색서리冊色書吏 경용景鏞이 나를 위해 서사書寫하고, 서사관書寫官 이정李精이 나를 위해 『논어석論語釋』을 서사하였다.[43]

(3) 오대립吳大立이 필사한 『국조보감國朝寶鑑』과 『역석易釋』을 가지고 내알하였다. 나는 황모필黃毛筆과 부채를 주어 사례하였다.[44]

(4) 조수복趙壽福이 내알하였다. 나는 백지 1권을 그에게 주고 『소문쇄록謏聞瑣錄』을 필사하도록 부탁하였다.[45]

(5) 서사관과 책색서리 최언국崔彦國의 손을 빌려 『천해록川海錄』을 필사하였다.[46]

(6) 서사관 문서린文瑞麟이 외조부의 『동감론東鑑論』을 다 썼다. 정말 기쁘다. 또 『상서방통尙書旁通』 2책의 재료를 문서린과 정치鄭致 등 4명에게 주었다.[47]

(7) 봉상시奉常寺 하전 복룡福龍이 와서 『금낭집錦囊集』을 필사할 재료를 받아 갔다.[48]

42 『미암일기초』 1, 14면: 정묘년(1567) 10월 13일.

43 같은 책, 134면: 무진년(1568) 2월 22일.

44 같은 책, 166면: 무진년 3월 28일.

45 같은 책, 269면: 무진년 6월 23일.

46 같은 책, 273면: 무진년 6월 23일.

47 같은 책, 273면: 무진년 6월 28일.

48 같은 책, 346면: 무진년 9월 12일.

위의 예는 그야말로 극히 일부에 지나지 않는다. 유희춘은 필사본을 만드는 방식으로 방대한 장서를 구축했다. 대개 필사의 원본은 홍문관과 친지에게서 빌린 희귀본이거나 간본을 구할 수 없는 경우였다. 필사가 거의 남의 손을 통해 이루어진 것인데 필사자는 일반화할 수 없을 정도로 다양했다. 주변의 친지 혹은 글씨 잘 쓰는 양반, 서사관 같은 관청의 전문 필사자, 서리 등이 있었다. 필사자에게는 대개 종이를 주었고 필사가 끝나면 그 대가도 반드시 지불했다.

원시적 수준에 그친
조선의 서적유통 구조

나는 서점에 가서 돈을 치르고 내가 원하는 책을 구입할 수 있다. 만약 서점에 없는 책이라면 대형서점 홈페이지에 접속해 책을 검색하고 주문할 수 있다. 아니 아예 처음부터 인터넷서점을 이용할 수도 있다. 만약 지금 서점에서 판매하는 책이 아니라면 나는 도서관에서 빌려 그 복사본을 만들 수도 있다. 책에 대한 나의 욕망을 완벽하게 충족시킬 수는 없지만, 책이 '거기' 있다는 것을 알기만 하면, 시간이 약간 걸릴지는 몰라도 내 수중에 넣을 확률이 높은 것이다.

하지만 조선시대에는 책의 유통구조가 원시적 수준이었다. 조선은 고려에 비해 엄청나게 많은 책을 쏟아냈지만 최초 인쇄부수는 기껏해야 수백 부였다. 중앙의 활자인쇄본은 왕실과 고급 관료에게만 하사되었으며, 지방의 목판인쇄본 역시 인쇄주체의 친지에게만 뿌려졌다. 그런 사람들을 목록화한 반사기에 이름을 올리지 못하는 한 책을 구하기 어려웠던 것이다.

기증과 매매라는 방식이 있기는 했지만 기증은 언제나 기증자의 호의에 의지하는 불확실한 방법일 뿐이었고, 매매 역시 상설적 판매공간이 없었으니 팔려는 사람과 사려는 사람이 언제나 자유로이 만날 수 있는 것도 아니었다. 개인 사이에 이루어진 이러한 물물교환 방식이 서적유통에 도움은 되었겠지만, 그것이 서적유통 전반에 미친 영향은 미미했던 것으로 보인다.

따라서 서적을 구입하는 방식이란 교서관과 지방 소재의 책판에서 다시 인쇄해내는 것이 유력한 수단이었다. 하지만 이 역시 교서관과 모종의 관계가 있거나(유희춘은 교서관 제조를 지냈다), 지방관과 특별한 관계를 맺고 있어야만 가능했다. 책판을 통한 재인쇄 역시 누구에게나 개방된 일은 아니었기 때문이다.

한편 필사는 누구에게나 열린 방법이었다. 누구나 개인적 필요에 따라 소수의 책을 필사할 수 있었다. 하지만 이는 상당한 노동력을 요하는 것이었기에 여러 종의 서적을 필사해 소장하기란 불가능에 가까운 일이었다. 유희춘의 『미암일기초』를 보면, 필사로 여러 종의 서적을 축적할 때는 남에게 비용을 지불하고 필사시키는 방식을 택하고 있다. 다만 허다한 서적의 필사에는 비용이 요구되며 이를 지불할 수 있는 사람은 소수였다고 말할 수 있다.

10

서점은 왜 실패했는가?

이미 언급했듯이 하사받거나 기증받거나 책판으로 다시 책을 찍어내거나 필사하거나 간에 책을 구하는 데는 모두 불확실하고 제한적인 방법이었다. 만약 책을 판매하는 공간이 있다면 문제는 해결된다. 책을 파는 곳, 곧 서점의 출현이야말로 지식을 해방시키는 공간의 탄생을 의미한다. 책이 상품으로서 서점에 진열될 때 무제한의 유통이 시작되는 것이다. 그러나 조선에서 책은 애초 상품으로 탄생하지 않았다. 국가가 책의 인쇄와 출판을 독점했으며 서적, 곧 지식의 상품화를 탐탁지 않게 여겼다.

그럼에도 불구하고 중종조에서 명종조까지 서점 설치를 놓고 활발한 논의가 이루어진 적이 있었다. 나는 이 현상이 기본적으로 조선사회가 지식인이 상층부를 구성하는 사대부사회라는 사실, 또 건국 이후 양반인구가 증가했다는 점, 그리고 중종조 이후 사림이라는 새로운 세력이 정계의 중심에 등장한다는 사회적 변화와 맞물려 있다고 생각한다. 물론 끝내 서점은 설치되지 않았지만 서점 설치를 두고 당시 어떤 논란이 있었느냐 하는 점은 검토해볼 필요가 있다.

〈태평성시도太平城市圖〉서점 부분. 국립중앙박물관.

교서관은 조선의 서점이었나?

앞서 언급한 바와 같이 태종 3년에 주자소를 설치한 것은 "본국에 서적이 적어 유생儒生들이 널리 볼 수 없는 것을 염려"했기 때문 이었다. 그리고 한참 동안 다른 말이 없다가 7년 뒤인『태종실록』 10년 2월 7일 기사에 "비로소 주자소에 명하여 서적을 인쇄해 팔게 하였다"라는 기록이 나온다. 서적을 인쇄하고 판매하는 주자 소의 기능이 이때 생긴 것이다. 그러나 정작 중요한 실제 사례가 없다. 즉 주자소에서 서적을 판매했다거나 얼마에 팔았는지는 전 혀 알 길이 없는 것이다.『세조실록』3년 9월 18일자에서 세조는 승정원에 이렇게 전지를 내리고 있다.

> 내가 유생을 교육하는 일에서 학관學官에게만 맡기고 권장하고 격
> 려할 방도가 없었던 것을 아주 유감으로 생각한다. 여러 유생이 서
> 적을 구하기 어려울까 염려하여 양성지에게 예문관에 소장하고 있
> 는 서적을 적게 해서 장차 간행하려 한다.

예문관에 소장된 서적의 목록을 작성해 이를 바탕으로 서적을 간행하겠다는 의중을 밝히니 도승지 조석문曹錫文은 이렇게 대답 한다.

교서관에 오경 판자五經板子가 있어서 관官에서 이것을 인쇄해 팔고 있으며, 성균관에도 서적이 많아 책이 없는 유생들에게 교관敎官이 그때그때 주고 있습니다.

주자소는 세조 6년 5월 교서관에 통합되었다. 위 기사는 세조 3년의 것이므로 이때는 주자소가 존재했다. 그런데 조석문의 대답을 보면 교서관에서 오경의 판목으로 책을 인쇄해 팔고 있다고 했으니, 사실상 책을 인쇄해 팔았던 곳은 주자소가 아니라 교서관이었던 것이다. 왜 주자소가 아니고 교서관인가? 교서관은 앞서 밝힌 바와 같이 서적의 인쇄를 직접 담당하는 곳은 아니었다. 또한 주자소는 세종 17년에 궁중으로 옮겨 간다. 이때 주자소가 갖고 있던 목판을 교서관에 그대로 남겨두어 관리하게 했던 것이다. 궁중으로 옮겨 간 주자소는 아무나 드나들 수 없는 곳이 되었다. 게다가 주자소는 활자 인쇄를 전담하는 곳이었고, 책을 찍고 나면 해판하기 때문에 서적을 계속 공급하는 것 자체가 불가능했다.

그런데 "교서관에서 인쇄하여 판다"라는 말을 어떻게 이해해야 할 것인가? 책을 미리 찍어 제본해둔 상태에서 원매자를 기다렸던 것인가? 그것은 아니었던 듯하다. 앞서 언급한 바와 같이 책을 원하는 사람이 종이와 비용을 갖다 바치고 책을 찍어 갔던 것으로 보인다. 『세종실록』 17년 10월 25일자에서, 세종이 각 도의 감사에게 내린 전지를 보자. 요약하면, 『성리대전』 『사서대전』 『오경대전』은 '이학理學의 연원淵源'으로 학자들이 공부해야 할 책인데, 판목이 주자소에 있고 또 신료들에게 인쇄해 나누어준 바 있는데, 지방 향교와 궁벽한 시골에는 한 권도 없다. 지금 각 책의 권수卷數를 알려주니, 향교나 원하는 사람은 종이를 보내면 인쇄해주겠

〈태평성시도〉. 18세기 후반 중국 송나라 때의 〈청명상하도淸明上河圖〉를 본떠 그린 것이다. 그림의 한가운데에 책을 필사하는 사람이 있는 서점이 보인다.

조선시대 책과 지식의 역사

다는 것이었다. 이로 미뤄보건대 교서관의 서적 역시 종이와 인쇄비를 감당하면 찍어주는 방식을 택했던 것이다.

지방의 감영 등에서 책을 어떤 방식으로 팔았는지도 확실히 밝혀져 있지 않다. 분명 감영에서 먼저 책을 찍어 원매자를 기다리는 방식은 아니었던 것으로 보인다. 『중종실록』 10년 11월 2일자 기사를 보면 홍문관에서 『주문공집』 『자치통감資治通鑑』 『주자어류』 『이락연원록伊洛淵源錄』 등 희귀한 서적을 다 인쇄하여 나라 전체에 널리 반포하고 무릇 드문 책은 각 도로 하여금 그 힘이 크고 작음을 헤아려 목본木本을 새겨 사람마다 인쇄해 가져가도록 할 것을 건의하고 있다. 그렇다면 아마도 지방감영의 목판은 원하는 사람이 종이와 일정한 비용을 내고 인출해 갔던 것이 아닌가한다.

책은 매우 값비싼 물건이었다. 앞서 한 이야기를 되풀이하는 것이겠지만 요약해서라도 잠시 살펴보자. 책값에 대한 기록은 아주 드문데 중종 때의 자료에 의하면, 당시 양반들에게 가장 기본적인 텍스트였던 『대학』이나 『중용』은 상면포 3~4필을 주어야 살 수 있었다.[1] 따라서 아무나 구입할 수 없었다. 책값을 결정할 때는 여러 비용이 고려되었지만 가장 큰 요인은 종잇값이었다. 당시 종이는 화폐로 쓰였으며 매우 비쌌다. 중앙의 경비에 관한 일을 맡아보던 관아인 풍저창豐儲倉의 도련지搗鍊紙는 1권 값이 상면포 18필에 해당하였다[2] 하니 종잇값이 상상을 뛰어넘을 정도로 비쌌음을 알 수 있다.

높은 책값은 책의 유통에 결정적 장애물이었다. 서적을 원활히 보급하려면 책값을 내릴 필요가 있었고 출판주체인 관이 저가의 서적정책을 수립하지 않을 수 없었다. 교서관에서 민간에 서적을 판매하는 방식은 민간의 종이를 사들여 책을 인쇄한 다음 그것을

1 『중종실록』 24년 5월 25일.

2 『중종실록』 24년 5월 25일.

원래 종잇값보다 낮은 가격으로 판매하는 방식이었던 것으로 추정된다.[3] 그러므로 교서관에서 책값을 낮추어 서적을 공급하려면 상당한 재원이 필요했다. 성종 원년 7월 24일 한명회가 "난신亂臣의 집안 재산과 신당神堂의 퇴물退物■"을 전교서에 주어 종이를 사들이는 자금으로 삼자고 요청해 허락받는 것도 이런 맥락에서 이해된다. 전교서의 자금은 호조에서 지급하였다. 그래서 성종 9년 1월 25일 성종은 "근래 책값이 너무 비싸 사는 사람이 괴로워하니, 이는 여러 서적을 널리 찍어 유생에게 혜택을 주고자 했던 뜻에 어긋난다"라고 하면서 호조에서 어전魚箭·세포稅布를 매년 전교서에 넉넉히 지급하여 그것으로 종이를 사서 서적을 많이 인쇄해 책값을 낮추어 보급하라고 지시한다.

3 『성종실록』 원년 7월 24일.

이런 조치에도 불구하고 이후 성종에서 중종에 이르는 동안 서적 품귀현상에 대한 지적과 그 해결책에 관한 논란이 종종 일어난 것을 보면 수요에 대해 공급이 절대적으로 부족했던 것이다. 대체 얼마나 부족했느냐 하면, 양반들의 가장 기초적 독서물인 사서오경 등 경전류도 "세월이 오래되어 인판印版이 닳고 값도 비싸다"[4]라는 불만의 소리가 끊이지 않았고, 이에 따라 관찰사에 명해 서적인쇄를 종용하는 일이 잦았다.[5]

4 『성종실록』 16년 3월 26일.

5 『성종실록』 16년 윤4월 22일.

요약하자면, 조선 전기의 서적유통은 오로지 관의 주도하에 이루어졌다. 주자소의 인쇄물을 중앙의 고급 관료와 종친들에게 무상으로 분배했으며, 책의 성격에 따라서는 지방관청에도 나눠주었다. 그러나 가장 큰 수요층인 일반 독서인구에 대한 배려는 거의 없었다. 일반 독서인구가 서적을 구입할 수 있는 유일한 장소는 서울에서는 교서관, 지방에서는 책의 출판지인 감영이었으나

■　더는 쓰지 않는 물건.

책값이 너무도 비싸 책을 구매하기는 쉽지 않았다. 조선은 이 문제를 어떻게 해결하려 했을까?

서점 설치를 두고 벌어진 논란

서적보급을 원활히 하기 위해 서점을 설치해야 한다는 의견이 나오기 시작했다. 중종은 즉위 후 서적을 널리 보급하는 정책을 추진했는데, 그 과정에서 서점 설치가 논의되었다. 서적 역시 하나의 상품으로 취급하자는 의미였다.

서적의 상품화에 대한 논의는 이미 세종 때도 있었다. 『세종실록』 17년 4월 8일자에서 허조는 세종에게 이렇게 말하고 있다.

> "『집성소학』이 일상에서 아주 긴요한 책인데 배우는 자들이 구하지 못해 아주 힘들어 합니다. 원컨대 혜민국에서 약을 파는 예에 의하여, 종이나 쌀, 콩을 적당히 헤아려 지급해서 밑천으로 삼게 하고, 관원 한 사람과 장인 한 사람에게 그 일을 맡게 하여, 1만여 책을 찍어 내 팔고, 본전은 관에 도로 바치게 하소서. 이렇게 하면 그 이익이 끝이 없고 배우는 사람들에게도 도움되는 바가 있을 것입니다."

세종은 역사책을 읽어보았더니, '나눠주는 것이 아주 좋고 파는 것은 그른 일'이라는 말이 있었다면서 원칙적으로 책을 파는 일에 찬성하지는 않지만, 허조의 말도 대단히 좋다면서 그렇게 하겠노라고 약속하였다. 이어 도승지 신인손辛引孫에게 허조의 말을 그대로 따르고, 『집성소학』뿐만 아니라, 주자소의 모든 책판에서 책을 찍어내는 것이 좋겠다면서 구체적인 절차를 의논해 아뢰라고 명하였다.

이 기사는 『집성소학』이라는 한 종류의 책에 해당하는 이야기다. 어쨌든 수요가 많은 책을 대량으로 찍어서 팔고 또 이익을 남기자는 발상은 서적을 하나의 상품으로 인식했다는 의미다. 그러나 이 일은 성사되지 않았는데, 아마 세종의 말처럼 서적을 '파는 일'은 잘못이라는 판단 때문이 아닌가 한다. 서적을 상품으로 생각하지는 못했던 것이다. 앞에서도 언급한 바와 같이 주자소에서 서적을 인쇄해 팔았다는 기록은 전혀 없다. 다만 교서관에서 종이와 인쇄비를 받고 책을 찍어주는 일이 있었을 뿐이다. 그러나 이런 일조차도 얼마나 보편적이었는지는 알 길이 없다.

서적을 제대로 보급하려면 미리 제작해두었다가 구매자가 나타나면 판매하는 방식이 필요하다. 바로 이런 서점을 설치하자는 의견은 중종 때 와서야 비로소 제출되었다. 중종 6년 5월 7일 시강관侍講官 구지신具之愼이 서적 부족 현상을 지적하며 서적을 널리 보급하자고 건의하는데, 이 내용을 되새길 필요가 있다. 앞서 우리는 세종에서 성종에 이르는 시기에 서적인쇄가 대량으로 이루어졌음을 확인했다. 하지만 서적은 여전히 부족했던 것이다. 김근사는 "교서관에서 사고파는 법이 법전에 실려 있으나, 전혀 실행하지 않고 있기에 서울과 지방에 서적이 두루 보급되지 않는다"고 지적하고 있다. 즉 서적을 인출해 판매한다는 교서관의 기능이 사문화死文化되어 있었다는 이야기다.■ 이뿐 아니라 교서관의 서적인쇄기술 역시 급속도로 저하되고 있음을, 중종 10년 11월 2일 홍

■　교서관에서 책을 판매한다는 법이 법전에 밝혀져 있다지만 그 법과 법전이 구체적으로 무엇을 가리키는지는 알 수가 없다. 『경국대전』에는 서적판매에 관한 법이 없다.

문관 부제학 김근사 등이 올린 차자로 확인할 수 있다. 김근사는 "빠진 장서藏書가 없고 반포하지 않은 서적이 없었던" 세종 시대를 회고하며 그 시기의 서적은 정밀한 활자와 깨끗한 종이 그리고 정교한 인쇄가 비슷한 예를 찾을 수 없을 정도로 수준이 높았지만, 연산조를 거치면서 기술이 급격히 조락하였음을 한탄하고 있다.

선조先朝 때 만든 동활자를 제대로 간수하지 않아 도둑맞기도 하고 잃어버리기도 하여, 거지반 나무활자로 보충하고 있으며, 활자의 꼴도 잘못되고 더러워 쓸 수 없는 경우가 있기도 합니다. 종이는 거칠고 먹은 더러워 입본入本■은 흐릿하고 글자는 기울어져 있는 것이 많으며 빠지거나 떨어져 나간 경우도 있습니다. 단지 책을 만들기만 하면 된다는 식으로, 그 이후로는 교정을 다시 제대로 보지 않습니다. 심지어는 사지私紙■■로 바꾸는데도 살펴내지 못합니다. 서적에 관한 일을 이토록 소홀히 여기니, 어찌 마음이 아프지 않겠습니까? 예전에는 봉급을 일에 맞게 지급하여 온갖 장인을 격려했는데, 이제는 책을 인쇄하는 일에는 흉년이라며 비용을 줄이고 봉급을 넉넉히 주지 않으니, 일을 맡기며 힘을 쏟아 책임을 다하라 요구하기도 이미 어렵게 되었습니다.

활자 망실, 인쇄기술 저하, 그리고 제대로 인쇄장인들에게 봉료를 지급하지 않아 노동의욕을 떨어뜨리는 일 등이 심각한 문제로 부각되고 있다. 이에 (1)국내에서 왕명으로 서적을 광범위하

■ 궁중에 들인 책.
■■ 개인의 종이.

게 수집할 것 (2)중국에서 서적을 사들일 것 (3)인쇄와 출판을 담당하는 도감을 설치할 것 (4)인쇄를 맡은 장인에게 봉료를 넉넉히 줄 것 등을 건의한다. 그리고 홍문관에서 『주문공집』『주자어류』『이락연원록』『진서산독서기眞西山讀書記』『이정전서二程全書』 같은 성리학 서적과 『자치통감』『호삼성주胡三省註』『삼국지』『국어國語』『전국책戰國策』『남사南史』『북사』『수서隋書』『양서梁書』『요사遼史』『금사金史』『오대사五代史』『원사元史』 등의 역사서, 『구양공집歐陽公集』 같은 문집을 인쇄해 서울과 지방에 반포하고, 희귀한 서적들을 각 도의 형편에 맞게 목판으로 새겨 원하는 사람들이 인쇄해 갈 수 있도록 조처해줄 것을 건의한다.

이 요청은 대부분 수용되어, 인서도감印書都監을 따로 설치할 것,[6] 중국으로 가는 사신에게 서적을 구입해 오도록 하고 국내에서도 서적을 수집할 것 등의 명이 내려졌다.[7] 그리고 홍문관이 인쇄를 요청한 서적들에 대해서는, 팔도八道에서 큰 도에는 권질卷帙 수가 많은 서적을, 작은 도에는 권질 수가 많지 않은 서적을 배정해 발간하게 했으며, 그 절목節目 및 도감의 명칭도 아울러 마련하라고 명했다. 교서관 외에 따로 인서도감을 설치하도록 한 것은 "교서관으로 하여금 인쇄를 감독하게 하면 또 전과 같을 것"이라는 판단 때문이었다. 이와 아울러 당본 『자치통감』의 글자체를 따라 새로 동활자를 주조하고, 갑진자·갑인자 중 글자가 잘못되고 닳아서 떨어져 나간 것도 모두 다시 주조할 것을 명했다. 이듬해 1월 22일 주자도감이 설치되어 의정議政■이 이를 관장하게 하였다.[8] 중종은 서적에 관심이 대단히 높아, 중국에 소란이 있으니 성절사聖節使 행차에 서적을 사 오지 말게 하라는 예조의 요청에 대

6 『중종실록』 10년 11월 3일.

7 『중종실록』 10년 11월 4일.

8 『중종실록』 11년 1월 22일.

■   영의정 좌의정 우의정을 말한다.

해 "서책은 보물이니 사 오지 않을 수 없다"며 단호히 거부할 정도
였다.[9]

9 『중종실록』 11년 9월 24일.

서점 설치는 서적의 광포에 대한 중종의 깊은 관심 속에서 제기
된 사안이었던 것이다. 중종은 즉위 초기에 이미 사림들을 등용해
성리학 이데올로기를 확산시킬 방안을 골몰했는데 서점 역시 바
로 그런 차원에서 제기된 것이었다.

중종 14년 6월 8일 임금은 경연經筵에서 향약鄕約에 관한 이야
기를 꺼냈다. "과거科擧는 후세에서 어쩔 수 없이 시행하는 것일
뿐이다. 옛날에는 향거鄕擧·이선里選의 법이 있었다. 지금 여씨향
약을 모두 시행하고 있는가?" 이에 안처함安處諴이 답을 내놓았고,
다시 중종과 한충韓忠의 대화가 오갔다.

"근자에 들으니 논의하는 사람들이 '서울은 왕화王化의 근본이 되는
곳이므로 향약을 시행하기에 마땅치 않다'고 하였다 합니다. 이번에
서울 백성이 떼를 지어 모여 서로 '착하지 못한 일은 나라에서 금하
는 법이 있으니 범할 수 없다'고 약속했다 합니다. 이로 본다면 향약
은 아주 좋은 것이니 외방만이 아니라 서울에서도 시행할 만합니
다." (안처함)
"죄를 범한 자는 부득이 처벌하는 것이지, 하고 싶어서 하는 것이
아니다. 향중鄕中에서 자연스럽게 이끌고 격려한다면 형벌이 따라
서 줄어들 것이다. 그러나 서울의 향약을 법으로 시행하게 해도 안
되고, 또한 금지해서도 안 된다. 『소학』의 글은 아주 좋아 사람을 가
르칠 만하다." (중종)
"서사書肆를 설치해야 할 것입니다." (한충)
"서사 설치와 복색을 바꾸는 일에 대해서는 대신들과 의논해야겠
다." (중종)[10]

10 『중종실록』 14년 6월 8일.

위 글을 보면 한충이 갑작스레 서점 설치를 주장한 듯 보이지만, 실상은『소학』과 향약 등을 보급하기 위한 조처로서 서점 설치가 논의되기 시작한 것이다. 이후 임금이 서점 설치에 대해 대신들의 의견을 들었던 바, 대체로 미온적이었다. 요지는 "서사의 설치는 아주 아름다운 일이지만, 우리나라는 중국과 같지 않아 설치하기가 어려우므로 억지로 할 것은 없고, 만일 설치하는 사람이 있다면 금할 필요는 없다"[11]는 것이었다.

11 『중종실록』, 14년 6월 9일.

즉 국가에서 억지로 설치할 필요는 없고 민간인이 서점을 개설하는 일을 금지하지는 않겠다는 것이었다. 중종은 이 의견을 따랐다. 하지만 이것은 있으나 마나 한 정책이었다. 상업적 성격의 서점이 가능하려면 우선 인쇄물이 절대적으로 늘어나야 하는데 그것 자체가 매우 비싼 데다 희소했기 때문이다. 결국 여기서는 서점 설치의 필요성 자체에 대해서는 다들 수긍하고 있다는 점이 중요할 뿐이다.

정부가 서점 설치에 개입하지 않고 민간인이 서점을 개설하는 것은 금지하지 않는다는 정도로 논의가 끝났기 때문에 결국 구체적 방안은 나오지 않은 셈이었다. 이 문제는 한 달쯤 뒤인 중종 14년 7월 3일 시독관 이희민李希閔이 "외방 향교의 유생들이 글을 읽으려 해도 서책이 너무 적으니 널리 배포하도록 할 것"을 청하면서 다시 논의가 시작되었다. 중종은 "이 말이 과연 옳다"면서 서사를 설치하면 외방에서도 서적구입이 용이할 것이니 공조에 소장된 소격서昭格署의 구리그릇과 속공屬公된 외방 사찰의 놋그릇으로 활자를 주조하여 책을 다량 인쇄하기로 결정했다.[12] 서점을 설치하는 문제에서 활자 이야기부터 언급된 것은 우선 서적이 다량으로 구비되어야만 서점이 존재할 수 있기 때문이었다. 이 문제는 예조에서 맡기로 결정했다.

12 『중종실록』, 14년 7월 8일.

『동각잡기』. 이정형이 고려 말부터 조선 선조 때까지의 사실史實을 뽑아 엮은 책이다. 2권 1책인데, 1권은 조선의 건국 배경부터 중종 때의 기묘사화까지, 2권은 중종 말년부터 선조 때의 임진왜란까지를 다루고 있다.

그러나 서점이 설치되었는가는 의문이다. 이렇게 해서 중종 때 서점이 설치되었다는 주장도 있지만, 실제로는 설치된 적이 없었던 것 같다. 서점이 설치되었으리라는 추측의 근거는 이정형李廷馨의 『동각잡기東閣雜記』에 실린 다음 자료다.

> 기묘년 7월 중국의 예를 따라 서사를 설치하였다. 소격서의 놋그릇과 파훼破毁된 사찰의 놋그릇으로 활자를 만들어 서책을 인쇄하였다.[13]

13 이정형, 『동각잡기』, 권상.

이 자료를 보면 마치 서점이 설치되었던 것 같다. 그러나 『중종실록』 17년 3월 6일자에 예조 판서 홍숙洪淑이 서사 설치에 관한 기묘년 절목節目을 가지고 아뢰었다는 기사가 있고, 이에 대해 중종은 시일이 오래되어 잊고 있었다는 말로 답한다. 그렇다면 서점 설치를 위한 시행세칙, 곧 절목節目이 실제로 마련되기는 했으나 서점이 그 절목대로 설치되지는 않았던 것이다.

어득강의 새로운 제안

서점을 설치하자는 데는 누구나 공감했으나 끝내 설치될 수 없었
던 까닭은 무엇일까? 서점 설치를 주동하던 주체들이 정치적으로
몰락했기 때문이다. 서점 설치가 논의되었던 중종 14년은 기묘년
이며, 기묘년 절목이란 기묘년에 마련된 서점 설치에 관한 시행세
칙을 말한다. 서점 설치를 최초로 제기한 한충과 이희민 등은 중
종반정 이후 정계에 등장한 사림이었고, 이들은 『소학』이나 『향
약』 그리고 성리학 서적을 널리 보급하기 위해 서점 설치를 주장
했던 것이다. 요컨대 중종 14년 서점 설립 운동의 주체는 바로 사
림이었던 바, 그들은 바로 그해에 훈구 세력과의 투쟁에서 정치적
으로 실각해 정치 일선에서 물러나고 말았다. 따라서 서점 설립에
관한 사항도 한동안 세간에서 잊히게 되었다.

　그렇다고 서점 설치 문제가 완전히 묻혀버린 것은 아니었다.
중종 17년 3월 6일 예조 판서 홍숙이 서사 설치에 관한 기묘년 절
목을 가지고 다시 문제를 제기하자, 중종은 오랫동안 잊고 있었
던 것이라면서 따로 구임관久任官▪을 정하여 의약醫藥을 전매轉賣
하는 예와 같이 자본을 보조해주되 외람한 폐단이 있을 경우 법

▪　구임은 해당 업무의 전문성 때문에 특정 관직에 대해 장기적으로 근무하게 하는 것이다. 그런 관직에
있는 사람을 구임관이라 한다.

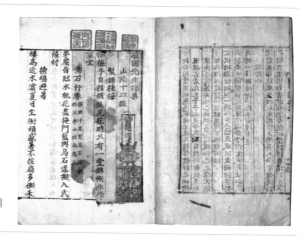

어득강의 시문집인 『관포시집』. 권말에
퇴계 이황의 발문이 있다.

사法司[■]에서 단속할 것을 골자로 하는 조항을 다시 정부에 보고
하면 합당한 의논이 있을 것이라고 답했다. 그러나 이 문제를 제
기했던 장령 어득강이 중종 24년 5월 25일 서점 설치를 다시 주장
하면서 자신이 장령으로 있는 동안에 서점을 설치하겠다고 아뢰
자, 모두들 아뢰어야 할 일도 아닌 것을 아뢴다는 말을 하고 있는
것으로 보아, 조정 수뇌부의 반대에 부닥쳐 좌절되었던 것으로 보
인다.

어득강의 이러한 발언은 당시 사람들이 서책과 관련해 지닌 풍
습을 엿보는 데 아주 흥미로운 자료를 제공한다.

세가나 대족大族은 조상으로부터 전해 받은 책도 있고 하사받은 책
도 있을 것입니다만, 도리어 무용한 물건이 되어 있는 경우도 반드
시 많을 것입니다. 만약 서점을 세운다면 팔고 싶은 사람은 팔고 사

■   형조와 한성부를 가리킨다.

고 싶은 사람은 살 것이니, 선비들은 만약 한 책을 다 읽으면 그 책
을 팔아 다른 책을 사 읽을 수 있을 것입니다. 서로 사고팔고 하는
것은 오래도록 책을 읽는 계책이 될 것입니다. 옛사람의 말에 '책을
빌려주는 것도 바보, 돌려주는 것도 바보'라 했습니다. 세상 사람들
이 조상으로부터 전해 받은 책을 파는 것을 잘못으로 여겨 팔려 들
지 않습니다. 하지만 묶어 높은 곳에 두고 한 번도 펼쳐 읽지 않아
좀벌레의 먹이가 된다면 무슨 이로움이 있겠습니까?

외방의 유생 중에는 비록 학문에 뜻이 있지만 서책이 없어 독서를
하지 못하는 사람도 또한 많이 있습니다. 궁핍한 사람은 값이 없어
책을 사지 못하고, 혹 값을 마련할 수 있다 해도 『대학』이나 『중용』
같은 책은 상면포 3~4필은 주어야 살 수 있습니다. 값이 이처럼 비
싸므로 살 수가 없는 형편입니다. 서점의 책을 그 값을 적절히 매기
고 감장監掌하는 관원을 두어 사고팔게 하여, 그 일을 오랫동안 계
속한다면 폐단이 없을 수 있습니다. 옛사람 중에는 집이 가난하여
책은 없었지만, 저자의 서점에서 책을 읽어 성공한 이가 있습니다.
지금 서점을 설치하고 서책을 내놓는다면 뜻있는 사람은 비록 사서
읽지 않아도 하루 종일 읽고 기억할 수 있을 것이니, 지극히 편리하
고 이로울 것입니다. 해당 관청이 계획을 세워 설립하게 하소서.

어득강의 견해는 매우 이색적이다. 앞서 서점 설치가 논의되었
을 때는 국가가 활자를 많이 주조하여 책의 공급량을 늘리자는 데
초점이 맞춰져 있었다. 그러나 어득강은 첫째, 개인이 소장한 서
적을 서점을 통해 유통시키자는 것, 아울러 한 가지 책을 다 읽고
나면 그 책을 다시 파는 식으로 계속 유통시킴으로써 독서의 효과
를 높이자는 주장을 펼친다. 다만 '책은 팔면 안 되는 것'이라는 조
상 대대로 전래된 뿌리 깊은 관념이 서적의 유통을 가로막는다는

조선시대 책과 지식의 역사

지적이다. 둘째, 책값이 너무 높으니 서점에서 책값을 고정시키자는 것이다. 그런데 이런 방법은 사실 의미가 없다. 책을 구입하거나 판매하는 공간이 아니라 누구라도 서적을 열람할 수 있는 도서관 기능을 서점에 부여하자는 취지이기 때문이다.

어득강의 아이디어는 실현 가능성이 의심스러운 대목이 없지 않지만 매우 참신한 것으로 보인다. 그러나 이 역시 실패로 돌아갔다. 중종은 "이 일은 전에도 의논한 적이 있는데 모두 안 된다고 했다"면서 반대 목소리가 많았음을 상기시키고, "시전의 다른 가게로 미뤄본다면 과연 유익함이 있을 것"이며, 자기 생각에도 서점 설립이 좋은 결과를 낳을 것으로 판단된다고 하였으나, 전에 없던 일이라 실행을 해야 할지 말아야 할지 모르겠다는 미온적 태도를 취한다. 영의정·좌의정·우의정이 내린 결론은 이렇다.

> 서점을 설치하는 일은 글을 숭상하자는 명분이 있어 좋기는 하지만, 우리나라 풍속에 일찍이 해보지 않았던 일입니다. 또 만일 과부의 집에서 책을 파는 경우가 있다 하더라도 반드시 사사로이 서로 사고팔지 아마도 서점에 내놓는 일은 없을 것 같습니다. 서책을 내놓지는 않고 서점만 설치한다면, 법이 어떻게 시행되겠습니까? 대저 시행할 수 있는 법은 세워야겠지만 시행될 수 없는 법을 세우면 비단 유익함이 없을 뿐 아니라 도리어 해가 있을 것입니다. 신들은 이 일은 할 수 없는 듯합니다.[14]

14 『중종실록』, 24년 5월 26일.

이들이 서점을 반대하는 명분은 설립된다고 해도 서적매매가 현실적으로 이루어지기는 어렵다는 점이었다. 또한 흥미롭게도 과붓집에서 서적을 내놓는 경우를 사례로 들고 있다. 서적은 양반의 상징물이기 때문에 '판매' 자체가 금기시되었다는 이야기다.

과부의 경우 남편이 죽어 생활고에 시달리다가 죽은 가장의 서적을 매물로 내놓은 것인데, 이런 일이 결코 적지 않았던 것이다. 그러나 이때도 서적을 완전히 매물로 생각하지는 못해 그저 개인끼리 사고팔 뿐 서점에 내놓는 일을 상상하기는 어려웠다. 그러므로 서점 설치는 그 시행이 어렵다는 요지였다. 일정 부분 타당성이 있는 견해였다.

중종 28년 6월 13일, 임금은 서점 설립 여부에 대해 삼공三公▪에게 물어보라고 지시했다. 같은 달 17일 영의정 장순손張順孫과 좌의정 한효원韓效元이 이에 동의하여 서점 설치에 관한 시행세칙을 만들 것을 건의하지만 절목이 만들어졌는지는 의문이다. 그리고 중종 33년 3월 11일, 중종은 다시 서점 설치에 관한 절목을 마련하라고 지시한다. 이에 신하들이 찬성하지만(3월 12일), 역시 그 결과에 대해서는 알 수 없다.

서점 설치 문제가 마지막으로 제기된 때는 명종 6년 5월 26일이다. 사헌부에서 "우리나라에는 온갖 물건에 대해 시전市廛이 있는데, 유독 서적만 없어 서적이 있어도 팔 수가 없다"는 명분으로, 서점을 설치해 서적매매를 용이하게 하자는 주장을 내놓는다. 명종은 "서점에 대한 일은 새로 법을 만들어야 할 듯하니 대신들과 의논하라"고 답하지만 이 역시 사헌부 스스로 의견을 철회함으로써 무산되었다.[15] 이때 사헌부에서 서점 설치를 주장한 사람은 윤춘년尹春年인데, 윤원형尹元衡에게 빌붙어 을사사화乙巳士禍를 일으킨 뒤 사림을 추방했다 하여 사림파에 증오의 대상이 된 존재였다. 이 기사의 사신은 이렇게 말하고 있다.

15 『명종실록』 5년 6월 27일.

▪ 영의정 좌의정 우의정을 가리킨다.

조선시대 책과 지식의 역사

서점은 나라에 200년 동안 법에 없던 것이다. 그런데 새로이 법을
세워 권력을 제 마음대로 쓰는 근본으로 삼으려 한 것이다.

서점 설치를 개인의 이력과 관련한 권력투쟁 방편으로 여기고
있으니 서점이 설치될 리 만무했던 것이다. 명종 5년 때의 논란을
끝으로 서점 설치에 대한 의견이 다시는 제출되지 않았다.
끝내 서점은 출현하지 않았다. 하지만 서적의 상업화에 어떤 움
직임도 없었던 것은 아니다. 미약하지만, 민간에서는 그런 조짐이
있었다. 『고사촬요』의 여러 판본 중 다음과 같은 내용을 담은 판본
이 있다.

만력 4년 7월 일萬曆 四年 七月 日
수표교하 북변 제이리문입水標橋下 北邊 第二里門入
하한수가 각판 매자 심래河漢水家 刻板 買者 尋來

만력 4년이면 1576년이다. 이해에 책을 찍어 팔았던 것이다. 위
글의 뜻은 이렇다. "수표교 아래 북쪽 두 번째 동리 문 안에 있는
하한수네에서 판에 새긴 것이다. 사고 싶은 사람은 찾아오시오."
민간에서 책을 찍어 판매했음을 보여주는 매우 희귀한 기록이
다. 그러나 이 책 외에 또 어떤 책을 인쇄해 팔았는지는 모른다.
이 책만이 아니라 다른 책도 팔았을 가능성이 있지만 더는 추리
하기가 어렵다. 어쨌든 책을 상업적으로 제작해 판매했다는 점에
서 귀중한 사례다.
유희춘의 『미암일기초』에 민간에서 서점이 존재했을 가능성을
증언하는 희귀한 기록이 있다.

김준근이 그린 조선시대 시장의 장날 풍경.

『미암일기초』 1, 1567년 10월 18일자 기록.

듣자니, 서울 의금부 북쪽에 책쾌冊儈 박의석朴義碩이란 자가 있는데, 여러 곳의 서책을 반값이나 온 값에 팔지 않음이 없다고 한다.[16]

16 『미암일기초』 1, 20면: 정묘년(1567) 10월 18일.

이 기록이 말해주는 날짜는 1567년(선조 즉위년) 10월 18일이다. 이 자료는 분명 상품으로서의 서적판매가 있었음을 증언한다. 그러나 이 자료는 박의석이 서적을 판매한다는 사실만 알리고 있을 뿐 박의석의 집이 현재의 서점과 동일한 판매공간이었는지에 대해서는 전혀 알려주는 바가 없다. 또 '여러 곳'의 서책이란 무엇인가? 오늘날에는 상품으로서의 서적을 서점에 계속 공급하는 출판사가 있지만, 조선시대에 상품으로서의 서적을 제작하는 경우란 18세기 말 방각본 업자가 출현하기 전까지는 거의 없었다. 위의 하한수와 박의석은 그런 점에서 매우 희귀한 사례다.

'여러 곳'이란 다름 아니라 서적의 원매자를 말하는 것이라 생각된다. 여기서 특히 주목되는 것은 '책쾌'라는 용어다. '쾌'는 원래 중개인을 뜻한다. 가쾌家儈라는 말은 조선시대에 널리 쓰인 말로 '집주름'이라 하니 가옥의 중개인, 요즘 말로는 복덕방이나 부동산 중개인을 가리킨다. 따라서 책쾌는 서적매매의 중개인을 뜻하는 것이다. 앞서 개인 간의 서적매매가 이루어질 경우 반드시 중개인이 개입한다고 했는데, 이런 중개 업무를 전문적으로 맡아하는 사람이 바로 책쾌인 것이다.

서책쾌書冊儈 송희정宋希精이 내알內謁하였다. 『참동계參同契』『황화집皇華集』『소문쇄록』『두시』 등을 약속하고 갔다.[17]

17 『미암일기초』 1, 155면: 무진년(1568) 3월 14일.

서책쾌 송희정이 와서 『여지승람輿地勝覽』을 보여주고, 또 각등各等의 천사집天使集▪을 무역할 것을 의논하고 갔다.[18]

18 『미암일기초』 1, 325면: 무진년 8월 20일.

책쾌 송희정을 불러 『여지승람』, 이백과 두보의 시집, 『구양공집』을 찾아오게 하였다. 나는 장차 이 책을 종이로 바꾸려 한다.[19]

19 「미암일기초」 4, 27면: 계유년(1573) 7월 1일.

이러한 예에서 보듯 책쾌(혹은 서쾌)는 당시의 서적유통에 일정하게 관여했던 것으로 보인다. 책쾌는 조선 후기, 더 좁게 말하자면 18세기의 자료에서 약간의 정보를 얻어낼 수 있다. 그러나 책쾌가 언제부터 존재했으며 서적유통에 어느 정도나 개입했는지는 알 수 없는 일이다.

■ 중국 사신을 천사라고 했으니, 아마도 중국 사신의 문집을 말하는 것 같다.

조선시대 책과 지식의 역사

서점은 왜 만들어지지 못했을까?

왜 조선에서는 서점이 만들어지지 않았던 것인가? 서점의 필요성은 누구나 느꼈는데도 말이다. 우선 서적의 공급량이 부족했기 때문이다. 당시 논자들의 가장 큰 고민은 서점을 설치한다 하더라도 그곳을 채울 서적의 양이 매우 부족하다는 점이었다. 이는 결국 인쇄와 출판을 국가가 독점한 탓에 생겨나는 현상이었다. 그들은 분명 새로운 서적유통 구조를 원했으나 서적공급이라는 차원까지는 생각이 이르지 못했던 것이다. 서적인쇄를 국가가 독점한 것이 민간 인쇄출판업의 발달을 막았고, 서적공급량을 확대하는 데도 장애물이 되었다.

물론 민간 영역에서 하한수나 박의석 같은 민간 출판업자와 책쾌가 존재했던 것으로 보아 민간의 상업적 인쇄와 서점 출현의 조짐은 있었다. 그러나 곧이어 임진왜란이 일어났다. 이 미증유의 대전란은 조선 전기의 서적문화를 일거에 파괴했다. 민간의 서점 출현이 봉쇄된 결정적 이유가 됨직하다.

서점은 19세기에 와서야 비로소 출현한다. 익종이 대리청정을 하고 있던 시기인 1829~1830년 조정에서 서울의 보은단동에 서점을 열게 하였으나 무뢰한들이 재상가에서 잃어버린 것을 찾는다는 구실을 대어 백주에 억지로 책을 빼앗아 가서 곧 문을 닫고 말았다고 한다.[20] 이로써 서점이 출현한 때는 19세기 후반으로 짐

20 이규경, 「서적방사변증설(書籍坊肆辨證說)」, 『오주연문장전산고(상)』, 명문당 영인, 1982, 141~142면.

유리창 서점의 내부와 노점의 서사書肆.

21 강명관, 『조선시대 문학예술의 생성공간』, 소명출판, 1999, 261~262면 참조.

22 김세익, 『도서·인쇄·도서관사』, 아세아문화사, 1992, 168~169면.

23 이준걸, 『조선시대 일본과의 서적교류 연구』, 홍익재, 1986, 175면.

작될 뿐이다.■ 21

　조선, 중국, 일본 등 동아시아 세 나라 중 조선만 서점이 없었다. 중국은 송대에 민간의 출판업자와 서적상이 등장하였고,22 명대를 거쳐 청대에 와서는 북경 유리창 서점가 같은 거대한 서적시장이 출현했을 정도다. 일본은 임진왜란 때 조선에서 약탈해 간 금속활자와 전적을 밑천 삼아 도쿠가와 막부 이후 출판업이 급속도로 발전했다. 1620년대에는 경도京都에 서점·출판업자가 14곳이었는데, 그 뒤 강호江戶와 대판大阪으로 파급되어 1710년경에는 359개 소로 늘어났고, 강호시대 전반에 걸쳐 전국적으로 1140개의 서점이 있었다고 한다.23

　서점의 부재는 아무래도 지식시장의 성립을 막고 지식의 유통을 제한했을 것이다. 그렇다면 도대체 '금속활자의 나라'라는 자부심이 무슨 소용이 있을 것인가.

■　『동국여지비고』에 의하면 책사冊肆, 곧 서점은 정릉동 병문과 육조 앞에 있는데, 사서삼경과 백가의 여러 책을 판다고 했다(『동국여지비고』(서울특별시사편찬위원회, 1956), 68면 참조). 『동국여지비고』는 고종 때 쓰인 것이니 19세기 후반 상황을 알려주고 있는 셈인데, 앞서 1829~1830년에 서점 설치가 실패했다고 하였으므로 정릉동 등에 서점이 출현한 것은 그 이후로 봐야 할 것이다. 물론 다른 자료에 따르면, 1800년을 전후한 시기에 서점이 출현했을 가능성도 있다.

11

조선의 도서관

1849년 가을 영국인 레이어드Austen Henri Layard는 아시리아의 유적지 퀸지크 언덕을 발굴했다. 6미터를 파내려 간 그는 아시리아의 왕 센케립의 궁전을 찾아냈다. 궁전을 발견했다는 점도 중요하지만, 아시리아 문명과 그 이전의 메소포타미아 지역의 문명사를 밝힐 결정적 자료들이 엄청나게 쏟아져 나왔다는 사실이 더 중요했다. 그러니까 레이아드는 아시리아의 도서관을 발굴했던 것이다. 이 도서관을 건설한 사람은 센케립의 증손자 아슈르바니팔 왕(?~기원전 625)이었다. 그가 니네베로 수도를 옮기고는 거대한 도서관을 세웠던 것이다.

2400년 전의 도서관이 어떻게 거의 원형 그대로 땅 속에 보존될 수 있었던 것일까? 아시리아 도서관의 장서는 점토판clay tablets에 쐐기문자를 찍어 넣은 뒤 말린 서적이었다. 종이나 나무가 아니었던 것이다. 더욱이 그 훗날인 기원전 612년 칼데아인과 스키타이인들이 니네베를 파괴할 때 성벽만 망치로 부수었기 때문에 점토판 문서를 보관한 도서관은 고스란히 땅속에 보존될 수 있었던 것이다. 아슈르바니팔의 도서관은 현대의 도서관과 거의 같은 모습을 하고 있다. 분명한 의도를 가지고 여러 방면에서 자료를 모았으며 또 자료를 주제별로 분류했던 것이다. 이 도서관에 사서가 있었으며, 그들에 의해 책이 관리되고 열람되었다는 뜻이다. 그것은 진정한 의미의 도서관이었던 것이다. 물론 고대 이집트와 중국에도 도서관은 있었다. 그러나 기록으로만 남았을 뿐 이렇듯 완벽한 형태의 도서관이 발견된 적은 없었다. 그렇다면 조선은 어떤가?

아슈르바니팔 왕의 부조. 이스탄불 고고학 박물관.

국가도서관과 그 기원

문자화된 지식의 수집은 아시리아의 예에서 볼 수 있듯 아득한 고대로 거슬러 올라가는데, 그 수집과 정리와 보관의 주체는 국가(왕실)와 사원이었다. 이런 점은 지금도 변함이 없다. 개인은 도서관의 주체가 아니다. 특히나 현대 이전의 책은 매우 값비싼 물건이었기 때문에 개인이 도서관을 만든다는 것은 불가능에 가까웠다. 물론 한 개인이 엄청난 양의 서적을 수장하는 일도 드물지 않았으나 공공을 위한 것은 아니었다. 현대에도 마찬가지다. 비록 책값은 떨어졌으나 발행량이 폭발적으로 증가했기 때문에 개인이 도서관을 세운다는 것은 여전히 매우 어려운 일이다. 아무래도 국가나 공공기관이 주체가 될 수밖에 없다.

이제 조선시대의 도서관에 대해 말할 차례다. 여기서 제기하려는 문제는 다음 두 가지다.

(1) 조선시대의 도서관은 어디에 있었는가?
(2) 조선의 도서관을 채운 장서는 어떻게 축적되었는가?

논의의 편의상 (2)부터 이야기해보자. 고려에서 조선으로 정권이 교체될 때, 그 권력의 이동은 대체로 순조롭게 이루어졌다. 반대파, 곧 정적政敵을 물리적으로 제거하는 일이 전혀 일어나지 않

아시리아 필경사의 모습을 보여주는 석판.

그림문자의 흔적을 보여주는 한자의 형태. 왼쪽의 그림한자는 3000년 전의 한자 형태이고 오른쪽은 요즘 사용하는 한자다.

았다는 뜻은 아니다. 야사는 정몽주가 선죽교에서 흘린 피를 기억하고 있다. 그러나 기존 권력과 새로운 권력 사이의 '전쟁'은 없었다. 조선은 한양으로 천도하기 전 고려의 궁실을 그대로 사용하였으니 권력의 주체만 바뀌었을 뿐 달라진 것은 아무것도 없었다. 따라서 한양에 새로운 도성이 마련되었을 때 고려시대 궁정의 전적典籍이 별다른 장애 없이 고스란히 한양으로 옮겨졌으리라는 점을 짐작할 수 있다. 그렇다면 조선으로 이양된 고려의 장서는 과연 어떤 것들이었을까?

앞서 1장에서 살펴본 고려시대의 서적 이야기를 간단히 되짚어보자. 이미 언급했듯 고려는 서적의 인쇄와 수장에 상당히 열심이

조선시대 책과 지식의 역사

었다. 『대장경』을 위시한 불경을 일단 제외한다 해도, 정종 8년(1042)에 왕명으로 『전한서』『후한서』『당서』를 지방관아에서 인쇄한 것을 시작으로 지금까지 알려진 것만 해도 상당량의 일반서적이 인쇄되었다. 문종조에 오면 경전, 사서, 의학서 등 더욱 풍부한 종수로 책이 인쇄되었다. 그러나 이것이 국가 장서 컬렉션의 절대다수를 채웠던 것은 아니다. 당시 상황으로 보아 국가 장서의 절대다수는 중국에서 수입된 책이 아니었을까 한다.

고려가 중국으로부터 엄청난 양의 서적을 구입했다는 사실은, 널리 알려진 바와 같이 소동파가 고려의 중국 서적 수입을 막았던 데서도 충분히 확인할 수 있다. 고려에 책이 많다는 이야기가 중국까지 전해질 정도였으며, 선종 8년(1091) 중국에서 고려에 호서가 많다며 구서購書목록을 작성해 보내기까지 했던 것이다. 이때 중국 측이 요구한 책은 127종 5000권에 달하는 엄청난 양이었다. 호응린胡應麟에 의하면 고려는 실제로 서적을 중국에 보냈으며 중국에는 없는 이본을 많이 갖고 있었다고 한다. 이런 사례로 보아 중국의 서적이 고려의 국가 장서에서 절대다수를 채웠던 것으로 짐작된다.

고려의 국가 장서가 완벽하게 갖추어진 것은 숙종대로 문덕전, 연영전, 중광전에 서적이 소장되어 있었다. 숙종은 원년부터 이곳 서적을 두루 검열했으며 중광전 장서에 대해서는 "고려국십사엽신사세어장서高麗國十四葉辛巳歲御藏書 대송건중정국원년大宋建中靖國元年 대요건통원년大遼乾統元年"과 "고려국어장서高麗國御藏書"라는 장서인을 찍었다. 이 외에도 『고려도경』에 의하면, 1123년 당시 국자감의 청연각에는 수만 권의 서적이 있었다고 한다.

고려의 국가 장서가 뒷날 순조롭게 전해지지 않았음은 물론이다. 책과 화재는 서로 상극인데, 이자겸의 난(1126)과 정중부의 난

(1170)으로 개경의 궁궐이 불타버렸으니 장서 역시 불길을 피할 수 없었으리라는 점은 두말할 필요가 없다. 또 고려 말 홍건적의 침입 때 대대적 소실이 있었다. 다만 그 정도가 어땠는지는 알 길이 없다. 현재 일본 궁내청의 왕실도서관에 숙종의 장서인이 찍힌 책이 소장되어 있다고 하는 것을 보면, 어쨌거나 화재에서 살아남은 서적 중 일부가 후대에 전해졌던 것은 사실이다. 또 하나 몽고의 침입으로 인한 기나긴 전쟁 기간과 강화도 천도 때도 상당한 양의 서적이 망실되었으리라 짐작할 수 있다.

그러나 이러한 망실이 있었다 해도 상당량의 고려 전적은 분명 조선으로 이관되었다. 『세조실록』 9년 5월 30일자에서 양성지는 전조前朝인 고려의 장서에 대해 이렇게 말하고 있다.

> 전조의 숙종이 경적經籍을 소장하기 시작해 그 소장인을 하나는 '고려국高麗國 14엽 신사세의 어장서 대송건중정국원년·대요건통원년'이라 하고, 하나는 '고려국어장서'라 하였습니다. 숙종 때부터 지금까지 663년이 지났는데도 소장인은 어제 찍은 것과 같고, 문헌은 충분히 볼 만합니다. 지금 궁중에 소장하고 있는 만 권의 서책은 그때 소장본으로서 전해진 것이 많습니다.

고려 숙종 때의 장서인이 찍힌 서적들이 조선 궁중에 전해졌다는 이야기다. "내장된 만 권의 서책은 그때 소장하여 전하는 것이 많다"는 것으로 보아 상당한 양에 달했을 것으로 보인다.

이뿐 아니라 고려의 사고史庫에도 상당한 양의 서적이 있었으며 그 역시 조선으로 고스란히 이관되었다. 태종 12년 8월 7일, 왕명으로 충주 사고忠州史庫의 서적을 가져다 바치게 한 것을 시작으로 왕들이 자주 충주 사고의 서적을 열람하거나 혹은 다른 관청으로 이관할 것을 요구하고 있다. 특히 『고려사』를 편찬하는 데 저본이 되었던 고려의 『실록』이 임진왜란 때까지 전해진 것을 보면 분명 조선의 국가 장서는 고려의 것이 출발점이 되었다. 그런가 하면 최치원을 시작으로 조선 성종조까지 문장가들의 시문 선집인 『동문선』에도 지금은 찾아볼 수 없는 많은 자료가 담겨 있었다. 『동문선』 편찬은 고려에서 물려받은 책으로 가능했던 것이다.

이 장서를 기본으로 하되 조선은 추가로 서적수집 작업을 벌였다. 서적수집은 대체로 다음 몇 가지 방식으로 나뉜다.

첫째 조정에서 인쇄·발행하는 책이 있다. 이것이 수장되었음은 굳이 말할 필요가 없을 것이다. 『경국대전』의 한 구절을 인용하자면, 「예전」의 '장문서藏文書' 조에 이렇게 되어 있다. "무릇 인쇄된 서적은 따로 융문루·융무루에 간직하고 또 의정부, 홍문관, 성균관, 춘추관과 여러 도의 으뜸 되는 고을에 각 1건씩 간직한다." 즉 국가가 발행한 서적은 기본적으로 홍문관 등에 소장하도록 법령으로 정해놓았던 것이다.

둘째 중국으로부터 수입한 책이다. 중국 서적의 수입에 대해서는 따로 상세히 이야기하겠지만, 우선 조선 전기에 국가의 장서관이던 집현전과 관계되는 자료만 들어보자면 다음과 같다.

집현전에 전교하였다.
"북경에 가는 사신에게 긴요하게 봐야 할 서적을 사 오게 시키려 하니, 정리하여 보고하라."
이에 『동암주례의례東巖周禮儀禮』 『경전통해經傳通解』 『속의례집전續儀禮集傳』 『집주통지集註通志』 『중용집략中庸輯略』 『자치통감총류』 『통감본말通鑑本末』 『송사宋史』 『주문공집』 『송조명신오백가파방대전문수宋朝名臣五百家播芳大全文粹』 『속문장정종續文章正宗』 『비거문언備擧文

言』『송조명신주의宋朝明臣奏議』 등의 서적이라고 아뢰니, 이번에 가
는 사신 편에 맡겨 사 오게 하라고 명하였다.[1]

1 「문종실록」1년 7월 24일.

물론 중국의 서적이 국내로 들어오는 길은 여럿이었다. 황제의
하사품이 있는가 하면, 우리 쪽 사신이 중국에 가서 개인적으로
구입한 것을 왕에게 헌납하는 방식도 있다. 이에 대해서는 뒤에
자세히 언급하겠다.

셋째 민간에서 서적을 수집하는 경우도 있다. 이 역시 두 가지
방식이 가능했는데, 그중 하나는 개인이 자발적으로 왕에게 바치
는 것이다. 이에 대해서는 상당히 많은 기록이 전하지만 그 총량
은 얼마 되지 않을 것이다. 나머지 하나는 왕명에 의한 대대적 수
집 작업이다. 민간에서 책을 모으는 일이 가장 활발했던 시기는
세종대로, 『세종실록』3년 3월 26일 기사는 이렇다.

중앙과 지방에서 서적을 사들이도록 명령을 내리고, 서적을 바치는
자에게는 그 희망에 따라, 혹은 포백을 주고 혹은 관직을 주어 포상
하게 하였다.

이런 유의 기사가 아주 빈번히 등장한다. 중종 때는 책을 수집
하기 위한 세칙인 '수서절목'까지 만들 정도였다. 요컨대 조선의
국가도서관은 고려에서 물려받은 서적과 새로운 인쇄, 중국 서적
수입, 국내 도서 수집 등으로 그 규모가 확대될 수 있었던 것이다.

조선의 도서관, 홍문관

한양으로 천도해 궁궐을 완성한 뒤에는 서적을 어디에 소장했는지 밝혀진 바가 없다. 서적소장에 관한 사항을 구체적으로 확인할 수 있는 때는 집현전이 설립되고 나서다.

집현전 관련 기사는 『정종실록』 1년 3월 13일자에서 처음 보인다. 처음으로 문신들을 집현전에 모이게 한 것인데, 대사헌 조박趙璞이 "집현전은 한갓 그 이름만 있고 실상은 없다"면서 옛 제도를 회복해 서적을 많이 비치하고 경적을 강론하게 하여 고문顧問에 대비하게 할 것을 청한다. 집현전은 서적을 수집해 보관하는 역할을 하는 곳으로 출발했다는 이야기다. 『정종실록』 2년 1월 10일자에서는 집현전이 보문각寶文閣이라 불리고 있다. 고려의 관청명을 되살린 것이다.

『태종실록』 10년 11월 21일자에서 사헌부가 집현전을 개설하고 유사儒士를 뽑아 그 인원을 보충해 경사經史 강론을 요청하는 것을 보면 집현전이 제도는 존재했으나 그 기능은 거의 정지되었던 것으로 보인다. 역시 『태종실록』 17년 1월 19일자에서도 수문전修文殿 · 집현전 · 보문각 등은 그 이름만 있을 뿐이라 말하는 것을 보면 이때까지도 사실상 정식 기능을 하지는 못했던 것이다.

집현전이 사실상의 기능을 갖춘 것은 세종이 즉위하고 나서다. 세종 1년 2월 16일 좌의정 박은朴블은 "문신을 선발해 집현전에 모아 문풍文風을 진흥시킬 것"을 청하였던 바, 세종이 수용했다. 그러나 정작 구체적 조치가 이루어지지 않자, 이해 12월 12일 "일찍이 집현전을 설치하자는 의논이 있었다. 어찌 다시 아뢰지 않는가. 유사 10여 명을 가려 뽑아 날마다 모여 강론하게 하는 것이 옳다"라고 도리어 임금이 명령을 하게 되었다. 그 결과 이듬해인 세종 2년 3월 16일 집현전의 기구 구성이 완료되었다. 정1품 영전사領殿事 이하 정9품 정자正字에 이르기까지 조직이 갖추어진 것이다.

집현전은 문관 가운데 재주와 행실이 좋고 젊은 사람을 뽑아 모아놓고 오로지 경전과 역사의 강론을 일삼고 임금의 자문에 대비하는 관청이었다.[2] 집현전이 조선 전기의 국가 문물제도를 창출하는 아카데미 역할을 했다는 사실은 이미 알려질 만큼 알려졌으니, 여기서 구태여 되풀이하고 싶지는 않다. 그저 도서관으로서 집현전의 기능에 대해서만 언급하자.

집현전은 곧 도서관이기도 했다. 즉 고려시대의 장서가 모두 집현전으로 이관된 것으로 보인다. 집현전에는 장서각이 있었는데, 이는 세종 10년 8월 7일 임금의 발의로 건축된 것이었다. 그런데 집현전의 장서 수와 장서 구성에 관한 기록은 찾을 수 없다. 다만 세조 때 양성지가 집현전의 서적을 승계한 홍문관의 장서를 언급하면서 만 권이라 했으니, 이 말이 실수인지 아니면 그 수가 많음을 뜻하는 수사적 표현인지는 몰라도, 아무튼 당시 최고의 서적수장처였음은 틀림이 없을 것이다.

세종 17년 6월 8일 윤회 등은 응제시應制詩 ▪를 엮어 축軸으로 만들고 승지 권채에게 서문을 짓게 했는데 모두 세종의 찬란한 문

2 『세종실록』 2년 3월 16일.

▪   임금의 명령에 따라 지은 시.

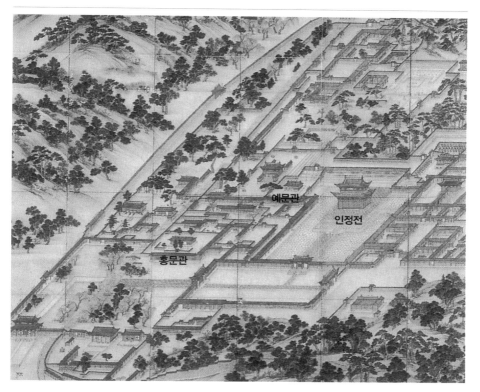

조선 후기의 〈동궐도〉. 인정전을 기준으로 왼쪽에 예문관이 있었고 아래쪽으로 홍문관이 있었다.

치를 칭송하는 내용이다. 그중 서적과 관련된 부분을 조금 인용하면 다음과 같다.

학문을 숭상하고 학교를 일으킨 한 가지 일로 말하자면, 즉위하신 이래로 날마다 경연經筵에 나아가시어 밝은 학문을 시종여일 싫어하지 않으셨다. 동방에 서적이 적어 사람들이 배울 수 없는 것을 깊이 염려하시어, 이에 거룩한 마음으로 담당 관리에게 명하시어 주자鑄字의 규모를 새롭게 하였으니, 인쇄하지 않은 책이 없고, 배우지 못하는 사람이 없게 되었다. 또 잃어버린 책과 새 책을 다 얻지 못할까 염려하시어, 사신使臣이 중국에 갈 때 구해 오게 하시고, 나라 안에 문신을 보내어 널리 사들이게 하셨다. 이에 서적이 날마다 달마다 늘어나고 불어나서 장서각을 세우고 목록을 만들어 소장하니, 장서각을 꽉 채우고 넘칠 정도가 되었다. 우리나라가 생긴 이후로 문적文籍이 오늘날처럼 많은 적은 없었다.

"우리나라가 생긴 이후로 문적이 오늘날처럼 많은 적은 없었다"라는 발언에서 보듯 집현전의 서적은 당대인의 눈에 하나의 경이로 비쳐졌던 것이다.

단종을 내쫓고 세조가 즉위하자 성삼문 등이 단종 복위를 도모하였다. 세조 2년 6월 2일 김질金礩이 모의를 고발했다. 그 이후의 사건 전말을 여기서 자세히 말할 필요는 없으리라. 세조는 모반의 주역들이 집현전 출신임을 알고는 불같은 성격에 걸맞게 그 나흘 뒤인 6월 6일에 집현전을 없애버렸다. 집현전이라는 기관이 없어지자 거기서 소장했던 서적들도 모두 예문관으로 이관되었다.

예문관은 국가의 장서를 세조 9년까지 7년 동안 관리했다. 비록 정치적 이유에서 집현전을 혁파하기는 했으나 세조 역시 학문적 역량을 갖춘 호학의 군주였다. 그는 예문관으로 이관된 국가 장서에 깊은 관심을 표명했다. 그는 집현전을 혁파하고 4년 뒤인 6년 3월 14일, 서책 유실에 대비하고자 양성지에게 예문관의 도서목록을 작성하게 했다. 하지만 목록 작성은 실제로는 이루어지지 않았다. 나라에 일이 많았고 양성지가 북경에 갔기 때문이었다. 그래서 이 일을 담당하는 국을 따로 설치해 온 나라의 책을 거두어 모아 총목을 작성하고 그 모든 책을 1건은 견고히 간수하되 탈간脫簡과 낙자落字를 꼼꼼히 살펴 수정 · 보완하고, 또 판본이 있는 곳도 조사할 것을 승정원에 지시했다.

이 조처가 실현되었던 것 같지는 않다. 이로부터 다시 3년 뒤인 9년 5월 30일에 세조는 양성지에게 맡겼던 '서책을 꼼꼼히 살펴 교정校正하는 일'의 준행 여부를 확인하니 양성지는 이미 마쳤다고 답한다. 양성지는 고려 숙종 때 왕실의 도서에 숙종이 '고려국 14엽 신사세의 어장서 대송건중정국원년·대요건통원년'과 '고려국어장서'라는 장서인을 찍었던 전례를 상기시키면서 '조선국제6대계미세어장서朝鮮國第六代癸未歲御藏書 본조本朝 9년·대명 천순大明天順 7년' '조선국어장서朝鮮國御藏書'라는 장서인을 찍어 서적을 보관할 것을 요청한다. 이 요청이 실현되었는지도 밝혀진 바는 없다. 아울러 양성지는 어제시문御製詩文을 보관하는 규장각과 서적을 소장하는 비서각을 건립하고, 이를 관리할 대제학大提學·제학提學·직각直閣·응교應敎 등의 관직을 설치해달라 요구했다.

양성지의 이 의견이 수용되어 세조 9년 11월 17일 홍문관이 설립된다. 홍문관은 양성지가 건의한 비서각을 구체화한 것으로 주목적은 서적수장이었다. 세조는 장서각을 홍문관으로 삼고, 대제학 1명, 제학 1명, 직제학 1명, 직관 1명, 박사 1명, 저작랑 1명, 정자 2명 등의 관원을 두라고 명했다.

홍문관이 설립된 후 이곳은 조선의 선비들이 가장 선호하는 관청이 되었다. 홍문관은 임금의 자문에 응하는 명예로운 관청이었고, 또 임금의 잘못을 비판할 수도 있었다. 홍문관의 벼슬을 거쳐야만 고급 관료로 출세할 수 있었던 것이다. 하지만 애당초 홍문관의 설치 목적은 국가 장서를 관리하는 일이었다. 『경국대전』이전吏典 '홍문관'조는 그 설치 목적을 이렇게 밝히고 있다.

궐내 경적經籍을 관장하고 문한文翰▪을 다스리며 왕의 고문에 대비한다. 모두 문관을 쓴다. 제학 이상은 다른 관사官司의 관원을 겸임한다. 모두 경연관經筵官을 겸한다. 부제학부터 부수찬에 이르는 관원은 또 지제교知製教의 임무를 겸한다.

"궐내 경적을 관장한다"라는 말에서 알 수 있듯 홍문관은 기본적으로 도서관이었다. 홍문관 관원은 본래 특별한 직사를 맡지 않는다. 유일하게 부여된 구체적 직무가 있다면 서적을 관리하는 것이었다. 『성종실록』 13년 6월 11일자 양성지 졸기卒記에 의하면 "계미년에 양성지가 홍문관을 설치하여 서적을 간직할 것을 청하니 임금이 그대로 따르고, 양성지를 제학으로 삼고 자헌대부로 올렸다"라고 하였다. 홍문관이 집현전과 예문관의 소장 도서를 물려받아 관장하게 된 것이다. 이제 홍문관은 "우리나라 서책은 죄다 경복궁 홍문관에 있다"[3]라고 할 정도로 으뜸가는 장서처가 되었다. 그러나 홍문관의 서적소장 규모는 알 수가 없다. 조선 후기 규장각에 소장되었던 도서는 오늘날까지 전해지고 있으며, 정조 때 그 도서목록이 작성되어 지금도 그 규모를 짐작할 수 있지만, 조선 전기 홍문관의 장서에 관한 한 그 내용이 영원한 미지수다. 다만 선조 때 유희춘의 기록으로 대강이나마 느낌을 알 수는 있다.

> 책방에 들어가 서적을 보니, 마치 바다와 같고 산과 같아 끝을 헤아릴 수가 없었다.[4]

나는 이李·황黃 두 교리校理와 함께 장서각을 열었다. 장서각에는

▪ 문필에 관한 일.

3 『성종실록』 12년 3월 13일.

4 『미암일기초』 1, 39면: 정묘년(1567) 11월 5일.

조선시대 책과 지식의 역사

김홍도가 그린 규장각의 모습. 규장각.

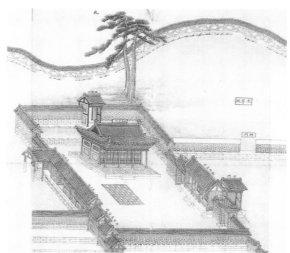

〈강화부 조선궁전도〉의 외규장각 부분.
규장각.

내장內藏과 외장外藏이 있는데, 내장은 경훈經訓류이고 외장은 사서
자집史書子集류이다. 각각 책시렁이 있어 층층이 쌓아두었는데 억만
권이나 되어 마치 푸른 바닷속을 헤엄치며 진주를 찾는 격이라 눈
이 어지럽고 가슴이 두근거려서 살펴보지도 못하고 몇 종을 꺼내
왔다.[5]

5 『미암일기초』 1, 259
면: 무진년 6월 12일.

홍문관은 비유컨대 '서적의 푸른 바다'를 연상시키는 거대한 도
서관이었던 것이다.

서적을 수장하는 곳이 홍문관만은 아니었다. 문필과 관련 있는
관청이나 교육기관 역시 장서처였다. 승문원承文院에도 장서각이
있었고(『세조실록』 10년 9월 7일) 관상감觀象監은 천문역법, 음양
학, 풍수학에 관한 서적을 소장하고 있었으며 예문관도 서적소장
처였다. 세자 교육을 맡는 세자시강원世子侍講院 역시 중요한 장서
처였다.

성균관은 나라의 으뜸가는 교육기관이었으니 당연히 장서각을
소유했는데, '존경각'이라는 특별한 도서관이었다. 장서각은 원래
성종 6년(을미년) 3월에 우의정 한명회의 건의로 명륜당 북쪽에 지
은 건물이다. 건물이 완성되자 내장에서 보유하던 사서오경 100
부를 하사하고, 책판이 있는 팔도 각 관아와 전교시(교서관)에 명
해 책을 인쇄하고 장정까지 해서 올려 보내게 했다. 이로써 성균
관은 서적 수만 권을 보유한 장서처가 되었고, 그 장서각을 존경
각이라 명명했던 것이다.[6]

그러나 이런 곳은 관아의 성격상 일정한 서적을 소유하게 되었
을 뿐 국가에서 중점적으로 관리하는 장서처는 아니었다. 서적 소
장만을 맡는 공간은 궐내에 따로 있었으니, 바로 융문루와 융무루
가 그 일을 전문으로 맡았다. 경복궁 근정전의 동루東樓가 융문루

6 서거정, 「성균관존경
각기(成均館尊經閣記)」,
『사가집(四佳集)』: 『한국문
집총간』 11, 203면.

성균관 존경각. 조선 전기에는 규모가 컸으나 후기에는 작아졌다.

7 『태조실록』, 4년 10월 7일.

이고 서루西樓가 융무루인데,[7] 두 곳을 싸잡아 문무루라 했다. 앞서 언급한 바와 같이 바로 여기서 국가가 발행한 모든 서적을 반드시 간직했다. 『성종실록』14년 12월 23일자에서 교서관은 이렇게 상소하고 있다.

본조本朝에서는 조종조로부터 내려오면서 유교를 숭상하고 도리를 중하게 여겨 서적을 나라의 중한 보배로 삼아 천하의 책을 모아 융문루·융무루에 간직하여 고열考閱에 대비하였습니다.

경복궁이 지어질 때 문무루가 함께 설치되었으며 이곳에 국가가 발행한 서적을 반드시 비치하게 되어 있었다. 그러나 이 책만

으로 그 공간이 모두 채워지지는 않았을 것이다. 융문루와 융무루
는 교서관이 관장했다.

장서의 관리

국가의 방대한 장서는 관리하기가 쉽지 않았다. 집현전을 혁파하고 소장 서적을 예문관으로 이전하고 2년 뒤인 세조 4년 7월 24일 이조에서는 서적관리에 대해 다음과 같이 논하고 있다.

경적은 치세治世의 도구이기에 중요하게 여기지 않을 수 없습니다. 예문관에서 소장한 서적은 모두 비각秘閣에 저장해두고 있는데, 전조前祖(고려) 이래로 사들이거나 찾아 모은 것이기에 삼가 간수해야 하는 것이 마땅합니다. 하지만 예문관의 관원들이 으레 벼슬을 옮겨 다니며 서적의 출납을 여사로 보아 차츰 흩어지게 되었습니다. 청컨대 이제부터 경經·사史·자子·집集·잡서雜書를 3방房으로 나누어 맡아 지키게 하되, 직제학이나 직관直館 가운데 한 사람을 구임久任으로 삼아 총괄하게 하고, 벼슬이 갈릴 때는 해유解由를 철저히 살피게 해서, 매년 초가을에 열람한 숫자를 알아서 아뢰게 하고 승정원과 예조로 하여금 부지런함과 게으름을 검사하고 규찰하게 하소서.

예문관으로 이관된 서적의 관리에 문제가 있었다는 이야기다. 즉 서적수장을 전문적으로 담당하는 사람이 없었던 것이다. 그래서 구임관을 두고 인사이동이 있을 때는 해유를 철저하게 살피게 하며 1년에 한 번씩 초가을에 열람한 숫자를 파악하는 등의 규칙이 정해졌다.

이렇게 꼼꼼히 관리했지만 서적의 파손과 분실이 적지 않았다. 예문관의 서책은 문신들이 열람하는데 혹은 파손되기도 하고 혹은 유실되기도 했다.[8] 세조 13년 4월 16일 세조는 『자생경資生經』 중 찢어진 서책이 많은 것을 보고, 홍문관이 소장 서적을 잘 관리하지 못한다고 의심해 조사를 지시했다. 그 결과 파열된 서책이 한 상자에 달했다. 해당 관리는 형조에서 국문을 받았다. 『성종실록』 12년 3월 13일자에 따르면, 홍문관은 우리나라의 서책이 죄다 있는 곳인데도 관원이 숙직만 할 뿐 철저히 지키고 있지 않아 홍문관 뒤 향실香室의 정병正兵을 장서각으로 옮겨 지키게 하였다.

홍문관에서 소장하는 서적은 관리 대상이었다. 『연산군일기』 6년 9월 26일자에 따르면, 세월이 오래되었고 옮기거나 열람할 즈음 혹 파손되고 흩어져버려 예전의 완전한 모습을 갖고 있지 못한 것이 염려되자, 대신을 시켜 살펴보게 하되 역대 고사故事에 의거해 없어진 것은 구입하고 파손된 것은 손질해 엄중하고 조심스럽게 보관할 것을 청하고 있다. 그러나 바로 이 연산군이 홍문관 서적을 망실시킨 장본인이다. 『연산군일기』 11년 12월 26일자에서 연산군은 궁중에서 간직하던 서책을 밖으로 내가라고 명한다. 이에 대해 사관은 "왕이 성색聲色에 완전히 빠져 서사書史에 뜻이 없어 내가게 한 것"이라 평하고 있다. 연산군은 두 달 뒤인 12년 2월 11일 서적소장처를 비서사秘書司라 부르라 명하고 있다.

궁중의 서적을 밖으로 내친 연산군으로 인해 소장하는 서적 수가 많이 줄어들었음은 중종조의 기사를 통해 충분히 짐작할 수 있다. 중종 5년 9월 19일 중종은 "홍문관의 책이 흩어지고 망실되어 1질의 책수를 완전히 채우지 못하는 것이 많으니, 긴요한 책은 정

8 『세조실록』 6년 3월 14일.

조사正朝使 ▪가 북경에 갈 때 사 오도록 해야겠다"고 전교하고 있다. 중종은 홍문관 서책을 복구하고자 갖은 방법을 동원했다.

중종조에 이르러 서책이 망실되었다는 것은 곧 폐조 연산군 때 서책관리가 제대로 이루어지지 않았다는 뜻이다. 중종은 10년 11월 4일, "지난날 나라의 운수가 꽉 막힌 탓에 서적을 맡아 지키는 일을 삼가지 않아 어부御府의 서적이 많이 흩어져 없어지고 비각에 소장된 것도 완전한 서적이 거의 드물다"고 지적하고, 비부秘府에 수장되지 않은 서적이 없고 사서士庶의 집에 반포되지 않은 서적이 없도록 하려 한다면서 중국에서 서적을 구입해 오고 국내에서도 서적을 광범위하게 수집할 것을 지시했다. 아울러 서적인쇄를 전담할 도감을 설치하고 『자치통감』 글자본을 따라 동활자를 다시 주조하고, 갑진자·갑인자 중 글자가 잘못되고 닳아 없어진 것도 모두 다시 주조하라 명했다.

중국 서적의 수입은 중종 36년 6월 22일에 다시 논의되었다. 그런데 중국에서 서적을 수입하는 일은 쉽지 않았다. 서적구입을 맡은 실무진이 역관들이었는데 이들은 으레 책 사기가 어렵다면서 책값으로 가져갔던 물건을 도로 갖고 왔다. 중국의 금령禁令 때문에 마음대로 구매할 수가 없었기 때문이다. 이 문제를 제기한 영의정 윤은보尹殷輔는 이 문제를 해결할 방안을 내놓는다. 즉 중국 예부禮部에 정문呈文을 보내 우리나라에서 서책을 사려는 간절한 뜻을 보여주라고 요구한 것이다. 외교 채널을 동원해서라도 서적구입을 추진하려는 의도였다.

이처럼 중국에서 책을 사 오는 일이 절실했던 까닭은 무엇일까? 그들은 "서적이 나라를 다스리는 바탕"이라며 거창한 명분을

▪   1월 1일 중국 황제에게 문안을 올리기 위해 파견하는 사신.

내세웠지만, 사실 홍문관 서적을 복구하기 위해서였다. 중종 36년 8월 27일, 병조 판서 김안국이 중국에서 구입할 책의 목록을 가지고 왕에게 보고한 것을 보면 이 일은 예정대로 추진된 모양이다.

중종 37년에는[9] 국내에서 책을 찾아 구입하기 위한 조처가 단행되었다. 예조는 국내에서 구입해야 할 서적의 계목啓目을 올리고 있다. 이것은 중국에서 서적을 구입하기가 여전히 쉽지 않아 단행된 조치다. 중국 예부를 통해서도 책의 수입이 쉽지 않았고, 역관에게 책을 구입하는 임무를 맡겨도 실제로 사 오지 않았기 때문이다. 중종은 서적을 국내에서 구입하는 것을 기본원칙으로 제시한다.

9 『중종실록』 37년 10월 2일.

비부와 홍문관에 소장된 서책 외에 만약 관계되는 서책을 가져와 바치는 사람이 있으면, 후한 상을 내려 보답할 것이다. 갖고 있는 책이 단 1권뿐이라 관에 보내고 싶지 않은 사람의 것은 빌려다 베낀 뒤 그 주인에게 돌려주도록 하라. 이렇게 하여 흩어지고 망실된 서적을 모두 조정에 이르게 해서 문교를 숭상하고 교화를 일으키려는 나의 뜻에 부응하도록 할 것이다.

또 예조에서 계목을 만들었는데, 중국에서 개인이 구입해 온 책을 거둬들이려는 목적이었다. 그 절목은 다음과 같다.

(1) 승전의 내용과 절목을 한성부·개성부·팔도에 공문으로 보내어 안으로는 5부五部(한성부의 5부)와 밖으로는 여러 고을의 방방곡곡 마을까지 방榜을 걸어 널리 유시諭示하게 하소서. 민간에 만약 희귀한 책이 있으면 먼저 책명과 권수를 써서, 서울의 경우 현재 살고 있는 부部에 고하면 부에서는 한성부와 개성부에 다시 보고하게 하고,

조선시대 책과 지식의 역사

외방의 경우 현재 살고 있는 고을에 고하면 고을에서는 감사監司에게 다시 보고하게 하며, 감사는 다시 본조本曹(예조)에 공문을 보내어 본조가 서계書啓▪하게 하소서. 그리하여 내부內府·홍문관·응문루·응무루가 소장하고 있는지 여부를 조사해, 과연 없는 책이라면 도로 본조에 내려 쓸 만한가 여부를 조사하게 할 것입니다. 쓸 만한 것이라면 각각 현재 살고 있는 곳에서 본조로 책을 올려 보내도록 하고, 본조에서는 즉시 계품啓稟한 다음 인출할 것입니다. 진상본 외에는 응문루·응무루·홍문관·의정부·본조에 나누어 소장하게 하여 옛일을 살피는 데 대비하게 하소서. 원본은 주인에게 돌려주고 새로 인출한 1본도 아울러 더 주게 하소서.

(2) 상을 논할 때는 바친 책의 중요함과 진귀한 정도와 책수의 많고 적음을 헤아려야 할 것입니다. 사류士類의 경우라면 사서오경·『통감』·『송감宋鑑』·『한유문韓柳文』·『성리대전』·『운부군옥韻府群玉』·『운회』·『십구사략十九史略』 등의 책을 원하는 대로 주고, 서민庶民의 경우라면 면포로 값을 헤아려 후히 지급하게 하소서. 만약 본 주인에게 원본이 2벌이면 바친 원본은 그대로 내부內府에 소장하고 새로 인출한 것 1건과 상으로 주는 책을 지급하게 하소서.

(3) 바친 책이 정치와 교화에 관계된 것이거나 혹은 전례典禮에 긴요한 것이거나 책수가 많은 것으로서, 중국에서도 구하기 어려운 책이라면 계품하여, 당상관이면 따로 상을 더 내리고, 당하관 이하면 한 자급資級을 더해줄 것이며, 면포로 받기를 원하는 서인은 따로 상을 후하게 내리는 것이 어떻겠습니까?

(4) 의리에 관계된 책만이 아니라 천문·지리·의약·복서卜筮 등 국가에 도움이 되는 책은 책수가 적더라도 가지고 있는 것을 바치면

▪   왕에게 결과를 문서로 보고함.

위와 같은 상을 주는 것이 어떻겠습니까?

(5) 희귀한 서적은 옛날부터 오랫동안 문헌을 대대로 전해온 사대부의 집에 많이 있습니다. 다만 상을 바란다는 말을 피하려는 생각에서 기꺼이 바치지 않을 수도 있을 것입니다만, 책을 바쳐 성치聖治를 돕는 것은 본디 신하 된 사람의 충성인 것입니다. 더구나 국가에서 서책으로 보상하는 것은 재물과 견줄 수가 없는 것입니다. 이런 뜻도 아울러 널리 유시하여 즐거이 바치게 하는 것이 어떻겠습니까?

이런 노력으로 조선의 국가 장서가 다시금 불어났을 것이다. 이 장서가 무너진 것은 임진왜란 때였다. 선조 25년 4월 1일, 임금이 서울을 탈출하자 '난민亂民'들은 공노비와 사노비의 문적文籍이 있는 장례원掌隷院과 형조刑曹를 불태웠고, 궁궐 창고를 털고는 불을 질러 흔적을 없앴다. 이때 경복궁·창덕궁·창경궁이 모두 잿더미로 변했다. 문무루·홍문관에 간직해둔 서적, 춘추관의 각 조의 『실록』, 그리고 『고려사』를 엮을 때 사용되었던 고려의 『실록』『승정원일기』가 남김없이 불에 타버린 것이다. 조선 전기의 문화가 일거에 연기로 사라졌다.

누구를 위한 도서관인가?

궁중의 서적은 아무나 볼 수 없는 것이었다. 따라서 이것은 도서관이되, 만인에게 개방된 것이 아니라 특정한 몇몇을 위한 도서관이었다. 장서를 소장한 해당 기관의 관료들만이 그곳에 접근할 수 있었다. 그들에게 도서를 빌려줄 때의 대출방식을 잠시 살펴보자. 『세종실록』 25년 7월 17일자를 보면, 집현전 소장 서적을 열람하는 방식을 이렇게 정하고 있다.

> (1) 경연의 서책을 대내大內▪로 들여갈 때 중관中官(환관)이 오매부烏梅符를 가지고 와서 왕명을 알린 뒤에야 들여가니, 동궁의 서책을 들여갈 때에는 황양목으로 신표를 삼아 한결같이 대내의 예에 따르게 하소서.
>
> (2) 또 서책을 여러 해 한 번씩 파악해 정리하지 못하면 유실될 가능성이 있으니, 이제부터 3년마다 한 번씩 정리하되, 그 일을 맡은 관원이 교체될 때에는 책의 수대로 파악해 정리해서 장부에 기록한 뒤 넘겨줄 것입니다.
>
> (3) 각 사各司에서 만약 참고할 일이 있으면 반드시 관리를 시켜 본전本殿에 가서 조사하게 할 것입니다.

■ 임금이 거처하는 곳을 말한다.

(4) 부득이하게 가져갈 책이 있다면 사연을 아뢰고 신臣 아무개라
서명한 뒤 가져갔다가 일이 끝난 뒤에는 즉시 도로 가져다 바치게
할 것입니다.

우선 경연에서 책이 필요할 때는 '오매부'라는 표신을 환관이
제시해야 들어갈 수 있다. 둘째 동궁에서 책을 가져올 때도 황양
목으로 표신을 삼아 대출한다. 셋째 서책정리는 3년에 한 번씩 한
다. 가장 중요한 것은 일반 대출에 해당하는 (3)과 (4)다. 즉 집현
전 관리가 아닌 경우에는 집현전에 직접 들어가서 보는 것이 원칙
이고, 요즘 말로 관외 대출이 필요하다면 서명을 한 뒤 빌려 갈 수
있으며 볼일이 끝난 뒤에는 본인이 직접 반납해야 했다.

개인이 홍문관 서적을 대출한 사례를 유희춘의 기록에서 찾아볼
수 있다. 유희춘은 무진년(1568) 2월 29일에 홍문관의 책색서리에
게 통고해 『논맹독법論孟讀法』 1책과 『국조보감國朝寶鑑』 초권初卷
을 빌린다.[10] 반납에 대한 자료도 볼 수 있는데, 계유년 5월 1일 홍
문관 서리가 와서 빌린 책의 반납을 요구하자 유희춘은 『운계우의
雲谿友議』 『존재낙전고存齋樂全稿』를 반납한다.[11]

조선시대에 유일한 도서관은 홍문관이었다. 물론 지방의 향교
와 서원에도 서적은 수장되었지만 절대적 양이 부족했다. 도서관
은 궁중에 있었으며 여기 접근할 수 있는 사람은 궁중 출입이 허
락된 관료뿐이었다. 관료들 역시 도서관 출입이 무제한적으로 자
유로웠던 것은 아니다.

10 『미암일기초』 1, 142면.

11 『미암일기초』 3, 467면.

조선시대 책과 지식의 역사

12

중국에서 수입한 책

중국은 동아시아 사회에서 책 생산의 거창한 중심이었다. 조선의 국가 장서는 거개 중국 책이었으며 국가가 발행하는 서적의 원산지도 대부분 중국이었다. 무신난과 몽고 침입이 있기 전의 고려의 국가도서관은 중국에도 없는 책을 다량 보유하고 있었으며, 이것이 필사되어 중국으로 다시 건너가기도 했다. 고려 전기에는 송과의 무역이 활발해 그 무역로를 통해 서적이 수입되었다. 원의 지배기에 고려는 원의 부마국이었다. 사신은 물론이고 기타의 인적·물적 교류가 끊이지 않았다. 사람이 오가면 서적도 오가는 법 아닌가. 예컨대 충숙왕 원년 6월과 7월 2차례에 걸쳐 원에서 책을 구입한 일과 황제의 특별 하사로 총 2만 7800권의 서적이 들어온 것은 앞에서 이미 언급했다.

하지만 불행하게도 문은 점점 닫히고 있었다. 중국과의 무역은 1년에 2〜3차례 사신이 오갈 때 이루어지는 이른바 조공무역 외에는 일체 허가되지 않았다. 이는 조선의 선택이라기보다는 중국과 조선이 처한 사정 때문이었다. 어쨌든 한 줄기의 가느다란 사행로使行路를 통해 서적이 수입되었다. 물론 고려처럼 1만 권이 넘는 그런 막대한 양의 서적수입은 불가능했다. 하지만 그 양도 결코 적지 않았으며 의의도 있었다. 조선은 중국으로부터 어떤 책을 어떻게 수입했던 것일까?

〈연행도〉 제8폭 '태화전'. 자금성의 정전正殿 태화전은 황제가 정월 초하루 신년하례를 받던 장소다. 숭실대학교 한국기독교박물관.

외교적 루트를 이용한 서적구입

외교적 루트를 이용해 서적을 구입하는 경우는 대개 두 가지다. 첫째는 조정의 요청이 없어도 중국 황제가 자발적(?)으로 조선에 서적을 하사한 경우다. 많은 양은 아니었지만 매우 중요한 사항이니 먼저 이야기해보자.

태종 17년 7월 14일 중국 사신이 『신승전神僧傳』을 세조에게 바친다. 그런데 불과 5개월 뒤인 12월 20일 북경에 파견된 조선 사신이 황제를 알현하자 황제는 『신승전』 300책과 『제불여래보살명칭가곡諸佛如來菩薩名稱歌曲』 100책, 『책력冊曆』 100책을 하사한다. 그 이듬해인 태종 18년 5월 19일에는 『보살여래가곡菩薩如來歌曲』 300책을 받아 왔다. 세종 1년 6월 6일에는 『위선음즐서爲善陰騭書』 600책을 사신 편에 보냈다. 모두 불교서적이다. 유교의 나라에 불교 서적이라니!

어쨌든 황제 하사품이라 불교 서적임에도 불구하고 지극히 존중받았다. 『위선음즐서』와 『제불여래보살명칭가곡』은 서울과 각 도의 절에 반포했다.[1] 『제불여래보살명칭가곡』은 지방 각 사찰의 중들로 하여금 외우게 했고, 『권선서勸善書』(태종 9년에 명의 황제가 하사한 책) 『위선음즐서』 『신승전』은 더럽히거나 훼손하는 자가 있으면 그 죄를 중히 다스리겠다고 엄포를 놓았다.[2] 하지만 이 서책들은 별로 영향력이 없었다. 불경은 별반 중요하지 않았던 것이

1 『세종실록』 2년 4월 3일.

2 『세종실록』 1년 12월 12일.

〈연행도 燕行圖〉제1폭 '조선사신부연경시연로급입공절차 朝鮮使臣赴燕京時沿路及入貢節次'. 조선 후기에 사신이 연경, 곧 북경에 갈 때 연로와 입공하는 절차를 기록한 것이다. 숭실대학교 한국기독교박물관.

다. 중국 황제가 하사한 서적은 몇 종 안 되기는 하지만 그중 후대에 거대한 영향력을 행사한 책이 있었다. 세종 1년 12월 7일 황제가 조선 사신에게 『성리대전』 『사서대전』 『오경대전』을 하사하는데, 바로 이 책들이 조선시대 지식인들의 머릿속에 진리로 박히게 된다. 『성리대전』은 성리학을 연구하는 데 빼놓을 수 없는 내용을 담고 있었으며, 『사서대전』 『오경대전』은 조선시대 양반들이 읽어야 하는 사서오경의 기본 텍스트가 되었다.

그러나 중국 쪽에서 자발적으로 서적을 하사하는 일은 오로지 황제의 명에 의해서만 가능했으며, 아주 희귀했다. 외교적 루트를 이용해 중국 서적을 들여오는 경우 거의 대부분 조선의 요청에 의한 것이었다. 조선은 중국에서 서적을 구입하는 일에 결코 게으르지 않았다. 당국자의 관심 속에서 꾸준히 중국 서적의 수입이 이루어졌다. 그 몇 가지 루트를 좀 더 구체적으로 알아보자. 우선, 중국 서적 수입에 특별한 관심을 보였던 중종의 말이다.

> 잃어버린 책을 찾는 것은 제왕의 급무다. 우리나라는 반드시 중국에서 서책을 사 온다. 그러므로 책을 사는 일로 중국 예부禮部에 자문咨文을 보내지만, 만약 예부에서 황제에게 보고하지 않으면 따로 사람을 시켜 사들이게 된다. 하지만 구입하지 못할 상황이면 역관은 헛되이 비용만 가지고 갔다가 사지 못하고 그냥 돌아오게 된다.[3]

3 『중종실록』 37년 9월 24일.

인쇄·출판 수단을 독점한 것이 국가이고, 또 최대의 장서가가 국가였듯 중국 서적을 구입하는 가장 큰 주체 역시 국가였다. 따라서 중국 서적 수입도 원칙적으로는 외교적 루트를 통해 이루어졌다. 즉 중국의 외무부라 할 예부에 조정이 외교문서인 '자문'을 보내면, 예부에서 이를 다시 황제에게 아뢰어 허락받은 뒤 요청한 책을 구입해주는 것이 서적을 수입하는 공식 루트였던 것이다. 이때 서적의 값을 어떻게 치렀을까 하는 점이 궁금한데, 우리나라가 일본이나 유구에 서적을 하사할 때 방물方物을 받았던 것을 참조한다면, 대개는 방물을 바치면 그에 대한 대가로 내리는 하사품 형식이 아니었을까? 명시적으로 방물에 대한 대가라고 밝히는 것은 아니겠지만 말이다.

물론 약간의 고려사항은 있다. 위의 공식 요청은 조선의 사신이 출발할 때부터 주도면밀하게 계획해 요청할 서적목록을 작성한 뒤 이루어지는 일이다. 하지만 사신이 북경의 서적시장에서 구입을 시도하다 실패해 현지에서 다시 예부에 공식적으로 청하는 경우나, 예부에서 황제에게 아뢰어 청하지 않아 북경의 서적시장에서 구입하는 경우도 있었던 것이다. 이제 그 구체 사례를 들어보자.

세종 8년(1426) 11월 24일 명나라 선종宣宗은 칙서와 함께 세종에게 『오경대전』『사서대전』『성리대전』각각 1질과 『통감강목』 1질을 하사했다. 조선의 임금이 이 책들과『송사』등의 서적을 중국 예부에 청구하자 사신 윤봉尹鳳이 돌아갈 적에 황제가 특별히 하사한 것이다. 이 책들이 조선시대 사서삼경의 기본 텍스트가 되었다.

세종 15년 12월 13일에도 선종은『사서대전』『오경대전』 1질과 『성리대전』 1질, 『통감강목』 2질을 보냈다. 이는 조정에서 우리나라 사람이 북경의 국학이나 요동의 향학에서 유학할 수 있도록 해달라고 요구했기 때문이다. 세종의 의도는 학생을 보내 중국말을 현지에서 익히게 하려는 것이었다. 그러나 명은 거리상 멀고 교통도 불편하니 본국에서 공부하는 것이 편리하겠다는 말로 거절하면서 대신에 서적을 하사했다. 이 역시 서적을 처음부터 요구한 것은 아니었으나, 조선의 학생 파견 요구가 꼬투리가 되어 서적을 내려준 것이다. 이제 더 구체적인 예를 들어본다.

세종 17년 8월 24일 조선은 성절사를 중국에 파견하면서 서적구입을 정식으로 요청했다. 이때 주청한 서적은 호삼성胡三省의 『음주자치통감音註資治通鑑』, 조완벽趙完璧의 『원위源委』, 김이상金履祥의 『통감전편通鑑前編』, 진경陳桱의 『역대필기歷代筆記』, 탈탈脫脫의 『송사』 등이었다. 서적구입에 대한 사목事目이 『실록』에 실려 있으니 조금 길지만 인용해보자.

1. 태종 황제 때 찬집撰集한 『사서대전』『오경대전』 등의 서적은 이

미 오래된 책인데도 본국▪에서는 애당초 듣지 못했다. 그러다가 경자년에 경녕군敬寧君이 북경에 갔을 때 하사를 받았고 그 뒤에도 여러 차례 하사를 받았다. 그 책을 펼쳐 읽어보니 실로 남은 것이 없을 정도로 이치를 상세하고 정밀하게 따졌다. 조정▪▪에서 찬술撰述한 서책으로서 이와 같은 것이 많은 줄로 안다. 다만 본국에 건너오지 않은 것일 뿐이다. 모름지기 자세히 물어보아 살 만한 것이면 사 오도록 하라.

1. 지금 주청奏請한 호삼성의 『음주자치통감』과 조완벽의 『원위』와 김이상의 『통감전편』과 진경의 『역대필기』 등의 서적을 만약 하사받는다면 사적으로 살 수는 없을 것이다. 예부에서 만약 어부御府에도 없는 것이라 한다면, 또한 드러내어 구할 수 없을 것이다.

1. 이학理學은 『오경대전』 『사서대전』 『성리대전』이 이치를 남김없이 말했고, 사학史學은 후인後人이 찬술한 것이로되 상고한 것이 해박該博하여 앞 시대의 사람이 찬술한 것보다 나은 법이니, 만약 본국에 없는 것으로 배우는 사람에게 이익이 되는 책이 있다면 사들이도록 하라. 『강목서법綱目書法』과 『국어』 또한 사 가지고 와야 할 것이다. 또 책을 살 때는 반드시 2질을 사서 낙질이 되는 것에 대비해야 할 것이다.

1. 북경에 만약 대전▪▪▪의 판본板本이 있으면, 종이와 먹을 준비하여 사사로이 인쇄할 수 있는지 여부를 아울러 물어보라.

1. 지난번에 '영락대전永樂大全'은 벌써 찬집했지만, 권질卷帙이 너무 많아 즉시 간행하지 못했다'고 전해 왔다. 지금은 간행되었는지 여부와 책의 내용을 아울러 자세히 물어보라.

▪　　조선을 말한다.
▪▪　　중국의 조정이다.
▪▪▪　『사서대전』 『오경대전』 『성리대전』을 말한다.

조선시대 책과 지식의 역사

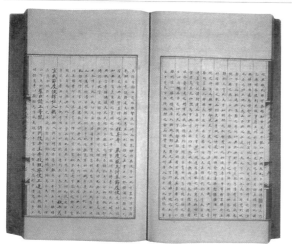

『영락대전』. 명나라 영락제永樂帝의 명에 의하여 편찬된 중국 최대의 유서. 경서, 사서, 천문, 의학, 불교, 도교 등 여러 사항에 관련된 책을 총망라하였다.

『국어』. 춘추시대의 여덟 역사를 기록한 책이다.

1. 본국의 금속활자는 밀랍을 사용하므로 일이 자못 많고, 뒤에 다시 만든 활자 역시 네 모퉁이가 평평한 정방형이다. 그래서 활자의 꼴이 둘이 되었다. 중국 활자의 자체와 인출 방법 등을 자세히 물어보고 오라.

(1)『사서대전』『오경대전』『성리대전』 외에 중요한 서적의 수입 (2)『자치통감』과 조완벽의 『원위』와 김이상의 『통감전편』과 진경의 『역대필기』는 황제의 하사를 요청하되 허락을 얻지 못하면 구하지 말 것 (3)본국에 없는 성리학 책과 역사 책이 있다면 구입해올 것, 『강목서법』과 『국어』도 구입할 것, 주청한 서적 외에 중요한 서적을 2벌 구입할 것 (4)『사서대전』『오경대전』 등을 현지에서 직접 인쇄해 올 수 있는지 확인할 것 (5)『영락대전』의 인쇄 여

부와 내용을 문의할 것 (6)현재 조선의 금속활자인쇄술을 개량할 방법을 물어볼 것. 이 모든 항목이 예부의 공식적 처리와 답변을 요하는 것이었다. 중국 서적에 대해 깊은 관심을 보이고 있었다는 의미다.

세종 17년 12월 13일에 성절사 일행이 답을 받아 왔는데, 대강 이런 내용이었다. (1)『영락대전』은 권수가 너무 많아 현재 원고는 완성되었으나 간행하지 못하고 있다. (2)대전의 판본은 남경에 있다. (3)서적인쇄는 활자본이 아니라■ 목판본이 위주다. (4)대전 외의 책으로 당우唐虞 시대부터 송나라 말기까지 신하들의 사적을 같은 부류끼리 모아 『역대신감歷代臣鑑』을 엮었으나 아직 간행하지 못하고 있다. 이상이 답의 요지다. 그런데 조정에서 원하던 책을 사 왔는지는 밝히지 않고 있는데, 아마도 구입했을 것으로 생각된다.

중국 조정에 서적을 요청하는 경우는 대개 중국의 서점가에서 구하지 못한 책이거나 특별한 사유가 있을 때였다. 『송사』는 지금은 흔한 책이지만 당시에는 아주 희귀한 것이어서 특별히 중국에 반사를 요청하였다. 세종조의 조선에는 『송사』가 없었으므로 북경에 가는 사신에게 구입하게 했으나 못 구했고, 급기야 중국 황제에게 주청했으나 중국 조정에서는 "한림원翰林院에 『송사』가 없으니, 장차 간인刊印하여 내려주겠다"고 했다.[4] 그리하여 단종 2년에 성절사를 보낼 때 『송사』를 정식 요청했고,[5] 단종 2년 9월에 받았다.[6]

『홍무정운』의 경우, 서사書肆의 인본印本인 『홍무정운』을 구입

4 『단종실록』 2년 9월 11일.

5 『단종실록』 1년 11월 23일.

6 『단종실록』 2년 9월 10일, 『단종실록』 2년 9월 11일.

■ 옛날에는 활자를 사용했으나 경비가 많이 들고 효과는 거의 같았기 때문에 목판으로 바꾸었다고 한다. 동양에서 금속활자란 목판본보다 나을 것이 없었던 모양이다.

조선시대 책과 지식의 역사

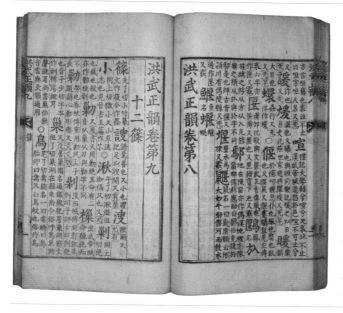

『홍무정운』. 1375년 명 태조의 명으로 악소봉樂韶鳳·송염宋濂 등이 편찬한 15권의 운서다. 양梁나라의 심약沈約이 제정한 이래 800여 년간 통용되어 온 사성四聲의 체계를 북경北京 음운을 표준으로 삼아 고쳐 정한 것이다.

했지만, 오자가 많아 황제에게 올리는 문서에 실수를 범할까 두렵다면서 중국 예부에, 관에서 인쇄한 『홍무정운』을 특별히 하사해 달라고 요청했다.[7] 그러나 "『홍무정운』에 관한 일은 인판印板을 조사해보니 원래 남경 국자감南京國子監에 모아두었는데 현재 인쇄본이 없어서 줄 수가 없다"라는 답이 왔다.[8]

이런 경우 황제가 직접 반사하거나 중국 예부에 요청해 황제의 이름으로 반사가 이루어지면 대개 황제의 칙지가 함께 내려지기 때문에 조선 조정에서는 거창한 의식으로 감사의 뜻을 표했다. 단종 2년 9월 11일자에 따르면 백관百官이 칙명勅命으로 『송사』를 내려준 것에 대해 하례를 했고, 문소전文昭殿의 세종·문종 양실兩室에 고할 정도였다.[9]

외교적 루트를 이용해 서적을 구입하는 일이 순조롭기만 했던 것은 아니다. 중종조에 중국 서적의 대량 수입을 추진한 적이 있다. 중종은 연산조를 거치면서 잃어버린 서적을 복구하고자 중종 36년과 중종 37년 두 해에 걸쳐 중국 서적을 대량 구입하고자 했다. 중종 36년 6월 22일 중종은 "서책을 많이 사겠다는 뜻으로 예부에 공문을 보내면 우리나라에 없는 책을 구할 수 있을 것"이라면서 이 일에 대한 의논을 명한다. 그러나 중국 서적 구입은 상당히 어려웠던 것으로 보인다. 즉 "역관에게 책값을 가져가서 사 오게 하여도 쉽게 구할 수가 없어서 때때로 책값으로 가져간 물건을 도로 가져오기 때문에 한갓 폐단만 있을 뿐"[10]이라는 것이다. 영의정 윤은보의 말[11]에 따르면, "중국의 금령 때문에 마음대로 사올 수 없기 때문"이라는 것이다. 또 요긴한 서책은 중국에서 반포해주지 않은 지 오래였다는 것이다.[12]

토론 결과 코앞에 닥친 천추사千秋使 파견은 곤란하고, 다음 사행인 동지사 편에 서책 주청사를 보내기로 결정했다. 예부에 공문을 보내 서책을 사려는 의사를 보일 것과, 동지사 편에 일을 잘 아는 역관 한 사람을 딸려 보내 사 오게 하는 것, 사 와야 할 책을 홍문관이 뽑아 임금에게 보고한 뒤 보내도록 결정했다.[13] 그리고 다음 달인 7월 2일 예부에 공문을 보내도 예부가 마음대로 하는 것이 아니고 황제에게 주청하고 난 뒤 시행할 것이기에 공문을 보내기는 하되, 모든 서책을 계속 사 올 수는 없으니 자문 내용에는 무역이 이어지도록 허락해달라는 뜻을 포함해야 한다는 영의정 윤은보의 의견이 채택되었다.[14]

이에 따라 중종과 대제학 김안국이 구입할 책의 목록을 작성했다.[15] 발췌할 목록은 김안국이 『문헌통고文獻通攷』를 참고해 구입할 만한 책을 뽑아 아뢰겠다고 했으나 김안국이 어떤 책을 골랐는지는 확인할 방도가 없다. 다만 중종이 선정한 『구양복의歐陽濮議』

10 『중종실록』 36년 6월 22일.

11 『중종실록』 36년 6월 22일.

12 『중종실록』 36년 7월 2일.

13 『중종실록』 36년 6월 22일.

14 『중종실록』 36년 7월 2일.

15 『중종실록』 36년 8월 2일.

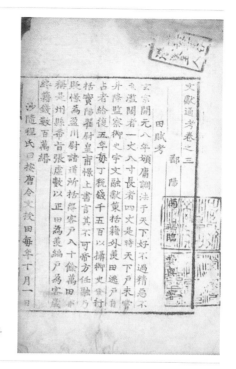

『문헌통고』권3. 원나라 마단림이 편찬한 송나라 법제와
경제 등 모든 제도에 관한 기록이다. 화봉책박물관.

『역법촬요役法撮要』『본조사실本朝事實』『사도필용仕途必用』『왕조
명신주의王朝名臣奏議』『사천고고성司天考古星』『교지사적交趾事跡』
등의 책명은 『중종실록』에 남아 있다. 당시 구묘九廟를 모조리 태
우는 화재가 나서 황제가 조서를 중국과 외국에 반포한 사건이 있
었다 하여 사헌부가 서적수입을 반대했으나[16] 서적수입은 강행되
었다.

16 『중종실록』 36년 7월
28일.

　　그러나 결과적으로는 실패였다. 그 경과가 『중종실록』 37년 2월
1일자에 실려 있다. 그 소상한 사정이야 여기서 밝힐 수 없지만,
어쨌든 예부에서는 책을 구입하는 일로 황제에게 올리는 상주문上
奏文을 만들 수 없다는 이유로 상인에게 책을 팔도록 주선했다는

것이다. 전례를 무시하는 일이라며 중종이 펄펄 뛰었지만 별무소
용이었다. 사실 조선과 중국 사이의 외교관계에서 열쇠는 중국 예
부가 쥐고 있었다. 아마도 예부는 서적상인들과 짜고 황제에게 주
청하지 않았던 것이겠지만, 조선으로서는 어떻게 손쓸 방도가 없
었다. 중국 서적의 구입이 여의치 않게 되자 중종은 국내에서 중
국 서적을 수집했다.[17] 그 서적 수집에 관한 시행세칙이 『중종실
록』에 상세히 실려 있지만 과연 실효를 거두었는지는 의문이다.

17 『중종실록』 37년 9월
24일.

중국 사신을 통해
공식적으로 구매한 책

『조선왕조실록』에는 사신을 보내 중국에서 서적을 구입하라고 지시하는 기사가 상당수에 달한다. 이 모든 기사가 외교적 채널을 통해 중국 예부에 서적을 요청했던 것은 아니라고 생각된다. 사실 예부에 정식으로 서적을 요청하는 경우라면 그에 맞는 내용이 실록에 실리기 마련이지만, 서적구입에 관한 기사는 대개 간단히 마무리되고 있다. 그렇다면 아마도 대부분의 서적은 북경 서점가에서 구입했을 것이다. 다시 말해 중국에 파견되는 사신은 북경 서점가에서 서적을 구입해 오는 임무도 띠었던 것이다.

사신이 중국에 들어가는 것, 곧 '사행'은 정월 초하루와 동지를 기념하는 정조사·동지사와, 황제의 탄일에 맞춰 보내는 성절사가 있었는데 이는 정기적 사행이었고, 기타 특별한 일로 보내는 부정기적 사행이 있었다. 사행은 정사, 부사, 서장관書狀官이라는 3사와 통역을 담당하는 역관들, 그리고 기타 잡무를 떠맡는 인부들로 이루어졌다. 사행은 그 당시로서는 매우 희귀한 문화체험이었다. 조선 후기로 가면 사행 경험이 '연행록'이라는 견문기 형태로 다수 전해지고, 여기에는 중국인과의 접촉과 서적수입에 대한 정보가 제법 담겨 있지만, 조선 전기에는 사행록 자체가 거의 남아 있지 않다. 중국 서적의 수입 양상에 대한 일차적 자료가 없는 것이다. 다만 『실록』 기사로 몇몇 사례를 살펴볼 수는 있다.

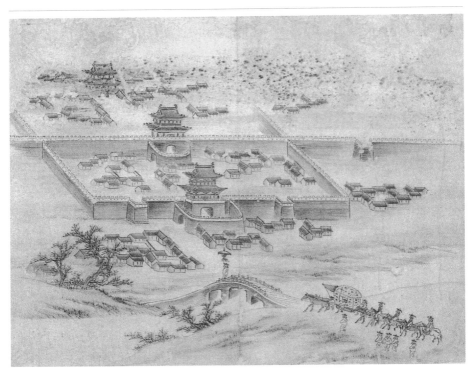

〈연행도燕行圖〉제5폭 '산해관山海關 동나성東羅城'. 연경으로 통하는 관문인 산해관의 모습이다. 숭실대학교 한국기독교박물관.

　서적을 구입하는 과정은 앞서 말했듯 왕이 몇 가지 서적을 구입해 오라고 사신에게 간단히 지시하는 경우와 미리 치밀한 계획을 세워 구서목록을 만드는 경우가 있다. 태종 13년 3월 27일, 임금은 서장관 진준陳遵에게 『삼국지』『소자고사蘇子古史』 등을 구해 올 것을 명하는데, 이런 경우가 비교적 간단한 예에 속하는 것으로 이런 유의 기사는 『실록』에 허다하다.

　그러나 본격적인 서적구입은 대개 특정한 성격의 책을 집중적으로 사들이는 방식으로 이루어졌으며 치밀한 준비가 있었다. 문

　　　　　　　　　　　　　　　　　　조선시대 책과 지식의 역사

종 1년 6월 12일에는 "경연에 간직된 서적에는 1~2벌밖에 없는 것이 있다"며 좀 더 인쇄할 것을 청하자, 임금은 주자를 써서 인쇄하기가 어렵다며 중국에서 사 올 것이므로 목록을 초록하여 아뢰라고 한다. 이에 의거해 집현전에서 『동암주례의례』 『경전통해』 『속의례집전』 『집주통지』 『중용집략中庸輯略』 『자치통감총류』 『통감본말通鑑本末』 『송사』 『주문공집』 『송조명신오백가파방대전문수』 『속문장정종』 『비거문언』 『송조명신주의宋朝明臣奏議』 등을 작성하여 올렸다.[18] 주로 성리학 서적과 역사서, 문학서를 중심으로 해서 서적구입을 추진했던 것이다.

18 『문종실록』 1년 7월 24일.

단종 3년 4월 4일에는 의정부에서 예조의 요청으로 『성혜방』 『영류령방永類鈴方』 『득효방得效方』 『화제방연의和劑方衍義』 『본초보주本草補註』 『동인경찬銅人經纂』 『도맥경圖脈經』 외에는 모든 의서醫書가 판본이 없다 하여 북경에 사신이 파견될 때마다 구입하도록 청하였고, 임금이 허락했다. 이 경우는 의서를 체계적으로 구입하게 한 사례다. 세조 3년 11월 10일에는 예문관에 없는 서적 그리고 의서와 불서佛書를 되도록 많이 구입해 올 것을 지시했다. 불경이 포함된 것은 세조가 간경도감을 설치해 불경 간행에 몰두하고 있었기 때문이다.

국가에서 서적수입을 추진할 때 그 주체는 홍문관이었다. 집현전을 대신해 홍문관이 국가도서관을 관리했기 때문이다. 중종조에는 주로 연산군 때 망실된 홍문관 서적을 복구하기 위해 중국 서적구입이 추진되었다. 『중종실록』 5년 9월 19일자와 『중종실록』 6년 4월 28일자 그리고 위에 인용한 『중종실록』 36년조에서 확인한 서적구입 추진 건은 모두 홍문관 서적 복구라는 목적이 있었다. 이제 그 실례를 살펴보자. 선조 9년(1576) 홍문관은 중국 서적을 대량 구입할 것을 다음과 같이 요청한다.

홍문관은 서적의 연수淵藪이므로 정말 참고하여 대비할 책이 소장 되어 있지 않으면 안 될 것입니다. 하지만 다음 책은 혹 강학講學에 관계되기도 하고 세무世務에 관련되기도 하는데, 지금 모두 없습니 다. 『남헌집南軒集』은 책판이 빠졌으니 마땅히 완본完本을 얻어 인출 해야 할 것입니다. 바라옵건대 해당 관청에 명하여 북경에 가는 역 관에게 사 오게 하되, 서장관에게 각별히 챙겨 소홀히 하지 않게 하 소서. 이 외에도 학문과 치도治道에 관계되는 서적을 또한 사 오게 하는 것이 어떠하겠습니까?[19]

선조는 당연히 허락하는데, 이때 요청한 서적은 『남헌집』을 비 롯한 21종이었다.■

이들 서적은 모두 1, 2부를 구입하는 것이었다. 드물기는 하지 만 많은 부수를 수입하는 경우도 있었는데, 그것은 장서용이 아니 라 보급용이었다. 예컨대 세종 7년 5월 25일 평안도 관찰사는 평 안도의 각 학교에 서적이 부족하다며 중국에서 경서 44벌을 사 오 게 하여 44개 고을에 나눠줄 것을 요청해 허락받고 있다. 세종 7년 12월 23일, 예조는 사부학당四部學堂에 나눠줄 『집성소학』을 100권 수입해달라고 요구해 허락받았다. 하지만 이것은 그야말로 예외 적 사례에 속하고 보통은 기껏해야 1, 2부를 구입해 올 수 있었으 며, 만약 더 많이 필요하면 국내에서 다시 인쇄했다.

조선의 사신은 북경에만 체류해야 했다. 박지원이 연행을 갔을

■　　그 구체적 목록은 이렇다. 『남헌집』 『황면재문집黃勉齋文集』 『오대사五代史』 『속수기문涑水記聞』 『삼가례 범三家禮範』 『사마공서의司馬公書儀』 『고씨송종례高氏送終禮』 『손씨가아편孫氏家兒編』 『고수부담孤樹裒談』 『금헌휘 어今獻彙語』 『작애집灼艾集』 『전각사림기殿閣詞林記』 『황조명신록皇朝名臣錄』 『황명문형皇明文衡』 『황조경제록皇朝 經濟錄』 『황조홍유기皇朝鴻儒記』 『계주주의桂州奏議』 『남궁주의南宮注議』 『구변도론九邊圖論』 『남촌철록南村輟錄』 『경서의난經書疑難』.

때는 북경을 벗어나 열하까지 갔지만 사실 그것은 황제가 열하에서 피서 중이었기에 생겨난 예외다. 사신은 북경을 벗어날 수 없었다. 북경이라면 어디서 책을 샀던 것일까? 북경에는 서적시장이 형성되어 있었다. 이미 『성종실록』 9년 1월 23일자 기사에 "집집마다 간판刊板을 하여 판매하는 자료를 삼는다"라는 말이 나오고, 『중종실록』 24년 4월 3일자의 "황제가 친히 지은 글"의 출판과 구매에 대해 언급하는 자리에서 특진관特進官 유보柳溥가 "중국의 일은 신도 전에 보았는데 하찮은 책이라도 발간하여 파는 것을 일삼습니다"라고 말하는 것으로 보아 중국에 들어갔던 사람들이 중국에서는 서적이 상품으로 출판되고 거래된다는 사실을 증언하고 있는 것이다. 예컨대 하연河演의 「연보」에는 1450년 중국 사신 예겸倪謙 등이 우리나라에 왔을 때 조선의 관료, 선비들과 수창酬唱한 작품을 모아 중국에서 출판했는데, 이 책이 뒷날 조선에 전해진 내력을 간단히 밝히고 있다.

> 뒷날 어떤 사람이 연경의 책사冊肆에서 서적을 구매하다가 한 책을 얻었는데 이름을 『요해편遼海編』이라 하였다.[20]

20 『경재집(敬齋集)』: 『문집총간』 8, 470면.

예겸은 1479년에 죽었다. 또 1488년 명나라 사신 동월董越이 조선에 왔을 때 『요해편』을 읽었다고 말하고 있으니, 이 책은 예겸의 생전에 간행된 것일 터이다. 아마도 예겸은 북경으로 돌아가자마자 책을 간행한 것으로 보인다. 물론 여기서는 『요해편』이란 책이 중요한 것은 아니다. 조선의 사신단은 북경의 서점가에서 책을 직접 구입할 수 있었다는 사실이 중요한 것이다. 사신단에 속한 개인이 책을 살 수 있는 공간은 대개 '연사燕肆'로 표기되는 바, 이것은 연경의 책사로 번역된다.

〈연행도燕行圖〉제13폭 '유리창琉璃廠'. 숭실대학교 한국기독교박물관.

조선시대 책과 지식의 역사

중국에서는 이미 서적이 상품으로 거래되고 있었으며 관에서 만든 서적을 민간에서 재간행해 팔거나 개인이 모종의 서적을 인쇄해 팔았던 것이다. 상품으로서 이런 서적들은 일정한 판매공간, 곧 서점에서 팔았다. 물론 북경의 서적시장이 유명해진 것은 청대의 유리창 골목의 거창한 서점군 덕분이지만, 명대에도 유리창에 그렇게 거창한 서점가가 형성되어 있었는지는 의문이다.

이 외에 생각할 수 있는 것이 서적의 거간인데, 조선 후기의 기록을 보면 조선의 서리에 해당하는 '서반序班'이란 존재가 있어 이들이 조선 사신들의 숙소에 찾아와 서적을 팔거나 조선 사신들의 요청으로 서적을 구해다 팔았다고 한다. 유사한 사례를 『중종실록』에서 찾아볼 수 있다. 『중종실록』 20년 3월 4일자에서 진하사進賀使 서장관 정웅鄭熊이 직접 보고 들은 중국의 사정을 임금에게 보고하는데, 이 정보를 그에게 제공한 사람은 "서책을 파는 사람인 오명吳明"이다. 이 사람은 "자못 사리를 알기도 하고, 문사들의 집에 드나들기도 하는" 사람이었다고 한다. 오명은 서점의 주인이 아니라, 지식이 있는 사람으로서 조선 사신을 찾아와 서적을 파는 그런 부류였을 것으로 생각된다.

국가가 사신에게 서적구입을 명할 때는 당연히 국가에서 비용을 지급했다. 단종 3년 4월 4일 북경에서 의서를 구입할 때 사신에게 마포麻布를 구입대금으로 주고 있으며, 『명종실록』 9년 7월 12일자에서는 서적구입 대금으로 정포正布를 사용하고 있다. 때로는 책값으로 인삼을 주기도 했다.

국가에서 구입하는 서적은 상당한 양에 달했을 것이다. 다만 그것은 기록에 쉽게 남지 않는다. 『실록』 또한 구입한 서적의 목록을 남김없이 기록하고 있지 않기 때문이다. 그럼에도 불구하고 남아 있는 단편적 자료를 종합해볼 때 국가는 끊임없이 중국으로부터

서적을 사들였음이 확인된다.■ ²¹ 바로 이 책들이 홍문관의 거대
한 장서고를 채웠던 것이다.

21 「미암일기초」 3, 241
~242면.

■   임신년 9월 9일에는 유희춘이 사은사가 사 온 서책이라면서 다음과 같은 서적의 제목과 권수를 기록하
고 있다. 이런 예로 보아 우리가 그 구체적 내면을 알 수 없다뿐이지 서적수입은 상당한 양에 달했던 듯하다.
『문원영화』 100권, 『염계주공문집濂溪周公文集』 5권, 『경헌선생집敬軒先生集』 8권, 『규봉집圭峯集』 6권, 『유박고류
博藥』 4권, 『경례보일經禮補逸』 1권, 『이문공집李文公集』 2권, 『동곽문집東郭文集』 3권, 『이견지夷堅志』 3권, 『근사
록』 6권, 『나일봉집羅一峰集』 2권, 『호자지언胡子知言』 1권, 『의례경전儀禮經傳』 4권, 『속의례경전續禮經傳』 3권,
『정산선생집定山先生集』 5권, 『양문의공시선楊文懿公詩選』, 『교태록交泰錄』 4권, 『공동집崆峒集』 3권, 『설문청공집
薛文淸公集』 1권, 『소학』 2권, 『진북계자의陳北溪字義』 2권.

조선시대 책과 지식의 역사

개인이 사들인 중국 책

앞에서 언급한 바와 같이 조선이 중국으로 통하는 길은 오로지 사행뿐이었다. 사행 외에는 중국 땅을 밟을 수 없었다. 이 금령을 어기면 처벌받았다. 사행에 참여하는 숫자는 정확하지 않다. 정조사, 동지사, 성절사 같은 사행은 그 규모가 정해졌던 것으로 생각되지만 그 외의 부정기적 사행은 유동적이었다. 다만 조선 전기의 사행 규모는 정확지 않은데, 조선 후기의 경우를 참고하면 1712년 11월에 출발한 동지사행의 인원수는 총 500명을 조금 넘었다. 다만 이 가운데 서적을 구입할 수 있는 사람은 정사·부사·서장관이다. 역관도 서적구입의 주체로 포함시킬 수 있다. 조선 후기에는 역관들이 상업적 목적으로 서적을 구입했지만, 조선 전기에도 그러했는지는 확언하기 어렵다. 따라서 여기서는 세 사신 위주로 이야기해볼 수밖에 없다.

사신이 북경에서 서적을 구입하는 경우가 매우 많았을 것으로 짐작되지만, 그 개별적 내역이 담긴 사례를 찾기는 어렵다. 다만 『실록』에 이들이 구입한 서적을 왕이나 국가에 바친 기록이 있어 그 일부를 짐작할 뿐이다. 예컨대 『태종실록』 1년 12월 9일자에서 명에 사신으로 파견되었던 영의정 부사 이서李紓 등은 돌아와서 『대학연의』『통감집람通鑑集覽』『사림광기事林廣記』 각각 1부를 바치고 있으며, 『태종실록』 3년 9월 13일자에서는 성석린成石璘·이

원李原·이정견李庭堅이 "중국에서 얻은" 『통감강목』과 『십팔사략
十八史略』을 올리고 있다.

이처럼 대개 사신으로 파견되었던 사람이 서적을 구입해 왔고
그 서적들 중 일부를 왕에게 바쳤던 것이다. 성종 6년 6월 5일, 좌
의정 한명회는 『신증강목통감新增綱目通鑑』 『명신언행록名臣言行
錄』 『신증본초新增本草』 『요사』 『금사』, 유향劉向의 『설원說苑』, 구
양수歐陽脩의 『문충공집文忠公集』 각 1질을 바치고 있는데, 『신증
강목통감』은 태감太監 김보金輔가 본래 성종의 호학好學을 알고 한
명회에게 전달해달라 부탁한 것이고, 그 외에는 모두 한명회 자신
이 '사사로이' 산 것이었다.

사신이 개인적으로 구입한 서적의 전부를 망라하는 일은 불가
능하다. 그 표본적 경우로 개인의 구매품을 왕과 국가에 바친 예
를 성종조를 중심으로 살펴보자.

13년 3월 8일─정조사 한성부 우윤 이극기李克基와 부사 대호군大
護軍 한충인韓忠仁이 『청화집淸華集』과 『유향신어劉向新語』와 『유향설
원劉向說苑』과 『주자어류』와 『분류두시分類杜詩』를 바침.
19년 윤1월 29일─무령군 유자광柳子光이 『역대명신법첩歷代名臣法
帖』을 올림.
19년 10월 11일─동지중추부사 성건成健이 의서 『동원습서東垣拾
書』를 바침
25년 1월 7일─안침安琛이 『대학연의보大學衍義補』를 바침.
21년 3월 4일─윤효손尹孝孫이 『활민대략活民大略』 『속자치통감강
목續資治通鑑綱目』을 바침.
25년 9월 16일─하숙부河叔溥가 『집주무경칠서輯註武經七書』와 『진
서陳書』를 올림.

조선시대 책과 지식의 역사

〈연행도〉 제9폭 '조공朝貢'. 조선 사절단이 연경에서 행하는 의례를 묘사했다. 숭실대학교 한국기독교박물관.

이는 대개 복본複本을 구입해 그중 하나를 바친 것으로 보인다. 그리고 거듭 말하거니와 개인의 필요에 따라 구입한 것이었다. 예컨대 성건은 『동원습서』를 바치고 있는데, 자신의 건강이 좋지 않아 중국에서 의서를 다량 구입하고 그중 하나를 바쳤던 것이다. 물론 『동원습서』가 내의원에 없지는 않았다. 하지만 빠진 권이 있었기에 바친 것이었다. 국내에 없는 책이 있다면 당연히 구입대상이 되었고, 때로는 국내에서 이미 간행한 책도 구입해 오곤 했다. 예컨대 안침은 『대학연의보』를 바치고 있는데, 이는 이미 국내에서 간행된 것이었다. 아마도 간행한 지가 오래되어 서적구입이 어려워진 탓이 아닌가 짐작된다. 개인이 구입한 책들은 보통은 개인의 서재를 채웠겠지만, 국왕에게 헌정되면 국내에서 인쇄의 저본이 되어 재출판이 이뤄지기도 했다. 안침이 바친 『대학연의보』가 그런 경우다.

개인이 중국에서 책을 살 때는 대개 현장에서 접한 뒤 구매를 결정했지만, 어떤 경우에는 특정 서적을 구매하려는 의도를 갖고 찾기도 했다. 『중종실록』 13년 11월 22일자에서 공조 판서 김안국은 북경에서 구입한 책을 바치며 이렇게 말하고 있다.

신은 북경에 도착해, 성상께서 성리학에 마음을 두고 계시고 사대부들 또한 학문의 향방을 알고 있으므로, 염락濂洛의 여러 선비의 전서全書 및 격언, 지론至論을 얻어 강습에 도움이 되게 해야겠다고 생각했습니다. 하지만 북경에 오래 머물지 않아 책을 널리 찾아낼 수가 없어서 단지 구한 것만 올립니다.

『논어혹문論語或問』 『맹자혹문』은 주자가 지은 것으로, 『중용혹문』 『대학혹문』과 동시에 편찬한 것인데, 『중용혹문』 『대학혹문』은 이미 우리나라에 들어왔으나 『논어혹문』 『맹자혹문』은 들어오지 않았으므로 구입해 왔습니다. 모름지기 널리 인출해 홍문관에도 두고 사대부에게도 나눠주면 사람들이 『논어』 『맹자』의 깊은 뜻을 깨달을 수 있을 것입니다.

『가례의절家禮儀節』은 명나라 대유大儒 구준丘濬이 『주자가례』를 깎고 추려 정리한 책입니다. 문의文義가 빠지고 허술한 것을 보완하였으니 『주자가례』의 이해를 돕는 책입니다. 또한 인쇄 반포하여 사람들이 강론하는 것이 마땅합니다. 『전도수언傳道粹言』은 곧 두 정 선생先生■의 말씀을 편집한 책입니다. 『장자어록張子語錄』 『경학이굴經學理窟』 『연평문답延平問答』 『호자지언胡子知言』 등은 다 염락 제현諸賢의 저서입니다. 성학聖學■■에 아주 긴요하기에 감히 올립니다.

『고표정수古表精粹』는 곧 고금 사람이 지은 표表■■■를 종류별로 뽑은 책입니다. 우리나라는 사대事大하는 나라인데 문신 및 선비들이 다 표문表文을 익히지 않습니다. 전에 대신이 건의해 표전表箋을 실은 책을 인쇄해 반포하기를 청하였습니다만, 우리나라에 있는 것은 『송원파방宋元播芳』뿐이요 그 외에 본받을 만한 책이 없었습니다. 매번 북경에 사신이 갈 때마다 사 오게 하였지만, 역관 등이 마음을 다하여 구하지 않았으므로 사 오지 못하였습니다. 신이 마음을 두고 널리 구하여 이 책을 사 왔습니다. 청컨대 많이 인출하고 널리 반포하여 문사文士들이 살펴보게 하소서.

보다시피 대부분 성리학 관련 서적이다. 사림파의 거두였던 김안국은 과연 그답게 북경에서 체류하는 동안 성리학 서적을 조사

■ 성리학자인 정호程顥와 정이程頤 형제를 말한다. 주자의 선배 학자로서, 주자가 성리학을 완성하는 데 결정적 기여를 했다.
■■ 임금의 학문을 가리키는 말이다.
■■■ 황제 또는 임금에게 신하가 올리는 글. 신하가 자신의 심중을 드러낸다는 의미가 있다.

해 구입해 왔던 것이고, 또 그것을 인쇄하여 널리 보급할 것을 건의한다. 그러나 이는 그야말로 희귀한 경우다. 개인적으로 북경에서 책을 구입한 경우야 허다하겠지만, 과연 어떤 책이 얼마나 수입되었는가, 그리고 그것이 의도적이고 체계적인 수입이었던가는 풀리지 않는 의문으로 남는다.

지금까지 언급한 것은 북경에 파견되는 사신이 개인적으로 서적을 수입해 온 경우다. 그런데 북경에 사신으로 가는 것은 결코 흔한 체험이 아니다. 북경에 갈 기회가 없는 사람은 어떤 방식으로 중국 서적을 구입했을까? 성현은 「김취영전金就英傳」이라는 작품을 남겼는데 이 작품의 주인공 김취영은 세상과 불화의 관계에 있는 방외인적 기질을 지닌 사람이다. 그는 집안이 가난해 남의 집에 세를 얻어 살았지만, 아내가 짠 베를 북경에 가는 사람에게 주어 중국 책을 구입한 덕분에 서적이 많았으며 고금에 견문이 넓었다고 한다.[22]

김취영이라는 인물에 대한 정보는 이것이 다이지만, 어쨌든 개인이 중국 서적을 구입하고자 할 경우 북경에 파견되는 사신단使臣團에 개인적으로 부탁하는 수밖에 다른 방도가 없었다. 물론 이런 경우가 결코 적지 않았겠지만 그 사례가 희귀하다. 내가 발견한 사례는 유희춘의 『미암일기초』뿐인데, 그중 몇 가지 경우를 보자.

군기軍器 이원록李元祿 정서廷瑞가 내가 불러 찾아왔다. 악수하고 이야기를 하였다. 나는 『사문유취事文類聚』의 값을 맡길 테니 책을 사 달라고 청했다. 이때 정서가 사은사의 서장관으로 북경에 가게 되어 있었기 때문이다. 정서가 허락하였다.[23]

무진년(1568) 2월 11일 기사인데, 서장관으로 떠날 예정인 이정

22 『허백당집(虛白堂集)』: 『한국문집총간』 12, 524면.

23 『미암일기초』 1, 123면.

조선시대 책과 지식의 역사

司諫院元虎受職拜承旨時所啓
夫為賜床ス
謝恩使奏秋官李元蘇ノ賀事ヲ託スルコト
延恩書狀官
外校書館當廳
打新紙ノ印行ヲ議ス
歲貢屛俗目册

自上量氣十分測保甚當傳曰知遺○司諫院啓元虎受職拜承旨時所啓
內辭緣預自滅削疎漏沒實靖色承旨態又論二承旨上以無情事不允○
器李元蘇廷瑞爲我所招來臨揖手饒話余請付償買邪文類聚買來矣○
恩使書狀官赴京故也廷瑞許諸又欲訪我命于唐人云○後還天使時以謝
月二十七日入京云○是日府三員常坐○以草謝表來正於廷瑞ㄣㄣ點一
處

十二日　晴呈病于府不仕在家○外校書館册匠俊亮奉議印剪灯新話○
以緜布二匹白貼扇十柄遺于李廷瑞處事文類聚之價也○夢見細君○務
安金希正遠簡拜鮮肉十五條來○廷瑞受布及屈以買來事文類聚爲諸○
金連義來言朴都事汝柱出去其子弟處星賦枋目册在京宅云○上持牽
李君景明以惡者恐勸諸關避鍵上以雜言不聽○按正魯書集第二册○司
僕理馬丁世鵬來理聽馬之桑○世鵬視吾馬曰此非白駱乃白松高矣此
馬色白面以足舊目背黑後卽變間青色,故謂之白松高矣而無一凶者是也
○獻陵金泰奉可貿來○靈岩崔福男來講遊士査諜之子而爲假部將來

戊辰二月(十一日・十二日)

一三

『미암일기초』1, 무진년 2월 11일 기록.

男使ヲ勸ルニ
沈通源ヲ勸ニ謝ル

淵亭至巖義洞乾隅入殯前行再拜又歷訪舍人兄韓潤源ㄣㄣ而來歸路歷訪
軍器正李君元蘇,而來李君深許事文類聚買來矣○歸合聞朴舜元李贏長
來去○石城宰鄭講壽子思敏送魚醢三種來○醫文館持大提學指點吾表
來。

初四日　晴能滯後以天使問程百官先詣嘉華館余亦早勤先到金執義季
鷹家季應以疾在宣延我說話具言前見宋公傳仁仲之言以爲元禮朝
廷必陞堂上然必先歷臺謹侍從乃無淪海道味之嘆宋判書麒壽亦以爲然
云ㄣㄣ卯時大駕至臣等出道邊俯伏已時上與天使醒酌四俗禮畢兩天使與
上相別步至祗迎詔門外與百官相揖面別臣等退寫依幕呼外位乃出序立
大駕至而祗迎後以次隨駕午時隨至宮納間安子糧縫趙之東送出
自東門諸鄕枝洞同知沈遂源希容宅容握手忻慣時年七十二矣隨歷
訪判尹姜公還又邀其鄰柳介人塲縣坐談話而來姜公許我買給居家必
云○還家見前承旨李後白之洞○權扶安發氅及大蛤三十介金壽僧生
秀魚二尾來○潭陽一門奴露稻持細君簡來內軸二匹金買發云ㄣㄣ○奴朋

戊辰三月(初二日～初四日)

一四五

『미암일기초』1, 무진년 3월 3일 기록.

서에게 『사문유취』를 사 오라는 부탁을 하고 있다. 그는 이튿날 서책의 구입가로 녹포祿布 2필, 백첩선白帖扇 10자루를 보냈고, 이정서는 그것을 받고 책을 구입해 오기로 다시 약속을 하고 있다.[24] 이것도 불안했는지 유희춘은 3월 3일 다시 이정서를 찾아갔던 바그는 『사문유취』를 사 오겠다고 다시 '깊이' 약속하고 있다.[25]

사신이 돌아왔음을 유희춘이 안 것은 9월 6일이었고[26] 그 소식을 듣자마자 이정서를 찾아갔다. 이때 그는 강섬姜暹도 방문하는데, 강섬이 그를 위해 『거가필용居家必用』이라는 책을 사 오기로 약속했던 것이다. 그는 다음 날인 9월 7일에 이정서로부터 『사문유취』 60책을 받고[27] 9월 8일에 『거가필용』 10책을 받았다.[28] 『사문유취』의 경우 책을 구입해달라 부탁한 날로부터 거의 5개월이 지난 뒤였다.

이처럼 중국 서적을 구입하는 방법이란 사신단에 포함된 친지에게 책값을 미리 지불하고 하염없이 기다리는 일뿐이었다. 거꾸로 말하자면, 사신단에 포함되는 사람과 개인적으로 친밀한 관계를 맺고 있지 않는 한 서적구입은 불가능하다는 의미였다. 어쨌든 유희춘은 여러 차례 사신단에 중국 서적의 구입을 요청한다. 간단히 정리해보자.

- 기사년(1569) 6월 17일 천추사의 서장관 윤탁연尹卓然에게 『황면재문집黃勉齋文集』 장주본漳州本 『근사록』을 부탁함.[29]
- 경오년(1570) 5월 22일 천추사 참의參議 홍천민洪天民의 군관 김흥조金興祖에게 첩선貼扇 20자루, 입모笠帽 1사事를 사서四書와 『송감宋鑑』을 사 올 비용으로 주고 부탁함.[30]
- 경오년(1570) 8월 10일 성절사로 10월에 출발할 홍첨지洪僉知 덕원德遠에게 『주자어류』를 부탁함.[31]

24 『미암일기초』 1, 123면: 무진년(1568) 2월 12일.

25 같은 책, 145면: 무진년 3월 3일.

26 같은 책, 341면: 무진년 9월 6일.

27 같은 책, 342면: 무진년 9월 7일.

28 같은 책, 343면: 무진년 9월 8일.

29 『미암일기초』 2, 25면.

30 같은 책, 235면.

31 같은 책, 363면

조선시대 책과 지식의 역사

32 『미암일기초』 3, 363면.

- 계유년(1573) 정월 21일 통사 홍수언洪秀彦에게 인삼 1냥 5전을 주고 『책학집략策學輯略』과 『책해策海』를 부탁함.[32]
- 정축년(1577) 정월 27일 성절사 양응정梁應鼎에게 인삼 2근을 보내고 『황조명신편록皇朝名臣編錄』 『구양공집歐陽公集』 『공동집空同集』, 『치당관견致堂管見』, 『대문회원待問會元』 『한묵서翰墨書』 『세사정강世史正綱』 『원류지론源流至論』 등 8종의 서적을 사 올 것을 부탁함.[33]

33 『미암일기초』 5, 301면.

유희춘은 이런 책들을 부탁했던 것이다. 미리 약속이 있었는지는 알 수 없지만, 사신이 돌아왔을 때 서적을 기증받은 경우도 있었다. 신미년(1571) 정월 24일 사은사 강섬이 돌아온 것을 들은 유희춘은 강섬이 자신을 위해 서적을 사 왔을 것이라 기대하는가 하면,[34] 계유년 정월 17일에는 우의정 박순을 만나 그가 북경에서 사 온 『작애속집灼艾續集』 증정을 약속받는다.[35] 계유년(1573) 11월 11일에는 이여근李汝謹이 북경에서 구입한 『십가소설十家小說』 2책을,[36] 갑술년(1574) 1월 1일에는 사자관 이응복李應福으로부터 『서서지남書敍指南』 4책을 받고 있다.[37]

34 『미암일기초』 3, 19면.

35 같은 책, 359면.

36 『미암일기초』 4, 167면.

37 같은 책, 218면.

유희춘의 예에서 볼 수 있듯 상당한 양의 서적이 중국에서 수입되었을 것이다. 사신단의 일원, 곧 그 사람이 정사든 부사든 서장관이든 혹은 군관이든 역관이든 간에 청탁하는 것은 서울의 고급 관료들이 중국 서적을 구입하는 주요 루트였다. 결국 중앙 관료조직의 상층부를 구성하는 고급 양반들의 루트였을 뿐 그 외 사람들은 접근할 수 없는 루트였으리라 생각된다.

어떤 책을 수입했나?

중국에서 수입된 책이란 대체 어떤 것들이었을까? 이는 매우 중요한 문제다. 오늘날 우리가 서구에서 지식을 수입하듯 당시 조선이 동아시아의 중심을 자임하던 중국으로부터 수입한 지식이 무엇이었는가는 고찰을 요하는 문제다. 물론 이런 문제를 따져보려면 엄청난 지면을 할애해 서술해야 할 것이다. 지금 여기서 할 수 있는 일은 아니니, 다만 대체적 경향을 짐작하는 수준에서 그치기로 한다.

태종 13년 3월 27일에 임금은 서장관 진준에게 『삼국지』와 『소자고사』 등을 구해 오라 명했다. 이것이 중국 서적 수입에 관한 최초의 『실록』 기사다. 이후 조선은 중국에 끊임없이 서적을 요청하며 실제로 구입하기도 하는데, 그 큰 줄기는 역시 경학과 역사 서적이었다. 앞서 언급한 것처럼, 세종 8년 11월 24일에 명의 황제가 『사서대전』 『오경대전』 『성리대전』 『통감강목』을 하사한다. 조선에 온 중국 사신 윤봉에게 요청해둔 책들이었다. 이때 『송사』도 함께 청구했는데, 『송사』는 뒷날 단종 때 하사받았다. 세종 15년 12월 13일에는 유학생 파견을 요청했으나 거부되고 『오경대전』 『사서대전』 『성리대전』 『통감강목』 2벌을 하사받았다.

이처럼 중국에서 황제의 명으로 하사되는 서적이란 대개 경학과 역사 서적에 집중되었다. 앞서 언급했듯 세종 17년 8월 24일

〈만국내조도 萬國來朝圖〉 부분. 18세기. 연경에 모인 각국 사절단의 모습이다. 북경고궁박물원.

성절사를 파견하면서 호삼성의 음주본 『자치통감』, 조완벽의 『원위』, 김이상의 『통감전편』, 진경의 『역대필기』와 탈탈의 『송사』 등 서적을 청한다. 주로 역사서다. 이 책들 중 『자치통감』만 조선으로 들어왔고, 나머지는 서판書板이 파손되어 뒷날 하사하겠다는 약속을 받았다.[38]

역사서 가운데 수입대상 1호는 『자치통감』이었다. 원래 『자치통감』은 주자소에서 세종 2년(1420) 겨울부터 세종 4년(1422) 겨울까지 인쇄를 완료했으나, 그 뒤로도 호삼성의 『자치통감』은 중요한 수입대상이었다. 세종 17년 7월 1일 사은사의 통사 신백온辛

38 『세종실록』 17년 12월 21일.

伯溫과 진하사의 통사 허원상許元祥과 설진傼振 등은 이 책을 구입해 온 공으로 상을 받았다. 세종 22년 1월 3일에는 마포 15필로 호삼성의 『영충록嬴蟲錄』을 구입하도록 할 것을 명하고 있다. 연산군 3년 7월 7일에는 홍문관이 유실한 『오월춘추吳越春秋』『남북사南北史』『삼국지』 등 서책을 천추사로 하여금 사 오게 했고, 명종 9년 7월 12일에도 홍문관의 요청으로 사서를 다량 구입하는 일이 추진되었다.■

앞서 언급했던 『문종실록』 1년 6월 12일자 기사 중 집현전이 올린 구서목록을 다시 한 번 보자.

(1) 『동암주례의례 東巖周禮儀禮』『속의례집전』『집주통지』
(2) 『자치통감총류』『통감본말』『송사』『송조명신주의』
(3) 『중용집략』『경전통해』『주문공집』
(4) 『송조명신오백가파방대전문수』『속문장정종續文章正宗』『비거문언』

(1)은 의례서, (2)는 역사서, (3)은 경학서, (4)는 문학서다. 대개 조선시대 지식인들의 필독서였다.

성종 12년 12월 28일에도 『자치통감』『정씨유서程氏遺書』『진서산집眞西山集』『사문유취』『치당광견致堂管見』『송조문감宋朝文鑑』 각 1부를 하사받았는데, 아마도 요청에 따른 것으로 생각된다. 문학서가 의외로 적은데, 특히 문집이 적다. 성종 17년 12월 28일 성절사 질정관 이창신李昌臣이 왕명으로 어렵게 『소문충공집蘇文忠公集』을 구입한 것이 유일한 예다. 이것도 북경에서는 구하지 못하

■　그 서목은 밝혀져 있지 않다.

조선시대 책과 지식의 역사

다가 우연히 요동에서 공짜로 얻은 것이다. 이러한 예로 확인할 수 있듯 역사서와 경학서가 서적수입의 중심을 이루었다.

역사서와 경학서를 제외하고 나면, 법률과 의학 그리고 지리와 명과학命課學 같은 실용성 강한 서적을 적극 구입했다. 법률서는 『경국대전』을 완성하려면 중국의 법률을 참고해야 한다는 현실적 필요성이 작용했다. 그래선지 조선 후기로 가면 법률서를 수입한 경우가 거의 없다. 세종 8년 10월 25일 절일사 최순崔洵에게 『조훈조장祖訓條章』을 사 오게 한 것을 필두로 각종 법률서 구입이 추진되었다. 『성종실록』 13년 10월 8일자에서 노사신盧思愼은 이렇게 말하고 있다.

> 지금 『경국대전』을 교감하는 일을 승지에게 출납出納하게 하고 있는데, 신臣은 옮겨 아뢰는 사이에 혹 잊는 일이 있을까 걱정되어 신 등이 직접 아뢰기를 청합니다. 또 중국 조정에서는 여러 관청이 맡고 있는 바도 모두 기재하고 있는데, 우리나라의 『경국대전』에는 관청 이름만 쓰고 맡은 바는 기재하지 않고 있으니, 결점이 아니겠습니까? 아울러 기록하기를 청합니다. 영슈이란 법이고, 율律은 처벌하는 것입니다. 명나라에는 율령律슈이 있는데, 율은 우리나라에서도 이미 준행하고 있지만 영은 아직 보지 못했으니, 청컨대 북경에 가는 사람에게 구해 오게 하소서.

북경에 가는 사람에게 법률서를 구해 오게 한 것이다. 법률서 구입과 함께 중요한 것이 예학서禮學書였는데, 주로 국가의 전례에 관한 서적이었다. 이에 대해서는 이미 송조의 예학서가 구입 품목에 들어 있거니와, 명조의 예학서도 적극 수입하고자 했다. 대표적인 예가 당시 중국 조정의 예제禮制를 모은 『대명집례大明集

39 『세종실록』 22년 1월 8일, 『세종실록』 22년 2월 24일.

禮』 구입이 적극 추진된 일이다.[39]

의학서 역시 빈번히 구입되었다. 앞서 언급한 바와 같이 단종 3년 4월 4일 의정부에서 예조의 정문에 의거해 『성혜방』『영류령방』『득효방』『화제방연의』『본초보주』『동인경찬』『도맥경』 외의 모든 의서가 판본이 없다며 구입을 추진했고, 세조 3년 11월 10일 이조 판서 한명회와 예조 참판 구치관具致寬을 명에 파견하면서 한명회의 종사관인 임원준任元濬에게 예문관에 없는 서적과 의서와 불서를 되도록 많이 구입해 올 것을 명하고 있다.

한편 지리서 역시 의서만큼은 아니어도 수입대상이었다. 세종 24년 11월 27일 임금은 "지리의 설說은 허황하여 믿기 어려우나 그것이 전해 온 지가 이미 오래되어 부득이 이를 쓰게 되니 없을 수는 없는 것"이라면서 북경 사신에게 『극택통서克擇通書』 구입을 명하고 있다. 지리서는 주로 풍수 서적을 말하는 것인데, 그 시기 풍수의 비합리성에 대한 비판이 심각한 수준으로 제기되기는 했으나 왕가의 상례喪禮에 없을 수 없는 것이 지리서였다.

이런 실용서는 결코 가볍게 취급되지 않았다. 『중종실록』 33년 5월 19일자에서 임금은 이렇게 전교한다.

천문·지리·명과命課 ▪가 중요한 일은 아니겠지만, 천문학은 그래도 그중 가장 중요한 것인 듯하다. 삼학三學 ▪▪을 설립한 뜻이 어찌 우연한 것이랴? 삼학에서 공부하는 책은 우리나라에서 처음으로 만든 것이 아니고, 중국의 것으로 유래가 오래되었는데, 근래 공부하는

▪   '천문'은 지금의 천문학과 같다. '지리'는 풍수지리학, '명과'는 인간의 운명·길흉·화복을 연구하는 학문을 말한다.
▪▪   천문학·지리학·명과학命課學을 가리킨다.

것이 정밀하지 않아 아주 좋지 않다. 중국에 정밀하게 찬술한 새 책이 어찌 없겠는가? 삼학의 관원을 종사관從事官으로 차출하든지, 혹 타각부打角夫를 차출하여 북경에 가는 사신에게 해마다 한 사람씩 차례차례 대동하고 가게 한다면, 삼학의 서적들을 거의 다 사들일 수 있을 것이다. 이 뜻을 영관상감사領觀象監事에게 전하여 의논하게 하라.

40 『중종실록』 33년 5월 20일.

이렇게 해서 중국 서적 구입을 통사에게만 맡기지 않고 그 공부를 하고 있는 자를 들여보내 확인하고 구입하기로 결정했다. 의원을 보내 의학서를 구입한 전례가 홍치弘治 기유년에도 있었다는 것이다.[40]

기술서 수입은 『명종실록』 1년 3월 29일자에서도 확인된다. 명종은 "지금 중국에서 사 온 책을 보니, 『지리신서地理新書』에서 조성造成 ■ 등의 일을 말한 것은 퍽 긴요한 것 같다. 지리학관地理學官을 불러 그것이 아주 쓸 만한 것인지를 물어보라"고 말하고 있다. 이 외에도 『홍무정운』 수입이 추진되었다.[41]

41 『세조실록』 7년 4월 6일, 『세조실록』 7년 8월 28일.

개인이 구입한 책의 범위도 마찬가지여서 경학서와 역사서 그리고 중국 주요 문인의 문집, 사전류가 대부분이었다. 앞서 사신 개인이 구입해 성종에게 바친 책의 목록을 제시한 바 있는데, 그 역시 이 범위를 크게 벗어나지 않는다. 이런 경우는 처음부터 특정 서적을 구입하려는 의도에 따른 것일 수도 있으나, 대개는 북경의 서적시장에서 현물을 접해 바로 구입하게 된 경우가 대부분일 것이다. 다만 특정 서적을 의도적으로 구입한 경우도 있는데,

■   묘를 조성하는 일.
■■   그러나 책이 없다는 이유로 받지 못했다고 한다.

앞서 언급한 중종 13년 김안국의 성리학 서적 구입이 그것이다.

특기할 만한 사실은 이 가운데 일부 서적은 국가에 의해 재간행이 이루어졌다는 점이다. 물론 수입부수가 많으면 그것을 곧바로 반사하기도 했으니, 『신승전』 등이 바로 그런 경우다. 그러나 그것은 불교 서적이었기 때문에 거듭 복제되지는 않았다. 중국에서 수입한 책으로 재출판이 이루어진 경우는 독자의 수요가 많거나 국가 이데올로기를 널리 선전하는 데 도움이 되는 책들이었다. 『성리대전』『사서대전』『오경대전』 같은 것들 말이다. 성종 25년 1월 7일에 안침이 바친 책 『대학연의보』를 인쇄 반포하게 한 것이나, 중종 25년 12월 20일에 최세진崔世珍이 진상한 『황극경세서집람皇極經世書集覽』을, 명종 9년 7월 30일 『성학격물통聖學格物通』을 재인쇄해 반포하게 한 것도 동일한 경우다.

국가와 양반을 위한 책

중국에서 서적을 구입할 기회는 한 해에 두세 번 있는 정기적·부정기적 사행이 전부였다. 이 가늘고 희귀한 루트를 통해 중국의 서적이 조선으로 유입되었다. 물론 그 양은 적지 않았지만 말이다.

중국에서 서적을 수입하는 일의 주체 역시 결국 국가였으며, 국가가 중국 서적을 입수하는 방법은 중국 조정의 자발적 하사나 조선 조정의 요청에 의한 하사 그리고 구입의 형태였다. 그리고 이렇게 수입된 책들은 기본적으로 국가의 장서, 곧 홍문관 컬렉션이 되었다. 개인이 중국에서 구입해 국가에 바친 책 또한 당연히 국가의 책이 된다. 즉 중국 서적의 수입은 어디까지나 국가를 위한 것이었다. 혹은 중국에 들어갈 수 있는 고급 관료를 위한 것이었다.

지금 나는 국내 서적은 물론 외국 서적까지 언제 어디서나 마음껏 살 수 있다. 책값을 치를 의향만 있다면 무제한적으로 책을 구입할 수 있다. 다시 말해 오늘날의 책은 그저 하나의 상품일 뿐인 것이다. 그러나 중세에는 그렇지 않았다. '서적의 국제무역'이란 오로지 사행을 통해 이루어질 뿐이었고, 게다가 그것을 국가 혹은 소수의 양반 관료가 독점했다. 조선은 중국 서적을 수입함으로써 동아시아 사회의 고급한 문화국가의 지위를 유지했다. 그러나 그 역시 오로지 지배층에 해당하는 이야기였음을 염두에 두지 않으면 안 된다.

중국에서 수입된 서적이 국내 지식계에 영향을 주지 않았을 리 없다. 특히 국내에서 다시 간행된 서적이라면 두말할 나위가 없는 것이다. 『사서대전』『오경대전』은 물론이고 주자朱子의 저작이 조선의 사상계에 미친 영향은 굳이 말할 필요가 없다. 조선 전기는 물론이고 조선 후기에도 많은 서적이 수입되어 조선의 사회와 문화에 엄청난 영향력을 발휘했다. 예컨대 천주교 서적의 수입이 자생적 천주교 신자를 출현케 했고 그로 말미암아 신유사옥이 일어났으니, 중국에서 수입된 서적의 영향력이야 더할 나위 없지 않겠는가? 서적이 곧 사회와 문화를 만드는 것이다.

조선시대 책과 지식의 역사

13

일본으로 수출한 책

조선은 중국으로부터 서적을 수입했지만, 동시에 수출국이기도 했다. 물론 조선의 서적이 중국으로 넘어가는 경우는 거의 없었다. 조선에서 간행한 책이 중국에 전해진 경우가 간혹 학자들에 의해 알려지고는 하지만, 학문적으로 큰 의미를 가진 것도 아닐뿐더러 중국 서적이 조선으로 넘어온 것과 같은 막대한 양은 아니다. 즉 무시해도 좋을 정도다.

조선에서 이루어진 '서적 수출'이란 대對일본 수출을 의미한다. 수출이라고는 하지만 서적이 상품처럼 거래되었던 것은 아니고 외교관계를 통해 조선의 서적이 일본으로 건너간 것을 뜻한다.

일본과 우리나라 서적의 관계를 말하려니 심정이 착잡하다. 기록에 남은 최초의 사례는 삼국시대에 『천자문』 등을 일본으로 전파한 일이지만 별로 흥미를 끌 만한 것이 못 된다. 문제는 약탈이다. 일본은 임진왜란 때 대량의 서적을 약탈해 갔으며, 서적보다 더 중요한 금속활자도 임진왜란 때 약탈해 갔다. 이것이 일본의 인쇄·출판 문화를 활성화하는 계기가 되었다. 급기야 19세기 말 일본의 조선 침략 이후 1945년까지 이어진 식민지 시기의 한국 서적 약탈과 반출은 실로 어마어마한 양이었다.※ 한국과 일본 사이의 불화不和를 서적

※ 　조선의 서적이 일본에 대량 약탈된 것은 임진왜란 때와 일제강점기 때다. 조선 전기에는 의외로 대일본 서적 수출이 적었다. 심우준沈喁俊 교수는 일본에 있는 문고 15곳이 소장하고 있는, 한국에서 발행한 책 464종을 조사했는데 우리나라에는 없고 일본에만 있는 것이 132종이었다. 임진왜란 전에 간행된 귀중본이 그 속에 대량 포함되었다는 데 그 가치가 있다(자세한 것은, 심우준, 『일본방서지』, 한국정신문화연구원, 1988년을 참조). 일본에 현전하는 조선시대 서적의 양이 막대하다는 것인데, 현재로서는 그 총수를 알 수 없다. 이들 서적에 대한 전면적 조사와 반환은 너무나도 절실한 문제다.

교류사에서도 보게 되는 것이다. 이런 문제는 너무나 거창한 것이라 여기서 모두 다루기는 불가능하다. 다만 조선 전기에 일본으로 건너간 서적에 대해서만 이야기해본다.

일본과의 수입 · 수출

멀리 삼국시대까지 거슬러 가지 말고 조선만 말하자. 임진왜란 이전 조선과 일본 사이 서적의 수출과 수입은, 불경을 제외하고는 그리 활발하지 않았다. 불경을 제외한 서적의 수출·수입, 곧 서적 교류의 흔적은 기껏해야 몇 가지 사례만 눈에 띈다. 예를 들어, 세종 22년 경연에 소장된 『국어음의國語音義』를 간행하려 했으나, 빠진 부분이 많고 주해가 너무 간략하다는 이유로 일본에서 '상세한 것'과 '간략한 것' 두 종류, 『보음補音』 3권을 얻어왔으나 역시 완전하지 못했다는 기사가 있다.[1] 국내에 있던 불완전한 서적들의 보완을 위해 일본에서 책 몇 종을 구입했다는 것인데 그 구체적 루트는 미상이다.

1 『세종실록』 22년 6월 26일.

　조선 전기에는 일본에서 끊임없이 사신단을 파견했고, 또 조선 측에서도 사신을 계속 보냈다.■[2] 이런 외교적 과정을 통해 서적을 주고받았으리라는 것은 충분히 짐작할 수 있다. 예컨대 세종 5년 12월 25일 일본 국왕은 사신을 파견해 대장경판을 요청하는데 이때 일본 국왕의 선물에는 경사류제經史類題 20권이 포함되어 있었다. 이는 아마도 경전과 역사서였을 것이다. 또 1459년 8월 23일

2 이준걸, 「조선시대 일본과의 서적교류 연구」, 홍익재, 1986, 33면.

■　　조선이 건국된 1392년부터 1604년까지 212년간 조선에서는 사절단을 약 72회 일본에 보냈으니 왕래가 잦았던 편이다.

〈조선통신사내조도 朝鮮通信使來朝圖〉. 18세기. 우천등영 羽川藤永. 고베시립박물관.

에 세조는 송처검宋處儉을 통신사로 파견하면서 명주明紬 300필, 백금白金 500냥을 가져가 우리나라에 없는 서적 등 이런저런 물건을 사 오라고 명령한다. 그래서 과연 서적을 구입했는지, 그랬다면 어떤 서적을 구입했는지는 알 수 없지만, 외교적 루트를 통해 서적구입을 추진했던 것만은 분명한 사실이다.

이런 사례 몇 가지를 제외하면 일본에서 서적을 수입한 자취는 거의 보이지 않는다. 다만 한 가지 예외가 있으니, 일본어 교육을 위해 서적을 구입한 경우다. 세종 12년 3월 외국어 교육의 기본 텍스트를 정할 때 확정된 일본어 교과목, 곧 교과서의 종류는 다음과 같다.[3]

3 『세종실록』 12년 3월 18일.

『소식消息』『서격書格』『이로파伊路波』『본초本草』『동자교童子敎』『노걸대』『의론議論』『통신通信』『정훈왕래庭訓往來』『구양물어鳩養勿語』『잡어雜語』

『경국대전』에는 이 외에 『응영기應永記』『잡필雜筆』『부사富士』가 추가되었다. 이를 정리하면 다음과 같다.[4]

4 정광·윤세영, 『사역원 역학서 책판연구』, 고려대학교출판부, 1998, 67면.

가명유류假名遺類(가나문자 학습용) —『이로파』
소식문례집류消息文例集類(편지 문례) —『소식』*『서격』*『통신』
숙어어구집류熟語語句集類(숙어와 관용구 학습) —『잡어』『잡필』『본초』
소식消息·어구복구체류語句複句體類(편지와 관용구 학습용) —『정훈왕래』
교훈류敎訓類(아동의 교훈서) —『동자교』
비서간독본류非書簡讀本類(서간문이 아닌 것으로서 역사독본) —『부사』『응영기』

『첩해신어捷解新語』. 첩해는 '빨리 이해한다'라는 뜻이다. 1415년 조선은 외국어를 가르치는 사역원을 만들었다. 처음에는 중국어와 몽고어를 가르치다가 나중에는 일본어를 가르쳤다. 규장각.

불명不明 ─*『의론』*『구양물어』

기타─『노걸대』

〔* 표시는 무슨 내용인지 미상인 경우다〕

실정시대室町時代(무로마치 시대)에 쓰인 일본의 훈몽서가 수입된 것이다. 어떤 경로로 어떻게 수입되었던 것일까? 『소식』을 비롯해 『실록』에 등재된 왜학서倭學書들은 모두 일본 실정시대 초기의 서당인 사자옥寺子屋 등에서 사용된 훈몽 교과서로 삼포三浦(제포, 부산포, 염포)를 통해 왜인들로부터 구입한 것이라는 일본인의 기록이 있다. 하지만 이런 외국어 학습용 교재들은 수요자가 역관으로 한정되기 때문에 그 영향력이 지극히 제한적이다. 즉 중국과는 달리 일본에서 조선이 서적을 대량 구입하는 경우는 거의 없었고, 있었다고 해도 위에 인용한 것처럼 일본어 학습 교재만 들여왔기 때문에, 일본 서적이 조선의 지식계에 미친 영향은 거의 없었다고 해도 지나친 말이 아닐 것이다.

조선의 서적 역시 일본에 별 영향을 끼치지 못하기는 마찬가지

〈조선통신사선단도〉. 에도 시대 가노단신狩野探信이 그린 병풍의 일부.

여서, 불경을 제외하면 임진왜란 이전까지는 그 영향력이 미미했
던 것으로 보인다. 불경이 아닌 일반 서적이 일본에 하사되었다는
기록은 세조대와 성종대에 와서야 찾아볼 수 있다.

　세조 2년 4월 10일 경회루에서 일본 국왕의 사자인 승전承傳·범
준梵準 등 승려 5명을 잔치에 불러 『대학』 『논어』 『맹자』를 1부씩
하사했고, 세조 10년 1월 9일에는 대마도 태수 종성직宗成職이 사
자를 보내 『논어』와 『삼체시三體詩』를 요구하므로 하사했다는 기록
이 있다. 또 세조 13년 1월 8일에도 대마도의 종성직이 사자 구난

조선시대 책과 지식의 역사

쇄모仇難灑毛를 보내 사서오경을 구하므로 전교서 소장본을 보내주도록 했다.

성종 16년 10월 7일 대내전의 사신 승려 원숙元肅은 예조에 사서, 육경六經, 『한묵전서翰墨全書』『사림광기』『운회벽암韻會碧菴』 등을 사려 했으나 그때마다 구할 수 없었다면서 조선에서 찾아줄 것을 요청하니, 성종은 책을 주라 명했다. 성종 20년 8월 26일에는 일본의 사신에게 『논어』『맹자』『동파시東坡詩』『두시杜詩』, 황산곡黃山谷의 『시학대성詩學大成』 등을 하사했다.

일본이 외교적 루트를 이용해 서적을 구입한 사례는 실제로는 이보다 훨씬 많았을 것이다. 문헌을 더 세밀하게 조사한다면 몇몇 사례를 추가할 수 있으리라는 이야기다. 그러나 어쨌든 조선 전기에는 조선의 서적이 일본에 미친 영향이 미미했다.

외교적 주도권을 쥐게 해준
『대장경』수출

조선 전기 일본으로 수출한 서적의 주종은 『대장경』이다. 『대장경』의 반출 역사가 곧 대일본 서적 수출의 역사라 해도 과언은 아니다.

고려의 『대장경』 조성에 대해서는 이미 다른 장에서 언급했다. 현종 2년(1011)부터 선종 4년(1087)까지 76년에 걸쳐 완성된 것이 『초조대장경』이고, 대각국사 의천에 의해 1091년부터 1102년(의천이 사망한 이듬해)까지 조성된 것이 『속장경』이며, 1236년부터 1251년까지 조성된 것이 이른바 지금의 『팔만대장경』이다. 『초조대장경』판본은 처음에는 강화도 선원사禪源社에 보존되고, 뒤에는 팔공산 부인사符仁寺에 봉안·보존되었으나 1232년 몽고 침입으로 불타버렸다. 『속장경』도 언제 병화兵火로 잃어버렸는지, 어디에 봉안되어 있었는지 알 수 없다.

오늘날 『대장경』이라 하면 해인사에 간직된, 이른바 『팔만대장경』을 가리킨다. 이미 언급한 것처럼 『대장경』은 1236년(고종 23) 강화에서 조성되기 시작하여 1251년 9월에 완성되었다. 조선 초기까지 선원사에 보관되던 『팔만대장경』이 언제 해인사로 옮겨졌는지는 불분명하다. 현재까지는 1398년(태조 7)에 옮겨졌다는 설이 가장 유력하다.

일본이 『대장경』을 요구하는 일은 조선시대 들어 대단히 많아

진다. 일본과의 외교관계가 활성화되면서『실록』기록으로 풍부하
게 남아 있는 것이다. 일본은 고려 말부터『대장경』을 요구했다.
특히 고려 말부터 조선 초까지 왜구들이 눈독을 들인 것도 해인사
의『팔만대장경』이었다. 성리학을 국가 이데올로기로 삼아 불교를
탄압했던 조선과는 달리 일본은 여전히 불교 국가였고, 절을 지으
면『대장경』을 수장하는 관습이 있었기 때문이다.

　『대장경』이 정식으로 바다를 건너간 것은 조선조에 들어와서
다.『태조실록』을 보면『대장경』관련 기록이 5번 나온다.『대장
경』을 요구한 주체의 이름도 함께 실려 있다.

> 3년 12월 26일 진서 절도사鎭西節度使 원요준源了俊.
> 4년 7월 10일 구주 절도사九州節度使 원요준이 포로 570명과 두 장경
> 藏經이 3월 8일에 도착하였음을 알림.
> 5년 3월 29일 좌경 권대부左京權大夫 다다량의홍多多良義弘이 보낸 통
> 축通竺·영림永琳 두 선승禪僧.
> 6년 12월 29일 관서도關西道 구주九州의 탐제探題 원도진源道鎭.
> 7년 12월 29일 육주목六州牧 다다량의홍이 상국相國 대부인大夫人의
> 명령을 받아 승려 영지靈智를 보내 청구.

　북한의 리철화는『조선출판문화사』에서 태조 5년『대장경』1부
가 일본으로 수출되었다고 쓰고 있는데, 어디에 근거한 주장인지
모르겠다. 또 태조 7년■에 2건의『대장경』을 요구했다 하고 그중
앞의 1건은 대장경판을 요구한 것이라 하고 있는데, 이 역시『실
록』기록에서는 찾지 못했다.[5]

5　리철화,『조선출판문
화사』, 사회과학출판사,
1995, 307면.

■　　월일은 밝혀져 있지 않다.

어쨌거나 『대장경』을 요구한 주체에 대해서는 나중에 언급하기로 하자. 조선시대 최초의 『대장경』 수출은 태조 4년 7월에 이루어졌고, 이는 그 전해인 태조 3년 12월 26일에 요구한 것이 바다를 건너 3월 8일 일본 땅에 도착한 것으로 보인다. 그러나 그 상세한 과정을 남긴 기록은 전혀 찾아볼 수가 없다. 이후의 과정을 간단히 살펴보자.

조선 조정이 공식적으로 『대장경』을 하사할 의도를 보인 것은 정종 1년이다. 정종 1년 7월 10일 일본 좌경 대부 육주목 다다량 의홍은 사자를 보내 자기 조상이 백제 사람이라면서 일본 사람들이 자기 세계世系와 성씨姓氏를 알지 못하니 이를 조사해줄 것과 백제의 논과 밭을 달라고 요청하였다. 이와 함께 대장경판도 요구했다. 의홍은 태조 때 여러 번 사자를 보낸 적이 있으며, 태조 5년에도 『대장경』을 요구한 바 있다. 이 문제는 즉각 조정 회의에 부쳐졌다. 그가 백제계라는 것은 근거가 없었지만,■ 정종은 백제 시조 온조溫祚 고씨高氏의 후손으로 인정해주고 논과 밭 300결結을 주기로 결정했다. 하지만 신하들의 계속된 반대에 부닥쳐 결정을 번복했다.

다다량의홍이란 어떤 인물인가? 그의 정식 이름은 대내의홍大內義弘이다. 그는 당시 일본의 강력한 수호대명守護大名이었다. 대내의홍은 조선 정부의 요청으로 일기도一岐島와 대마도의 왜구를 소탕한 공이 있었다.[6] 더욱이 정종 1년 5월 25일에는 일본에 잡혀갔던 남녀 100명을 송환했으니, 조선 조정에 매우 협조적인 인물이었던 것이다. 이 때문에 정종은 특별히 토지를 하사하려 했으나 신하들의 조리 있는 반대에 부닥쳐 토지는 그만두고 그가 요구한

6 『태조실록』 6년 7월 25일, 『태조실록』 6년 12월 25일, 『정종실록』 1년 5월 16일.

■　다다량의홍은 백제 성명왕의 후손이라는 이야기가 있지만 증거는 없다.

　　　　　　　　　　　　　　　　　　　조선시대 책과 지식의 역사

〈부산포 초량화관지도〉. '화관'이란 왜관을 가리키는 말이다.

대장경판만 주기로 했던 것이다.

『정종실록』1년 7월 21일자에서 임금은 일본 사신의 부관인副
官人 중 10명을 접견하고 문제의 『대장경』에 대해 이렇게 말하고
있다.

예전에 2벌이 있었는데 하나는 우리나라 사람들이 인쇄하는 것이
고, 하나는 해적이 불태워 빠진 것이 많아 완전하지 않다. 담당 관청
에 시켜 보충해 완전하게 만들 것이니, 배를 마련해 와서 실어 가도
록 하라.

『대장경』이 아니라 『대장경』의 경판을 보내겠다는 말이다. 정종
당시 대장경판은 완벽한 것과 결락된 것 두 종류가 있었던 것인
데, 아마도 완벽한 것이란 해인사 대장경판을 가리키는 듯하다.
결락본은 무엇을 지칭하는지는 알 수 없으나, 정종은 이를 보충해
보내겠다고 한 것이다. 또 책과는 달리 경판은 물량이 엄청나게
많기 때문에 배를 준비해 실어 가라 했던 것인데,[7] 그대로 성사되
었는지는 알 길이 없다. 이후 경판을 '보냈다'라는 기록이 없고,
또 1399년 11월 29일부터 다음해 1월 사이에 일어난 '응영應永의
난' 때 대내의홍이 실정막부의 3대 장군 중 하나인 족리의만足利義
滿과 싸우던 중 활에 맞아 죽었기 때문이다. 의홍이 죽은 이상 『대
장경』을 요구할 수 없었을 것이다. 왜 이 이야기를 하느냐 하면,
이후에도 대장경판이 두 나라 사이에서 거듭 문제가 되기 때문이
다. 정종 2년 8월 21일에는 박다성博多城 승천선사의 주지 은공誾
公이 사람을 보내 예물을 바치고 『대장경』을 청구했으나 주었다는
기록은 없다.

『대장경』이 대한해협을 처음 건넌 때는 태종대다. 이 시기부터

7 리철화, 앞의 책, 307
~310면.

조선시대 책과 지식의 역사

연산군 때까지 『대장경』은 줄기차게 일본으로 건너간다. 리철화는 일본의 『대장경』 요구와 조선 조정의 하사 횟수를 정리하고 있는데, 이를 통계적으로 처리해보면 다음과 같다. 누락된 것도 있겠지만,■ 개략적 숫자는 알 수 있을 것이다. 고려 창왕 원년에 한 번 일본의 요구가 있었으나 하사하지 않았으므로 계산에서 뺀다. 보통 굵기는 일본이 청구한 경우이고, 더 굵은 글씨는 조선에서 하사한 경우다.

태조	원년 3년 **4년(2부) 5년(1부)** 6년 7년 7년
정종	원년
태종	2년 6년 **7년 8년 9년** 9년 10년 11년 11년 **11년** 11년 13년 **14년** 14년 **16년** 16년 17년
세종	**원년 2년(묶어서 1부 하사)** 3년 4년 5년 **6년 6년(묶어서 1부 하사)** 8년 9년(『반야경』을 요구) 10년 **14년** 15년(묶어서 1부 하사) 16년 **22년** 25년 25년 **26년 27년** 27년 **28년 29년** 30년 **31년 32년** 32년
문종	원년
단종	**원년 3년**
세조	2년 3년 **4년** 5년 **6년** 7년 7년 **8년 8년** 8년 **8년 9년** 9년 11년
성종	2년 4년 **4년** 9년 **10년** 10년 **13년** 13년 13년 14년 **16년 18년 18년** 18년 19년 **20년** 21년 21년
연산	5년 6년
중종	34년(이해에는 낙질본을 하사함)

■　예컨대 리철화는 정종 2년의 기록을 빼놓고 있다. 나도 이것을 포함시키지 않았다.

위의 표에서 이상한 것은 태종 11년처럼 한 해에 4회나 『대장
경』을 청구하는 경우인데, 이것은 『대장경』을 청구한 주체가 여러
곳이라는 이야기다. 어쨌든 태조 원년(1392)부터 중종 34년(1539)
까지 일본은 총 87번 『대장경』을 요구했고(세종 9년은 『반야경』을
요구한 것이기 때문에 뺐다), 45회를 받아갔다. 두 번 청구해 한 번
이상 하사를 받은 꼴이다. 실로 막대한 양이다. 특히 태종조(17회)
를 시작으로 세종조(24회), 세조조(14회), 성종조(18회)에 이르는
시기에 『대장경』의 청구 횟수가 집중되어 있다.

　『대장경』을 받아간 주체는 일본 국왕이 17회로 으뜸이다.■ 물
론 국왕이란 천황을 가리키는 것이 아니라 막부의 지배자인 장군
을 말한다. 나머지는 모두 일본 호족들에게 하사되었다. 당시 일
본은 실정막부가 성립해 있었으나 일본 전국에 대한 중앙집권적
권력이 행사되지는 못했다. 이 시기 일본의 각 지방은 수호대명이
분할 지배했다. 수호는 막부의 단순한 지방행정관이 아니라, 스스
로 가신단과 영지를 갖는 봉건적 영주였다. 6대 장군 족리의교足
利義教 때 제국諸國■■의 수호대명이 22명을 헤아렸던 바, 유력한
수호대명들은 영국領國 안에 일족 자제를 분봉하고 가신에게 영지
를 주거나 토착 무사에게 그 본령本領을 승인하거나 새로 영지를
줌으로써 봉건관계를 이뤄나갔다. 가신 중 유력한 자는 다시 자기
일족이나 부하에게 영지를 나눠주어 독자적 가신家臣을 거느렸다.[8]

8　민두기 편저, 『일본의
역사』, 지식산업사, 1976,
76면.

　일본 각 지방[藩]의 수호대명들은 조선과 독자적 외교관계를 맺
고 있었다. 대체로 조선에 사신을 파견하는 수호대명들은 전산전
畠山殿, 대내전大內殿, 소이전小二殿, 좌무위전左武衛殿, 우무위전右

■　　나의 조사에 의거한 수치다.
■■　　여기서 '국國'은 나라가 아니고 지방의 독립적인 호족을 말한다. 뒤의 '번藩'에 해당하는 것이지만 독립
성이 강하다.

조선시대 책과 지식의 역사

武衛殿, 경극전京極殿, 세천전細川殿, 산명전山名殿 ▪ 등이었다. 그중 중국中國 지방의 대내씨大內氏와 세천씨細川氏 등은 수호대명으로서 일찍부터 영국을 형성하고 있었다. 이 수호대명들 중 조선과 특별한 관계를 맺은 것은 대내전〔山陽道 周防州〕이다. 대내전은 조선 초기에 왜구 소탕에 협력했으며, 그들 스스로 그렇게 주장했듯 백제계의 후손이라는 이유로 조선 정부가 각별히 대우했다.

태종 8년 5월 22일 회례관回禮官 최재전崔在田이 일본 대내전에서 돌아와, 그쪽에서 청구한 『대장경』을 하사할 것을 건의하는데 그 이유는 이렇다.

대내전은 한 지방의 거진巨鎭을 맡아 땅이 넓고 군사가 강하여 여러 추장酋長이 모두 두려워하고 복종하고 있습니다. 지금 우리나라에 대한 충성심이 지극히 간절하고, 신을 큰 손님을 만난 것처럼 대접하여 연회의 음식과 주는 양식이 모두 매우 후하였습니다. 헤어질 때 하는 말도 매우 정성스러웠습니다. 지금 온 사신은 다른 예로 대접할 수 없을 것입니다.

성종 때의 기록도 보자.

일본국 방장섭천 4주 태수防長攝泉四州太守 대내전 별가別駕 다다량정홍多多良政弘의 사자使者 원주덕源周德이 사조辭朝하니, 임금이 선정전에 술을 마련해놓고 인견引見하였으며, 상관인上官人·부관인에게 명하여 술을 올리게 하였다. 신숙주申叔舟를 통해 원주덕에게 말하

▪ '전殿'은 일본에서 고귀한 사람의 이름 뒤에 붙이는 경칭이다. 위 명칭은 주로 사람의 성씨 뒤에 붙이는 것으로, 호족의 성씨나 지명 뒤에 붙여 독립적인 호족 세력을 지칭한다. 『조선왕조실록』에는 모두 '전' 자를 붙인 명칭을 사용하고 있어 그대로 옮겼다.

기를,

"너희 대내전은 족계族係가 우리나라에서 나갔으므로 서로 교호交好한 지가 이미 오래되었다. 이제 듣건대 편안하다고 하니 기쁘고 위로되나, 다만 너희 나라 전쟁이 어떠하냐?"

하니 원주덕이 대답하기를,

"우리 나연那衍은 특별히 성상의 은덕을 입어 무양無恙합니다. 본국은 전란이 그치지 아니하기 때문에 상국上國에 오래 통신하지 못하였습니다. 그러나 전란이 평정될 기한이 없어 특별히 신을 보내 성심으로 복종하는 것입니다."

하였다.[9]

9 「성종실록」 4년 9월 10일.

대내전이 『대장경』을 하사받은 횟수를 정리하면 다음과 같다.

거절 — 태조(2), 태종(2), 성종(4)
하사 — 태종(3), 세종(2), 성종(2)

모두 15회를 요구했고, 7회를 받아갔던 것이다.

일본의 실정시대는 불교가 융성하던 시기였다. 국왕은 물론 지방의 수호대명들도 자신의 관할하에 사원을 세우는 것이 유행이었고, 사원을 세우면 반드시 『대장경』을 안치하고자 했다. 지금 『실록』에 남아 있는 일본의 『대장경』 요청에 관련된 글을 보면 거개 절을 새로 짓거나 중창할 때 요구한 것이다. 또 일본 내부의 잦은 전란으로 불에 타버리면 『대장경』을 또다시 청구했다. 『세조실록』 2년 3월 15일자에 실린 일본 국왕이 보낸 사신에 관한 기록을 보자.

조선시대 책과 지식의 역사

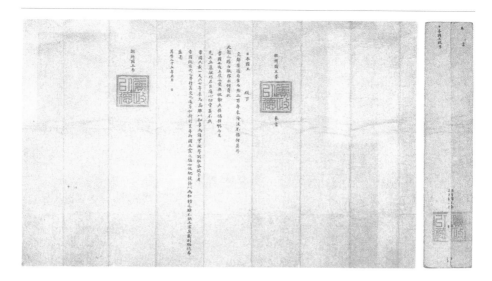

숙종의 국서. 1682년 조선통신사가 지참한 조선 국왕의 국서다.

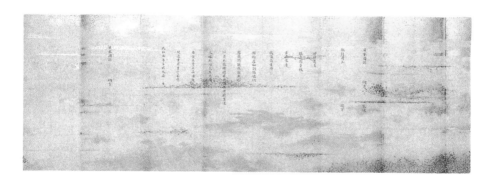

덕천강길德川綱吉의 국서. 1682년 숙종의 국서에 대한 답서다.

근정전에 나아가 조하朝賀를 받았다. 일본 국왕의 사자 중 승전承傳 등이 반열을 따라 토산물을 바쳤다. 임금이 접견하고 빈청賓廳에서 대접하라 명했다. 일본 국왕이 보낸 편지에 다음과 같이 말했다.

"일본국의 원의정源義政은 조선 국왕 전하께 공경히 절을 올립니다. 먼 바닷가 너머 있는지라 소식이 드물어 자주 이웃 간의 좋은 관계를 갖지 못하였으나, 높고 밝으신 덕으로 용서해주시기 바랍니다. 이제 사자 승전과 수좌首座 범준장주梵準藏主로 하여금 경하慶賀하는 서신을 올리고 겸하여 소식을 끊었던 허물에 대해 사과합니다."

이어서 다음과 같은 말을 덧붙였다.

"우리나라 동쪽 지방에 농주濃州라는 고을이 있는데, 최근 그곳에 승국사承國寺라는 절을 지어 더 큰 복을 짓는 도량道場으로 삼고 있습니다. 간절히 바라옵건대, 대국에 나아가『대장경』7000여 권을 얻어 누속陋俗의 목족目足▪에 보탬이 되게 하여, 복을 더 짓고 지혜를 기르게 한다면, 대왕의 어질게 교화하는 깊고 큰 은혜가 어찌 더욱 흡족하지 않겠습니까? 변변치 못한 토산물을 따로 갖추어 적습니다."

이런 자료는『실록』에서 광범위하게 나타나며 꼭 국왕의 것만이 아니라 수호대명들의 요구에서도 빠짐이 없다. 그 형식도 거의 같다.『대장경』이 없는 절을 위해, 혹은 새로 지은 절을 위해『대장경』을 청구하고, 이에 대한 대가로 토산물을 바치는 경우가 대부분이었던 것이다.

『대장경』하사는 거의 외교적 판단에서 이루어졌다. 일본 국왕이 요청하면 하사받는 확률이 높았으니, 대체로 국왕이라는 체면

▪　눈과 발이 하는 것과 같은 지혜와 행동.

을 살려주기 위해서였고, 기타 수호대명들의 요청은 조선에 대한 그들의 충성도에 따라 결정되었다. 충성도가 높았던 대내전이 가장 많은 『대장경』을 받아 간 것은 이미 위에서 언급하였거니와, 그 외에 호자전呼子殿은 "우리나라에 극진한 정성을 바치니 요청한 『대장경』을 주지 않을 수 없다"는 예조의 건의에 의해 『대장경』을 하사했던 것이다.[10] 실제 일본에 파견되었다가 귀국한 통신사 박서생朴瑞生은 일본이 불교를 숭상하므로 교호交好, 즉 일본과의 외교관계에서 증여할 물건으로 불경보다 좋은 것은 없다면서, 각처의 불경을 조사하여 보충해 통호通好의 자료로 대비하자고 건의할 정도였다.[11] 『대장경』은 단순한 불경이 아니라 외교와 관련된 물건이었던 것이다. 그리고 이 시기의 조선은 『대장경』으로 일본과의 외교에서 주도권을 쥐고 있었다.

10 『세종실록』 27년 3월 12일.

11 『세종실록』 11년 12월 3일.

대장경판을 두고 벌인 외교전쟁

일본의 입장에서 본다면, 사신을 파견해 『대장경』을 얻어 가는 것은 불편하기 짝이 없는 일이었다. 만약 경판만 있다면 일본 땅에서도 찍을 수 있고 그러면 더는 조선에 아쉬운 소리를 하지 않아도 된다. 정종 1년에 대장경판을 요구했던 것도 그 때문이다. 『태종실록』14년 7월 11일자에서 태종은 승지들에게 "일본 국왕이 『대장경』을 구하니 경판을 보내주는 것이 어떻겠는가?" 하고 묻는다. 이 문제를 별로 대수롭지 않게 여긴 신하는 이렇게 대답한다. "우리나라에 경판이 적지 않으니 보내준들 안 될 것이 무어 있겠습니까?" 경판이 많다니! 이건 대장경판이 오직 1질만 있는 줄 모르고 하는 소리다. 다음은 태종과 신하들의 대화다.

> "경외京外에 경판 숫자를 헤아려 보고하도록 하라. 지금 일본에서 『대장경』을 청하니, 찍어놓은 책을 보내는 것은 마땅치 않다. 경판을 보낸다면 뒤에 비록 다시 청하는 일이 있어도 막을 말이 있을 것이다."
> "일본 사신이 왕래하는 것은 불법을 구하기 위한 것일 뿐입니다. 만약 경판을 보내면 다시 오지 않을까 두렵습니다."
> "우리 땅을 침범하지 않으면 꼭 사신이 오갈 필요도 없다."

경판을 보내자는 태종의 말에서 일본의 『대장경』 요구가 진저리칠 정도로 집요했음을 짐작할 만하다. 따라서 경판을 보내버리면 다시는 청구할 일이 없으리라는 게 태종의 판단이다. 하지만 신하 정탁鄭擢은 대장경판을 보내면 일본이 사신을 파견할 일이 없을 테니 외교관계 단절로 이어질 것이라 판단한다. 즉 이 시기에 바다를 건너 조선 땅을 밟은 일본 사신의 목적은 거의 모두 『대장경』을 얻는 데 있었던 것이다. 우리 땅을 침범하지만 않는다면 굳이 사신이 오갈 필요도 없다는 태종의 말은 일본과의 관계에서 얻을 것이 없다는 자신감의 표현이다. 사실 당시 조선은 왜구와 일본 상인들 때문에 골머리를 앓고 있었다. 위의 『태종실록』 기사에 따르면, "여러 신하가 일본 상인들이 끊임없이 오가며 소요를 일으키는 폐단과 하찮은 일에도 눈을 흘기며 칼을 뽑고 사람을 찌르는 걱정거리에 대해 극력 말했다"고 한다.

대장경판을 보내자는 태종의 뜻은 예조의 반대로 성사되지 않았다. 태종은 사신 규주圭籌가 요구한 『대장경』은 여흥驪興 신륵사神勒寺에 소장된 것을,▪ 『대반야경』은 영산寧山 임내任內 풍세현豊歲縣 광덕사廣德寺에 소장된 것을 보냈다.

대장경판을 주자는 말은 태종 때 나왔지만, 이 이야기를 전해 들었는지 아니면 자신들의 생각인지 몰라도 세종 4년 12월 16일 일본은 다시 사신 규주 등을 파견해 또 한 번 『대장경』을 요구하고, 아울러 대장경판도 요구했다. 흥미롭게도 규주 등이 요구한 것은 대장경의 '동판銅板'이었다. 아마 목판을 동판으로 착각했을 것이다. 그러나 조선 조정에서는 또다시 거절했고, 세종 4년 12월 20일 회례사 박희중朴熙中을 일본에 파견해 "『대장경』 동판은 우

▪ 이것은 고려 말엽에 이색李穡이 1부 인출한 것이다.

리나라에 없는 것이니 양해하기 바란다"라는 내용의 국서를 정중히 보냈다. 동판은 보내지 않았지만 『대장경』은 보냈다.

하지만 이로써 대장경판에 대한 시비가 끝났던 것은 아니다. 일본은 이듬해 5월에 다시 사신 규주 등 135명을 파견해 대장경판을 요구했다. 이때 정식으로 대장경판을 요구하는 장군의 국서가 왔다. 한번 읽어보는 것도 괜찮겠다.

일본 국왕은 삼보三寶의 제자 도전道詮을 보내 다시 조선 국왕 전하께 글을 받들어 올리나이다. 사신이 돌아올 때 바랐던 『대장경』이 회례사와 함께 이르렀으니, 기쁨과 위로됨을 어찌 다 말할 수 있었겠습니까? 더욱이 또 보배로운 물품을 공경히 받드니, 감사함과 부끄러운 마음이 한량이 없사옵니다. 이에 사자가 청하는 바를 따라 잡혀온 조선 사람을 곳곳에서 찾아 돌려보냅니다. 이제 다시 사신 규주지객主籌知客과 부사 범령장주梵齡藏主를 보내어 따로 아뢰는 바 있습니다. …… 듣자오니 귀국에 장경판藏經板이 하나뿐이 아니라 하니 장경판 1벌을 청하여 이곳에 모시기를 청합니다. 그리하여 신심이 있는 무리가 마음대로 인쇄하여 만약 평등의 자비심을 옮겨 나와 남의 경계를 잊고 법보法寶를 널리 반포해 그 이로움을 넓힌다면 어찌 복의 근원을 깊게 하고 목숨을 산처럼 장구하게 하는 단서가 되지 않겠습니까? 만약 이 요청을 들어주신다면, 길이 서로 우호友好하게 될 것입니다. 변변치 못한 토산물을 따로 갖추었습니다.[12]

12 『세종실록』 5년 12월 25일.

정중한 어조로 길게 말했지만 요지는 간단하다. 조선 땅에 대장경판이 2벌 이상 있는 것으로 알고 있으니 하나만 달라는 것이다. 세종은 "대장경판은 무용지물"이므로 애초에 줘버리려 했다. 하지만 결국 대신들의 반대로 허락지 않았다. 재미있는 것은 해인사

『팔만대장경』이 지금은 민족의 위대한 문화유산으로 칭송을 받지만 당시에는 꼭 그렇지도 않았다는 사실이다. 유교 국가의 왕이 보기에 대장경판은 무용지물이었던 것이고, 신하들의 반대 논리도 우리 생각과는 달리 아주 엉뚱했다. 즉 대신들의 반대 요지는 이렇다. "경판은 비록 아까워할 물건은 아니지만, 일본의 요구가 끊이지 않습니다. 만약 지금 일일이 들어준다면, 뒷날 줄 수 없는 물건을 요구하는 경우가 있을 것이니, 먼 앞날을 염려하는 방도가 아닙니다." 이 거창한 물건을 손쉽게 내주었다가 뒷날 도저히 응할 수 없는 요구가 있으면 어찌하느냐는 것이 반대자들의 논리였다. 어쨌거나 대장경판은 일본으로 건너가지 않았다.

대장경판에 대해 세종은 "우리나라에 오직 1본밖에 없으므로 요청에 응하기 어렵다"며 거절했다. 대신 밀교대장경판密敎大藏經板과 주화엄경판註華嚴經板과 『대장경』 1부를 보내겠다고 약속했다. 그러나 규주 등은 경판을 하사하면 뒤에 『대장경』을 요청하는 번거로움이 없어질 것이며, 밀자密字, 곧 산스크리트어 문자는 일본 국왕이 본래 해독하지 못하는 것이니 한문 『대장경』을 내려달라 요구했다. 또 승지에게도 글을 올려 세종이 대장경판을 하사하도록 건의해달라 요구했다.[13] 요청이 받아들여지지 않자 규주와 범령은 단식투쟁에 들어갔다.

13 『세종실록』 6년 1월 1일.

규주와 범령이 경판을 요구했다가 얻지 못하자, 단식하며 이런 말을 하였다.

"우리는 오직 대장경판을 구하려고 왔다. 우리가 올 때 어소御所(일본 국왕)에 '경판을 가지고 오지 못한다면 돌아오지 않겠다'고 하였다. 이제 경판을 얻지 못하고 돌아가면 식언食言한 죄를 받을 것이니, 차라리 굶어 죽겠다."[14]

14 『세종실록』 6년 1월 2일.

한마디로 생떼를 쓰고 있는 것이다. 어쨌든 목숨을 걸고 대장경판을 확보하려 했던 것이니, 과연 대장경판은 일본 측에 그리도 절실한 것이었던가?

일본은 경판을 얻기 위해 말이 통하지 않으면 폭력을 쓰려고도 했다. 규주 등이 단식을 시작한 지 10일째 되는 날[15] 왜통사 윤인보尹仁甫와 그 아우 윤인시尹仁始와 그의 집에 있는 왜노倭奴 3명을 의금부에 가두고, 영의정 유정현柳廷顯과 참찬 안순安純·병조 판서 조말생趙末生·대사헌 하연·형조 판서 권진權軫 등이 합동으로 죄를 다스리게 했다. 영의정 등이 수사관으로 나섰다는 점부터가 범상치 않은 사건임을 말해주는데, 아마도 전쟁 가능성 때문이었을 것이다. 사건은 일본에 잡혀갔다 돌아온 사람의 말에서 시작되었다. 그는 "대마도에 있을 때 일본 국왕이 도주島主에게 통고하기를, '지금 조선에 사신을 보내 대장경판을 달라고 할 참인데, 만약 허락하지 않으면 침략할 것이니, 너희들도 전함을 수리하여 따라야 할 것이다'라고 하였다"고 전했다. 그런데 경판을 주지 않자 규주와 범령 등은 "조선에 와서 애써 대장경판을 달라고 했지만, 얻지 못했으니 병선兵船 수천 척을 보내 약탈해 돌아가는 것이 어떻겠는가?"라고 일본에 통보한 것이다. 경판을 주지 않으면 전쟁을 해서라도 빼앗겠다는 것이니 참으로 한심한 자들이다. 이 사건은 "저들이 비록 부도한 짓을 한다 해도 나는 관후寬厚하게 대하는 것이 어떻겠느냐?" 하는 세종의 넓은 마음으로 막을 내려 더는 큰 사건으로 비화하지 않았다.

세종 6년 2월 7일 판선공감사 박안신朴安臣이 회례사로 일본에 파견되었다. 대장경판은 1벌뿐이라는 이유로 거절하고, 인쇄된 『대장경』 1부와 약속했던 밀교대장경판과 주화엄경판, 그리고 일본을 달래기 위해 금니金泥로 필사한 『인왕호국반야바라밀경仁王

15 『세종실록』 6년 1월 20일.

조선시대 책과 지식의 역사

〈동래부사접왜사도〉. 동래부사가 초량왜관에 온 일본 사신을 맞이하여 의례를 베풀고 있다. 국립중앙박물관.

護國般若波羅密經』1부, 『아미타경阿彌陀經』1부, 『석가보釋迦譜』1부
와 청지靑紙에 역시 금니로 쓴 단 권의 『화엄경華嚴經』1부를 보냈
다. 이 경판과 사경은 당시로서도 매우 귀한 것이었다. 뒤에 회례
사로 일본에 파견된 박안신에 따르면, 『밀교대장경』 목판도 대단
한 보물이었거니와 주화엄경판은 고려 때 대각화상大覺和尙이 어
명으로 송나라 조정에 청해 가져온 보물 중의 보물이었다고 한
다. 나머지 『화엄경』 『인왕호국반야바라밀경』 『아미타경』 『석가
보』 등도 모두 세종이 매우 소중히 여겨 간직하던 것이었다. 만
약 이 경판과 금니사경들이 현재까지 국내에 전한다면 당연히 국
보가 되었을 것이다.

박안신은 거의 1년 만에 귀국해 복명했다.[16] 밀교대장경판과 주화엄경판 그리고 다수의 금니사경에도 불구하고 일본은 만족해하지 않았다. 조선이 파견한 박안신에 대해 일본은 정상적 외교관계로 보기 어려울 정도로 패악을 떨었다. 박안신이 서울을 떠난 것은 2월 7일이었고, 장군 족리의량足利義量을 만난 것은 6월 25일이었다. 박안신은 적간관赤間關에 도착해 무려 55일 동안이나 구류되었다. 그동안 그는 회례선回禮船을 붙잡아두고 여러 곳의 배 100여 척을 무장시켜 조선으로 보낸다는 소문을 들었다. 국서는 경도에 전해졌으나 경판을 얻지 못한 장군이 접견을 거부한 것이었다. 외교상 있을 수 없는 일이었다.

대내전의 중재로 박안신은 5월 21일 경도에 도착했고, 6월 25일 족리의량을 만날 수 있었다. 그러나 족리의량은 경판과 금니사경만 받고 다른 예물 수령은 거부하며 대장경판을 얻지 못한 데 따른 분풀이를 했다. 이에 박안신은 "지금 경과 목판만 받고 나머지는 모두 받지 않는 것은 절교하는 것과 같다", "오늘 귀국이 우리를 이렇게 대접하고 내일 우리나라 역시 이렇게 귀국 사신을 대접한다면, 전하는 이 사태를 어떻게 생각하실 것인가? 바라건대 가져온 예물을 모두 받아들여 신의를 두텁게 하라"면서, 외교적 불화와 단절을 내비치며 예물을 정식으로 받아들일 것을 요구하였다. 여기에는 겁을 먹었는지 그제야 예물을 받아들이고, 돈 100관을 주어 경도 체류비용으로 삼게 했다. 박안신은 경도에 무려 72일을 머물렀고, 귀국길에 기타 외교 문제를 해결했다.

그렇다고 일본이 경판을 정말로 포기했던 것은 아니다. 박안신은 일본 국왕의 국서를 가지고 귀국했는데, 거기서도 여전히 대장경판을 요구했고, 이듬해인 세종 7년 4월 12일에는 사신 서당西堂과 범령을 재차 파견해 대장경판을 요구했다. 물론 조선에서도 끝

조선시대 책과 지식의 역사

내 주지는 않았다.

　경판은 외교적 문제로 비화했으나 바다를 건너가지는 않았다. 전쟁까지 불사한다는 일본의 태도는 그들이 얼마나 간절히『대장경』을 원했는지 알려준다. 태조 때부터 성종 때까지 일본에서는 국왕만이 아니라 지역의 수호대명들이 사신을 무수히 보냈다. 물론 전부는 아니지만 그 사신들 대부분이『대장경』을 얻기 위해 바다를 건넜던 것이다. 대장경판이 조선에 있는 한 일본은 저자세가 되지 않을 수 없었다.

일본에 수출한『대장경』은
어떻게 조달했나?

『대장경』은 7000권에 이르는 거질이다. 일본은 늘 전질을 요구했고
때로는 낙질을 채워달라는 요구도 했다. 단종 즉위년 10월 15일에
는 일본 사신이『대장경』의 탈질脫帙 113권을 채워달라 요구하고
있다. 이러한 거질의 서적을 수십 차례에 걸쳐 하사하는 것도 예
삿일은 아니었다.

문제는 국내에 대량의『대장경』이 있었느냐 하는 점인데, 이것
이 확실치가 않다. 이 거질의 서적을 인쇄하려면 엄청난 비용이
들기 마련이고, 따라서『대장경』판각 자체가 이미 국가사업이었
듯 인출 역시 국가의 개입이 필요했을 터이다. 그러나 유교를 표
방한 나라에서『대장경』인쇄 작업 추진은 번번이 관료들의 반대
에 부닥치게 된다. 실록에 따르면『대장경』을 인쇄했거나 인쇄하
려던 왕은 태조·정종·태종·세종·세조 5명인데, 예외 없이 신하
들의 반대에 부딪혔다.

『태조실록』1년 윤12월 4일자에는 임금이 첨서중추원사 정총鄭
摠에게 명하여『대장경』을 인출할 발원문發願文을 지어 올리게 하
자 정총이 반대했다는 기사가 실려 있다. 물론 이 기사에 태조와
정총의 논란이 실려 있고 태조가 다시는 말하지 말라고 했지만,
정작『대장경』을 인출했는가는 미상이다. 정종 1년 1월 9일에 경
상도 감사에게 불경을 해인사에서 인쇄하는 승도에게 음식을 대

접하게 했다는 기사가 있다. 이 기사로 보아 정종 때 『대장경』을 인쇄했던 모양이다. 다만 이 기사에서는 태상왕, 즉 태조의 사재로 인쇄한 것이었음을 밝히고 있다. 그러나 이때 과연 몇 부를 찍었는지는 분명치 않다.

태종 13년 3월 11일 풍해도·경기도·충청도에서 만든 경지經紙 260속束을 경상도로 실어 보내 해인사에서 『대장경』을 인쇄하게 했는데, 불교를 좋아했던 태조가 세운 개경사開慶寺에 안치하려 했기 때문이다. 과연 태종 13년 5월 28일 해인사에서 인출된 『대장경』은 태조의 명복을 빌기 위해 개경사에 간직되었다. 부수는 밝혀져 있지 않지만 개경사에 안치하는 것이 목적이었으니 아마 1벌이었을 것이다.

태종 15년 7월 20일 일본 대내전의 『대장경』 요구에 예조 판서 이원李原이 "본국에 오직 한 전본全本이 있으니 어떻게 대답하오리까?"라고 태종에게 묻는 것을 보면 이 시기에 많은 양을 찍은 것은 결코 아닌 듯하다. 아마도 1부를 찍지 않았을까 한다.

『대장경』을 다시 찍은 것은 세종 때다. 세종 21년 4월 22일 사헌부와 사간원에서는 『대장경』을 찍어 흥천사에 안치하려 한다는 세종의 의도에 반발해 인쇄 중지를 요청하는데, 이를 받아들여 이틀 뒤인 24일 '잠정적으로' 중지시켰다. 애초 22일에 대간臺諫은 "『대장경』은 예전에 박은 것도 적지 아니한데 어찌 비용을 허비하여 쓸데없는 물건을 만들겠습니까"라고 말한다. 하지만 과연 언제 얼마나 많은 『대장경』 간행이 이뤄졌는지는 알 수 없다. 잠시 중단되었던 『대장경』 인쇄는 이듬해에 완성되어 신하들의 반대에도 불구하고 서울의 흥천사興天寺에 안치되었다.[17] 그러나 이 또한 부수는 밝히고 있지 않은데, 아마도 1부였을 것이다. 부수가 확실히 밝혀진 것은 세조 3년에 이뤄진 간행으로[18] 해인사에서 50벌

17 『세종실록』 22년 9월 13일, 『세종실록』 22년 9월 14일.

18 『세조실록』 3년 6월 26일.

『초조대장경』 「어제비장전御製秘藏詮」. 부처의 심오한 비법장秘法藏의 뜻을 시詩형식으로 구성한 일종의 불교 시집이다. 일본 남선사.

조선시대 책과 지식의 역사

을 찍었다. 세조는 2월에 시작해 6월에 끝낼 것을 지시하고 있는데, 언제 인쇄가 완성되었는지는 알 수 없다.

세조 3년 6월의 『대장경』 인쇄 이전에 일본에 하사된 『대장경』은 태종 6회, 세종 10회,[■] 세조 1회다. 총 17회의 하사가 있었는데, 아마도 당시에 갖고 있던 것을 보냈으리라 짐작한다. 즉 태종과 세종 때 찍은 『대장경』은 반출되지 않았을 것이다. 위에서 말한 바와 같이 태종 14년 7월 11일 사신 규주에게 보낸 『대장경』은 여주 신륵사에 소장하던 것이었다. 그리고 세조 이후에는 50부 인쇄로 대부분 충당하지 않았을까 싶다. 예컨대 성종 16년 9월 16일 대내전에서 『대장경』 하사를 요청하는데, 『대장경』 보유와 인출 내용에 관한 기록이 있다. 이해는 『대장경』 하사의 역사에서 거의 끄트머리에 해당한다. 하사 여부에 대해 토론이 있었는데 노사신은 이렇게 말한다.

『대장경』은 이단異端의 책입니다. 태워버려도 상관이 없습니다. 더욱이 이웃나라에서 달라고 하니, 아끼지 말고 주어야 할 것입니다. 하지만 『대장경』 1벌을 찍으려면 경비가 많이 들어 쉽게 마련할 수가 없습니다. 전에는 나라에 무익했기에 왜인들이 와서 달라는 대로 아끼지 않고 주었습니다. 그럴 수 있었던 것은 공사公私 간에 찍어놓은 『대장경』이 많이 있었기 때문입니다. 그런데 알 수 없습니다만, 지금은 몇 벌이나 있는지요? 남은 것이 얼마 없다면, 아마도 쉽게 그들의 요청을 따를 수가 없을 것입니다.

대내전은 비록 특별히 후하게 대우해야 하는 사람이기는 하지만, 우리나라와는 그 섬이 아주 멀어 서로 직접 접촉할 수 있는 것은 아

[■] 이 가운데 하나는 세종 때 요청한 것을 문종 때 하사했다.

닙니다. 그들의 청을 들어주지 않아도 우리에게 무슨 노여운 짓을
할 수는 없을 것입니다.

일본의 여러 섬에서 우리에게 공물을 바치는 경우가 한둘이 아니고
저 나라에서는 또 부처를 좋아하니, 『대장경』을 얻으면 금이나 옥보
다 더 귀중하게 여깁니다. 만약 대내전이 『대장경』을 하사받았다는
소문을 듣는다면, 반드시 본받아 떼를 지어 일어날 것입니다. 모두
에게 다 주자고 하면 현재 있는 『대장경』이 부족할 것이고, 주지 않
으면 저들은 누구는 후대하고 누구는 박대한다며 낙망할 것입니다.
또 이런 때에 어떻게 민력民力을 아끼지 않고 또 찍어서 줄 수 있겠
습니까? 신은 이렇게 생각합니다. 곧 대내전의 사인使人에게 "전날
너희 나라에서 『대장경』을 달라고 한 것이 한두 번이 아니었다는데,
나라에서 찍어놓은 것이 많았기에 일일이 청한 대로 따랐다. 하지
만 지금은 모두 쓰고 남은 것이 없어 청을 들어줄 수가 없다"고 답
해 보내는 것이 어떻겠습니까?

일본에 줄 때 일부러 새로 인쇄해준 것이 아니라 이미 인쇄해
놓은 것을 주는 정도였다는 이야기다. 또 성종 이후로는 『대장경』
을 요구하는 일이 드물었고 나라에서 『대장경』을 인쇄하는 일도
없었던 것이다.

조선의 조정은 이 거질의 서적 요구에 응하지 않았지만, 그렇다
고 해서 그 서적을 극히 귀중히 여긴 것도 아니었다. 『대장경』 요
구와 하사는 거의 외교적 판단에 따라 이뤄졌으며, 결코 적지 않
은 양이 일본 땅으로 건너갔다. 『성종실록』 16년 9월 16일자의 위
기사에서, 대내전에 대한 『대장경』 하사가 논의되었을 때 정광필
鄭光弼이 『대장경』 하사를 반대했는데, 그 이유는 『대장경』의 숫자
가 적다는 점이었다. 그에게 『대장경』이란 "우리 전하께서 부처를

　　　　　　　　　　　　　　　조선시대 책과 지식의 역사

좋아하지 않으시니 이단의 책은 우리나라에서 족히 보전寶典이 못
되는 것"에 불과했다.

　다만 세조는 예외였다. 세조는 호불好佛의 왕이었으며 불교에
대한 이해가 깊었다. 그는 간경도감을 설치해 숱한 불경을 간행했
거니와『대장경』역시 50부를 간행했다. 세조의 재위기간 동안 일
본에서『대장경』을 요구한 것이 5회인데, 모두 하사해주었다. 그
뿐 아니라 세조는『대장경』이외의 불경과 서적도 일본에 주었다.
『세조실록』5년 8월 23일자에서 세조는 송처검을 일본에 통신사
로 파견했는데, 이때『대장경』1부는 물론이고,『법화경』2부,『금
강경』2부,『금강경십칠가해金剛經十七家解』2부,『원각경』2부,『능
엄경』2부,『심경心經』2부,『지장경地藏經』2부,『기신론起信論』2
부,『영가집永嘉集』2부,『증도가』2건, 조학사 서체의『증도가』2
건,『고봉선요高峯禪要』2부,『번역명의飜譯名義』2부,『성도기成道
記』2부를 국왕에게 하사하고, 예조 판서 홍윤성洪允成은 대내전의
다다량에게『대장경』을 제외한 경전 1부씩을 하사했다. 이때 세조
는 명주 300필, 백금 500냥을 가져가서 우리나라에 없는 서적 등
류의 물건을 사 오게 했으나 그 결과가 어땠는지는 알 수 없다.

　세조 6년 9월 27일에는 좌무위左武衛에게, 요청한『대장경』은
물론『성도기』『법화경』『금강경』『번역명의』『증도가』『기신론』
『영가집』『심경』『대비심경大悲心經』을 하사했다.

　세조 3년 5월 26일에는 일본에서 절을 짓는 데 필요한 자금을
도와줄 것을 청해왔는데, 세조가 모두 갖추어 보내며 "불법을 널
리 펴는 일은 피차간에 꼭 같다"고 말할 정도였다. 돈을 보내는 것
이 전례가 되어 세조 14년에 약사사藥師寺를 짓는 데 면포綿布와
정포正布 각각 2000필과 면주綿紬 500필을 주었고, 성종 5년에 서
광원西光院의 중창重創을 돕는 비용으로 면포와 정포 각각 500필

을 주었다.[19] 성종 14년 9월 13일에는 면주 300필, 면포 300필, 정포 400필, 『대장경』 1부를 대내전 다다량정홍에게 승천사承天寺 중창 자금으로 대주었다.[20]

그러나 성종 이후로는 불경 요청 역시 적어졌고, 중종 이후로는 아주 없어졌다. 연산군 8년 1월 19일 일본 사신 붕중朋中이 와서 『대장경』을 청구하므로 성주星州 안봉사安峰寺에 간직해둔 것을 내려준 것과 중종 34년 낙질본을 준 것이 유일하다. 그도 그럴 것이 이때는 이미 실정막부가 망하고 일본이 전화에 휩싸여 있었기 때문이다.

19 『성종실록』 13년 4월 18일.

20 『성종실록』 13년 5월 12일.

조선시대 책과 지식의 역사

동아시아의 또 다른 중심이 된 조선

조선 전기 일본과의 무역과 외교에서 일반 서적의 교류는 미약했지만, 『대장경』을 위시한 불경은 막대한 양이 일본으로 흘러들어 갔다. 『대장경』은 유구에까지 수출되었다. 조선 전기, 즉 태조조에서 성종조에 이르는 기간 동안 조선의 외교관계는 또 하나의 동아시아 중심축이었다. 중국이 거대한 축이었다면 조선은 유구, 일본, 여진 등으로 이루어진 공간에서 또 하나의 주축이었다. 일본·유구·여진·섬라 등은 조선에 사신을 파견했고, 이러한 공식적 외교 루트를 통해 남방의 진귀한 물품들이 들어왔다. 코끼리, 물소, 앵무새까지 들어왔다는 이야기가 있다. 그러나 핵심은 『대장경』이었다. 『대장경』을 수출한 시기가 바로 조선 전기의 절정기였다. 조선은 앞선 인쇄·출판 문화로 동아시아의 또 다른 중심이 되었던 것이다. 조선은 『대장경』을 쥐고 외교관계를 요리했고, 일본과 유구에 절을 지을 자금까지 대줄 정도로 경제력을 갖추고 있었다. 일본과 유구에 문화를 수출하는 나라였던 것이다.

14

전쟁은 책을
어떻게 죽이고 살렸는가?

동양에서 책의 원형은 죽간 혹은 목간이다. '冊'이라는 한자가 바로 목간이나 죽간을 연결시킨 모양을 본뜬 것이다. 간혹 비단 같은 직물이 쓰이기도 했으나, 종이가 발명된 이후의 책은 모두 종이로 만들어졌다. 컴퓨터의 발달이 결국 컴퓨터 모니터가 종이책을 대체하게 만들 것이라고는 하지만, 완벽한 대체란 없다. 종이책은 계속 살아남을 것이다.

정보와 지식의 보존수단으로서 그 무엇도 완벽할 수는 없다. 종이는 책의 재료 중 가장 우수한 것이지만, 불에 쉽게 타는 가연성 물질이라는 치명적 약점이 있다. 책과 불은 상극이다. 진시황부터 히틀러까지 독재자들은 언제나 책을 불살라 소멸시키려 했다. 그러나 아무리 강포한 독재자가 행하는 분서라 할지라도 모든 서적을 대상으로 하지는 않았다. 진시황의 분서는 유가 서적이 주대상이었다. 즉 법률과 기술에 관련된 책은 온존시켰다. 또 완벽한 금서란 없다. 진시황의 분서에서도 유가의 경전은 비록 불구의 형태로나마 살아남지 않았던가.

가장 두려운 것은 대상을 가리지 않는 분서다. 대개 서적은 전쟁으로 인해 소멸한다. 책이 아무리 소중하다 해도 사람 목숨보다 중할 수는 없는 노릇 아닌가? 전쟁은 '병화兵火'라는 말과 동의어다. 전쟁에는 방화가 따르기 마련이고, 아무리 소중한 것일지라도 화마에서 벗어나지는 못한다.

나치의 분서. 1938년 잘츠부르크 레지덴츠 광장에서 히틀러소년단이 유대인과 마르크스주의자 관련 책을 태우고 있다.

임진왜란으로 소멸한 국가의 장서

1592년 임진왜란이 일어났다. 조선의 건국 연도인 1392년으로부터 꼭 200년 후였다. 200년 동안 어찌 굴곡이 없었겠는가마는 조선은 그래도 2세기의 평화를 누렸다. 아니, 고려와 조선의 왕조 교체가 전란 없이 평화적으로 이루어졌으니, 평화의 시기는 더 길게 잡을 수도 있다. 이민족과의 전면전은 몽고 침입 이후 처음 있는 일이었다. 고려는 강화도로 도읍을 옮겼다가 1270년(원종 11) 개경으로 환도한다. 이후 비록 원의 부마국이 되는 치욕을 겪기는 했어도 전 국토가 병화에 뒤덮이는 대규모 전란은 없었다. 1270년부터 1592년 임진왜란까지의 시간적 상거는 무려 322년이다. 3세기에 걸쳐 쌓아올린 중세문화는 임진왜란으로 결정적 타격을 입는다.

선조는 1592년 4월 30일 서울을 떠나 피난길에 올랐다. 왜군이 부산 땅에 발을 디딘 것이 4월 13일이었으니, 불과 17일 뒤였다. 『선조실록』 25년 4월 30일자는 이 광경을 이렇게 묘사하고 있다.

새벽에 임금이 인정전仁政殿으로 나오자, 백관과 인마人馬가 인정전 뜰에 가득하였다. 이날 종일 큰 비가 내렸다. 임금과 동궁은 말을 탔고, 중전 등은 뚜껑 있는 교자를 탔다. 숙의淑儀 이하는 홍제원에 이르러 비가 더욱 세차게 내리자 교자를 버리고 말을 탔다. 궁인宮人

화원 이시눌이 그린 〈임진왜란전란도〉. 부산에서 벌어진 전투 장면이다. 1709년. 육군박물관.

들은 모두 통곡하며 걸어서 따라갔다. 종친과 호종하는 문무관은 수가 100명도 되지 않았다. 벽제관에서 점심을 먹었다. 임금과 중전의 수라는 겨우 마련했으나, 동궁은 찬도 없었다. 병조 판서 김응남 金應南이 진흙탕 속을 분주히 다녔지만, 어쩔 도리가 없었다. 경기관찰사 권징權徵은 무릎을 끼고 앉아 눈을 휘둥그레 뜬 채 어쩔 줄을 몰랐다.

충주에서 신립申砬이 패전한 것이 4월 28일이었고 그날 선조는 파천을 의논했으나 대신들이 반대했다. 오직 영의정 이산해李山海만이 파천을 주장했다. 웃기는 것은 이 다급한 마당에 사헌부와 사간원이 합계合啓해 이산해의 파면을 요청했다는 것이다. 물론 선조는 허락하지 않았다. 민심이 점점 더 흉흉해지자 "세성歲星(木星)이 있는 나라를 치는 자는 반드시 그 재앙을 받는다 하였는데 이제 세성이 연분燕分에 있으니 적은 반드시 자멸할 것이다"라고 하면서 무마했으나 소용이 없었다. 다음 날인 29일 파천이 결정되었다. 종실 해풍군海豊君 이기李耆 등 수십 명이 합문을 두드리며 반대하고 통곡하자 선조는 "가지 않고 마땅히 경들과 더불어 목숨을 바칠 것이다"라고 했으나 새빨간 거짓말이었다. 백성과 국민이 임금과 지배자를 위해 목숨을 바쳐도 임금과 지배자가 백성과 국민을 위해 목숨을 바친 일은 역사에 없다. 가지 않을 수도 없었던 것이, 도성의 백성들이 뿔뿔이 흩어져 도성을 고수하고 싶어도 그럴 형편이 못 되었던 것이다. 더욱이 29일 밤에는 호위하는 군사들이 모두 달아나고 궁문엔 자물쇠가 채워지지 않았으며 금루禁漏는 시간을 알리지 않았다고 하니, 말해 무엇 하랴.

4월 30일 선조는 초라한 몰골로 서울을 떠났다. 이때 경복궁이 불탔고 장서가 소실되었다. 그 광경을 실록은 이렇게 묘사하고 있다.

조선시대 책과 지식의 역사

도성의 궁궐과 관청이 불탔다. 거가가 출발할 즈음에 도성의 간악한 백성들이 먼저 내탕고內帑庫에 들어가 보물을 다투어 가져갔다. 조금 있다가 거가가 출발하자 난민이 크게 일어나 먼저 장례원掌隸院과 형조에 불을 질렀다. 두 관서에 공사 노비公私奴婢의 문서가 있기 때문이었다. 이어 궁궐과 관서의 창고를 털고, 불을 질러 흔적을 없앴다. 경복궁·창덕궁·창경궁 세 궁궐이 한꺼번에 타버렸다. 창경궁은 바로 순회 세자빈順懷世子嬪의 찬궁櫕宮이 있는 곳이었다.

역대의 보완寶玩과 융문루와 융무루, 홍문관이 소장하고 있던 서적, 춘추관의 각 조朝의 실록實錄, 다른 창고에 소장된 전조前朝의 사초史草(『고려사』를 수찬할 때의 초고草稿이다), 『승정원일기』가 모두 깡그리 타버렸다. 안팎의 창고와 각 관서에서 소장하고 있던 것도 모두 도둑을 맞거나 타버렸다.

임해군의 집과 병조 판서 홍여순洪汝諄의 집도 불탔는데, 두 집안은 평상시 재산을 많이 모았다는 소문이 있었기 때문이었다. 유도대장留都大將이 몇 사람의 목을 베어 사람들에게 본을 보였지만, 난민이 떼를 지어 몰려들어 금지할 수가 없었다.[1]

1 『선조수정실록』 25년 4월 14일.

융문루·융무루의 장서와 국가도서관인 홍문관의 장서가 남김없이 소실되었고, 또 방대한 장서를 자랑하던 성균관 존경각의 서적도 재가 되었다. 무엇보다 안타까운 일은 그때까지 전해지던 『고려사』 사초와 『승정원일기』가 잿더미로 변했다는 점이다. 고려의 개경 환도 이후 쌓아왔던 언걸들이 일거에 소멸되었다. 현재 임진왜란 이전의 문헌이 극히 희귀한 것은 이 때문이다. 『고려사』 이외의 고려시대 관계 자료를 볼 수 없는 것도 이 때문이며, 『승정원일기』가 반쪽으로 남은 것도 이 때문이다. 저주받을 전쟁이여!

서울의 서적만 망실된 것은 아니다. 지방의 책도 왜군이 지나간

『승정원일기』. 조선시대 왕의 비서기관인 승정원에서 왕명의 출납·사무·의례 등을 기록한 일기다. 조선 건국 초기부터 기록되었으나 임진왜란 때 소실되어, 현재는 1623년(인조 1)부터 1910년(융희 4)까지 288년간의 기록만이 남아 있다. 규장각.

곳은 동일한 운명에 처했다. 특히 당시까지 지방에서 책을 찍어내던 책판이 모두 사라졌다. 『고사촬요』에 의하면 선조 18년까지 지방 각 관청에서 소유하던 책판은 모두 986종이었는데,[2] 임진왜란 때 모두 소실되었다. 1618년의 『고사촬요』는 이에 대해 "팔도의 책판은 이제 불타 훼손되었으므로 모두 없애버리고 토산으로 대신한다"라 적고 있다.[3]

민간의 장서 역시 기록에 남아 있지 않다 뿐이지 동일한 운명에 처했을 것이다. 뒤에 다시 언급하겠지만, 왜군은 조선의 문헌을 조직적으로 약탈했다. 왜군이 지나간 곳이나 왜군 점령지에서는 문헌이 온전히 남을 리 없었다. 국가와 민간의 서적은 이 침략전쟁으로 말미암아 고스란히 잿더미로 변했다. 그때 없어진 책이 어떤 것인지도 알 길이 없다.

전란으로 인한 서적의 피해는 막대했다. 전쟁이 일어나고 2년쯤 뒤 선조는 『신증유합新增類合』 『소학집설小學集說』 『소학언해小

2 김두종, 『한국고인쇄
기술사』, 227면.

3 같은 책, 211면.

조선시대 책과 지식의 역사

學諺解』『주역대전周易大全』『주역언해周易諺解』『역학계몽易學啓蒙』『손자』『오자吳子』『황석공삼략黃石公三略』『문선文選』『여지승람輿地勝覽』『대전』 등을 대내大內로 가져오라 명했으나[4] 홍문관에서는 채 1질이 못 되기도 하고 더럽혀지기도 한 탓에 다시 장정해 들이겠다고 대답했다. 서적이 입은 피해가 얼마나 컸던지 임금에게 필요한 서적, 곧 경연에 필요한 서적조차 남아 있지 않았다. 경연에서 강講하는 책들이 모두 왜적의 손을 거친 뒤라 완질完帙이 아니었다 한다.[5] 『선조실록』 36년 1월 30일자에 따르면, 석강夕講과 야대夜對■에 진강할 서적으로 『통감강목』을 정했으나 백방으로 수소문을 해도 겨우 『강목훈의綱目訓義』 2건, 『강목발명綱目發明』 3건, 당본唐本 『통감강목』 1건만 구했을 뿐이다.

과거제도 역시 서적 부족으로 애를 먹어야 했다. 선조 30년 문과 별시의 강경講經은 서적의 부족으로 시행될 수 없었다. 변란을 겪은 뒤 관과 민간의 서적이 거의 흩어지고 없어졌으며 성균관에 남아 있는 경서는 1~2벌에 불과했다. 호남과 호서의 감사에게 수집해 올려 보내라 명했으나 1질도 올라오지 않았다는 것이다.[6] 제술시는 시험문제를 보고 응시자가 답안을 쓰면 그만이지만, 강경시講經試는 책(경전)을 앞에 놓고 그에 대해 묻거나 등을 돌린 채 외우게 하여 점수를 매긴다. 강경시에는 서적이 반드시 필요한 것이다. 그럼에도 불구하고 강경시에 필요한 서적을 국가에서 마련할 형편이 못 되었다.

무과 역시 마찬가지였다. 식년式年 무과의 복시에 응시한 무사는 원래 사서오경 중 1서書, 무경칠서武經七書 중 1서, 『통감通鑑』 『병요兵要』 『장감박의』 『무경소학武經小學』 중 1서를 원하는 대로

4 『선조실록』 27년 10월 24일.

5 『선조실록』 33년 6월 7일.

6 『선조실록』 30년 2월 28일.

■   석강은 저녁에, 야대는 밤에 여는 경연(經筵).

선택하도록『경국대전』에 규정되어 있었으나, 당시 현존한 서적이
『손자』『오자』『태공육도太公六韜』와 사서오경뿐이어서 전자에서
한 가지, 후자에서 한 가지를 시험하기로 결정했다.[7]

전쟁 전 장서가로 유명했던 유희춘이 '책의 바다'라 표현하며
경탄했던 홍문관의 거대한 장서는 재가 되어 사라졌고, 국가의 전
례를 상고할『두씨통전杜氏通典』같은 기본적 문헌도 1질을 이루지
못했다.[8] 더욱이 전란 전에 번역과 교정이 끝나 출판을 기다리던
『시경』『서경』『역경』의 언해는『시경』의 일부만 수습했을 뿐 나머
지 두 가지는 완전히 소실되었다.[9] 책이 이럴진대 문서는 말할 것
도 없었다. 1592년 4월 30일 장례원과 형조의 노비문서가 완전히
타버린 것을 비롯해 공신녹권 같은 문서도 모두 망실되었다. 이
상황을『실록』기사는 이렇게 전하고 있다. "국가가 불행하여 왜
적의 분탕질을 당한 나머지 공가公家의 문부文簿가 하나도 남아
있는 것이 없다."[10]

단 1차례의 전쟁으로 3세기에 걸쳐 쌓아올린 문화가 궤멸되었
다. 서적이 입은 피해는 치명적이었다. 전쟁 중 서적을 보존하기
위한 노력이 있었다. 전쟁이 난 그해 11월 11일 선조는 동국의 서
적을 보존하기 위한 조치를 내린다. 충청도와 전라도 등 온전한
지방과 경상도의 온전한 고을에서는『실록』과『동국사東國史』『동
문선』등을 깊은 산 험한 곳이나 혹은 절도絶島 산중에 나누어 땅
을 깊이 파고 매장해 뜻밖의 변에 대비하도록 다방면으로 지휘하
라 명했으며 이런 내용으로 즉시 각 도에 공문이 발송되었다.

『실록』은 원래 서울의 춘추관과 성주星州·충주·전주 4곳의 사
고史庫에 봉안되었으나, 선조 26년 5월 5일에는 전주 사고의『실
록』만 온전한 상태였다. 이것은 그해 7월 황해도 해주로 옮겨졌
다. 이때 아직 서울은 수복되지 않았다. 선조가 서울로 돌아온 것

7 『선조실록』34년 2월
28일.

8 『선조실록』37년 10월
23일.

9 『선조실록』36년 5월
13일.

10 『선조실록』27년 10월
15일.

조선시대 책과 지식의 역사

김홍도의 〈금강사군첩金剛四郡帖〉의 한 폭에 그려진 오대산 사고. 임진왜란 이후 『실록』을 산간지역에 분산 보관하기 위해 여러 벌의 『실록』을 편찬했고, 그중 교정본 1벌은 미완성 상태로 오대산 사고에 보관했다.

은 10월 1일이었다. 『고려사』 『동국통감』 『여지승람』 『동문선』도 함께 옮겨졌다.[11] 선조 28년 10월 24일 『실록』을 강화도로 옮기자는 의견이 나와 그해 11월 7일에 그렇게 했다.

1597년 정유재란이 일어났다. 이에 따라 선조 29년 11월 7일에 『실록』 이전 문제가 다시 제기되었다. 선조는 영변의 묘향산에 옮겨두자고 주장한다.

반드시 묘향산에 옮겨두고 사관에게 맡아 지키게 하거나 별관別官을 따로 정해야겠다. 또 홍문관에도 우리나라 서적이 또한 많으니, 홍문관의 관원을 시켜 우리나라 책을 뽑아내어 서로西路(평안도)에 두어야겠다. 책을 깡그리 잃는다면, 우리나라의 오랜 일을 살필 수 없을 것이다. 이 몇 가지 일을 비변사에서 헤아려 처리하도록 하라.

이러한 명은 민심이 소동한다는 이유로 추진되지 못했다. 그러나 뒤에 계속 의논이 있어 선조 30년 9월 강화에서 평안도 영변寧邊 묘향산 보현사普賢寺 별전別殿에 옮겨 안치했다.[12]

『실록』을 나누어 보관한 사고라고 해서 꼭 『실록』만 보관했던 것은 아니다. 세조 때 양성지가 건의했듯 우리나라의 역사와 문화에 관련된 서적은 『실록』과 함께 사고에 보관하게 했는데, 전주 사고가 무사했기에 서적들이 병화를 피할 수 있었다. 선조 36년 8월 3일 임금이 강화도 사고에서 『병장설兵將說』 『역학계몽』 『초학자회』 『진법陣法』 『고려사절요』 『역대병요歷代兵要』 『동국통감』 『동문선』 등을 가져오게 한 것을 보면 이 서적들은 사고에 보관된 덕분에 병화를 피했던 것이다.

12 「선조실록」 31년 2월 3일.

조선시대 책과 지식의 역사

전란 이후의 서적복구

서적의 대량 망실은 엄청난 문화적 비극이었다. 따라서 서적을 복구하려는 노력이 전쟁 중에 그리고 전쟁 이후에도 계속해서 이뤄졌다.

이여송李如松은 명군을 이끌고 선조 26년 1월 평양성을 수복했으며, 계속 남하해 같은 달 26일 임진강을 건넜다. 이튿날 벽제관에서는 일본군과의 전투가 있었다. 명군의 참전과 남하로 서울로 돌아갈 것이 확실시되자 비변사에서는 수도를 수복하게 되면 먼저 민심을 수습할 교서를 내릴 것을 선조에게 요청하는데, 뜻밖에도 서적에 관한 조항이 있다.[13] 즉 "선왕先王과 선성先聖의 묘廟·전殿의 제기祭器와 공적·사적으로 간직한 그림과 서책 및 여타의 잃어버린 물건을 백성들이 자진해서 바치도록 방문榜文을 내걸자는 것"이었다. 조치가 실행되었는지, 또 잃어버렸던 책이 얼마나 거두어졌는지는 알 수 없지만, 책을 다시 모으기 위한 노력이 있었던 것은 사실이다. 이로부터 3년 뒤인 선조 29년 11월 7일 『실록』을 묘향산으로 옮기려 했을 때, 『실록』 외에 홍문관 서책 중 동국의 서적을 평안도로 옮길 것이 제안되었다. 물론 선조의 주장인 『실록』 이전'은 보류되지만, 홍문관이 소장한 동국의 서적은 선조의 명령대로 수습하여 강화도로 옮겨졌다.[14]

전쟁 중에도 자국의 서적을 보존하려는 노력은 적지 않았던 것

13 『선조실록』 26년 1월 27일.

14 『선조실록』 29년 11월 8일.

1575년 명나라 군대의 모습. 임진왜란에는 명나라 군인 19만여 명이 참전했다.

이다. 현재 남아 전하는 조선 전기의 문헌들은 이런 의식이 있었기
에 병화를 피할 수 있었다. 그러나 서적을 다시 수집하는 일이 본격
적으로 시작된 때는 전쟁이 끝나고 나서였다. 선조 32년 8월 11일
선조는 비망기에서 이렇게 말하고 있다.

> 우리나라는 문헌의 나라인데 불행하게도 흉적의 침략을 받아 서울
> 과 외방의 서적이 깡그리 망실되어 남은 것이 없다. 전에 글을 내려
> 책을 구하게 했는데도 널리 찾아 올려 보내지 않으니, 지극히 온당
> 치 않다. 선비와 백성들의 집에 어찌 볼 만한 책이 간직되어 있지 않

조선시대 책과 지식의 역사

단 말인가? 경은 다시 여러 방법으로 책을 널리 찾되, 그중 우리나라에 관계되는 서적은 더욱 힘써 구하라. 서법書法 등의 서책도 같이 찾아 올려 보내라. 책을 바친 사람은 상을 주겠다고 각 도에 하유하라.

서적수집 공작이 얼마나 효과적이었는지는 알 길이 없다. 다만 선조 34년 3월 19일에 이진형李震亨이 안평대군자安平大君字『고문진보』를, 구숭具崇이 『좌전左傳』을 바친 공으로 벼슬을 받자 상으로 벼슬을 주는 일이 정도에 지나친 일이라 비판하는 사간원의 계사가 있는 것을 보면,[15] 서적수집이 실제로 이루어졌음을 알 수 있다. 다만 이것이 대대적으로 이루어졌으리라 보기는 어렵다. 민간의 서적 역시 거의 같은 운명에 처했을 것이다. 특히 서적이 가장 많던 서울은 상당 기간 왜적 치하에 있었기 때문에 서적의 분실과 약탈이 자행되었으리라는 점은 불문가지다.

15 『선조실록』 34년 3월 19일.

국내 서적의 수집 공작과 아울러 중국으로부터 서적구입이 추진되었다. 물론 국가의 자금으로 대량 구입한 것은 아니고, 개인이 구입한 것을 국가에서 수납하는 형태였다. 선조 33년 6월 7일 이호민李好閔은 경연에서 강하는 서적이 왜적의 손을 거친 뒤라 완질이 아니어서 임금이 보기에 합당치 않다며 자신이 중국에 사신으로 갔을 때 구입해 온 책을 바친다. 『시경』 『서경』 『주역』 『예기』 『논어』 『맹자』 『중용』 『대학』 『중용혹문』 『대학혹문』 『군신도감』 등 절대다수가 경서였는데, 사실 전쟁 전에는 그야말로 흔해 빠진 책이었다. 이에 선조는 "아직 좋은 경서經書를 얻지 못하여 지난번 북경에 가는 사신 편에 사 오게 하라 명하자, 담당 관원이 비용을 아까워하였다. 그래서 강력하게 말한 뒤에야 그렇게 하기로 했는데, 과연 사 올지는 의문이다"라 답하고 있으니,[16] 기본적

16 『선조실록』 33년 6월 7일.

경서마저도 국가에서 구입하기가 어려울 정도였던 것이다. 이 외에도 주문사秦聞使 남이신南以信은 같은 해 7월 20일 『한서평림漢書評林』50권과 『사기평림史記評林』30권을 북경에서 사다가 바쳤다. 중국 서적의 구입은 조선 전기에 이미 방대한 양으로 이루어졌지만, 전쟁 이후에는 부족한 서적을 채우기 위해 보다 적극적으로 이루어졌을 것으로 여겨진다.

그러나 앞서 살펴보았듯 중국에 드나들 수 있는 극소수의 고급 관료만이 중국에서 책을 사 올 수 있었다. 반면 민간의 서적은 여전히 빈곤한 수준을 면치 못했다. 선조 34년 1월 24일 사헌부에서는 다음과 같이 서적 발행을 촉구하는 글을 올린다.

> 병화 끝에 서적이 깡그리 없어진 탓에 선비들이 배우지를 못한 나머지 무식하여 처신할 방도를 당최 모릅니다. 참으로 한심한 지경입니다. 지금 백성의 힘이 소진되었고, 국가가 바닥나서 경전과 사서史書를 널리 찍어 서울과 외방에 반포하는 것은 형편상 어렵습니다. 그중 책수가 많지 않고, 마련해 갖추기 쉬운 책으로 『소학』『대학』보다 더 긴요한 것이 없습니다. 담당 관청에서 남아 있는 활자로 적당한 양만큼 인쇄해내 팔도에 널리 반포하여 몽학蒙學들이 성취하는 바가 있게 하여, 풍화風化의 근본이 되게 하소서.

초학자들이 배우는 『소학』『대학』 같은 '교과서'마저 없었던 것이다. 3년 뒤인 『선조실록』37년 12월 2일자에서는 성균관이 예조에 보낸 첩정牒呈에 따르면 성균관은 존경각 서적이 소실되어 성균관의 교육 자체가 불가능한 실정이라며 새로 간행되는 서적을 공급해줄 것을 요청하고 있다. 문제가 얼마나 심각했는가 하면, 『시전』의 경우 민간에 전혀 남아 있는 것이 없어 회강會講 때에도

조선시대 책과 지식의 역사

선비들이 한 권씩 빌려 읽는 형편이었다는 것이다. 성균관이 서적을 요구하는 데는 근거가 있었다. 이 첩정에 따르면 당시 충청도에서는 사서와 『시경』『가례』를, 전라도에서는 사서와 『주역』『계몽啓蒙』『십구사략』을, 경상도에서는 사서삼경과 『통감』『가례』『심경』 등을 새로 간행하고 있었던 것이다. 이 모두가 전쟁 전에는 흔하디흔한 책이었으니, 전후에 이런 기본 서적부터 재간행한 것이다. 성균관은 이런 서적들을 2~3질씩 주라고 요청했다. 성균관에서는 1년 뒤인 선조 38년 3월 18일에도 관학 노비館學奴婢의 신공身貢을 낭비하지 말고 모두 거두어들여 서적의 구입과 인쇄에 충당할 것을 요청하여 허락을 받고 있다. 이와 아울러 선조 34년[17]에는 『춘추』가 인쇄되었으며, 전란 전에 번역·교감되었던 『시경언해』『주역언해』『서경언해』는 『시경언해』의 일부를 제외하고는 원고를 망실했던 바, 다시 번역·교감을 거쳐 인쇄가 추진되었다.[18] 『효경대의』는 선조 37년[19]에 평안도에서 활자로 인출되었다.

경전 외에 문학서도 간행이 추진되었다. 『선조실록』38년 5월 27일자에서 임금은 한유·유종원柳宗元·구양수歐陽脩·소식의 산문을 선집하고, 여기에 이백과 두보의 시를 추가로 뽑아넣어 『문장종범文章宗範』이라는 제목의 책으로 엮을 것을 명했다. 『문장종범』은 이전까지 문학 학습의 텍스트였던 『문장정종文章正宗』과 『문장궤범文章軌範』 두 책의 요점을 모았다는 뜻이다. 이 책에는 특별히 주석을 달자는 논의가 있었는데, 구양수와 소동파는 중국에서도 그 주석을 구할 수 없는 형편이므로 제외하고, 나머지 네 사람의 시문에는 주석을 달았다. 선조는 간소刊所를 열어 책을 인출하여 개인적으로 구해 볼 수 있도록 준비하고 아울러 문장을 배우려는 사람에게도 보여주었으면 한다고 했다. 선조 자신이 "문文은 하잘것없는 지푸라기 같은 것이고 시는 더욱 하잘것없는 것"이

17 3월 22일.

18 『선조실록』 36년 5월 13일.

19 5월 18일.

선조의 명에 따라 『주역』 『시경』 『소학』을
언해한 책들이다(오른쪽 위부터). 간행 시기
는 확실하지 않으나 숙종시대로 추정된다.
화봉책박물관.

조선시대 책과 지식의 역사

라 했고, 전쟁이 끝난 지 얼마 되지 않아 사장학詞章學을 하는 것은 완물상지라는 비판도 없지는 않았으나, 역시 선조의 말처럼 "중국을 섬겨야 하고 중국 사신을 접대해야 하니, 문을 하찮게 여길 수 없고 시도 외면할 수 없다"는 현실적 필요성이 있었기 때문이다. 『문장종범』에 이어 우리나라 문인들의 시부를 모은 『해동시부선海東詩賦選』이 이듬해에 간행되었다.[20] 선조 38년 11월 3일에는 사서와 『시경』의 언해 중 완간하지 못한 부분과 『가례언해』 『서경언해』 『천자문언해』 『소학언해』를 종이가 생산되는 양남兩南(호남과 영남)의 고을에서 개간하는 것이 결정되었다.

20 『선조실록』 38년 8월 8일.

약간의 기술서 역시 다시 간행되었다. 선조 39년 5월 14일 내의원은 의서 인출을 건의하는데, 요점은 전쟁 후 의서가 남김없이 사라져 의약에 참고할 근거가 없고 새로 배우는 사람들이 물어볼 데가 없다는 것이다. 따라서 내의원에서 몇 종류의 의서를 다시 활자로 간행하고자 종이를 마련했으나, 장인(인쇄공)의 늠료廩料를 줄 수 없으므로 이를 마련해주기 바란다는 내용이다. 『선조실록』 40년 4월 3일자에서는 무경칠서를 빠진 부분을 채워 을해자와 경진자로 속히 출간해 2~3건을 궁내로 들이고, 1건을 전라도에서 300질을 인쇄·제본해 올릴 것을 명했다. 이듬해인 선조 41년 1월 11일에는 유희춘의 『신증유합新增類合』의 완본을 찾아 간행하라 명했다.

서적의 인쇄·출판이 다시 시작되면서 흥미로운(?) 책들이 출간된다. 전쟁으로 체제의 권위는 땅에 떨어졌다. 임금이 백성을 버리고 초라한 몰골로 피난을 떠나지 않았던가? 하늘 위에 있는 것 같던 양반들은 무력하기 짝이 없었다. 왜군과 싸우기는커녕 소문을 들은 수령들이 먼저 달아나지 않았던가. 전쟁을 승리로 이끌 수 있었던 것은 뒷날 공신녹권을 쥔 양반나리들이 아니라 초개처럼 목숨을 바친 민중이었다. 전쟁이 끝나자 당연히 민심이 달라졌다. 그러나 양반이 또 어떤 존재인가? 정유재란이 시작되기 1년 전 전쟁이 한동안 소강상태를 보이자, 선조 28년 예조에서 한 권의 책을 인쇄해 반포할 것을 청한다.[21]

21 7월 19일.

> 사변 후 사절死節하여 정표旌表할 만한 사람의 사적을 먼저 인쇄하여 온 나라에 반포하면 보는 자들을 진작시키고 의열義烈을 격려시키는 데 큰 도움이 있을 것입니다.

의도는 좋았지만, 사절을 입증할 만한 문서가 드물었다. 죽는 사람이 문서를 남기고 죽는 법은 없다. 이런 이유로 "나라를 위해 충성을 다 바치고, 목숨을 바쳐 절개를 지킨 사람을 빠짐없이 뽑아내어 속히 보고할 것"을 개성부와 팔도와 한성부에 명하도록 임금에게 요청했다. 이에 선조는 전사한 사람은 물론 효자와 열녀도 아울러 시행하라 했다. 사절하여 정표할 사람의 문적이 소략하여 상고할 만한 근거가 없다는 반론에도 불구하고, 선조는 "속히 출판하여 보는 자들을 진작시키고 의열을 격려하는 한편 각 도에 공문을 보내 듣고 본 대로 문서로 보고할 것"을 명한다.[22] 이런 계획이 전쟁 중에 실제 시행되었는지는 알 길이 없다.

22 「선조실록」 28년 7월 20일.

　이 계획은 전쟁이 끝난 뒤에는 적극적으로 추진되었다. 『선조실록』 34년 2월 10일자에서 수찬 홍서봉洪瑞鳳은 "인심과 사습士習의 손상이 날로 심해지니 진작시키고 권장하는 방책이 없으면 안 되겠다"라면서 전쟁 이후 절의로 목숨을 바쳐 특별히 드러난 자는 문형文衡으로 하여금 『고려사』 절의전節義傳처럼 전傳을 짓고 모아서 간행해 반포하게 할 것을 요청했다.

　하지만 새로 책을 만드는 것보다 손쉬운 방법이 있었다. 선조

조선시대 책과 지식의 역사

39년 5월 21일 사헌부의 상소를 보자.

> 교화를 밝히고 인심을 맑게 하는 것은 나라의 급선무입니다. 근래 풍속이 어두어지고 세도世道가 날로 타락하니, 이것은 모두 병화를 겪은 뒤 서적이 깡그리 없어져 가르쳐 인도하는 방법이 미진한 탓입니다.

전쟁 이후 민심의 동요를 이렇게 표현했다. 민심을 원래대로 되돌리기 위해서는 책이 필요하다. 요지는 『삼강행실도』와 『이륜행실도』를 "넉넉한 수량"으로 찍어 나라 전체에 반포하여 백성을 다시 유교적 도덕으로 의식화하자는 것이었다. 좀 더 구체적으로 말하자면, 인륜을 밝히는 이 책들을 '방언方言' 곧 국문으로 번역하고 그림을 덧붙여 여염의 부인이나 아동들이 보게 한다면, "모두 흠복·감탄하여 양심이 저절로 생겨나 교화에 도움이 적지 않을 것"이라는 것이다.

23 『선조실록』 39년 5월 24일.

나흘 뒤 예조 역시 이 말을 반복했다.[23] "전쟁 후 백성들의 풍속이 날이 갈수록 각박해져 아들은 어버이에게 효도할 줄 모르고 아우는 형을 공경할 줄 모르며 그 밖의 윤리가 무너지고, 풍교風敎가 절멸된 놀랍기 짝이 없는 상황을 이루 다 형용하기 어렵다." 예조는 나라의 경비를 맡은 호조에서 인쇄에 필요한 종이 등을 마련하고 인쇄는 교서관에서 맡아야 하겠지만, 워낙 인쇄할 책의 수가 많으니 하삼도下三道 감사에게 종이 등 인쇄 물품을 도와주도록 공문을 보낼 것을 요청하여 선조의 허락을 받아냈다. 하지만 두 책이 과연 인쇄되었는지는 미상이다.

『실록』의 운명

조선이 전쟁 중 필사적으로 보존하고자 한 서적이 있었으니, 바로 『조선왕조실록』(『실록』)이다. 전쟁 중에는 물론이고, 전후에도 조정에서 가장 시급하게 복구하고자 한 책이다. 임진왜란이 일어나던 때의 서적에 관해 이야기하면서 『실록』을 언급하지 않을 수는 없다.

1598년(선조 31) 11월 왜군이 부산에서 철수함으로써 7년간의 전쟁이 끝났다. 앞서 살펴본 것처럼 서적복구 작업이 시작되었다. 먼저 『실록』을 어떻게 관리했는지 간단히 살펴보자.

선조 34년(1601년) 『실록』을 묘향산 보현사에서 영변부에 따로 집 한 칸을 마련해 옮겼다. 표면상의 이유는 보현사는 지붕이 너무 잇닿아 있고 부엌이 너무 가까워 뜻밖의 재변, 곧 화재가 나지 않는다고 장담할 수 없다는 점이었다. 그러나 정작 중요한 이유는 단 1벌 남은 『실록』을 여러 번 등서하여 나눠두기가 매우 불편하다는 점이었다.[24]

『실록』을 여러 벌 베껴두는 것은 그동안 계속 제기된 문제였다. 그러나 전쟁 중이라 인력과 물자가 달려 그럴 여력이 없었다. 선조 34년 9월 11일에 다시 여러 벌 베껴 각 도와 명산에 간직하자는 주장이 나왔고, 선조 35년 8월 19일에도 『실록』을 다시 강화로 옮겨놓고 서울에 사국을 설치해 등서하자는 주장이 제기되었으

24 『선조실록』 34년 1월 13일.

조선시대 책과 지식의 역사

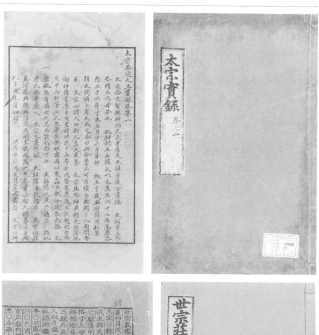

『태종실록』과 『세종실록』. 『조선왕조실록』은 완질의 분량이 1707권 1187책(정족산본)으로, 조선시대 기록문화의 진수를 보여주는 자료로 평가받는다. 규장각.

나, 이듬해 중국 사신이 온다는 이유로 추진이 중단되었다. 선조 36년 5월 3일에는 중국 사신이 온다는 소식이 없으므로 『실록』의 등서 문제가 다시 제기되어 임금의 허락을 얻었다. 이때 『실록』 등서가 결정되었다.

그런데 5월 16일 당시 577책이라는 방대한 분량의 『실록』을 필사할 수 있느냐 하는 문제가 제기되었다. 원래 『실록』은 활자본인데, 필사본을 만들자고 했던 것은 전후 물자와 인력이 달리는 탓이었다. 그러나 필사로 복제하는 것이 오히려 시간을 더 소모한다는 견해가 나왔다. 선조 36년 5월 16일 춘추관은 겸춘추 20명에게 실록 필사를 시킬 경우, 2년에 1질을 등서할 것이며, 또 이것이 겸직이며 제배와 체직, 개인적 사고 등을 감안하건대 3년이 지나도 1질을 등서해내기 어려우리라 판단하고, 활자인쇄를 해야 한다고 주장했다. 즉 교서관에 있는 주자와 신구新舊의 활자를 서로 보충해 쓴다면, 5년 안에 3질의 인출을 끝내게 될 것이라면서 인쇄를 극력 주장했던 것이다. 선조가 이 의견을 받아들여 강화에 전담국을 설치하라 명했다.

그러나 강화에서 『실록』을 인출하는 데는 문제가 많다 하여 다시 의논한 결과 일단 강화도로 옮겨두고, 필요한 분량만 서울의 남별궁南別宮에 있는 조용한 방이나 본 병조本兵曹의 널찍한 곳으로, 즉 화재 염려가 전혀 없는 곳으로 가져와 인쇄한 뒤 원본을 다시 강화로 옮겨가기로 결정을 보았다.[25] 곧이어 『실록』이 강화로 옮겨졌다.[26] 인쇄에 소요되는 종이는 전라도·경상도·충청도에서 공급했고,[27] 활자를 만드는 데 필요한 황장목은 황해도와 강원도에서 공급했다.[28] 활자는 교서관의 을해자가 수량이 많다 하여 을해자로 결정되었으나,[29] 다시 "대내에서 하사한 활자와 평양자平壤字는 모두 경진년에 만든 것이고 훈련도감자訓鍊都監字는 을해년

25 『선조실록』 36년 5월 19일.

26 『선조실록』 36년 5월 23일.

27 『선조실록』 36년 5월 23일.

28 『선조실록』 36년 5월 23일.

29 『선조실록』 36년 5월 23일.

조선시대 책과 지식의 역사

에 만든 것이므로 크기와 모양이 서로 달라 섞어 쓸 수 없습니다. 공신도감에 경진자가 있다 하니, 을해자와 바꾸어 쓰는 것이 어떠하겠습니까?"라고 했다.[30]

30 『선조실록』 36년 7월 23일.

『실록』 인쇄가 끝난 것은 이로부터 2년 9개월 뒤인 선조 39년 4월 28일이었다. 원본은 576권이었으나, 새로 인쇄한 것은 4~5권을 합쳐 1책으로 하기도 하고 2~3권을 1책으로 합치기도 하여, 모두 259권이었다. 따라서 새로운 것과 옛날 것을 통틀어 5벌의 권수는 거의 1500권이나 되었다.[31] 이 재인쇄 작업의 결과, 원본을 포함해 모두 5벌의 실록이 완성된 것이다. 원본은 강화도의 사각에 봉안하고 새로 인출한 3본은 서울의 춘추관과 묘향산, 태백산에 봉안했다. 그리고 인쇄 초본이 되었던 방본傍本 1건은 지금 보관할 만한 지고地庫가 없으나 그냥 버리기 아깝다 하여 강원도 오대산五臺山에 보관하기로 결정했다.[32]

31 『선조실록』 39년 4월 28일.

32 『선조실록』 39년 5월 7일.

서울의 춘추관, 강화도, 묘향산, 태백산, 오대산 5곳이 『실록』을 간직하던 곳이다. 우리 민족의 궂은 역사를 고스란히 담은 것이 바로 『실록』이니, 여기서 언급해둘 것이 있다. 이 5본 중에서 서울 춘추관의 것은 이괄의 난(1624년, 인조 2)에 불타 없어졌고, 묘향산의 것은 1633년 후금後金과의 관계가 악화되자 전라도 무주의 적상산으로 사고를 지어 옮겼다. 강화도 마니산의 것은 1636년 병자호란 때 청군에 의해 파손되었던 것을 현종 때 보수하여, 숙종 때 강화도 정족산에 사고를 지어 다시 봉안했다. 결국 내란과 외적 침입으로 인해 5곳 가운데 1곳은 소실되었고, 1곳은 장소를 옮겼으며, 1곳은 파손되었던 것이다.

정족산, 태백산, 적상산, 오대산 4곳의 실록은 그 후 안전하게 지켜졌다. 여기에 손을 댄 것은 임진왜란 때와 마찬가지로 일본인이었다. 1910년 합방이 되자 일제는 정족산과 태백산에 있던 『실

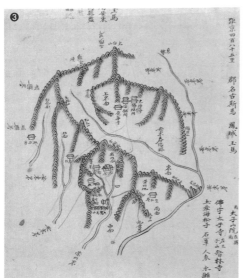

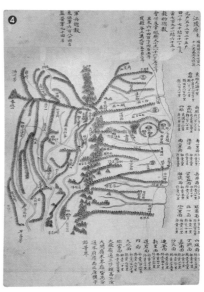

임진왜란 이후 『실록』을 보관하던 산속 사고.
❶ 정족산 사고 ❷ 적상산 사고 ❸ 태백산 사고 ❹ 오대산 사고

조선시대 책과 지식의 역사

록』을 조선총독부로 이관하고, 적상산의 『실록』은 구황궁 장서각으로 옮겼으며, 오대산 것은 일본 동경제국대학으로 반출했다. 일본으로 반출된 것은 1923년 관동대지진 때 거의 소실되었다. 정족산과 태백산의 『실록』은 1930년에 경성제국대학으로 옮겨져 지금까지 서울대학교에 보존되어 있다. 그러나 장서각의 『실록』은 1950년 6·25전쟁 때 북으로 옮겨져, 현재 김일성대학에 소장되어 있다. 『실록』이야말로 임진왜란, 이괄의 난, 병자호란, 일제의 침략 등 비극적 역사를 고스란히 간직한다. 그뿐인가? 현재 『실록』은 두 가지 번역본이 존재한다. 남한의 세종대왕기념사업회와 민족문화추진회가 함께 번역한 남한번역본과, 북한에서 번역한 북역본이 그것이다. 『실록』의 이중번역에는 '분단'의 상처가 고스란히 담겨 있다.

임진왜란이
조선 · 중국 · 일본에 미친 영향

임진왜란으로 인해 200년에 걸쳐 쌓아올린 서적문화가 붕괴되었다. 우리는 이로 인해 조선 전기까지 전해지던 거의 모든 책을 잃고 말았다. 고려의 『실록』은 물론이고, 그때까지 전해왔을 고려 이전의 서적들도 영원히 볼 수가 없게 된 것이다. 필사본으로 묶여 인쇄를 기다리던 개인의 저작도 마찬가지 운명에 처했다. 조선 전기 문인들의 문집이 겨우 손꼽을 정도밖에 되지 않는 것은 세월 탓도 있겠지만, 임진왜란이라는 미증유의 전쟁이 결정적 원인이 되었던 것이다. 서적만 망실된 게 아니었다. 금속활자도 아울러 없어졌다. 책을 다시 찍어낼 방법이 묘연해졌다.

서적을 복구하려고 전쟁이 끝나자마자 인쇄 · 출판 사업이 다시 시작되었으나, 처음 얼마간은 사서삼경 등 실용성이 강한 기본 서적을 인쇄했을 뿐이고, 새로운 사유를 담은 책을 간행한다는 것은 꿈도 꾸지 못할 형편이었다. 조선 후기의 인쇄 · 출판 문화는 정조대에 와서 전성기를 맞는데, 임진왜란으로부터 거의 2세기가 흐른 뒤였다. 전쟁의 상처가 그만큼 깊었다는 이야기다.

한편 이 전쟁은 엄청난 비극이었지만, 어떤 면에서는 새로운 모멘트를 제공했다. 임진왜란은 당시 조선 · 중국 · 일본 세 나라를 뒤흔든 국제전이었다. 명이 이 전쟁에 참여해 국력을 소진하자 만주에서 청이 흥기하더니 얼마 지나지 않아 명을 대신해 대륙의 주인이 되었다. 일본에서는 오랜 전국시대가 끝나고 덕천막부(도쿠가와 막부) 성립으로 새로운 체제가 들어섰다. 이 전쟁이 동아시아사에서 일대 전환기가 되었던 것이다. 서적문화 역시 이 시기를 계기로 엄청난 변화를 겪었다.

전쟁은 조선의 서적에 치명적으로 작용해 3세기에 걸쳐 쌓아올린 문화유산인 서적을 한순간에 재로 만들었지만, 그 철저한 파괴와 소멸이 새로운 시작을 알리는 계기가 되기도 했다. 물론 중국에서 새로운 서적이 조선으로 수입되고 조선의 서적이 또 일본으로 유입되는 방식이 대종을 이루었겠지만, 때로는 조선의 서적이 중국에 알려지기도 했다. 그 영향이 미미하기는 했지만, 간단히 살펴보자.

임진왜란에는 19만 1000명이라는 엄청난 수의 중국군이 참전했으니, 조선 백성이 직접 중국인을 만난 것은 개국 이래 처음이었다. 장수급 인물들은 자연히 자신들이 파견된 나라의 사정을 알고 싶어했다. 그중 가장 알고자 했던 것은 조선의 역사와 지리였다. 여기서 자세히 그 내역을 나열할 수는 없지만, 『동국통감』『동국여지승람』『동국병감』『해동제국기』 등이 이때 중국인의 손에 들어갔다. 물론 이런 서적들이 중국의 출판에 어떤 영향을 미쳤다고 보기는 어렵다.

전쟁으로 출판문화에 큰 변화를 경험한 나라는 조선이었다. 중국인들이 대거 유입되면서 그들과의 접촉을 통해 중국 사정에 대해 보다 소상히 알 기회가 생겨났다. 군대가 들어오면서 병사나 무신뿐 아니라 문신이나 문사도 따라 들어왔다. 권필權韠이 지은 『주생전周生傳』의 주인공 '주생'이야말로 문사로서 명군을 따라 참전한 사람 아니던가? 이들과 접촉이 이루어지는 과정에서 중국의 서적들이 조선에 전해졌을 가능성이 충분하다. 이전까지 조선인들이 중국인과 접촉할 수 있는 루트는 사신이 되어 중국에 들어가는 경우와 중국의 사신이 조선으로 파견되는 경우 두 가지뿐이었으니까 말이다. 조선 후기와 달리, 조선 전기에는 연행록이 드물어,■ 북경 체류 기간 동안 어떤 활동을 했는지 알 길이 없다. 그러나 사신이란 원래 외교 목적을 띠고 가는 것이고, 공식적 일정이 있기 때문에 중국의 문인이나 학자를 만나 깊은 이야기를 나눌 기회란 거의 없었을 것이다.

중국 사신이 조선에 오는 경우도 마찬가지다. 15세기에는 주로 환관 같은 지식수준이 낮은 사람이 파견되었고, 16세기에 와서야 비로소 학식 있는 사람들이 파견되었지만, 그들 역시 공식적 입장에 묶여 있느라 개인 간의 자유로운 대화는 거의 불가능했다. 또 통역을 세워야 한다는 언어 문제도 있지 않았겠는가. 그런데 임진왜란은 아주 다른 상황을 만들어주었다. 워낙 대규모의 인원이 밀려들었으니 조선인과 중국인의 접촉 기회가 많아질 수밖에 없었으며, 그들로부터 당대의 중국 사정을 알 기회를 얻었다. 예컨대 16세기 말 중국 문단의 영수로 군림하던 왕세정王世貞의 아들 왕세무王世懋가 참전했던 바, 윤근수尹根壽 같은 사람은 (또 그 외의 인물들도) 그를 통해 중국 당대 문단의 사정을 소상히 알게 된 것이다. 이런 예가 적지 않은 기록으로 남아 있다. 조선인들은 그제야 비로소 중국 당대의 문학과 문화로 관심을 돌리게 되었다.

중국에서 수입된 서적 역시 전쟁 이후 사뭇 전과는 다른 영향을 미쳤다. 예컨대 임진왜란을 경험했던 이수광李睟光은 임진왜란 전에 1차례, 임진왜란 도중에 1차례, 임진왜란이 끝난 후에 1차례

■ 조선 전기에는 『조천록朝天錄』이 있었는데, 현재까지 전하는 것은 몇 종 안 된다.

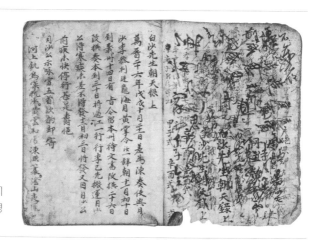

『조천록』. 백사白沙 이항복李恒福이
1598년 진주사進奏使의 정사로 북경
에 다녀오면서 남긴 기록이다.

북경에 다녀온다. 그는 1614년 『지봉유설芝峰類說』을 완성한다. 이
책에는 전에 볼 수 없던 책이 다수 포함되어 있다. 왕세정 같은 중
국 당대의 문인과, 초횡焦竑 같은 양명좌파陽明左派, 마테오 리치
Matteo Ricci의 서적이 포함되어 있는 것이다. 이전까지는 흔히 중국
책의 수입이라 하면 거의 고전적 저작을 가리켰지 당대 서적을 말
하는 것이 아니었다. 이건 무얼 뜻하는가? 임진왜란을 계기로 조
선 사람들이 중국의 당대 서적에 유의하기 시작했다는 의미다. 허
균 역시 광해군 때 2차례 사신으로 중국에 파견되어 많은 양의 서
적을 사 왔는데, 이 역시 중국 당대의 서적이었다.

　전쟁으로 출판문화에 더 큰 변화를 경험한 나라는 일본이었다.
일본은 조선에서 막대한 서적을 약탈해 갔다. 일본에는 현재 상상
할 수 없을 정도로 많은 한국 서적이 있다. 임진왜란 때의 약탈과
식민지시대 때 약탈의 산물이다. 이들 중 상당수 서적은 전쟁 이
후 일본에서 간행된다. 그러나 무엇보다 중요한 것은 금속활자 약
탈이다. 알다시피 이때까지 일본에는 금속활자가 없었다. 풍신수

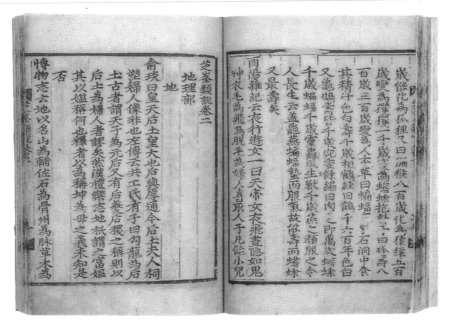

『지봉유설』. 1614년(광해군 6)에 이수광이 편찬한 백과사전적 저술이다. 목판본. 20권 10책이다.

길은 엄청난 약탈품 중 금속활자를 가장 진귀한 것으로 여겨 일본 조정(천황)에 헌상했다고 하는데, 이것으로 전쟁 이듬해인 1593년에 『고문효경古文孝經』을 인쇄한다. 활자는 아마 갑인자나 을해자로 추정된다. 일본은 1597년에 다시 목활자를 만들어 『권학문勸學文』과 『금수단錦繡段』 등 10여 종의 활자본을 천황의 명으로 만든 칙판勅版으로 간행하는데, 『권학문』 발문에 "이 법은 조선에서 온 것인데 조금도 불편함이 없다"라 적고 있으니, 약탈해 간 금속활자를 실마리 삼아 비로소 활자인쇄법을 알게 되었던 것이다. 이후 목활자를 조성해 다수의 서적을 인쇄하는데, 거개가 우리나라의 금속활자나 서적을 모본으로 한 것이다. 그러다가 급기야 1615년에는 동활자까지 주조해낸다.[33] 임진왜란이 조선에는 비극이었으나 일본으로서는 자국의 문화를 발전시키는 일대 행운이었던 것이다.

33 이상의 일본의 활자 약탈에 관한 내용은 김두종, 앞의 책, 291~294면을 요약한 것이다.

■ 맺는 글

조선은 세련된 금속활자와 목판인쇄술 그리고 잘 정비된 국가적
인쇄기구를 갖추고 있었다. 당연히 고려와는 비교할 수 없을 정도
로 많은 서적이 쏟아져나왔다. 일종의 지적 폭발이 일어난 셈이
다. 이런 일은 조선이 사족士族 국가였기에 가능했다. 사족은 곧
사대부다. "글을 읽으면 사士이고 정치에 종사하면 대부大夫라고
한다讀書曰士, 從政曰大夫"라는 말이 있듯 조선의 지배층은 기본적
으로 독서하는 지식인이었다. 고려를 전복하고 새롭게 사대부의
나라를 세우기는 했지만, 아직 독서하는 교양인으로서의 사대부
는 충분히 만들어지지 않았다. 사대부를 만들기 위해서는 무엇보
다 서적이 필요했던 것이고, 그 필요가 세종조의 금속활자와 인쇄
술 개량을 낳았던 것이다.

　이것은 매우 미묘한 문제를 제기한다. 조선의 금속활자인쇄술
은 구텐베르크의 인쇄술과는 달리 지식의 전면적 확산이라는 방
향으로 나아가지 못했다. 오로지 사족을 위한 것에 그쳤을 뿐이
다. 한글이라는 민중문자의 탄생 역시, 우리의 예상과는 달리 서
적의 인쇄·보급과는 거의 관계를 맺지 않았다. 민중이 읽을 서적
을 한글로 인쇄해 보급한 경우는 『삼강행실도』 같은 민중교화용
서적이 거의 유일했다. 그 외의 책이 한글로 인쇄·반포되는 일은
없었다. 민중이 스스로 한글 서책을 인쇄하는 일 또한 전혀 없었

다. 우리는 금속활자와 민중문자의 이상적 결합을 상상할 수 있지만, 순수하게 한글 서적을 인쇄하기 위해 만든 금속활자는 아예 존재하지도 않았다. 조선사회는 사족사회였기 때문이다. 곧 조선의 인쇄술은 사족을 위해 존재한 것이었다.

서적수요자도 우리가 생각하는 것처럼 많지 않았다. 일부 관료가 서적의 활발한 유통을 바랐으며 또 서점을 만들고자 했지만 끝내 서점이 출현하지 않았던 것, 곧 서적이 온전한 상품으로 유통될 수 없었던 것은 기본적으로 서적을 요구하는 층이 얇았기 때문이다. 곧 사족층이 얇았던 것이다. 이런 이유로 조선 전기 서적문화를 고찰할 때면 사족층의 두께가 반드시 고려되어야만 한다. 그러나 조선에서만 서적 수요층이 얇았던 것은 아니다. 이것은 전근대사회에서는 일반적인 현상이었다. 아니, 다른 문명권과 비교하면 오히려 조선의 서적문화는 매우 우수한 것이었다고 말할 수 있다. 중국이야 워낙 나라 자체가 컸기에 그에 상응하는 지식시장이 형성되어 있었을 뿐이다. 중국을 제외한다면 서적의 인쇄·출판·보급에 국가적 차원에서 의미를 부여하고, 인쇄기관과 인쇄술을 갖추었던 나라는 거의 없었다. 그 점에서 조선은 세계사적으로 높은 수준에 도달해 있었던 것으로 생각된다.

조선 전기의 서적문화는 임진왜란이라는 전쟁으로 철저하게 파괴되었다. 홍문관이 소실됨으로써 고려 이래로 축적해온 서적들이 일거에 연기가 되어 사라졌다. 임진왜란 이전의 문헌이 거의 남아 있지 않은 것은 바로 이 때문이다. 고려와 삼국 혹은 그 이전의 국가와 사회의 문화를 알 수 있는 근거가 모두 망실된 것은 그 어떤 말로도 표현이 불가능한 비극이다. 전쟁이 끝나자 서적문화를 복구하기 위한 노력이 펼쳐졌다. 조선이 다시 '문헌의 나라'로 일어서기까지는 오랜 시간이 소요되었다.

조선시대 책과 지식의 역사

조선시대 책과 지식의 역사

조선의 책과 지식은 조선사회와 어떻게 만나고 헤어졌을까?

지은이　　　강명관

■

2014년 1월 6일 초판 1쇄 발행
2014년 1월 13일 초판 2쇄 발행

■

책임편집　　남미은
편집자　　　선완규·안혜련·홍보람
기획자문　　김남수(대한인쇄문화협회 회장)
디자인　　　민진기디자인
용지　　　　화인페이퍼

■

펴낸이　　　선완규
펴낸곳　　　천년의상상
등록　　　　2012년 2월 14일 제300-2012-27호
주소　　　　(121-865) 서울시 마포구 동교로 45길 26 101호
전화　　　　(02) 739-9377
팩스　　　　(02) 739-9379
이메일　　　imagine1000@naver.com
블로그　　　blog.naver.com/imagine1000

■

ISBN　　　978-89-968706-6-1 03900

■ 이 책에 사용된 그림 자료를 제공해주신 청주고인쇄박물관, 화봉책박물관에 감사드립니다. 그 외의 다수 도판은 국립중앙박물관, 국립중앙도서관, 규장각 등의 허가를 얻어 게재하였으며, 후의에 감사드립니다. 저작권자를 찾지 못한 일부 도판은 확인되는 대로 통상의 사용료를 지불하겠습니다.

■ 이 책의 기획과 편집에 도움을 주신 대한인쇄문화협회 김남수 회장님과 유창준 전무님께 감사드립니다.